AF141475

Josef Imbach

Steh auf und geh!

TVZ

JOSEF IMBACH

Steh auf und geh!

Das Markusevangelium für heute ausgelegt

EDITION **NZN**
BEI **TVZ**

Der Theologische Verlag Zürich wird vom Bundesamt für Kultur für die Jahre 2021–2024 unterstützt.

Die Deutsche Bibliothek – Bibliografische Einheitsaufnahme
Die Deutsche Bibliothek verzeichnet diese Publikation in der Deutschen Nationalbibliografie; detaillierte bibliografische Daten sind im Internet über http://www.dnb.de abrufbar.

Umschlaggestaltung: Simone Ackermann, Zürich, unter Verwendung der Buchmalerei »Noli me tangere« (12. Jahrhundert) © akg-images / British Library, Bildnummer AKG391764
Satz und Layout: Claudia Wild, Konstanz
Druck: CPI books GmbH, Leck

ISBN Print 978-3-290-20241-5
ISBN E-Book (PDF) 978-3-290-20242-2

© 2023 Theologischer Verlag Zürich
www.edition-nzn.ch

INHALT

EIN PAAR HINWEISE

Mit dem Evangelium kann man gut leben, wenn gerade nichts passiert. Anders verhält es sich, wenn es schwierig wird. Und schwierig wird es immer dann, wenn wir mit Situationen konfrontiert sind, in denen wir uns für oder gegen den Mann aus Nazaret und die von ihm aufgestellten Messlatten entscheiden müssen.

Um Jesu Botschaft leben zu können, muss man sie kennen. Wohl ist das Evangelium, so der deutsch-schweizerische Archäologe Karl Schefold, »ein Gestirn über unserem Weg, aber keine Lösung des Welträtsels«[1].

In dem vorliegenden Kommentar zum Markusevangelium versuche ich, dem Rechnung zu tragen. Dabei galt es, das noch immer verbreitete Vorurteil auszuräumen, dem zufolge die Evangelien so etwas wie protokollähnliche Aufzeichnungen über Jesu Lehre und Leben enthalten.

Vielmehr zielte die Absicht der Evangelisten darauf, Jesu Worte und Taten im Hinblick auf die jeweilige Situation ihrer Gemeinden zu *aktualisieren*. Das trifft schon für Markus zu, der als Erster auf den Gedanken verfiel, eine Evangelienschrift zu verfassen. Darin tritt Jesus vor allem als Wundertäter in Erscheinung. Matthäus sieht im Nazarener eher den Lehrer, der die Verheissungen des alten Bundes Gottes mit Noah (Gen 9) und mit Abraham (Gen 15) erfüllt. Lukas unterstreicht weit mehr als seine Kollegen Jesu Barmherzigkeit und seinen Einsatz für die Armen. Johannes schildert ihn als den Offenbarer und betont seine Einheit mit dem »Vater«.

---

1   K. Schefold, Die Bedeutung der griechischen Kunst für das Verständnis des Evangeliums, Mainz 1983, 55.

Früher hat man versucht, diese und zahlreiche andere Differenzen damit zu erklären, dass die Evangelisten beabsichtigten, einander zu ergänzen. Das ist völlig unwahrscheinlich. Ob und in welchem Ausmaß der Verfasser des Johannesevangeliums eines oder zwei oder gar alle drei synoptischen Evangelien kannte, ist bis heute nicht geklärt. Lukas und Matthäus wiederum haben sich für ihre Schriften beim Markusevangelium bedient, ihre Darstellungen jedoch unabhängig voneinander verfasst.

Das Problem, weshalb einzelne von den Evangelisten überlieferte Episoden teilweise erheblich voneinander abweichen, ist viel überzeugender zu lösen, wenn man in Betracht zieht, dass alle Ereignisse um Jesus eine lange mündliche Weitergabe hinter sich hatten (die Fachleute sprechen in diesem Zusammenhang von *Traditionsgeschichte*), bevor sie aufgezeichnet wurden. Dabei ist zu bedenken, dass vorerst nur einzelne Texteinheiten schriftlich festgehalten wurden. Zur Traditionsgeschichte hinzu kommt die *Redaktionsgeschichte*. Das heißt, die Evangelisten verarbeiteten das mündliche und zum Teil bereits schriftlich vorliegende Material zu einem Ganzen. Dabei zeigten sie sich aber nicht nur an der *Geschichte Jesu* interessiert, sondern auch – und vor allem! – an der *Geschichte mit Jesus*, d. h. an den Erfahrungen der jungen Christengemeinden, die sie vor dem Hintergrund und auf der Basis ihres Glaubens an Jesus Christus gemacht haben. Verdeutlicht wird das mittels der zwei am Ende dieses Buches eingefügten Grafiken.

Der vorliegende Markuskommentar fußt zu einem guten Teil auf Predigten, die ich im Lauf von fast fünf Jahrzehnten gehalten und für dieses Buch gründlich überarbeitet habe, was an einzelnen Stellen gelegentlich durchscheint. Ergänzt wurden sie durch zahlreiche sachliche Erläuterungen, die zu einem angemessenen Verständnis der Aussagen des Evangelisten beitragen sollen. Mag sein, dass manche davon uns Heutige aufgrund der zeitlichen und kulturellen Distanz zunächst etwas fremdartig anmuten. Das ändert sich aber schlagartig, sobald wir uns Rechenschaft geben, dass in diesem Evangelium immer wieder auch von uns Menschen überhaupt die Rede ist.

Alle Evangeliumstexte, die genau so im katholischen Gottesdienst gelesen werden, sind den aktuellen liturgischen Büchern entnommen und zu Anfang mit einem † gekennzeichnet; die Angabe bezieht sich jeweils auf die gesamte Perikope. Einzelne Verse habe ich aus stilistischen oder Verständnisgründen selbst übersetzt; sie werden dadurch kenntlich gemacht, dass nach der jeweiligen Verszahl ein ▪ steht. Das Zeichen findet sich vor folgenden Versen:

Mk 1,29 (S. 28)

Mk 6,1 (S. 107)

Mk 8,10 (S. 158)

Mk 8,34 (S. 179)

Mk 10,32 (S. 212)

Mk 10,33 (S. 212)

Mk 12,28 (S. 265).

Alle nicht eigens gekennzeichneten Auszüge stammen aus der Einheitsübersetzung von 2016.

1. KAPITEL

EIN VERFASSER MIT PROFIL – ABER OHNE GESICHT

Das seiner Entstehung nach älteste Evangelium beginnt mit einer Überschrift, die gleichzeitig eine Inhaltsangabe darstellt:

1[1] Anfang des Evangeliums von Jesus Christus, Gottes Sohn.

Ein Buchtitel, der klar aussagt, worum es geht, nämlich um Jesus, den Sohn Gottes. Und um dessen Botschaft. Und die lässt hoffen: *Eu-angelion*, wie es im griechischen Original heißt, bedeutet *frohe Nachricht*. Oder *gute Kunde*. Gleichzeitig deutet diese Überschrift an, dass alles, was folgt, unter diesem Aspekt zu interpretieren ist.

Was den Verfasser betrifft, tappen wir im Dunkeln – das gilt auch für die übrigen drei Evangelisten; es handelt sich um frühe Zuschreibungen. Ursprünglich wurde das Markusevangelium anonym überliefert. Der älteste Hinweis für eine Abfassung durch einen gewissen Markus findet sich bei dem Theologen und Geschichtsschreiber Eusebios von Kaisareia, der sich auf Bischof Papias von Hierapolis (um 100 n. Chr.) beruft:

»Markus war der Dolmetscher des Petrus und schrieb sorgfältig auf, was er im Gedächtnis behalten hatte.«[1]

---

1   Eusebios von Kaisareia, Kirchengeschichte, III, 39.

Gemäß dieser Überlieferung soll Markus mit dem in der Apostelgeschichte genannten Johannes Markus, einem Mitarbeiter des Petrus und
des Paulus, identisch sein (vgl. Apg 12,12; Phlm 23–24) – eine Ansicht, für
die sich jedoch keine überzeugenden Argumente anführen lassen. Wir
werden uns damit abfinden müssen, dass der Autor der frühesten Evangelienschrift wohl für immer namenlos bleibt. Immerhin erlauben seine
Aussagen den Rückschluss, dass das Werk ursprünglich nicht für Judenchristen, sondern für heidenchristliche Gemeinden bestimmt war.
Dafür spricht, dass jüdische Gebräuche und semitische Ausdrücke jeweils
erklärt werden. Die Fachleute halten es für sicher, dass der Verfasser
Textsammlungen, die ursprünglich der Katechese dienten, zu einer fort-
laufenden Erzählung zusammengefügt hat. Entstanden ist das Werk wohl
bald nach 70 v. Chr., nach der Zerstörung des Jerusalemer Tempels durch
die Römer (13,1 f.). Über den Entstehungsort lässt sich nur sagen, dass
Jerusalem und Palästina nicht infrage kommen, da der Verfasser über die
dortigen lokalen Verhältnisse nur mangelhaft orientiert ist.

WER BIN ICH?

1[†] Anfang des Evangeliums von Jesus Christus, Gottes Sohn. [2] Wie
geschrieben steht beim Propheten Jesaja – Siehe, ich sende meinen
Boten vor dir her, der deinen Weg bahnen wird. [3] Stimme eines Rufers in
der Wüste: Bereitet den Weg des Herrn! Macht gerade seine Straßen!
[4] So trat Johannes der Täufer in der Wüste auf und verkündete eine Taufe
der Umkehr zur Vergebung der Sünden. [5] Ganz Judäa und alle Einwoh-
ner Jerusalems zogen zu ihm hinaus; sie bekannten ihre Sünden und ließen sich im Jordan von ihm taufen.
[6] Johannes trug ein Gewand aus Kamelhaaren und einen ledernen Gürtel
um seine Hüften, und er lebte von Heuschrecken und wildem Honig. [7] Er
verkündete: Nach mir kommt einer, der ist stärker als ich; ich bin es nicht
wert, mich zu bücken und ihm die Riemen der Sandalen zu lösen. [8] Ich
habe euch mit Wasser getauft, er aber wird euch mit dem Heiligen Geist
taufen.

»Anfang des Evangeliums von Jesus Christus, Gottes Sohn.« Anfang meint hier nicht nur zeitlicher Beginn, sondern auch Grund, Ursprung, Basis von allem. Und das ist der Heiligen Schrift zufolge Gott.

Im Anfang, so heißt es in der Bibel, erschafft Gott Himmel und Erde. Himmel und Erde, Welt und Mensch, kurzum alles, was lebt und leidet und sich freut oder einfach nur da ist, hat seinen Grund in Gott. Es ist dies ein vielversprechender Anfang, denn – so die theologische Botschaft des biblischen, von altorientalischen Vorstellungen mitgeprägten Mythos von der Erschaffung der Welt – Gott »sah, dass es gut war« (Gen 1,31).

Am Anfang, auch dies gehört zur Botschaft des ersten Buches der Bibel, erschafft Gott den Menschen und wendet sich ihm zu. Der aber kehrt sich ab von Gott, weil er meint, autonom entscheiden zu können, was ihm bekommt. Das kann nicht gutgehen. Wo Leben sein soll, dominiert der Tod. Wo Eintracht herrschen soll, nehmen Mordgedanken überhand. Und später? Später, als Gott sich ein heiliges Volk sammeln will, laufen ihm die Menschen immer wieder davon.

Schließlich macht Gott einen Neuanfang, damit auch die Menschen neu anfangen können. Dieser Anfang wird angekündigt von Johannes, der am Jordan eine Bußtaufe spendet. Am Fluss, dem Jordan? Und eine halbe Zeile vorher lesen wir, dass Johannes *in der Wüste* auftrat! Am Wasserlauf – eine Sandwüste? Das ist gewiss nicht geografisch gemeint. Bei der Wüste denkt der Evangelist an die Propheten Maleachi (3,1) und Jesaja (40,3), die er zitiert – und gleichzeitig an die »Stimme eines Rufers«; gemeint ist der Täufer.

Der stellt sich vor, indem er sich hintanstellt: »Nach mir kommt ein anderer.« Das sagt etwas aus über sein Selbstverständnis.

Unser Selbstverständnis oder Selbstbild setzt sich zusammen aus einer Vielzahl von Überzeugungen, Einstellungen und Denkweisen, die wir für wichtig und richtig halten und die letztlich die Frage nach unserer Identität betreffen. Wer bin ich? Die Antwort könnte lauten: Ich sehe mich vor allem als Frau, Mutter und Künstlerin. Konkret besagt das: Mein Frausein ist für mich nichts Zufälliges; überdies liegt mir viel an meiner Mutterrolle, und ohne die künstlerische Kreativität würde mir etwas Wesentliches abgehen.

Ein solches klar umrissenes *Selbstverständnis* erlaubt keinerlei Rückschlüsse auf das *Selbstwertgefühl* der betreffenden Person. Unser Selbstwertgefühl ist weitgehend bedingt durch die Art, wie andere Menschen mit uns umgehen und wie sie sich über uns äußern. Wie wir uns sehen, hängt zu einem guten Teil damit zusammen, wie andere uns sehen.

In unserem Bekanntenkreis gibt es vermutlich auch Menschen, die ein geradezu unglaubliches Selbstwertgefühl entwickelt haben. Allen und jedem und jeder berichten sie von ihren bahnbrechenden Taten, zählen auf, was sie geleistet haben. Dass ihr Sohn oder ihre Tochter es innerhalb kürzester Zeit bis hinauf in die Chefetage eines Konzerns schaffte. Sie definieren sich von ihren Leistungen her oder in Bezug auf ihre soziale Stellung. Sie sind die Eins vor drei, vier Nullen. Das hat Gründe. Was ihnen bisweilen an menschlichen Qualitäten (und vielleicht an Sympathien seitens anderer) abgeht, wird durch Leistung kompensiert. Ich bin auch wer! Nein, nicht *ich auch*, sondern: *Ich* bin wer!

Andere wiederum sehen einen Nichtsling oder eine Nichtse, wenn sie in den Spiegel schauen. Auch das hat Gründe. Möglicherweise, nein, fast sicher haben sie in ihrer Kindheit kaum Zuwendung erfahren. Statt sie zu ermutigen, hat man ihnen schon beim kleinsten Fehler gesagt, dass sie es nie zu etwas bringen würden, dass sie nichts taugten, ihnen eingetrichtert, dass sie zu nichts nütze seien. Was später, wenn sich solche Urteile im Bewusstsein festgeschrieben haben, bis zur Selbstablehnung und zum Selbsthass führen kann.

Egal, ob ein Mensch sich überschätzt oder sich verachtet – es stellt sich stets die Frage: Wer bin ich?

Wer bin ich? Wer ist schon einmal auf den Gedanken verfallen, sich wie der Täufer von Jesus Christus her zu definieren? Ob das Bekenntnis zu ihm Auswirkungen hat auf das eigene Leben? Zeugnis abzulegen – dazu fühlt sich Johannes gedrängt. Das ist die Berufung jener, die sich auf Jesus berufen, das vor allem. Das heißt nicht, dass wir auf jeder Party oder an jedem Stammtisch das Glaubensbekenntnis rezitieren sollen. Aber in einer Diskussion darf man vor einer Abstimmung schon mal äußern: Nach sorgfältiger Abwägung aller Sachgründe erlaubt es mir mein am christlichen Glauben orientiertes Gewissen nicht, diese Vorlage anzunehmen. Oder sie zu verwerfen. Das wäre eine Art, den Glauben zu bekennen und in die Vorläuferrolle des Johannes zu schlüpfen.

Vorbote oder Vorläuferin Jesu kann heute nur sein, wer sich entschieden hat, ihm nachzufolgen.

WAS TAUFGNADE BEDEUTET

1^{9†} Und es geschah in jenen Tagen, da kam Jesus aus Nazaret in Galiläa und ließ sich von Johannes im Jordan taufen. ^{10} Und sogleich, als er aus dem Wasser stieg, sah er, dass der Himmel aufriss und der Geist wie eine Taube auf ihn herabkam. ^{11} Und eine Stimme aus dem Himmel sprach: Du bist mein geliebter Sohn, an dir habe ich Wohlgefallen gefunden.

Unter Taufe verstehen wir jenen Ritus, durch den ein Mensch, heute in der Regel als Kleinkind, in die Gemeinschaft der Christgläubigen aufgenommen wird. Nach kirchlicher Lehre bewirkt die Taufe den Nachlass der Erbsünde und bei Erwachsenen darüber hinaus die Vergebung aller übrigen Sünden und damit den Beginn eines »neuen Lebens«; man bezeichnet die Taufe deshalb auch als geistige Wiedergeburt.

Der Begriff *Erbsünde* beinhaltet einen Widerspruch. Sünde setzt die Möglichkeit einer freien persönlichen Fehlentscheidung voraus. Statt von Erbsünde sprechen wir daher besser von *Erbschuld*. Bekanntlich kann man ja nicht nur Vermögenswerte, sondern auch Schulden erben. Zwar sieht das geltende Recht vor, dass wir eine Erbschaft ausschlagen können. Diese zivilrechtliche Regelung ist auf der gesellschaftlich-sozialen Ebene leider nicht anwendbar. Niemand wird in eine heile Welt hineingeboren. Von Beginn unserer Existenz an sind wir von Unheil und von Bösem betroffen, das andere verursacht oder verschuldet haben. Wir müssen eine Suppe auslöffeln, die wir uns nicht selbst eingebrockt haben. Gleichzeitig erinnert uns der Begriff Erbschuld daran, dass die Folgen unseres Versagens nie bloß uns, sondern auch unsere Mitmenschen betreffen.

Durch die Taufe, so ist gelegentlich anlässlich der Spendung dieses Sakraments zu hören, wird der Mensch zu einem Kind Gottes. Was war er dann *vorher*? Ein Teufelskind? Nach christlichem Glaubensverständnis ist *jeder* Mensch von Geburt an ein Kind Gottes und damit sein Ebenbild. Hier müsste die Rede von der *Taufgnade* ansetzen. Dieser Begriff ist für viele deshalb inhaltsleer, weil sie dabei vor allem die Beziehung zwischen Gott und der zu taufenden Person im Auge haben. In Wirklichkeit aber geht es um die Verbindung der kirchlichen Gemeinschaft und der zu taufenden Person. Was sich in der Taufe ändert, ist nicht das Verhältnis Gottes zu den Getauften, die ja schon immer Kinder Gottes sind, sondern die Bindung der Getauften an die Kirche. Das heißt, dass die Taufgnade wirksam *und* erfahrbar nur ist, wenn sich die Glaubensgemeinschaft um die Getauften kümmert und diese ihrerseits, entsprechend ihren Möglichkeiten, ihre Verantwortung gegenüber dieser Gemeinschaft wahrnehmen. Damit ist jedes magische Verständnis von Taufe ausgeschlossen.

Warum aber musste Jesus sich taufen lassen, wenn er doch (was der Evangelist schon im Titel seines Werks betont) der Sohn Gottes ist und damit frei von jeder Sünde?

Die Frage ist nicht, ob Jesus sich taufen lassen musste, sondern warum er von Johannes getauft werden wollte.

Die von Johannes vollzogene Taufe (in der die christliche Taufe ihren Ursprung hat) unterscheidet sich von den damals üblichen rituellen Waschungen in doppelter Hinsicht. Diese waren *wiederholbar* und wurden von den Frommen *an sich selbst* vorgenommen. Johannes hingegen *spendet* die Taufe, und diese Taufe ist *einmalig*.

Warum also ließ sich Jesus von Johannes im Jordan untertauchen? Thomas von Aquin († 1274), einer der größten mittelalterlichen Theologen, meinte, Jesus habe durch seine Taufe gewissermaßen das Taufwasser geheiligt und so auf die spätere christliche Taufe verwiesen.

Überzeugender lässt sich die Frage beantworten, wenn wir die Sache historisch angehen. Jesus hat vom Täufer gehört. Was man über ihn sagt, fasziniert ihn. Er begibt sich zum Jordan. Steigt, wie so viele andere, in den Fluss, um die rituelle Waschung an sich vollziehen zu lassen, durch die Menschen bezeugen, *dass sie fortan ihr Leben ganz auf Gott hin ausrichten wollen.* Mit einem Wort, Jesus *musste* sich (genauso wenig wie alle anderen) *nicht* taufen lassen; er *wollte* wie alle anderen dort Versammelten zeigen, dass er gewillt war, sein Leben und Sterben unter Gottes Obhut zu stellen.

Im Gegensatz zu vielen seiner Zeitgenossen bildet diese Taufe für Jesus nicht den verzweifelten Versuch, gleichsam in allerletzter Minute den Hals doch noch aus der Schlinge zu ziehen. Wenn Jesus in den Fluss hinabsteigt, tut er dies nicht aus Angst vor dem drohenden Gericht, sondern um allen anderen zu zeigen, dass und wie sie auf Gott *zugehen* und sich ihm einfach *anvertrauen* sollen, auf Gedeih und Verderb. Wer sich vertrauensvoll in Gottes Hände begibt, ohne den neurotischen Zwang, diesen Gott zufriedenstellen zu müssen durch eigene Werke, seine Rache aufhalten zu müssen durch gute Taten, sein Wohlwollen sich zu erkaufen durch immer neue Opfer und immer größere Verzichte, *muss* doch trommellaut in seinem Inneren die gleiche Stimme vernehmen und die gleichen Worte hören, die der Evangelist, die Szene theologisch (und man ist versucht zu sagen: auch therapeutisch) deutend, uns überliefert: »Du bist mein geliebter Sohn, meine geliebte Tochter. Was zählt, ist einzig, dass du mein Geschöpf bist, und dass du das weißt und dass du mir deswegen vertraust – auf Gedeih und Verderb.« Aber wer denkt denn noch an Verderb, wo es um Kindschaft geht?

Wer sich mit einer solchen Haltung Gott nähert, begreift, was der Evangelist sagen will mit dem Symbol der Taube.

Der Vergleich mit der Taube, mit der anlässlich der Taufe Jesu die Herabkunft des Geistes vom Himmel veranschaulicht wird, erinnert literarisch an jene Taube, die Noah aus der Arche entließ, um zu erkunden, ob die Flut versickert und das trockene Land wieder sichtbar geworden sei und ob die in der Arche Versammelten wieder einen festen Grund hätten unter den Füßen. In der Erzählung von der Sintflut (Gen 6,1–8,22) kommt die Taube mit einem Ölzweig im Schnabel in die Arche zurück und zeigt damit das Ende der Katastrophe an; da erkennt Noah, dass Gott ihm und den Seinen und damit der Menschheit einen neuen Anfang schenkt. Und genau das will der Evangelist mit dem Verweis auf die Taube sagen, geschieht in der Taufe.

Was in dieser Szene am Jordan angefangen hat, lebt Jesus später sichtbar, indem er alle Menschen, auch und gerade die, die sich von Gott verlassen oder sich von ihm verstoßen fühlen, daran erinnert, dass *der Himmel offen* ist auch für sie.

Weder mit Ächtung und der damit verbundenen Missachtung noch mit Drohpredigten und Gerichtsreden und schon gar nicht mit Schuldsprüchen und Aburteilungen, sondern einzig indem wir andere zu verstehen suchen, können wir ihren Blick nach oben lenken. Und wer immer den Blick nach oben lenkt, sieht den Himmel offen und erkennt so gleichzeitig, was Taufgnade ist.

WÜSTENERFAHRUNGEN

1^{12} Und sogleich trieb der Geist Jesus in die Wüste. ^{13} Jesus blieb vierzig Tage in der Wüste und wurde vom Satan in Versuchung geführt. Er lebte bei den wilden Tieren, und die Engel dienten ihm.

Viele Religionsstifter und Mystiker hatten gerade in der Abgeschiedenheit von der Welt ihre großen und im Wortsinn weltbewegenden Erleuchtungen – so etwa die Wüstenmütter (Sarrha, Synkletika, Theodora …) oder die Altväter der ersten Jahrhunderte (Antonius, Poimen, Paulus …), die sich aus den soziologischen Bindungen ihrer Umwelt loslösten, um in der Wüste zu leben. Oder Buddha, Mohammed, Wiborada, Franz von Assisi, Niklaus von Flüe, die sich zeitweise von der Welt zurückzogen …

Von Jesus wird erzählt, dass er sich nach der Taufe in die Wüste zurückzieht, um sich wie die alttestamentlichen Propheten auf sein öffentliches Wirken vorzubereiten.

Dass Gotterwählte auf ihre Berufung oft nicht mit einem spontanen Ja, sondern mit Zaudern reagieren, zeigt unter anderem die Geschichte des Mose. Mit dem Hinweis, er sei ein Stotterer und könne »nicht gut reden« (Ex 4,10 f.), sträubt Mose sich zunächst, Gottes Weisung zu befolgen. Ähnliches ist überliefert von Jesaja, der mittels einer Vision zum Propheten berufen wird. »Da sagte ich: Weh mir, denn ich bin verloren. Denn ein Mann unreiner Lippen bin ich« (Jes 6,5). Einer Ausflucht bedient sich auch Jeremia, als er Gottes Stimme vernimmt in seinem Inneren: »Ach, Herr und Gott, ich kann doch nicht reden, ich bin ja noch so jung« (Jer 1,6).

Wenn wir die Bemerkung, dass Jesus sich nach der Taufe in die Wüste zurückzog, biografisch verstehen, sagt sie uns wahrscheinlich wenig. Existenziell betrachtet hingegen erkennen wir uns darin vielleicht wieder.

Kaum dass wir uns für ein humanitäres Projekt begeistert und deshalb versprochen haben, nach Kräften zum Gelingen beizutragen, kommen uns auch schon erste und ernste Bedenken. Werden wir das überhaupt schaffen? Sind die Ziele nicht zu hochgesteckt? Reichen unsere Kräfte aus? ...

Kaum dass eine junge Frau eingewilligt hat, eine feste Bindung einzugehen, wird sie von Zweifeln heimgesucht. Ist dieser Mann wirklich der richtige für mich? Täusche ich mich nicht in ihm? Müsste ich nicht noch zuwarten, bevor ich mich festlege?

Kaum dass ein junger Mann beschlossen hat, einem religiösen Orden beizutreten, fragt er sich, ob es ihm bestimmt sei, Gott und der Kirche und den Mitmenschen zu dienen. Wie wird mein Leben ohne eigene Familie aussehen? Bin ich gemeinschaftsfähig? Werde ich meine sexuellen Bedürfnisse zeitlebens zügeln können?

Solche Fragen sind berechtigt. Sie zeigen, dass Menschen sich selbst gegenüber nicht blauäugig verhalten. Dass sie sich prüfen, ob sie stark genug sind, um sich auf ihr Vorhaben einzulassen. Aber sie stellen auch eine Versuchung dar, angesichts einer als richtig erachteten Entscheidung zu kapitulieren.

Vierzig Tage, sagt der Evangelist, habe Jesus mit Satan gerungen. Das ist bildhaft zu verstehen. Jesus hat *mit sich* gerungen. Es ist bestimmt kein Teufel, der uns einflüstert, eine einmal erkannte Wahrheit und die sich für uns daraus ergebenden Folgen zu negieren. Zu leicht wäre es, die Verantwortung für ein Versagen auf einen Verführer abzuwälzen.

Vierzig Tage. Das ist keine chronologische Aussage. In der Bibel stehen die vierzig Tage einerseits für eine Zeit der Not. Vierzig Tage dauert die Sintflut (Gen 7,4.12.17; 8,6). Vierzig Tage lang flieht der Prophet Elija vor Isebel, der Gemahlin des Königs Ahab, bis er zum Gottesberg gelangt (1 Kön 19,8). Andererseits versinnbildlichen die vierzig Tage auch eine Zeit der besonderen Gottesnähe. Vierzig Tage und vierzig Nächte verbringt Mose im Angesicht der Herrlichkeit Gottes auf dem Berg Sinai (Ex 24,18).

Die »vierzig Tage«, die Jesus in der Wüste inmitten von wilden Tieren und unterstützt von Engeln verbringt, deuten darauf hin, dass mit ihm eine Zeit des Heils begonnen hat. Vermutlich spielt der Evangelist mit dieser Bemerkung auf eine jüdische Schrift an, die (kurz?) vor der Abfassung seines Evangeliums entstanden sein dürfte. Darin wird frommen Israeliten das künftige Heil verheißen:

Und der Teufel wird vor euch fliehen,
und die Tiere werden Respekt vor euch haben,
und der Herr wird euch lieben,
und die Engel werden sich um euch kümmern.[2]

Wenn der Evangelist schildert, dass Jesus sich in die Wüste begibt, denkt er nicht an das, was wir gewöhnlich mit Wüstenerfahrungen in Verbindung bringen. Nicht um spirituelle Durststrecken geht es, sondern um Selbstfindung und Selbsterkenntnis. Das ist nur möglich, wenn wir uns zurückziehen an einen Ort, wo wir ungestört von Tageslärm und Alltagsbetrieb mit uns selbst konfrontiert werden.

Dass und warum das zuweilen nicht leichtfällt, hat der französische Denker und Mathematiker Blaise Pascal (1623–1662) erkannt:

Wenn ich es mitunter unternommen habe, die mannigfaltige Unruhe der Menschen zu betrachten, sowohl die Gefahren wie die Mühsale, denen sie sich, sei es bei Hofe oder im Krieg, aussetzen, woraus so vielerlei Streit, Leidenschaften, kühne und oft böse Handlungen usw. entspringen, so habe ich oft gesagt, dass alles Unglück der Menschen einem entstammt, nämlich dass sie unfähig sind, in Ruhe allein in ihrem Zimmer bleiben zu können.[3]

Das mag etwas überspitzt tönen. Aber die Gegenprobe gibt Pascal zumindest darin recht, dass es immer wieder Menschen gegeben hat, die in der Einsamkeit zu sich und damit ihre Berufung gefunden haben.

---

2   TestNapht 8,4; zit. W. Schmithals, Das Evangelium nach Markus. Kapitel 1–9,1 (Ökumenischer Kommentar zum Neuen Testament 2/1), Gütersloh 1979, 92.
3   B. Pascal, Gedanken (Fragment 139), Stuttgart 1975, 64.

WIE EIN PAUKENSCHLAG

1^{14†} Nachdem Johannes der Täufer ausgeliefert worden war, ging Jesus nach Galiläa; er verkündete das Evangelium Gottes ^{15} und sprach: Die Zeit ist erfüllt, das Reich Gottes ist nahe. Kehrt um, und glaubt an das Evangelium!

Offenbar setzt der Evangelist voraus, dass seine Leserschaft Bescheid weiß über das Los des Täufers. Dass dieser von König Herodes verhaftet und umgebracht wurde, verrät er erst später (6,17–29).[4] Jedenfalls scheint Jesus erst nach der Einkerkerung seines Vorläufers Johannes öffentlich aufgetreten zu sein.

Seine Predigttätigkeit eröffnet er mit einem Wort, das sich anhört wie ein Paukenschlag: »Die Zeit ist erfüllt. [...] Kehrt um, und glaubt an das Evangelium«, das ich euch verkünden werde!

In den alten deutschen Übersetzungen war zumeist zu lesen: *Tut Buße*, und glaubt an die Frohe Botschaft! Wer Buße sagte, meinte damit Abtötungen und Verzicht, und wer Verzicht und Abtötungen hörte, verstand darunter Opfer.

Was will der Mensch, wenn er einer Gottheit opfert? Die Frage lässt sich am ehesten beantworten, wenn wir uns auf unsere zwischenmenschlichen Beziehungen besinnen. Immer wieder geschieht es, dass wir uns in Wohlverhalten üben, dass wir auf Dinge, die uns lieb sind, zugunsten uns nahestehender Menschen verzichten, um uns (mehr oder weniger bewusst) ihrer Zuwendung zu versichern. Lassen sich nicht schon Kinder manipulieren und führen, weil sie eine instinktive Angst vor Liebesentzug haben? Erwachsene versuchen, ihren Partner oder ihre Partnerin an sich zu fesseln, indem sie ihm oder ihr in allem zu Willen sind. Geschieht es nicht immer wieder, dass manche sogar den Verlust ihrer Identität in Kauf nehmen und anderen hörig werden bis zur totalen Selbstaufgabe, in der wahnwitzigen Hoffnung, eine längst gescheiterte Beziehung retten zu können? Die größte aller menschlichen Ängste besteht gerade darin,

---

4   Dem Text des Markusevangeliums folgend, werden wir bei der Behandlung des 6. Kapitels auf Johannes den Täufer zurückkommen.

21

nicht akzeptiert und nicht geliebt zu werden. Damit wird die Angst vor Liebesentzug zum Motiv für das Opfer! Dies ist mit ein Grund, warum wir uns in der Begegnung mit anderen Menschen geradezu krampfhaft darum bemühen, uns stets von unserer besten Seite zu zeigen (was in letzter Konsequenz darauf hinausläuft, dass wir unsere kreativsten und spontansten Seiten nicht ausleben, sie – und damit uns – gewissermaßen »aufopfern«). Wenn aber die Angst das Opfer bedingt, hat man ständig den Eindruck, nicht genug getan zu haben. Der Maßstab der möglichen Selbstaufgabe ist stets ein paar Zoll länger als die Reichweite menschlichen Vermögens.

Im Opferkult werden diese zwischenmenschlichen Beziehungsmuster auf den religiösen Bereich übertragen. Auf dieser Ebene ist immer nur das Feinste gut genug. So lesen wir schon im alttestamentlichen Buch der Sprichwörter: »Ehre den Herrn mit deinem Vermögen, mit dem Besten von dem, was du erntest! *Dann* füllen sich deine Scheunen im Überfluss, deine Fässer laufen über von Most« (Spr 3,9 f.). Es ist dies eine Art, mit Gott oder den Göttern wie mit Geschäftspartnern umzugehen. Das Edelste, das man besitzt, das Kostbarste, das einem gehört, das Beste, das man hervorbringt, wird stets in der mehr oder weniger ausdrücklichen Absicht geopfert, Ablehnung und Strafe abzuwenden. Dabei geht es darum, einen hinter der Weltkulisse neidischen Gott gnädig zu stimmen. Das gilt nicht nur für das Bittopfer, mittels dessen der Mensch Gott für seine Pläne und Projekte zu vereinnahmen sucht, sondern auch für das Dankopfer, das letztendlich nur wiederum dazu dient, sich auch weiterhin der Gunst Gottes (beziehungsweise der Huld der Gottheit oder der Schicksalsmacht) zu versichern.

Ins »Christliche« gewendet jetzt: Opfer muss man bringen, um sich den Himmel zu *verdienen!* Solange man meint, Gott mit Opfern zufriedenstellen zu müssen, bleibt dieser Gott eine dunkle, drohende Macht.

Will Gott überhaupt Opfer?

Stellen wir uns einmal ein Liebespaar vor. Die beiden reden vom Heiraten. Irgendwann fragt die Frau den Mann: »Warum willst du mich heiraten? Was willst du eigentlich von mir?« »Was ich von dir will? Dass du den Haushalt in Ordnung hältst, dass du die Wäsche besorgst und Essen kochst ...« Wenn die Frau diesen Mann noch immer heiraten will, dann hat sie keinen besseren verdient.

Was willst du von mir? Darauf gibt es nur eine einzige Antwort: Natürlich dich! Dich will ich! Genau das sagt Gott zu uns: Dich will ich! Und zwar ganz!

Alles Übrige ergibt sich von selbst, nämlich dass man versucht zu tun, was im Sinne Gottes ist.

Kehrt um! Darauf basiert Jesu ganze Predigt. Im griechischen Original steht dafür *metanoëïte* – ändert euren Sinn, also eure Art zu denken. Auf Gott hin und von Gott her sollt ihr denken und entsprechend handeln.

Wie handeln? Nach den Maßstäben der Frohen Botschaft, die Jesus fortan verkünden wird durch seine Predigt und durch seine Praxis.

FISCHFÄNGER WERDEN ZU MENSCHENFISCHERN

1[16†] Als Jesus am See von Galiläa entlangging, sah er Simon und Andreas, den Bruder des Simon, die auf dem See ihre Netze auswarfen; sie waren nämlich Fischer. [17] Da sagte er zu ihnen: Kommt her, mir nach! Ich werde euch zu Menschenfischern machen. [18] Und sogleich ließen sie ihre Netze liegen und folgten ihm nach. [19] Als er ein Stück weiterging, sah er Jakobus, den Sohn des Zebedäus, und seinen Bruder Johannes; sie waren im Boot und richteten ihre Netze her. [20] Sogleich rief er sie, und sie ließen ihren Vater Zebedäus mit seinen Tagelöhnern im Boot zurück und folgten Jesus nach.

Gleich zwei Mal heißt es in diesem Abschnitt, dass die vier Berufenen Jesus nachfolgen. Die Brüder Simon und Andreas lassen ihre Netze liegen, während die beiden Zebedäussöhne ihren Vater und die übrigen Fischer einfach im Boot zurücklassen. Was situationsbezogen völlig unwahrscheinlich ist, macht theologisch Sinn. Dem Evangelisten geht es darum, seiner Leserschaft den Ernst der Nachfolge vor Augen zu führen. Die Dringlichkeit dieser Forderung unterstreicht der Evangelist, indem er dasselbe Verb (*akoluthéo*) gleich an mehreren Stellen seiner Schrift verwendet, wo es darum geht, in Jesu Fußstapfen zu treten (2,14; 3,7; 5,24; 6,1; 10,52).

Konkret: Die sich auf Jesus einlassen, dürfen weder zaudern noch zögern. Jesusnachfolge schließt jede Halbherzigkeit aus.

Immer wieder einmal geschieht es, dass Menschen über ihre Bestimmung nachdenken, eine Frage, die sich natürlich nicht nur in religiöser Hinsicht stellt. Zudem taucht sie nicht plötzlich auf, sondern ist oft schon lange präsent, bevor sie ausdrücklich ins Bewusstsein tritt. Irgendwann dann macht sie sich unüberhörbar bemerkbar.

Was die Schriftstellerin Ulla Hahn auf eindrückliche Weise in ihrem autobiografischen Roman *Das verborgene Wort* zeigt.

> Ich hatte es mir im Wohnzimmer bequem gemacht, las mit erhobener Stimme aus Schillers *Räubern*, als die Tür aufging. Der Vater. Viel zu früh. Zu spät, mich aus dem Staub zu machen. Der Vater sah grau und trocken aus, brüchig, versteinert. Nur weg hier. Ich rutschte vom Sofa, wollte mich an ihm vorbeidrücken, als er den Gürtel schon aus der Hose gezogen hatte und auf meine Hand mit dem Reclamheftchen pfeifen ließ. »Hast du nichts Besseres zu tun, als hier auf der faulen Haut zu liegen?«, schrie er. Das Heftchen fiel mir aus der Hand, heulend drückte ich die gezeichnete Rechte mit der Linken an die Wange, duckte mich untern Tisch. Sah die Hand des Vaters das Heft ergreifen, hörte, wie er es einmal, zweimal zerriss, sah die verschmierten, mit Gummi aus Autoreifen besohlten Schuhe, die Tür knallte hinter ihnen zu.[5]

Aus dem Kind, aus dem der Vater das Lesen und das Interesse an Literatur und damit dessen Berufung herausprügeln will, ist dann doch noch geworden, wozu es sich berufen fühlte: eine Schriftstellerin.

Das Mädchen ist in eine Häuslerfamilie hineingeboren, in der alles und jedes sich ums Überleben dreht. Und um die Art, wie man unter den gegebenen Umständen bestehen kann. Für den Vater bedeutet *überleben* so viel wie *Geld verdienen*. Um die häusliche Situation halbwegs aushalten zu können, flüchtet sich das Kind in die Bücher und entdeckt dabei eine geistige Welt, in die es immer weiter vordringt. Instinktiv spürt es, dass ein gefüllter Teller, ein warmes Kleid und festes Schuhwerk beileibe nicht alles sind, was man auf dieser Welt benötigt.

Wenn Menschen auf ihr bisheriges Leben zurückblicken, kann es schon vorkommen, dass sie plötzlich ein unbestimmtes schales Gefühl

---

5   U. Hahn, Das verborgene Wort, München [8]2006, 237.

beschleicht. Und dass sie sich dann sagen: Aber das kann doch noch nicht alles gewesen sein! Aber was soll denn noch kommen? Wenn solche Fragen auftauchen, ist es wohl an der Zeit, die eigenen Wertvorstellungen zu überprüfen und sich nach neuen Zielen umzusehen.

Das müssen auch die beiden Brüder Simon und Andreas und die Zebedäussöhne Johannes und Jakobus instinktiv erfasst haben, bevor Jesus sie in seine Gefolgschaft rief. Sonst hätten sie den Mann, der sie ansprach, ja bloß verlacht. Sie rudern nicht mehr auf den See hinaus, sondern wenden den Wellen den Rücken zu. Ihre Boote und Netze lassen sie zurück und folgen Jesus nach. So etwas vermögen nur Menschen, die sich schon lange gesagt haben: »Mein bisheriges Leben – das kann doch nicht alles gewesen sein.« Und die erkannt haben, dass sie das Sinndefizit in ihrem Dasein nur wettmachen können, wenn sie die Richtung ändern. Eben: Kehrt um!

Natürlich will der Evangelist uns nicht dazu überreden, unseren Beruf aufzugeben und unsere Familie im Nichts hängen zu lassen. Aber er erinnert uns daran, dass wir über all den Bemühungen um unser Einkommen und unser Fortkommen Gefahr laufen, das Entscheidende aus den Augen zu verlieren.

Offenbar sind Menschen, die sich keine großen Gedanken über Gott und die Welt machen, insgeheim doch auf der Suche.

Das Kind, von dem Ulla Hahn berichtet, hat sich nicht einfach in die Bücher und damit in eine irreale Fantasiewelt *geflüchtet*, sondern sich auf eine Entdeckungsreise begeben. Ebenso haben sich die Jünger, die Jesus berief, nicht einfach aus ihrem Alltag davongestohlen. Vielmehr haben sie begriffen, dass ihr Dasein sich nicht auf ihren Beruf oder auf ihre Funktionen innerhalb der Gesellschaft reduziert. Menschen, die auf ihr Leben zurückblicken, kommen irgendwann vielleicht zu der Einsicht, dass sie so manches gerade deshalb verpasst haben, weil sie nichts verpassen wollten. Dass es Zeit ist, in andere Richtungen zu blicken. Die Frage ist bloß: in welche? Solide Antworten finden wir zuhauf, wenn wir uns auf das Evangelium besinnen. Das heißt natürlich nicht, deswegen andere Sinnangebote von vornherein ablehnen zu müssen. Aber die Frohe Botschaft könnte ein geeigneter Maßstab sein, um zu beurteilen, ob sie für uns taugen.

KEINE DISKREPANZ ZWISCHEN LEHRE UND LEBEN!

1²¹⁺ In Kafarnaum ging Jesus am Sabbat in die Synagoge und lehrte. ²² Und die Menschen waren voll Staunen über seine Lehre; denn er lehrte sie wie einer, der Vollmacht hat, nicht wie die Schriftgelehrten.

²³ In ihrer Synagoge war ein Mensch, der von einem unreinen Geist besessen war. Der begann zu schreien: ²⁴ Was haben wir mit dir zu tun, Jesus von Nazaret? Bist du gekommen, um uns ins Verderben zu stürzen? Ich weiß, wer du bist: der Heilige Gottes. ²⁵ Da drohte ihm Jesus: Schweig und verlass ihn! ²⁶ Der unreine Geist zerrte den Mann hin und her und verließ ihn mit lautem Geschrei.

²⁷ Da erschraken alle, und einer fragte den anderen: Was ist das? Eine neue Lehre mit Vollmacht: Sogar die unreinen Geister gehorchen seinem Befehl. ²⁸ Und sein Ruf verbreitete sich rasch im ganzen Gebiet von Galiläa.

Eigentlich würde man erwarten, dass die in der Synagoge Versammelten erst außer sich geraten, *nachdem* Jesus einen Widergeist gebannt hat. Was offensichtlich aber nicht zutrifft, denn schon *vorher* versetzen seine Worte die Anwesenden in Erstaunen. Der Evangelist sagt uns auch gleich, warum; wobei er gleichzeitig kein Wort darüber verliert, *was* Jesus lehrt: Es heißt nur, dass er nicht lehrte wie die Schriftgelehrten, sondern wie einer, der Vollmacht hat. Offenbar redet Jesus nicht kühl und distanziert über Gott wie die Theologen oder die Glaubenszensoren, die – was später auch in der Kirche zutreffen sollte – allein an der reinen Lehre, an der Richtigkeit der Formulierungen, an der Eindeutigkeit der Aussagen interessiert sind, unabhängig davon, ob diese Dinge vordringen bis in die Herzen der Menschen. Er redet, wie Gottbegeisterte und Geistentflammte reden, weil er nicht einen Vortrag *über* Gott hält, sondern *Gottes Wort* vorträgt, ein Wort, von dem die Menschen spüren, dass es sie betrifft, weil sie sich davon betroffen fühlen. *Was* Jesus sagt, braucht der Evangelist gar nicht zu erwähnen; dafür bietet sich ihm später reichlich Gelegenheit. Bereits hier wird deutlich, dass es Jesus in erster Linie nicht darum geht, Informationen über Gott zu vermitteln. Vielmehr lässt er die Anwesenheit Gottes spürbar werden. Der Evangelist unterstreicht das, indem er berichtet, wie Jesus im Anschluss an seine Verkündigung einen unreinen Geist besiegt.

Damit zeigt er gleichzeitig, dass jede Glaubensverkündigung nur glaubwürdig ist, wenn den Worten Taten folgen – ein Anliegen, das in der Geschichte der Kirche seit ihren Ursprüngen bis heute aktuell ist.

Verständlich deshalb, dass der geniale Lästerer Heinrich Heine (1797–1856) nur Spott übrighat für jene Kirchenleute, die von ihren Kanzeln herab das Entsagungslied rhapsodieren und das »Eiapopeia vom Himmel« versprechen, während sie es sich wohlsein lassen:

> Ich kenne die Weise, ich kenne den Text,
> ich kenn auch die Herren Verfasser;
> ich weiß, sie tranken heimlich Wein
> und predigten öffentlich Wasser.[6]

Ins gleiche Horn bläst der dänische Denker Sören Kierkegaard (1813–1855), ein Zeitgenosse Heines. Mit beißender Ironie bringt er mittels einer frei erfundenen Geschichte die Diskrepanz zwischen Lehre und Lebensführung auf den Punkt. Der Theologiestudent Ludwig Fromm [!] will Pfarrer werden. *Zuallererst* sucht er eine Anstellung als königlicher Geistlicher. Deshalb macht er *zuerst* Examen, dann absolviert er *zuerst* das Seminar und das Amtsexamen, bevor er sich *zuerst* eine Frau sucht und sich verlobt, dann feilscht er *zuerst* um sein Gehalt. *Ganz zum Schluss dann* besteigt er die Kanzel, um seine Antrittspredigt zu halten. Thema: »Trachtet *zuerst* nach dem Reich Gottes.« Der anwesende Bischof zeigt sich höchst beeindruckt über die von Ludwig Fromm vorgetragene »heilsame, unverfälschte Lehre«. Lediglich einer von der Prüfungskommission zeigt sich entsetzt über die paradoxe Situation und fragt: »Aber meinen denn Euer Hochwürden, dass hier die wünschenswerte Übereinstimmung gegeben sei zwischen Predigt und Leben?«[7]

---

6   H. Heine, Deutschland. Ein Wintermärchen, Caput I.
7   S. Kierkegaard, Der Augenblick, in: ders., Werke, 34. Abt., 232, zit. nach U. Luz, Das Evangelium nach Matthäus, 1. Teilband: Mt 1–7 (Evangelisch-Katholischer Kommentar zum Neuen Testament I/1), Düsseldorf u. a. ⁵2002, 486f.

Gleiches gilt nicht nur für jene, die mit der Verkündigung beauftragt sind, sondern auch für alle, die sich zum Christentum bekennen.

Von einem ganzheitlichen Christentum kann man nach Kierkegaard nur da sprechen, wo Theorie und Tat miteinander übereinstimmen. Was sollen verbale Bezeugungen ohne tätiges Zeugnis? Fehlt dieses, werden sämtliche Lehrsätze des Glaubensbekenntnisses zu Leersätzen.

Solange das Christentum bloß Gegenstand historischer Betrachtung, wissenschaftlicher Gelehrsamkeit oder privater Liebhaberei ist, zählt lediglich sein Unterhaltungswert; es wird zum Geschwätz und, wie Kierkegaard an anderer Stelle sagt, »zu einem menschlichen Gaunerstreich«.[8]

Man mag Kierkegaard vorwerfen, dass er übersieht, dass Unkraut und Weizen auch innerhalb des Christentums nebeneinander gedeihen (vgl. Mt 13,24–30); dass es unter den Gläubigen nicht nur Heilige, sondern auch und vor allem Sünder und Sünderinnen gibt; dass die Kirchen in Knechtsgestalt und als Pilgerinnen auf dem Weg sind ... sein Grundanliegen ist trotzdem berechtigt und hat bis heute nichts von seiner Aktualität eingebüßt. Das Christentum braucht nicht Funktionäre, sondern Pioniere, nicht Beamte, sondern Propheten, nicht Phrasendrescher, sondern Täter. Denn der christliche Glaube ist in erster Linie nicht eine Lehre, die man sich aneignen kann, oder eine Gegebenheit, in die man hineingeboren wird, sondern eine Lebenshaltung, die es durch entsprechendes Handeln zu bezeugen gilt.

Das gilt nicht nur für die Gottesgelehrten, sondern für alle Getauften.

NICHT NUR DAS SEELENHEIL!

1[29]▪ Jesus und die ersten vier von ihm erwählten Jünger verließen sogleich die Synagoge und gingen zusammen mit Jakobus und Johannes in das Haus des Simon und des Andreas. [30] Die Schwiegermutter des Simon lag mit Fieber im Bett. Sie sprachen sogleich mit Jesus über sie, [31] und er ging zu ihr, fasste sie an der Hand und richtete sie auf. Da wich das Fieber von ihr, und sie diente ihnen.

---

8   S. Kierkegaard, Der Augenblick; zit. nach W. Rest, Kierkegaard für Christen, Freiburg i. Br. 1987, 217.

Wir haben bereits darauf hingewiesen: *Was* Jesus in der Synagoge lehrt, verschweigt Markus (1,21). Konkret hingegen wird er bei dem, was Jesus tut. Zuerst erzählt er davon, wie Jesus sich mit einem unreinen Geist anlegt. Gleich darauf ist von einer Krankenheilung die Rede. Damit unterstreicht er, dass dem Mann aus Nazaret nicht nur das Seelenheil, sondern das Wohl der Menschen am Herzen liegt. Markus illustriert das mittels einer Wundergeschichte. Ob es Zufall ist, dass es sich bei der Kranken, die Jesus heilt, um die Schwiegermutter des erstberufenen Apostels handelt, sei dahingestellt. (Dass Simon verheiratet war, hat damals niemanden gestört; vgl. auch 1 Kor 9,5. Anlass zur Verwunderung wäre eher gewesen, wenn er zölibatär gelebt hätte.)

Wenn man sich ein bisschen umhört in den Familien, gewinnt man den Eindruck, dass die Schwiegermütter es manchmal nicht leicht haben mit ihren Schwiegertöchtern. Aber auch Letztere stimmen nicht durchweg ein Loblied an, wenn sie auf ihre Schwiegermütter zu sprechen kommen.

Wie aber verhält es sich mit den Schwiegersöhnen?

Die Frage stellt sich uns angesichts der ersten Krankenheilung, die Jesus dem Markusevangelium zufolge vornimmt. Von der Synagoge begibt er sich ins Haus der Schwiegermutter des Petrus (wie Simon später genannt wird). Sollen wir uns diese Frau als fromme Jesusjüngerin vorstellen, die freudig überrascht ist über den Besuch des Wanderpredigers, von dem ihr Sohn so beeindruckt scheint?

Wahrscheinlicher ist das Gegenteil: Wie hat meine Tochter das bloß verdient, dass Simon Petrus sie von einem Tag auf den anderen sitzen ließ, um sich diesem Prediger anzuschließen, der zwar vollmundig daherredet, in Wirklichkeit jedoch lediglich ein Hungerleider und Habenichts ist? Von dessen erbaulichen Phrasen werden meine Tochter und ich jedenfalls nicht satt! Und jetzt hat dieser selbst ernannte Prophet auch noch die Stirn, sich zusammen mit einigen seiner Gesellen bei uns einzuladen!

Wem grollt die Frau wohl mehr, Jesus oder ihrem Schwiegersohn, der sich von jenem hat verleiten lassen? Natürlich dem Schönredner. Damit ist der Schwiegersohn schon halb entschuldigt – und die Schwiegermutter mit sich im Zwiespalt. Schließlich hat sie ihm ja ihre Tochter anvertraut, nicht nur weil sie nichts an ihm auszusetzen hatte, sondern weil er offenbar ein durchaus anständiger Kerl war. Vielleicht hatte er ja ein Motiv, diesem ominösen Frohbotschafter hinterherzulaufen …

Es ist müßig, darüber zu spekulieren, was die Frau beim Eintritt Jesu und seiner Begleiter empfindet. Der Evangelist hält sich ans Wesentliche, und wir wollen uns an den Text halten. Jesus tritt ans Bett der Kranken, fasst sie bei der Hand und richtet sie auf. Kein Wort wird gesprochen, kein Ton ist zu hören. Die Frau lässt sich von Jesus *berühren*. Das ist nicht nur physisch zu verstehen. Offenbar hat das Auftreten Jesu etwas an sich, das ans Herz rührt. Das ist das Wunderbare. Und alles, was folgt, ist die Folge dieses Wunders. Matthäus, der das Markusevangelium als Vorlage benutzt, wird sagen, dass die Frau aufstand und einzig und allein für Jesus »sorgte«, will sagen, allein ihn bewirtete (Mt 8,15). Bei Markus lesen wir, dass sie auch für die anwesenden Jünger sorgt, die gleich ihrem Schwiegersohn Jesus Gefolgschaft leisten.

Anfänglich war die Schwiegermutter des Simon wohl davon überzeugt, dass es im Leben nur darauf ankomme, die Zukunft zu sichern und Vorsorge zu treffen fürs Alter. Ihre Angst um die Sicherung der äußeren Existenz, ihre Hoffnung auf Enkelkinder, ihre Erwartung, in Ruhe und Zufriedenheit ihren Lebensabend zu beschließen – all das ist beim Zusammentreffen mit Jesus nicht einfach bedeutungslos geworden. Aber es tritt in den Hintergrund. In der Begegnung mit Jesus erfährt sie, dass bei allem begründeten Bemühen um eine gesicherte Existenz erst das Vertrauen gegenüber Jesus und dem von ihm verkündeten Gott die Angst vor der Zukunft zu lindern vermag.

Von welcher Art von Fieber Jesus sie geheilt hat, dürfte inzwischen deutlich geworden sein, nämlich von jener lähmenden Angst, die sich immer dann einstellt, wenn man Gott vergisst und ausschließlich auf die eigenen Fähigkeiten vertraut und über der (berechtigten!) Sorge um die Zukunft das aus dem Blick gerät, was letztlich zählt.

DAS »MESSIASGEHEIMNIS«

1[32] Am Abend, als die Sonne untergegangen war, brachte man alle Kranken und Besessenen zu Jesus. [33] Die ganze Stadt war vor der Haustür versammelt, [34] und er heilte viele, die an allen möglichen Krankheiten litten, und trieb viele Dämonen aus. Und er verbot den Dämonen zu sagen, dass sie wussten, wer er war.

Jesu »Tag in Kafarnaum« neigt sich dem Ende entgegen. Die meisten Bibelkundigen stimmen darin überein, dass dieser Tagesablauf nicht als biografische Notiz zu verstehen ist, sondern dass der Evangelist mit seiner Schilderung *exemplarisch* das Wirken Jesu vorwegnehmen wollte. Der Besessene in der Synagoge und die fieberkranke Schwiegermutter stehen beispielhaft für die Bedrängten aller Zeiten. Dass *sie* in Jesus Heil und Heilung finden, wenn sie sich auf ihn einlassen, zeigt der Fortgang der Schilderung. Die *ganze Stadt* hat sich vor Jesu Bleibe versammelt!? *Alle* Kranken und Besessenen bringen die Leute von Kafarnaum jetzt zu Jesus!? Was sich historisch gesehen wenig glaubhaft anhört, gewinnt an Konturen, wenn wir es theologisch verstehen. Der Ort Kafarnaum versinnbildlicht gewissermaßen die gesamte Welt, in die Jesus nach seiner Auferweckung die Jünger aussenden wird mit dem Auftrag, allen Menschen die Frohbotschaft zu verkünden (16,15). Gleichzeitig nimmt der Evangelist hier narrativ vorweg, was Jesus später von sich sagen wird, nämlich, dass nicht die Gesunden den Arzt brauchen, sondern die Kranken (2,17). Was natürlich symbolisch zu verstehen ist.

Allerdings heißt es, dass Jesus nur »vielen« von den Unglücklichen half. Damit mochten sich Lukas und Matthäus nicht abfinden. Letzterer schreibt, dass Jesus alle heilte, während Lukas sagt, dass er gar jedem Einzelnen die Hände auflegte. Offenbar übersahen die beiden, dass der Einschränkung des Markus eine theologische Komponente eignet. Jesu (und in ihm Gottes) Macht macht die Menschen nicht zu willenlosen Wesen. Helfen kann Gott nur, wenn Menschen bereit sind, sich helfen zu lassen. Wie Markus mehrmals betonen wird, setzt diese Bereitschaft den Glauben an ihn voraus (vgl. 9,24; 10,52; 15,28).

Gegen Tagesende heilt Jesus nicht nur viele Kranke, sondern treibt auch viele Dämonen aus.

Dass Jesus sich als Exorzist betätigt hat, unterliegt keinem Zweifel; jedoch ist es schwierig zu sagen, *welche* diesbezüglichen Schilderungen jeweils einen geschichtlichen Kern enthalten.

Während heute viele Menschen Mühe haben, an die Existenz von bösen Geistern, Dämonen und Teufeln zu glauben, wird deren Wirken in der Bibel schlicht vorausgesetzt. Dass diese dunklen Mächte ihr Unwesen treiben, war für Jesus und seine Landsleute so selbstverständlich wie die Ansicht, dass die Sonne sich um die Erde drehe. Derlei *weltanschauliche Voraussetzungen* gehören nicht zum verbindlichen Glaubensinhalt. Deshalb fragen sich heute viele, ob man auf die in der Antike allgemein (also auch im heidnischen Raum) verbreiteten Anschauungen von Teufeln und Dämonen nicht verzichten könne.

Wenn wir die Bibel etwas näher unter die Lupe nehmen, bemerken wir zunächst, dass in ihren ältesten Schichten (10. Jahrhundert v. Chr.) weder von guten noch von bösen Geistern die Rede ist. Um die Beziehung zwischen Gott und den Menschen aufrechtzuerhalten, bedarf es keinerlei »Zwischenwesen«. Jahwe-Gott wendet sich unmittelbar an Abraham oder an Mose. In späteren Jahrhunderten entrückt Gott. Zur Überbrückung dieses Abstands zwischen ihm und den Menschen treten nun die Engel (griechisch: *ángelos* = Bote) auf den Plan. Diese Entwicklung wiederum führt gleichzeitig zur Vorstellung vom Bösen als einer personifizierten Macht. Eine bedeutende Rolle spielt dabei die Frage nach dem Ursprung des Bösen. Die älteste Antwort der Bibel auf dieses Problem hat in der Geschichte vom Sündenfall ihren Niederschlag gefunden (Gen 3), um zu unterstreichen, dass das Böse nicht von Gott herrührt, sondern vom Menschen verschuldet ist. Die meisten Bibelleserinnen und -leser neigen dazu, die Schlange in dieser Geschichte mit dem Teufel zu identifizieren. Eine solche Sicht liegt aber völlig außerhalb des Verstehenshorizonts des Erzählers; für ihn ist die Schlange lediglich Symbol einer unheimlichen Macht, die ihrerseits Gottes Willen unterstellt ist.

Bekanntlich sah Jesus die eigentliche Ursache für das Böse in der Welt nicht im Wirken böser Mächte, sondern im Fehlen jener *Liebe*, die denen zu helfen und die zu heilen vermag, die im Bösen verstrickt sind.

Ebendies demonstriert er auf augenfällige Weise mit seinen Dämonenbannungen. Dabei handelt es sich nicht einfach um *Teufels*austreibungen, insofern die Evangelisten unterscheiden zwischen *dem Teufel* (oder *Satan*; in der Einzahl!) und *den Dämonen*, von denen in den von ihnen verarbeiteten Überlieferungen häufig die Rede ist.

Im Judentum wurden die Dämonen auch als *unreine Geister* bezeichnet. Das hängt mit den damaligen jüdischen Reinheitsanforderungen zusammen. Bestimmte Menschen, Tiere, Gegenstände oder Orte »verunreinigen« jene, die mit ihnen in Kontakt kommen. Um am Gottesdienst teilnehmen zu können, musste man sich deshalb besonderer Reinigungsriten unterziehen. So galten etwa Heiden, aber auch Arbeiter, die ein unehrenhaftes Handwerk ausübten (Totengräber, Gerber, Händler ...) als kultisch unrein. Zu den unreinen Orten gehörten Gräber und Friedhöfe. Von den Dämonen nahm man an, dass sie bevorzugt an Begräbnisstätten »wohnten«; daher die Bezeichnung »unreine Geister«.

Die in den Evangelien erwähnten Dämonen sind also *nicht mit dem Satan identisch*. In der Antike führte man jede Art von Krankheiten, deren Ursachen man nicht kannte, auf das Wirken dämonischer Mächte zurück, eine Anschauung, die übrigens auch im Mittelalter und auch zur Zeit des Humanismus noch verbreitet war.[9] Aus heutiger Sicht ist es deshalb durchaus legitim, die Exorzismen Jesu als *Krankenheilungen* zu interpretieren.

Dass sich im damaligen Palästina außer Jesus auch zahlreiche seiner Zeitgenossen als Exorzisten betätigten, geht aus einem Wort hervor, das mit Sicherheit von ihm stammt: »Wenn ich die Dämonen durch Beelzebul [kanaanitische Gottheit; wörtlich: »Baal, der Fürst«] austreibe, *durch wen treiben dann eure Söhne sie aus*« (Mt 12,27; Lk 11,19)?

Warum aber verbietet Jesus den Dämonen zu sagen, dass er der Messias ist?

Es ist dies nicht das einzige Mal, dass Markus im Gegensatz zu den übrigen Evangelisten darauf hinweist, dass Jesus darauf Wert legt, *nicht* als Messias bezeichnet zu werden (1,44; 3,12; 8,30). In der Bibelwissenschaft wird dieser Sachverhalt unter dem Begriff *Messiasgeheimnis* diskutiert.

Entsprechend einer verbreiteten Vorstellung musste der Messias als nationaler Befreier auftreten; Palästina wurde ja damals von den Römern

---

9   Näheres dazu bei R. Kieckhefer, Magie im Mittelalter, München 1992, 19, 84–91. Außer auf Dämonen wurden im Mittelalter körperliche Gebrechen häufig auch auf den Einfluss von Kobolden und Elfenwesen zurückgeführt: ebd., 80.

beherrscht. Diese politische Messiaserwartung stand jedoch in krassem Gegensatz zu Jesu religiöser Sendung (1,38). Daher war ihm alles daran gelegen, nicht zum Messias proklamiert zu werden. Als politisch verstandener Messias hätte er riskiert, noch vor der Erfüllung seiner Mission von den römischen Besatzern zum Tod verurteilt zu werden. Tatsächlich haben ja auch Jesu Jünger seine Person und sein Wirken erst nach seiner Auferweckung wirklich verstanden.

Gelegentlich gebietet Jesus im Markusevangelium auch den von ihm Geheilten, darüber zu schweigen, was ihnen widerfahren ist (5,43; 7,36). Damit deutet der Evangelist an, dass Jesus sich nicht mittels Wundertaten als Messias ausweist, sondern dass sein wahres Wesen erst aufgrund seines Kreuzestodes und seiner Auferweckung erkannt werden kann (9,9).

SPRECHENDER GLAUBE

1[35] In aller Frühe, als es noch dunkel war, stand er [Jesus] auf und ging an einen einsamen Ort, um zu beten. [36] Simon und seine Begleiter eilten ihm nach, [37] und als sie ihn fanden, sagten sie zu ihm: Alle suchen dich. [38] Er antwortete: Lasst uns anderswohin gehen, in die benachbarten Dörfer, damit ich auch dort verkünde; denn dazu bin ich gekommen. [39] Und er zog durch ganz Galiläa, verkündete in ihren Synagogen und trieb die Dämonen aus.

Jesus hat sich zurückgezogen. Die vier Jünger, die ihm vor Kurzem Hals über Kopf gefolgt sind, sind beunruhigt. Haben den Eindruck, dass er sich davongestohlen hat. Suchen ihn. Und behaupten, dass alle – gemeint sind die Bewohner von Kafarnaum – ihn ebenfalls vermissen, was sicher nicht der Wirklichkeit entspricht. Wollte der Evangelist damit die Bedeutung Jesu unterstreichen?

Andererseits lässt Markus durchblicken, dass Jesus nicht die geringste Absicht hegt, als Beirat der kommunalen Verwaltung oder gar als Bürgermeister des Städtchens zu kandidieren. Ihm geht es nicht ums eigene Fortkommen, sondern darum, dass er fort kommt, möglichst schnell, um möglichst überall und möglichst vielen seine Gottesbotschaft zu verkünden. Durch das ganze zu seiner Zeit als hinterwäldlerisch geltende

Galiläa will er ziehen, in die Dörfer und Weiler und Käffer. Das und nichts anderes hat er vor.

Ein Mensch, der Wichtiges vorhat, plant im Voraus. Aber mit dem Planen allein ist es nicht getan. Ein frommer Mensch weiß: An Gottes Segen ist alles gelegen. Und um diesen Segen bittet er, in der Hoffnung, dass sein Vorhaben gelingen möge. Genau das tut Jesus.

Wenn ein Mensch sein Leben auf Gott hin ausrichtet, versteht es sich eigentlich von selbst, dass er zu Gott betet und Gott auch zu bitten wagt. Was ist denn Gebet anderes als sprechender Glaube? Das innerste Wesen des Glaubens lässt sich mit vier, fünf Worten ausdrücken: Gott, ich weiß mich in deiner Obhut. In dir bin ich geborgen. Oder einfach: Gott, ich vertraue dir. Das kürzeste Stoßgebet und jede ellenlange Litanei, der leidenschaftlichste Anruf, aber auch die wortstumme Anbetung, ja alles Bitten und Beten überhaupt ist letztlich nur die Entfaltung dieses einen grundlegenden Gebets, das da lautet: Gott, ich vertraue dir.

Diese recht banale Erkenntnis findet sich in folgender alten jüdischen Geschichte verdichtet: Ein Rabbi sagte, der Mensch sollte seine Arbeit, wie wichtig auch immer sie sein mag, manchmal für einen Augenblick unterbrechen und seine Gedanken auf die Furcht Gottes konzentrieren. Das sollte er sogar dann tun, wenn er sich im Gebet oder bei einer anderen religiösen Beschäftigung befindet.

Wohlgemerkt, sogar das Gebet sollen wir unterbrechen (weil wir selbst beim Beten unseren Sinn häufig nicht nach oben, sondern auf uns richten), um uns immer wieder auf das Wesentliche zu besinnen: Gott, ich vertraue dir!

Wenn Gläubige Gott vertrauen, drücken sie damit aus, dass, wenn immer wir stürzen, und sei es in den Abgrund des Todes, sie daran festhalten, nicht ins Nichts hineinzufallen, sondern in Gottes Schoß.

Wer Wichtiges vorhat, tut gut daran, im Voraus zu planen. Gläubige – und darin ist Jesus uns Vorbild – stellen alles Planen dem Willen Gottes hintan; all ihr Beten steht unter einem Vorbehalt: »*Dein Wille geschehe*« (Mt 6,10; 26,42). Häufig wurde Gottes Wille mit seinem ewigen unerforschlichen Ratschluss gleichgesetzt, dem der Mensch unterworfen ist. Gott erscheint so als der große Regisseur des Welttheaters; die Menschen fungieren als bloße Statisten. Aber so verhält es sich gerade nicht.

Die Bereitschaft, Gottes Willen zu erfüllen, besagt nicht, dass der Mensch zur Passivität verurteilt ist. Vielmehr erbittet er von Gott die Kraft, das zu tun, was seinen Absichten entspricht. Daran erinnert auch ein Jesuswort aus dem Johannesevangelium:»Meine Speise ist es, den Willen dessen zu tun, der mich gesandt hat, und sein Werk zu vollenden« (Joh 4,34; vgl. Joh 5,30). Betende orientieren sich am Vorbild Jesu, wenn sie alle menschliche Bedürftigkeit Gottes Sorge anheimstellen, im festen Vertrauen darauf, dass denen,»die Gott lieben, alles zum Guten gereicht« (Röm 8,28).

ES STEHT ABER GESCHRIEBEN ...

1[†] In jener Zeit [40] kam ein Aussätziger zu Jesus und bat ihn um Hilfe; er fiel vor ihm auf die Knie und sagte: Wenn du willst, kannst du mich rein machen. [41] Jesus hatte Mitleid mit ihm; er streckte die Hand aus, berührte ihn und sagte: Ich will – werde rein! [42] Sogleich verschwand der Aussatz und der Mann war rein. [43] Jesus schickte ihn weg, wies ihn streng an [44] und sagte zu ihm: Sieh, dass du niemandem etwas sagst, sondern geh, zeig dich dem Priester, und bring für deine Reinigung dar, was Mose festgesetzt hat – ihnen zum Zeugnis. [45] Der Mann aber ging weg und verkündete bei jeder Gelegenheit, was geschehen war; er verbreitete die Geschichte, sodass sich Jesus in keiner Stadt mehr zeigen konnte; er hielt sich nur noch an einsamen Orten auf. Dennoch kamen die Leute von überallher zu ihm.

Es steht geschrieben! Was lässt sich nicht alles rechtfertigen mit diesen drei Worten! Es steht geschrieben: Im Buch der Bücher, und dieses Buch enthält Gottes Wort. Ist das Gotteswort etwa nicht wörtlich zu nehmen? Geschrieben steht im Buch Levitikus:

Der Aussätzige mit dem Anzeichen soll eingerissene Kleider tragen und das Kopfhaar ungekämmt lassen; er soll den Bart verhüllen und ausrufen: Unrein! Unrein! Solange das Anzeichen [der Krankheit] an ihm besteht, bleibt er unrein; er ist unrein. Er soll abgesondert wohnen, außerhalb des Lagers soll er sich aufhalten (Lev 13,45 f.).

Wenn ein Aussätziger von seiner Krankheit geheilt war, musste sich zunächst ein Priester von dessen Genesung überzeugen, der anschließend die Reinigungsrituale in Form von Opfern vornahm. Erst nach der Darbringung dieser Opfer galt die betreffende Person wiederum als kultisch rein.

Aussätzige wurden aus der Gemeinde ausgeschlossen, obwohl schon zur Zeit Jesu das Wissen verbreitet gewesen sein dürfte, dass Aussatz nicht ansteckend ist. Der Ausschluss erfolgte nämlich nicht aus medizinischen Gründen, sondern um der Heiligkeit des Volkes willen, die man durch die Unreinheit des Aussatzes besonders gefährdet sah. Nach rabbinischer Ansicht verunreinigte ein aussätziger Mensch (kultisch und rituell) nicht nur alles, was er berührte; schon sein bloßer Eintritt in ein Haus machte nach Ansicht einiger Rabbinen alle darin befindlichen Geräte »bis zu einer Höhe von vier Ellen«, nach anderen »alles bis zu den Balken hinauf« unrein.[10] Das Los der Aussätzigen war furchtbar. Jeglicher Kontakt zum übrigen Volk war ihnen verboten. Schon durch eine zufällige Begegnung mit einem Aussätzigen konnte man sich unter Umständen Unreinheit zuziehen.

Man kann diese fürchterliche Sachlage nur verstehen, wenn man sich in die Lage von Menschen hineinversetzt, die *heute* außerhalb der Normalität leben (oder außerhalb dessen, was man als normal – also der allgemein anerkannten Norm entsprechend – *bezeichnet* in einer Gesellschaft oder Kirche, die sich nicht nur am geltenden Recht, sondern, darüber hinaus, auch an mancherlei ungeschriebenen, aber dafür umso fester verankerten Konventionen, Regeln und Grund-Sätzen orientiert und die andere Menschen wie Geächtete und Rechtlose behandelt, weil diese andere Wege gehen, vielleicht gerade deshalb, weil sie andere Wege gehen *müssen*, um sich nicht aufzugeben.

Da ist zum Beispiel ein Priester, der nicht am Zölibat *gescheitert* ist, sondern der, nach langem Ringen mit Gott und mit sich, erkannt hat, dass er wohl für das Priesteramt, aber einfach nicht für das Alleinsein geschaffen ist. Und weil die Last des Letzteren so sehr überwiegt, dass

---

10 H. L. Strack/P. Billerbeck, Kommentar zum Neuen Testament aus Talmud und Midrasch, Bd. IV/2, München ³1961, 753.

auch seine geistliche Berufung immer mehr eine einzige psychische Belastung darstellt, entschließt er sich eben zu dem schweren Schritt, sein Amt in die Hände der Kirche zurückzulegen. Aber so richtig aufatmen kann er nicht, denn er hat nicht mit der Reaktion mancher seiner früheren Amtsbrüder gerechnet, die (*sicher* nicht aus Nächstenliebe und *hoffentlich* nicht aus Neid) den Kontakt zu ihm abbrechen, die an seinen persönlichen Problemen überhaupt nicht interessiert sind, die ihm allenfalls offen zu verstehen geben, dass sie zwar Seelsorger, aber nicht Seelsorger für ausgestiegene Seelsorger seien … Viel tiefer trifft diesen Priester wohl die Reaktion einzelner innerhalb der Pfarrgemeinde aktiver Christinnen und Christen. Manche von jenen Frauen, die »ihren« Pfarrer früher wie einen zweiten Messias angehimmelt haben, sprechen jetzt schlecht über ihn, gerade so, als hätte er *ihnen persönlich* mit seinem Abschied vom Priesteramt etwas weggenommen. Und die Frömmsten unter den Frommen üben sich in Telefonterror oder schreiben anonyme Briefe: »An den abgefallenen Pfarrer«, steht auf dem Umschlag, damit auch der Postbote weiß, welchem Scheusal er da eine Nachricht in den Briefkasten steckt.

Im gewöhnlichen Alltag geht es viel banaler, aber nicht weniger dramatisch zu. Menschen, die nicht spuren, wie man das von ihnen erwartet, die »irgendwie anders« sind und sich deswegen auffällig verhalten oder die sich, aus welchen Gründen auch immer, über die eine oder andere allgemein geübte Gepflogenheit hinwegsetzen (müssen), bekommen sehr schnell zu spüren, was die Gesellschaftswissenschaftler und Soziologinnen meinen, wenn sie von sozialer Kontrolle reden: Man gibt ihnen auf jede nur mögliche – also oft auch auf infame – Weise zu verstehen, dass man ihre Außenseiterrolle nicht akzeptiert. Indem man *behauptet*, sie würden sich isolieren, isoliert man sie.

Es gibt viele Arten, Menschen in eine Außenseiterrolle zu drängen, sie zu Parias zu machen und sie wie Aussätzige zu behandeln.

Wie kann man solchen Menschen helfen, und wie können sie sich helfen? Auf diese Frage zuallererst gibt die Erzählung von der Heilung des Aussätzigen eine Antwort. Obwohl dieser von allen gemieden wird, hegt Jesus ihm gegenüber keine Vorurteile; unvoreingenommen hört er sich seine Not an. »Jesus hatte Mitleid mit ihm; er streckte die Hand aus, berührte ihn und sagte: Ich will – werde rein!« Mitleid meint hier nicht ein oberflächliches Bedauern (so ein »armer Hund«), sondern Mit*leiden*. Damit statuiert Jesus ein Exempel; er zeigt, wie man Menschen aus ihrer Isolation und aus ihrer Verbitterung heraushilft.

Heraus*hilft*, nicht heraus*holt*! Denn fürsorgliches Denken und eine karitative Haltung und die Signalisierung von Zuwendung und Verständnis allein eröffnen einem »aussätzigen« Menschen noch keine neuen Perspektiven. Die Unterstützung, die er vonseiten anderer erfährt, ist nicht mehr (aber auch nicht weniger) als eine erste Hilfe. Die erfahrene Anteilnahme kann (und soll) die Betroffenen motivieren, ihr Schicksal in die Hand zu nehmen und so den Heilungsprozess voranzutreiben.

Wenn wir die Episode von der Heilung des Aussätzigen rein historisch betrachten wollten, würden wir sie auf eine simple Wundergeschichte reduzieren, ohne jeden Aktualitätsbezug. Das Entscheidende, das Wunderbare daran ist nicht die Feststellung, dass da ein Mensch heil wurde, das Entscheidende sind vielmehr die *zwei Wunder*, die das erst ermöglichen.

Da ist einer, der sich von Gesetzes wegen von den Gesunden fernhalten müsste; aber nach Monaten, vielleicht erst nach Jahren wagt er es mit einem Mal, die Vorschrift zu übertreten. Der Mann spürt plötzlich: Wenn ich diesmal die Gelegenheit nicht beim Schopf fasse, werde ich nie wieder den Mut haben, mich aufzulehnen gegen ein Gebot, das für mich tödlich ist! In dem Moment geschieht *das erste Wunder*: Ungeachtet der bestehenden Vorschriften nähert sich der vom Aussatz Geschlagene Jesus.

Auch *das zweite Wunder*, das sich unmittelbar darauf ereignet, besteht in einer Übertretung des Gesetzes. Jesus wendet sich nicht ab von dem Unglücklichen, wie die mosaische Weisung es vorschreibt, sondern hat Mitleid mit ihm. Und – was geradezu unerhört ist – er berührt den Unberührbaren.

Auf der einen Seite ist da die Not, auf der anderen das Erbarmen. Jesus demonstriert, dass angesichts der menschlichen Not weder gesellschaftliche Regeln noch irgendwelche religiöse Tabus gelten. Hier und jetzt haben diese Dinge gerade so viel Bedeutung, als seien sie in den Sand oder ins Wasser geschrieben. Bezüglich menschlicher Bedürftigkeit zählt einzig eines: mitmenschliche Zuwendung.

Können wir denn zu einem Menschen nicht einfach sagen: »Sei rein!«? Das würde bedeuten: Lass alles heraus, was man in dich hineinprojiziert hat, alle Ängste, die man dir eingeredet hat, die Verachtung, die man dir entgegenbringt, und die dadurch verursachten Minderwertigkeitskomplexe. Bei allen Mängeln, die dir anhaften, bist du im Innersten heil. Warum können wir das nicht sagen, wieder und wieder?

Zum einen, weil es Menschen, die kein Selbstwertgefühl besitzen und die sich deshalb am Rand der Gesellschaft und dort erst noch ganz unten bewegen, unendlich schwerfällt, sich anderen zu nähern und sich ihnen mitzuteilen. Wie sollten sie auch, wenn alle sie wie Aussätzige behandeln! Damit ist auch der zweite Grund benannt, weshalb viele zögern, auf diese Menschen zuzugehen: Weil man sie als Aussätzige betrachtet! Und warum gelten sie als Parias? Unter anderem deshalb, weil sie sich nicht an die überkommenen Konventionen, die gesellschaftlichen Spielregeln, die religiösen Vorschriften halten (oder sich umständehalber nicht daran halten können). Solange bestimmte Satzungen sogar in Ausnahmesituationen als unantastbar gelten, werden Menschen zu Aussätzigen gemacht, und das auf eine Weise, dass sie sich am Ende als solche fühlen.

Sei rein!, sagt Jesus zu dem Kranken. Und im selben Augenblick, heißt es, wird er geheilt. Ein solcher Heilungsprozess kann sich im wirklichen Leben über Wochen und Monate, vielleicht gar über Jahre hinziehen. Rückfälle sind nicht auszuschließen.

Jetzt, so müssten wir hinzufügen, kommt es nur auf eines an: Lass die Leute reden, bis ihnen die Zunge zum Hals heraushängt. Sie haben kein Recht, dich zu beurteilen, gar zu verurteilen! Das Einzige, worauf es jetzt ankommt, ist, dass du deinen Weg gehst! *Deinen* Weg! Dass du das tust, was *du* als richtig empfindest.

Wenn immer Menschen sich auf irgendwelche Vorschriften berufen mit dem Satz »Es steht aber geschrieben!«, ist ihnen mit Jesus entgegenzuhalten, unter welchem Vorbehalt alles Geschriebene und Vorgeschriebene steht, nämlich: »Der Sabbat ist für den Menschen da und nicht der Mensch für den Sabbat« (2,27)!

2. KAPITEL

2[†] Als Jesus nach einigen Tagen wieder nach Kafarnaum hineinging, wurde bekannt, dass er im Hause. [2] Und es versammelten sich so viele Menschen, dass nicht einmal mehr vor der Tür Platz war; und er verkündete ihnen das Wort. [3] Da brachte man einen Gelähmten zu ihm, von vier Männern getragen. [4] Weil sie ihn aber wegen der vielen Leute nicht bis zu Jesus bringen konnten, deckten sie dort, wo Jesus war, das Dach ab, schlugen die Decke durch und ließen den Gelähmten auf seiner Liege durch die Öffnung hinab. [5] Als Jesus ihren Glauben sah, sagte er zu dem Gelähmten: Mein Sohn, deine Sünden sind dir vergeben! [6] Einige Schriftgelehrte aber, die dort saßen, dachten in ihrem Herzen: [7] Wie kann dieser Mensch so reden? Er lästert Gott. Wer kann Sünden vergeben außer dem einen Gott? [8] Jesus erkannte sogleich in seinem Geist, dass sie so bei sich dachten, und sagte zu ihnen: Was für Gedanken habt ihr in euren Herzen? [9] Was ist leichter, zu dem Gelähmten zu sagen: Deine Sünden sind dir vergeben!, oder zu sagen: Steh auf, nimm deine Liege, und geh umher? [10] Damit ihr aber erkennt, dass der Menschensohn die Vollmacht hat, auf der Erde Sünden zu vergeben – sagte er zu dem Gelähmten: [11] Ich sage dir: Steh auf, nimm deine Liege und geh nach Hause! [12] Er stand sofort auf, nahm seine Liege und ging vor aller Augen weg. Da gerieten alle in Staunen; sie priesen Gott und sagten: So etwas haben wir noch nie gesehen.

Es gibt Augenblicke im Leben, in denen man sich vor sich selbst schämt, in einer entscheidenden Situation total versagt zu haben. Man ist dann wie gelähmt. Diese Lähmung ist total, wenn man eine solche Situation verursacht oder gar verschuldet hat.

Da ist ein Mann, der sich in der Kneipe in einen unsinnigen Streit verwickeln lässt und dabei einem Kumpel eine Bierflasche über den Kopf haut. Der fällt auf der Stelle tot um, und Tote kann man auch mit dem blanken Entsetzen über eine solche Tat nicht wieder lebendig machen.

Wie reagieren Menschen in solchen Situationen? Vielleicht stampfen sie mit den Füßen auf den Boden, hauen mit den Fäusten gegen die Tür oder schlagen mit dem Kopf an die Wand. Oder sie schmeißen den nächstbesten Gegenstand durchs Fenster oder zertrümmern die halbe Wohnungseinrichtung. Oder sie betrinken sich. Womöglich schreien sie auf angesichts ihrer bodenlosen Ohnmacht. Allenfalls kriegen sie einen Wein- oder einen Lachkrampf. Der Mann, der eben seinen Kollegen erschlagen hat, könnte sich zuallererst fragen: Mit wem werde ich in Zukunft Bier trinken und Karten spielen?

Wenn dann der erste Schock vorbei ist und das Furchtbare langsam ins Bewusstsein vordringt, sind diese Menschen zu nichts mehr fähig. Zu gar nichts. Zunächst sind sie völlig außerstande, ihre Gedanken zu ordnen oder sie überhaupt zu sammeln.

Und dann, allmählich, geht die Verzweiflung über in Stumpfheit und Apathie. Die Betroffenen schleichen wie Schatten durch die Gegend, und es ist ihnen alles gleichgültig. Genauer gesagt, alles ist mit einem Mal gleich ungültig für sie. Sie sind wie gelähmt. Mehr noch, sie *sind* gelähmt. Wie findet man wieder heraus aus einem solchen Zustand?

Diese Frage thematisiert die Geschichte von der Heilung eines Gelähmten. Die Verkoppelung von Krankheit und Sünde mag uns zunächst befremdlich anmuten. Es handelt sich dabei keineswegs um eine abwegige Ansicht, sondern dieses Phänomen ist in gewisser Weise von psychosomatischen Krankheiten bekannt. Damit sind gesundheitliche Störungen gemeint, deren Ursachen in der Psyche zu lokalisieren sind. Wenn ein Mensch anderen stets als Sündenbock dient und er immer alles schlucken muss, macht sich vielleicht irgendwann ein Magengeschwür bemerkbar. Manche Dermatologen sind davon überzeugt, dass Ausschläge häufig auch darauf zurückzuführen sind, dass sich jemand einfach nicht mehr wohlfühlt in seiner Haut. Chronische Schlaflosigkeit oder Albträume lassen in vielen Fällen auf verdrängte und deshalb unbe-wältigte Erfahrungen schließen ...

Derartige psychosomatische Krankheiten gehören bereits in den Themenbereich unserer Wundergeschichte. Allerdings wird hier die see-lische Ursache der Krankheit mit dem Begriff Sünde umschrieben.

Im Neuen Testament meint Sünde immer die Entgottung Gottes. Indem der Mensch selbstherrlich die Maßstäbe dafür setzt, was ihm förderlich ist, setzt er sich an Gottes Stelle; *er* entscheidet, was gut ist für ihn.

Die Geschichte von der Heilung des Gelähmten verschweigt, worin der Kranke sich verfehlt hat. Wichtig ist vielmehr der kausale Zusam-menhang zwischen Sünde und Krankheit. Dieser Mensch ist gelähmt, weil er sich der Sünde ausgeliefert hat. Seine Krankheit – biblisch: seine Sünde – ist nicht die Folge einzelner Verfehlungen, sondern ist bedingt durch seine verkehrte (also pervertierte oder sündhafte) Einstellung zum Leben.

Dem ursächlichen Zusammenhang zwischen Sünde und Krankheit entspricht umgekehrt die Interaktion von Heil und Heilung. Erst wenn der Gelähmte sein psychisches Gleichgewicht, will sagen sein Seelenheil, gefunden hat, kann er von seiner körperlichen Krankheit geheilt wer-den. Damit dieser Mensch seinen Frieden wiedererlangt, muss er zunächst herausfinden aus seiner Selbstbezogenheit und aus seiner Ent-fremdung von Gott – in neutestamentlicher Sprache ausgedrückt: von seiner Sünde befreit werden.

In der Geschichte von der Heilung des Gelähmten wird dieser Sach-verhalt sozusagen im Zeitraffer dargestellt: »Deine Sünden sind dir ver-geben!« Und gleich darauf: »Steh auf, nimm deine Liege, und geh nach Hause!«

In der Regel erstreckt sich dieser Vorgang der Selbst- und Gottfin-dung und die damit verbundene Heilung auf einen längeren Zeitraum.

Steh auf und geh! Wenn du tatsächlich frei werden willst, darfst du dich nicht auf deine Schuldgefühle fixieren. Vielmehr musst du versu-chen, dich mit der Tatsache abzufinden, dass du in deinem Leben immer wieder Fehlentscheidungen treffen kannst und vermutlich auch treffen wirst und dass du deswegen nicht schon ein strafwürdiger oder verdam-menswerter Mensch bist.

Es gehört zum Menschsein, dass Furchtbares mit uns geschehen kann und dass wir manchmal gerade deshalb auch anderen Menschen Furchtbares zufügen. Aber es gehört zum Menschsein auch, dass wir mehr sind als die Summe unserer Fehler und unserer Schuld. Zur Menschlichkeit hingefunden haben wir nicht schon, wenn wir unsere Schulden abbezahlt haben. Menschlicher werden wir erst, wenn wir nach den Gründen und Hintergründen unseres Fehlverhaltens fragen. Erst dann können wir uns erheben, wenn jemand zu uns sagt: Steh auf, wag den Versuch, geh! Oder auch: Deine Schuld ist dir vergeben!

Wohl sagt Jesus zu dem Gelähmten: »Steh auf!« Aber er fügt hinzu: »Nimm deine Liege, und geh nach Hause!« Das kann nur heißen: Diese Bahre, auf der du daniederlagst, gehört zu dir. Du darfst deine Vergangenheit nicht verdrängen. Erst wenn du fähig bist, auch zu deiner Vergangenheit zu stehen, kannst du wieder aufrecht gehen. Sag Ja zu dir, dann fühlst du das Leben neu in dir, auf eine Weise, wie sonst nur Liebende es spüren, gerade so, als sei es in deinem Herzen plötzlich Frühling geworden.

JESUS IN SCHLECHTER GESELLSCHAFT

2[†] In jener Zeit [13] ging Jesus wieder hinaus an den See. Da kamen Scharen von Menschen zu ihm, und er lehrte sie. [14] Als er weiterging, sah er Levi, den Sohn des Alfäus, am Zoll sitzen und sagte zu ihm: Folge mir nach! Da stand Levi auf und folgte ihm nach. [15] Und als Jesus in seinem Haus beim Essen war, aßen viele Zöllner und Sünder zusammen mit ihm und seinen Jüngern; denn es folgten ihm schon viele [16] Als die Schriftgelehrten, die zur Partei der Pharisäer gehörten, sahen, dass er mit Zöllnern und Sündern aß, sagten sie zu seinen Jüngern: Wie kann er zusammen mit Zöllnern und Sündern essen? [17] Jesus hörte es und sagte zu ihnen: Nicht die Gesunden brauchen den Arzt, sondern die Kranken. Ich bin gekommen, um die Sünder zu rufen, nicht die Gerechten.

Dass die Pharisäer im Christentum bis heute als Heuchler *par excellence* gelten, verdankt sich zu einem guten Teil dem berühmten Gleichnis vom Pharisäer und vom Zöllner (Lk 18,10–14). Im Gegensatz zur Partei der Sadduzäer, deren Anhänger der Priesteraristokratie entstammten, rekru-

44

tierten sich die Pharisäer vorzugsweise aus dem handwerklichen Mittelstand, dem auch Jesus seiner Herkunft nach angehörte. Die Pharisäer bildeten eine Laienbewegung, die beim Volk hohes Ansehen genoss. Ihr Hauptanliegen war eine möglichst genaue Beachtung des Gesetzes. Dieses Bestreben führte allerdings dazu, dass sie sich zunehmend von den untersten Volksschichten distanzierten. Diese galten schon deshalb als anrüchig, weil sie die einzelnen Gesetze oft gar nicht kannten und sie deshalb auch nicht befolgen konnten.

Der Konflikt zwischen Jesus und den Pharisäern hat seine Ursache nicht darin, dass Jesus sich über deren Lehre und Lebenspraxis abschätzig geäußert hätte. Ein ständiger Dorn im Auge hingegen war ihm das elitäre Bewusstsein dieser Kaste, das sich nicht nur in religiösen, sondern auch in alltäglichen Dingen äußerte. Schon bald nach Jesu Tod und Auferweckung kam es zwischen den Jesusgläubigen und den übrigen Juden zu Spannungen, die schließlich eine Spaltung zur Folge hatten. Die damit verbundene gegenseitige Polemik führte dazu, dass insbesondere die Pharisäer in den Evangelien zu *den* Widersachern Jesu hochstilisiert wurden.

Dass Jesus ausgerechnet einen Zöllner zur Nachfolge beruft, ihm in sein Haus folgt und sich von ihm bewirten lässt, muss denen, die sein Auftreten kritisch begutachten, sauer aufstoßen. Das wäre ungefähr so, als würde sich ein Pfarrer heute seine engsten Mitarbeitenden nicht unter den Kirchenfrommen aussuchen, sondern Prostituierte und andere Randständige in seinen Beraterstab miteinbeziehen. Warum eigentlich nicht? Die wissen vielleicht mehr vom Leben als jene, die sich immer nur, zumindest öffentlich und mit Blick auf die Nachbarn, an die bürgerlichen Moralvorstellungen halten – womöglich weniger aus Überzeugung denn aus Angst vor der Sozialkontrolle.

Mit öffentlichen Sündern, gar mit Steuereintreibern sitzt Jesus am Tisch. Welch ein Skandal!

Niemand zahlt gern Steuern. Viele wähnen sich schon beim Ausfüllen der Steuererklärung vom Staat geschröpft. Dennoch gilt es heute nicht als diskriminierend, mit einem Steuerbeamten befreundet zu sein; im Gegenteil. Der kann mit ein paar raffinierten Tipps durchaus behilflich sein, wenn es darum geht, vom Staat wiederum etwas von dem hereinzuholen, was man im Lauf des Jahres von übereifrigen Ordnungshütern wegen Falschparkens aufgebrummt bekam.

Zur Zeit Jesu präsentierte sich die Sachlage in Palästina anders. Die Zollbeamten haben ihr Amt von der römischen Besatzungsmacht gepachtet. Unter der Bevölkerung gelten sie als Kollaborateure. Für die Pachtsumme müssen sie geradestehen. Was wiederum bedingt, dass sie die Abgaben so festsetzen, dass ihnen nach Abzug der Pachtsumme ein satter Gewinn bleibt. Damit machen sie sich bei ihren Landsleuten genauso unbeliebt wie heute eine Gerichtsvollzieherin, die bei einer verschuldeten Familie vorbeischaut, um angebliche Luxusgüter zu pfänden. Überdies gelten Zollbeamte nach jüdischem Verständnis schon deshalb als unrein, weil sie notgedrungen Umgang mit den Römern – also mit Heiden – pflegen. Kurzum, Zöllner gehören zur Kategorie der öffentlichen Sünder. In den rabbinischen Schriften werden sie den Räubern und Dieben gleichgestellt.

Fest steht, dass Jesus bei der Berufung seiner Jünger eine andere Messlatte anlegt als die Religionsbeamten. Das hängt mit seiner Rechtfertigungslehre zusammen, die der Evangelist, geradezu genial, in einem einzigen kurzen Satz zusammenfasst: »Nicht die Gesunden bedürfen des Arztes, sondern die Kranken.«

Damit erweist er sich als einfühlsamer Therapeut. Während die meisten dazu neigen, die Guten zu loben und die vermeintlich Schlechten zu tadeln und zu verachten, geht Jesus den umgekehrten Weg. Er geht auf Menschen zu, die andere wegen ihres Verhaltens meiden. Er nimmt ihnen nicht auch noch den letzten Rest ihres oft schon geknickten Selbstvertrauens, indem er sie mit Vorwürfen überhäuft: Aus euch wird nie was Rechtes. Versager seid ihr und Fehlgeleitete! Vielmehr sagt er: Ihr seid nicht abgeschrieben! Genauso wie alle anderen seid ihr fähig, das Gute, das in euch steckt, zur Entfaltung zu bringen.

Gott – dies gibt er gerade den religiösen Randexistenzen zu verstehen – macht sein Wohlwollen nicht von religiösen Vorleistungen abhängig. Immer wieder spricht Jesus von der voraussetzungslosen Güte, die Gott uns entgegenbringt. Und nie ist da von irgendwelchen Verdiensten die Rede, mit denen ein Mensch *zuerst* sich Gottes Liebe erwerben müsste – begreiflicherweise, denn Gott kennt keine käufliche Liebe. Um es mit einem Bild zu sagen: So wie die Sonne nicht scheint und der Regen sich nicht ergießt, *weil* die Bäume grünen und die Blumen blühen, sondern *damit* sie wachsen und sich in ihrer vollen Pracht entfalten können, so darf man auch Gottes Liebe zum Menschen nicht als Belohnung für irgendwelche guten Werke verstehen. Vielmehr nimmt Gott jeden Menschen an, wie er ist, weil nur auf diese Weise das Gute in ihm Wurzeln treiben und wachsen kann. Mit einem Wort: Einsicht und Reue sind nicht *Voraussetzung* dafür, dass Gott uns zugewandt ist. Sie sind vielmehr die *Folge* der Erkenntnis von Gottes Zuwendung.

Statt ständig darüber zu jammern, dass sich immer mehr Menschen den Kirchen entfremden und dass die Welt immer schlechter wird, scheint es angebracht, darüber nachzudenken, wie Jesus den Außenstehenden begegnet – und die nötigen Folgerungen daraus zu ziehen. Dann kämen wir wohl zu der Erkenntnis, dass das Christentum in erster Linie nicht eine richterliche, sondern eine therapeutische Funktion hat. Was Jesus ja auf exemplarische Weise demonstriert.

TRADITION IST DER FORTSCHRITT VON GESTERN

2 [18†] Da die Jünger des Johannes und die Pharisäer zu fasten pflegten, kamen Leute zu Jesus und sagten: Warum fasten deine Jünger nicht, während die Jünger des Johannes und die Jünger der Pharisäer fasten? [19] Jesus antwortete ihnen: Können denn die Hochzeitsgäste fasten, solange der Bräutigam bei ihnen ist? Solange der Bräutigam bei ihnen ist, können sie nicht fasten. [20] Es werden aber Tage kommen, da wird ihnen der Bräutigam weggenommen sein; dann werden sie fasten, an jenem Tag. [21] Niemand näht ein Stück neuen Stoff auf ein altes Gewand; denn der neue Stoff reißt vom alten Gewand ab, und es entsteht ein noch größerer Riss. [22] Auch füllt niemand jungen Wein in alte Schläuche. Sonst zerreißt der Wein die Schläuche; der Wein ist verloren und die Schläuche sind unbrauchbar. Junger Wein gehört in neue Schläuche.

Als verpflichtend galt im Judentum zur Zeit Jesu lediglich ein *öffentliches* Fasten am Jom-Kippur-Fest, also am Versöhnungstag (vgl. Lev 16,29 f.), sowie an Gedenktagen nationalen Unglücks (Sach 7,3–6; 8,19) und in Zeiten der Not. Darüber hinaus fasteten viele, um ein Gelübde einzulösen, um Buße zu tun oder um ihrer Trauer Ausdruck zu verleihen. In pharisäischen Kreisen galt dieses freiwillige Fasten als besonders verdienstvoll. Die Johannesjünger hingegen fasten, um sich für die Ankunft des Messias vorzubereiten.

Hier indessen geht es nicht um die Fastenfrage an sich, sondern um die neue Situation, die mit dem Erscheinen Jesu entstanden ist. Im Gegensatz zu den Johannesjüngern brauchen alle, die an Jesus als den Messias glauben, nicht mehr zu fasten (ein kirchliches Fastengebot ist erst seit dem 3. Jahrhundert bekannt). Der Speise enthalten sollen sie sich allenfalls, »wenn ihnen der Bräutigam weggenommen wird« – was sich wohl darauf bezieht, dass es in der Gemeinde des Evangelisten üblich war, alljährlich am Gedenktag von Jesu Tod zu fasten.

Anstelle der alttestamentlichen Messiaserwartung ist die Gewissheit getreten, dass der ersehnte Messias bereits erschienen ist. Kurzum, der alte Äon ist beendet; ein neues Zeitalter hat begonnen.

Damit werden nicht nur die alten Fastenvorschriften überflüssig. Erfahrungsgemäss lässt sich ein in einem abgetragenen Gewebe entstandenes Loch nicht mit einem neuen Lappen aus gutem Stoff flicken; das würde nicht gutgehen. Ähnliches gilt vom Rebensaft. Selbst wer keinen eigenen Weinberg besitzt, füllt neuen Wein nicht in alte Schläuche.

Ich gehe jede Wette ein: Wenn traditionell denkende Christenmenschen gefragt würden, was das Wichtigste in der Kirche sei, lautete die Antwort: die Messe. Oder: das Abendmahl. Und was ist das Wichtigste daran? Natürlich die Wandlung! – Und wenn davon die Rede ist, dass sich in unseren Kirchen etwas *wandeln* müsse, dann bliebe diesen Menschen die Spucke weg. Eugen Drewermann hat recht: »Was *beweist* denn eine Tradition, außer dass sie lang und alt ist? Eine lange Tradition aber, wenn sie *nicht stimmt*, ist nichts weiter als ein langer Irrtum.«[11]

Es ist schon über drei Jahrzehnte her, als mir ein älterer Mann sagte: »Uns, die Alten, haben sie nicht gefragt, als sie am Konzil all die vielen Neuerungen eingeführt haben; was früher war, war eindeutig besser.« »Es waren aber nicht gerade die Jüngsten«, erwiderte ich, »die damals die Konzilsbeschlüsse zu verantworten hatten. – Und darf ich Ihnen noch

---

11 E. Drewermann, Das Matthäusevangelium. Dritter Teil: Mt 20,20–28,20, Solothurn/Düsseldorf 1995, 57.

eine Frage stellen? Wann haben Sie das letzte Mal gebeichtet?«»Also, wenn ich da ehrlich sein soll, das ist schon ein paar Jahre her.«»Dann sind Sie aber nicht sehr konsequent; wenn Sie schon dermaßen am Alt-hergebrachten hängen, dann müssten Sie doch eigentlich *an allem* fest-halten, was früher üblich war, statt bloß jenen Dingen nachzutrauern, die Sie persönlich vermissen.«

Die römische Kirche hat schon immer unterschieden zwischen Tra-dition und Traditionen. Das gilt auch für die Ostkirchen, die sich im 11. Jahrhundert definitiv von Rom getrennt haben, ebenso für die Kir-chen, die im Zug der Reformation entstanden sind. Wenn von *der* Tradi-tion die Rede ist, bezieht sich das auf die große apostolische Tradition, die dem Neuen Testament zugrunde liegt. Sie vereinigt das Wesentliche des christlichen Glaubens. Aus dieser Tradition erwuchsen im Lauf der Zeit die unterschiedlichsten Traditionen, die letztlich gar nichts anderes sind als konkrete zeit- und situationsbedingte Ausgestaltungen der einen Apostolischen Überlieferung.

Verbindlich ist allein diese *Traditio Apostolica*. Die daraus erwachse-nen *Traditionen* vermochten (und vermögen) sich in bestimmten Epo-chen der Kirchengeschichte durchaus bereichernd auszuwirken. Losge-löst von ihrem Entstehungskontext jedoch stellen sie unter Umständen eher ein Glaubenshindernis als eine Glaubenshilfe dar. Am Beispiel ver-deutlicht: Manche früheren lehramtlichen Äußerungen, die wir heute als leibfeindlich empfinden, mochten in einer Gesellschaft, die den Körper-kult zur Religion hochstilisierte, durchaus berechtigt sein.

Ecclesia semper reformanda – dieses uralte Diktum besagt, dass unsere Kirchen stets der Erneuerung bedürfen. Erneuerung aber beinhaltet nicht bloß Umkehr im Sinn von Bekehrung, sondern auch eine evangeli-umsgemäße Aktualisierung der Botschaft Jesu angesichts der ständig sich wandelnden gesellschaftlichen Zustände. Deshalb darf man einen Gedanken nicht allein deshalb ablehnen, weil er neu ist, um dann im selben Atemzug auf die alten Traditionen zu verweisen. Das ist ein Wider-spruch. Wenn wir näher hinsehen, sind die Traditionen, auf die man sich so gern beruft, etwas höchst Lebendiges, nämlich das Ergebnis einer lan-gen *Entwicklung* – man denke nur an die konkreten (zeitbedingten!) Ent-faltungen innerhalb der christlichen Frömmigkeitsgeschichte. Tradition ist nur ein anderer Begriff für den *Fortschritt von gestern und vorgestern*.

Und die Fortschritte von heute sind, falls sie sich denn durchsetzen sollten, die Traditionen von morgen und übermorgen.

Letztlich geht es also darum, die in der Heiligen Schrift enthaltene
Apostolische Tradition durch alle Traditionen hindurch, die sich im Lauf
der Jahrhunderte herausgebildet haben, zu bewahren. Entscheidend sind
nicht diese Traditionen. Viele Frömmigkeitsformen und Andachtsübun-
gen sind zeitbedingt. Sie sind in der Zeit gewachsen, ohne je allgemein
verbindlich zu sein. Sie waren oder sind auch heute noch ein Reichtum
für die Kirchen. Realistischerweise aber wird niemand verlangen wollen,
dass Einzelne alle Traditionen gleicherweise schätzen und nachvollziehen
können. Diese Unmöglichkeit hängt auch damit zusammen, dass die einzelnen Christinnen und Christen eine sehr individuelle Spiritualität pflegen. Das ist so selbstverständlich wie die Tatsache, dass niemand gleichzeitig Franziskaner und Kartäuser und Jesuit oder Benediktinerin und
Kapuzinerin sein kann. Welche Spiritualität man bevorzugt, hängt natur-
gemäß von den persönlichen Erfahrungen und Neigungen ab.

Offenbar ist es viel einfacher, auf bestehenden Strukturen zu beharren, als sich neu zu orientieren.

Daher widersetzt man sich oft von vornherein jeder Entwicklung
oder lehnt Reformen grundsätzlich ab. In der Folge kommt es zu Auseinandersetzungen; es entstehen Gruppierungen und Fronten, die einander bekämpfen – nicht selten mit Mitteln und Methoden, welche in krassem Widerspruch zum christlichen Liebesgebot stehen.

Schon im Neuen Testament fehlt es nicht an Hinweisen, dass einzelne Gläubige von der einmal erkannten Wahrheit abwichen. Zu wiederholten Malen wird vor Lügenpropheten und Pseudoaposteln gewarnt,
weil sie nicht Christus predigten, sondern irgendwelche »Fabeleien« verkündeten (2 Tim 4,4). Angesichts dieses betrüblichen Sachverhalts galt
es, die »gesunde Lehre« und die »Wahrheit unverfälscht« (Tit 2,1 und 2,7)
weiterzugeben. Stets ging es dabei um die Treue zur apostolischen Überlieferung.

Auf wie viel Unverständnis das Jesuswort vom neuen Wein und den alten
Schläuchen gelegentlich stößt, zeigt die folgende Geschichte.

In einer ländlichen Gegend bleibt sonntags die Kirche fast leer; das
Durchschnittsalter der Kirchgänger und Kirchgängerinnen liegt so

ungefähr bei 67 Jahren. Ihnen allen ist klar: So kann es nicht weitergehen. Es muss endlich etwas geschehen!

Anlässlich einer zu diesem Thema anberaumten Versammlung haben sich immerhin rund dreißig Personen eingefunden. Ideen und Vorschläge zur Belebung des Pfarreilebens kommen nur zaghaft. Als Erster meldet sich ein Jugendlicher. Ob man die Gottesdienste nicht etwas poppiger gestalten könne? Mit modernen Songs, rhythmischen Liedern, so eine Art Happening halt. Der Organist, ein weit herum berühmter Kirchenmusiker, ist empört: Die Kirche ist doch keine Disco! Kult hat etwas mit Kultur zu tun! Der Katechetin, die sich jetzt einmischt, geht es weniger um die Kultur als um die Jugend. Die Jungen seien doch die Zukunft der Kirche, sagt sie. Aber mit der Jugend, das gestehe sie freimütig ein, habe sie es nun wirklich nicht leicht im Religionsunterricht. Da könne sie nichts, aber auch gar nichts mehr voraussetzen. »Letzthin habe ich in der Abschlussklasse nach den Namen der vier Evangelisten gefragt. Nur eine einzige Schülerin hat eine Antwort gewusst: David und Goliat!« »Dann freuen Sie sich doch, dass die wenigstens zwei Evangelisten namentlich benennen konnte«, tönt es da von hinten, wo ein pensionierter Lehrer Platz genommen hat. Der fügt auch gleich hinzu, dass endlich etwas geschehen müsse, und zwar in Sachen Frömmigkeit. »Solange die Jungen nicht einmal mehr den Unterschied zwischen einem Kreuzweg und einer Straßenkreuzung kennen, könnt ihr noch lange auf bessere Zeiten hoffen.« Die Aktuarin des Frauenvereins unterbricht ihn: »In unseren Kirchen müssen wir wieder mehr von Gott reden. Sagen, was in der Bibel steht.« Nach ein paar weiteren Wortmeldungen sagt der Pfarrer: »Wir alle sind uns wohl darin einig, dass etwas geschehen muss. Oder etwa nicht?«

»Damit bin ich einverstanden«, meldet sich die Aktuarin des Frauenvereins nochmals zu Wort. »Mir ist aufgefallen, dass der Teppich vor dem Josefsaltar wirklich schäbig aussieht. Ich schlage vor, dass er endlich ausgewechselt wird.«

Die Versammlung hat sich dann bald aufgelöst. Tatsächlich ist etwas geschehen. Vor dem Josefsaltar prangt jetzt ein schöner roter Teppich.

Dem Pfarrer allerdings geht es nicht sehr gut. Neuer Wein in neue Schläuche? Er kann sich einfach nicht vorstellen, dass Jesus dabei an einen Teppich gedacht hat.

Neuer Wein gehört in neue Schläuche! Wer diesen Spruch nicht leiden mag, weil er aus der Bibel stammt, findet Ähnliches in Friedrich
Schillers Schauspiel *Wilhelm Tell*: »Das Alte stürzt, es ändert sich die Zeit,
und neues Leben blüht aus den Ruinen.«[12]

JESUS UND DIE PARAGRAFENREITER

2[23†] An einem Sabbat ging Jesus durch die Kornfelder, und unterwegs
rissen seine Jünger Ähren ab. [24] Da sagten die Pharisäer zu ihm: Sieh dir
an, was sie tun! Das ist doch am Sabbat nicht erlaubt. [25] Er antwortete:
Habt ihr nie gelesen, was David getan hat, als er und seine Begleiter
hungrig waren und nichts zu essen hatten, [26] wie er zur Zeit des Hohepriesters Abjatar in das Haus Gottes ging und die Schaubrote aß, die
außer den Priestern niemand essen darf, und auch seinen Begleitern
davon gab? [27] Und Jesus sagte zu ihnen: Der Sabbat wurde für den Menschen gemacht, nicht der Mensch für den Sabbat. [28] Deshalb ist der
Menschensohn Herr auch über den Sabbat.

Bekanntlich umfasst ein Theologiestudium mehr Fächer als das Alpha-
bet Buchstaben hat, angefangen von der Auslegung des Alten Testaments bis hin zum Kirchenrecht, ein Fachbereich, der mir am wenigsten sympathisch war. Um knifflige Situationen zu bewältigen, genügt oft
schon der gesunde Menschenverstand. Menschen, denen es daran gebricht, werden aber auf jeden Fall darauf pochen, dass kirchenrechtli-
che Vorschriften strikt eingehalten werden. Da haben sie eine sichere
Handhabe! Ein Geländer, an dem sie sich festhalten können! Eine Stütze,
die ihnen recht gibt!

Jesus allerdings ist der Ansicht, dass die Menschlichkeit Schaden leidet, wenn man Gesetze rigoros anwendet, ohne die konkreten Umstände
zu berücksichtigen. Auf die Anschuldigung, dass seine Jünger am Sabbat
Dinge tun, die nach Auffassung der Pharisäer verboten sind, antwortet er
mit einem Hinweis auf eine alte Geschichte, die sich im ersten Samuel-
buch findet. David ist mit einigen Getreuen auf der Flucht; er kommt fast

---

12   F. Schiller, Wilhelm Tell, 4. Akt, 2. Szene.

um vor Hunger und gelangt in die Gegend, wo der Priester Ahimelech wohnt (wobei der Evangelist sich hier als nicht ganz bibelfest erweist; der Mann heißt nicht Abjatar, sondern Ahimelech; vgl. 1 Sam 21,1–7). Der kann ihm nichts zu essen anbieten, weil er nur gerade die Schaubrote hat – das sind zwölf ungesäuerte Brote aus Weizenmehl, um die zwölf Stämme Israels zu versinnbildlichen. Sie wurden für jeden Sabbat neu bereitet und auf einem Tisch zusammen mit Weihrauch als Opfergabe aufgestellt. Entsprechend der mosaischen Weisung durften sie nur vom Priester verspeist werden. Soll Ahimelech nun David und seine Begleiter hungers sterben lassen? Der Priester schert sich nicht um die Vorschrift und reicht seinen Gästen die Schaubrote zum Verzehr. Mit dem Hinweis auf diese Episode rechtfertigt Jesus das Verhalten seiner Jünger – und zeigt gleichzeitig, dass das Gewissen ermächtigt ist, das geltende Religionsgesetz außer Kraft zu setzen, wenn das dem Wohl des Menschen dient.

Zur Zeit Jesu listeten die Rabbinen 39 Haupttätigkeiten auf, die am Sabbat verboten waren, denen ihrerseits wiederum eine Reihe von unerlaubten Nebentätigkeiten zugeordnet waren. Manchen Schriftgelehrten zufolge war es am Sabbat nicht erlaubt, Trauernde zu trösten oder Kranke zu besuchen. Ärztlicher Beistand war nur bei Todesgefahr zulässig. Das Abreißen von Ähren galt als eine dem Ernten zugeordnete Nebentätigkeit. Falls die Jünger vor Zeugen vorher verwarnt worden wären, hätten sie wegen dieser angeblichen Sabbatschändung (aufgrund der gängigen Auslegung von Num 15,32–36) sogar gesteinigt werden können.

Nicht dass Jesus den Sabbat als solchen infrage gestellt hätte! Aber er will diesen Tag vor aller kasuistischen Krämerei befreien und ihn zu seiner ursprünglichen Bestimmung als einem »Tag der Wonne« (Jes 58,13) zurückführen, an dem der Mensch Gott zweckfrei loben und sich seiner Ruhe freuen darf ohne die ständige Angst, durch irgendwelche Handlungen irgendwelche Bestimmungen zu verletzen.

Es ist schon seltsam, mit welcher Selbstverständlichkeit in der Vergangenheit zahlreiche kirchliche Vorschriften, die heute nachgerade als kurios empfunden werden, fraglos akzeptiert wurden. So war es über Jahrhunderte hin unter Androhung der Höllenstrafe verboten, am Freitag eine billige Wurst zu essen. Der Genuss eines lecker zubereiteten Fischleins hingegen verbaute niemandem den Weg zur ewigen Seligkeit. Und ein Fisch will bekanntlich schwimmen – ich würde sagen, in einem kühlen, trockenen Weißburgunder.

Damit menschliches Zusammenleben gelingt, benötigen wir Regeln. Wenn diese aber unabhängig von der jeweiligen Situation angewandt werden, haben wir die Hölle auf Erden. Daran erinnert schon der heilige Augustinus mit einem Wort, das wir uns zu Herzen nehmen sollten: *Dilige et quod vis fac!* Gemeint ist: Hüte dich vor Pedanterie! Orientiere dich am Liebesgebot, und dann handle so, wie es dir richtig erscheint![13]

Das besagt, dass im Zweifelsfalle nicht die Recht-Schreibung anzuwenden ist, sondern dass das Wohl des Menschen letztlich den Ausschlag geben muss.

Wird damit nicht jeder Willkür Tür und Tor geöffnet? Heißt das nicht, dass alle nach ihrer Fasson selig werden können? Wer so fragt, neigt zur Komplizenschaft mit den gesetzesängstlichen Pharisäern. Jesus stellt den Seinen ja keinen Freibrief aus, der sie ermächtigt, *willkürlich* zu handeln. Er verweist die Menschen auf ihr *Gewissen*. Und die sich auf ihr Gewissen berufen, tun dies gewiss nicht, um ihr Leben angenehmer zu gestalten, sondern um ihre Verantwortung wahrzunehmen. Damit verbunden sind oft mancherlei quälende Unsicherheiten. Die ihrem Gewissen folgen, gehen bestimmt nicht den leichteren Weg – abgesehen noch davon, dass sie vermutlich schnell mit jenen im Clinch liegen, die an ihrem Verhalten Anstoß nehmen.

---

13 Augustinus, In Epistulam Ioannis ad Parthos, Tractatus X. (Kommentar zu 1 Joh 4,4–12).

3. KAPITEL

—

3[†] In jener Zeit, [1] als Jesus in eine Synagoge ging, saß dort ein Mann, dessen Hand verdorrt war. [2] Und sie gaben acht, ob Jesus ihn am Sabbat heilen werde; sie suchten nämlich einen Grund zur Anklage gegen ihn. [3] Da sagte er zu dem Mann mit der verdorrten Hand: Steh auf, und stell dich in die Mitte! [4] Und zu den anderen sagte er: Was ist am Sabbat erlaubt – Gutes zu tun oder Böses, ein Leben zu retten oder es zu vernichten? Sie aber schwiegen. [5] Und er sah sie der Reihe nach an, voll Zorn und Trauer über ihr verstocktes Herz, und sagte zu dem Mann: Streck deine Hand aus! Er streckte sie aus, und seine Hand war wieder gesund. [6] Da gingen die Pharisäer hinaus und fassten zusammen mit den Anhängern des Herodes den Beschluss, Jesus umzubringen.

Man braucht gewiss nicht Rechtswissenschaften studiert zu haben, um auf Anhieb zu verstehen, worauf diese Geschichte hinausläuft. Richtig, auf die provozierende Frage Jesu:»Was ist am Sabbat erlaubt: Gutes zu tun oder Böses, ein Leben zu retten oder es zu vernichten?« Und man braucht auch kein Theologiestudium absolviert zu haben, um zu begreifen, dass es sich dabei um eine rhetorische Frage handelt.

Eine Erzählung, die in einer derart programmatischen Sentenz gipfelt, nennt man *Apophthegma*. Die Bezeichnung ist griechischer Herkunft und bedeutet *Ausspruch*. Diese Bestimmung der literarischen Form macht deutlich, worum es dem Evangelisten in dieser Kürzestgeschichte geht, nämlich nicht um eine historisch getreue Darstellung einer bestimmten

Begebenheit, sondern um das prägnante Jesuswort über den Sinn des Sabbatgebotes.

Sonderbar mutet einen schon das Verhalten der Pharisäer an. Wie kommen sie überhaupt auf die Idee, darauf zu achten, ob Jesus am Sabbat heilen würde? Gemäß der Darstellung des Evangelisten ist Jesus ja erst vor Kurzem erstmals öffentlich aufgetreten. Und nur ein einziges Mal, und zwar in Kafarnaum, hat er bisher an einem Sabbat einen Menschen von einem bösen Geist befreit. Bei dieser Gelegenheit aber waren offenbar gar keine Pharisäer anwesend (1,21–28). Sofern sie überhaupt davon gehört haben, bildet diese Sabbatheilung für sie sicher noch keinen Grund, um Jesus als Wiederholungstäter zu betrachten. Deshalb legt sich die Vermutung nahe, dass Markus hier die erst später überhandnehmenden Auseinandersetzungen zwischen Jesus und den Pharisäern vordatiert. Dahinter steckt Absicht: Schon am Anfang seines Evangeliums will der Verfasser ein für Jesus bedeutsames Anliegen hervorheben. Die Wundergeschichte dient ihm dabei lediglich als Rahmen. Oder als Illustration. Dabei hat er sich von einer Straf- und Heilwundergeschichte aus dem ersten Buch der Könige inspirieren lassen. Dort ist von einem Gottesmann die Rede, der dem König Jerobeam (931–910) mit dem Gericht droht, weil dieser in Bet-El einen Opferaltar für ein goldenes Kalb aufgestellt hat.

> Er [der Gottesmann] gab an jenem Tag auch ein Zeichen und sprach: Das ist das Zeichen dafür, dass der Herr gesprochen hat: Der Altar wird zerbersten, und die Asche auf ihm wird zerstreut werden. Als der König die Worte hörte, die der Gottesmann gegen den Altar in Bet-El ausrief, streckte er am Altar seine Hand aus und befahl: Nehmt ihn fest! Doch die Hand, die er gegen ihn ausgestreckt hatte, erstarrte; er konnte sie nicht mehr zurückziehen. Der Altar aber zerbarst, und die Asche auf ihm wurde zerstreut, wie es der Gottesmann im Auftrag des Herrn als Zeichen verkündet hatte. Nun ergriff der König das Wort und sagte zu dem Gottesmann: Besänftige doch den Herrn, deinen Gott, und bete für mich, dass ich meine Hand wieder an mich ziehen kann. Da besänftigte der Gottesmann den Herrn, und der König konnte seine Hand wieder an sich ziehen; sie war wie zuvor (1 Kön 13,3–6).

Angesichts der Ähnlichkeit der hier geschilderten Geschichte (ausgestreckte Hand!) mit der von Markus überlieferten Episode erhebt sich die Frage, ob dieser Letzteren überhaupt ein historischer Kern zugrunde liegt. Dass sich das aufgrund der Quellenlage nicht beantworten lässt, ist nicht weiter von Bedeutung, da ja (wie wir schon sahen) die ganze Erzählung lediglich den Rahmen abgibt für das bereits erwähnte Jesuswort über den Sinn des Sabbats, auf das die Geschichte hinausläuft.

Allerdings lässt sich die Tragweite dieses Ausspruchs nicht erfassen ohne eine gewisse Kenntnis der religionsgeschichtlichen Hintergründe.

Zur Zeit Jesu waren die meisten Schriftausleger sich darüber einig, dass Gott stets das Wohl des Menschen will und dass dieser Wille in den Zehn Geboten seinen Ausdruck findet, die als Gründungsurkunde des Bundes zwischen ihm und seinem Volk gelten. Das beweist schon die hebräische Bezeichnung für *Gebote*, nämlich *debarim* (Pluralform von *dabar*), was man der Genauigkeit halber mit *Worte* übersetzen müsste. Dieser ursprüngliche Sinn ist in dem vom Griechischen ins Deutsche gelangten Fremdwort *Dekalog* erhalten geblieben: die zehn *Worte*. Der negative Unterton, den *Gebot* in unseren Ohren hat, fehlt im Originaltext. Festgestellt wird lediglich, was sich eigentlich von selbst versteht. Gottes Wegweisungen sind keine Stolpersteine, sondern Meilensteine auf dem Weg zu einem geglückten und gelungenen Menschsein.

Dass Gott seine *Weisung* (so die angemessene, im Judentum noch heute gebräuchliche Übersetzung) den Israeliten nur zu ihrem Besten anvertraut hat, geht unmissverständlich aus der Einleitung hervor (Ex 20,1 f.; vgl. Dtn 5,6):

> Dann sprach Gott all diese Worte: Ich bin der Herr, dein Gott, der dich aus dem Land Ägypten geführt hat, aus dem Sklavenhaus. Du sollst neben mir keine anderen Götter haben.

Zuerst erinnert Gott sein Volk daran, dass er ihm in der Vergangenheit zur Seite stand, und bedeutet ihm so, dass die »zehn Worte« die nun folgen, seinem Wohl dienen.

Wenn Jesus sich immer wieder gegen die Veräußerlichung religiöser Bestimmungen wendet, hat er nicht deren Abschaffung im Auge. Vielmehr möchte er diese in ihrem ursprünglichen Sinn verstanden wissen.

Das gilt, wie wir später sehen werden,[14] für die rechtlichen Bestimmungen (7,10 f.) ebenso wie für die strengen Reinheitsvorschriften (7,15). Jesus lehnt das Gesetz nicht ab; er relativiert es nur.

Gut verdeutlichen lässt sich das anhand seiner Haltung gegenüber dem Sabbat, die allen Evangelisten zufolge sehr bald zu ernsten Konflikten gerade mit den Pharisäern führte.

Wie aus dem sogenannten *Bundesbuch* (Ex 20,22–23,33; 9. Jahrhundert v. Chr.) hervorgeht, war der Sabbat in ältester Zeit ein Ruhetag für Mensch und Tier (Ex 23,12). Im 6. vorchristlichen Jahrhundert wurde dieser zu einem Bekenntniszeichen Israels inmitten der heidnischen Umwelt hochstilisiert. Die Nichteinhaltung des Sabbats galt als Glaubensabfall, und darauf stand die Todesstrafe (Ex 31,12–17). Hier liegt denn auch der Ansatz zu jenen rigoristischen Sabbatvorschriften, von denen gleich die Rede sein wird.

Dass der Sabbat heilig ist (Ex 20,8) und nicht durch Arbeit oder Geschäfte entweiht werden darf (Ex 20,10; vgl. Jes 58,13), versteht sich auch für Jesus. Aber die im Lauf der Zeit daraus abgeleiteten Vorschriften und die damit verbundene Sabbatängstlichkeit vermag er nicht zu teilen.

Dass die Anhänger jeder Religion sich fragen, wie die ihnen auferlegten Verhaltensnormen situationsbezogen anzuwenden seien, liegt auf der Hand. Dieses Bewusstsein ist ursprünglich auch bei der pharisäischen Interpretation des jüdischen Religionsgesetzes durchaus fassbar.

In Wirklichkeit waren die Pharisäer keineswegs jene Dunkelmänner, als die sie in den Evangelien erscheinen. Außer dem mosaischen Gesetz hielten sie die Überlieferung der Alten für verpflichtend (7,3 und 7,13), was eine beträchtliche Gelehrsamkeit und ständiges Studium voraussetzte. Ihrer Ansicht nach galten nur jene Menschen als gottgefällig, die das Gesetz und die sich daraus ergebende traditionelle Auslegung akribisch beobachteten. Dass die Gottexperten sich im Lauf der Zeit immer neue Sonderregelungen ausdachten und so das Verhalten in allen Lebensbereichen bis ins letzte Detail zu regeln versuchten, hatte einen Grund. Die schrittweise neu hinzukommenden Anordnungen

---

14   Vgl. im 7. Kapitel den Abschnitt *Der Unterschied zwischen Recht und Gerechtigkeit* (Mk 7,10 f.).

sollten eine Art Schutzwall oder Zaun bilden, der um das Sabbatgebot herum (vgl. Ex 20,8: »Gedenke des Sabbats! Halte ihn heilig!«) errichtet wurde, damit dieses nur ja nicht verletzt würde. Diese an sich lobenswerte Absicht wurde insofern verfehlt, als die zahlreichen Schutzparagrafen allmählich ein Eigenleben zu führen begannen und am Ende keine Hilfe mehr waren, sondern eine unerträgliche Last darstellten.

Jesus durchschaut diese Mechanismen und will den Sabbat wieder seiner ursprünglichen Bestimmung zuführen. Zweifellos ist dieser Tag Gott geweiht (Ex 20,10). Andererseits ist die älteste Begründung für die Sabbatruhe *sozialer Natur* (Ex 23,12):

> Sechs Tage kannst du deine Arbeit verrichten, am siebten Tag aber sollst du ruhen, damit dein Rind und dein Esel ausruhen und der Sohn deiner Sklavin und der Fremde zu Atem kommen.

Der Sabbat soll geheiligt werden, damit der Mensch sich wohlfühlt und sich freuen kann vor Gottes Angesicht.

Vor allem ist es diese Haltung Jesu gegenüber der Sabbatfrage, die erst zu Kontroversen mit den Pharisäern und schließlich zur offenen Konfrontation mit ihnen führt. Verständlich daher, dass diese von den Evangelisten nicht sehr wohlwollend behandelt werden.

Allerdings geht es in der Auseinandersetzung zwischen Jesus und den Pharisäern nicht ausschließlich um die Sabbatfrage. Diese dient gleichsam als Material, anhand dessen Jesus seine Einstellung zur mosaischen Weisung erörtert.

Dass es dabei zum Konflikt kommt, hat seinen besonderen Grund. Für die Pharisäer bildet nicht nur das Religionsgesetz, sondern auch dessen Interpretation durch die Rabbinen den Maßstab für weisungskonformes Verhalten. Damit ist der Weg vorgezeichnet, auf dem man sich gottgefällig vorwärtsbewegt! Persönlichen Entscheidungen kommt damit keine Bedeutung zu. Da gibt es nichts mehr zu deuten. Womit sich die Frage nach der Eigenverantwortung erübrigt.

Wenn da aber plötzlich einer kommt, der zwar nicht die mosaische Weisung, wohl aber die »Überlieferung der Alten« (7,3 und 7,13) infrage stellt mit seinem Wenn und Aber, mit seinem Vielleicht und im Zweifelsfall, mit seinem Jedoch und Doch wieder nicht und schlicht und einfach behauptet, dass es gelte, die ursprüngliche Intention der Vorschriften zu erfassen, kommen die Rabulisten und die Kasuisten nicht mehr mit. Die Argumentation der Pharisäer bewegt sich stets innerhalb eines vorgegebenen religionsrechtlichen Rahmens. Ebendieser Rahmen wird von Jesus gesprengt. Nicht das Gesetz hat das letzte Wort, sondern das Wohl der Menschen.

»Streck deine Hand aus!«, sagt Jesus zu dem Mann mit der gelähmten Hand. Erst wenn wir den symbolischen Charakter dieser Aufforderung verstehen, können wir die geschilderte Episode richtig gewichten.

Der Mann repräsentiert den durch das Gesetz in seinem Menschsein behinderten Kranken. Gebunden durch nicht hinterfragte Normen ist er in seinem Tun und damit auch in der Entfaltung seiner menschlichen Möglichkeiten beeinträchtigt. Paradox formuliert: Das Gesetz verbietet ihm, das Gebot der Stunde zu erfüllen. Weil er verkümmert ist, vermag er auch anderen nicht zu helfen; seine Hände sind ihm ja *gebunden*.

Jesus zeigt, wie diesem Kranken geholfen werden kann, indem er deutlich macht, dass jede helfende Tat dem Leben dient. Jede unterlassene Hilfeleistung behindert das Leben. Oberstes Kriterium ist also nicht ein Religionsgesetz, sondern das, was Leben fördert und dem Wohl der Menschen dient.

In der Geschichte von der Heilung des Mannes mit der gelähmten Hand ist es nicht eine göttliche Weisung, welche die Humanität behindert, sondern, wie der Text ausdrücklich sagt, jene Verstockung des Herzens, die sich darin zeigt, dass man nur die eigenen, auf den Buchstaben fixierten Ansichten gelten lässt und nicht bereit ist, diese zu hinterfragen. Auf diese Weise geraten religiöse Vorgaben zur Ideologie. Auf eine Religion jedoch, die nur mithilfe einer Ideologie überlebt, muss der Mensch verzichten, will er nicht seelisch verkümmern.

Dem Evangelisten geht es darum, seine Leserinnen und Leser zu ermuntern, mit Blick auf das Wohl der Menschen zu handeln, auch wenn sie dabei mit den geltenden religiösen Bestimmungen in Konflikt geraten.

Oder wenn es gilt, gegen gesellschaftliche oder soziale Missstände anzukämpfen – wovon im weiten Sinn nun der folgende Abschnitt handelt.

DAS HEIL BETRIFFT DEN GANZEN MENSCHEN

3 [1] In jener Zeit [7] zog sich Jesus mit seinen Jüngern an den See zurück. Viele Menschen aus Galiläa aber folgten ihm nach. Auch aus Judäa, [8] aus Jerusalem und Idumäa, aus dem Gebiet jenseits des Jordan und aus der Gegend von Tyrus und Sidon kamen Scharen von Menschen zu ihm, als sie von all dem hörten, was er tat. [9] Da sagte er zu seinen Jüngern, sie sollten ein Boot für ihn bereithalten, damit er von der Menge nicht erdrückt werde. [10] Denn er heilte viele, sodass alle, die ein Leiden hatten, sich an ihn herandrängten, um ihn zu berühren. [11] Wenn die von unreinen Geistern Besessenen ihn sahen, fielen sie vor ihm nieder und schrien: Du bist der Sohn Gottes! [12] Er aber verbot ihnen streng bekannt zu machen, wer er sei.

Nach Markus ist Jesus erst ein paarmal öffentlich aufgetreten. Seine Tätigkeit als Heiler hat sich bislang in eher engen Schranken gehalten. Dennoch soll sich sein Ruf derart verbreitet haben, dass die Menschenmassen ihm aus ganz Judäa zuströmen? Und weiter noch, bis nach Idumäa, der Heimat des herodianischen Herrschergeschlechts, gar bis zu den phönizischen Küstenstädten Tyrus und Sidon im Norden? Aus dem fernen Palästina sollen, kaum dass der Nazarener seine Predigttätigkeit begonnen hat, Scharen von Menschen nach Galiläa gepilgert sein? Ein Boot sollen die Jünger bereithalten, damit Jesus in dem Gewühl nicht erdrückt wird!

Diese Völkerwanderung beruht auf keiner historischen Grundlage. Der Evangelist zeigt damit lediglich, warum Jesus gekommen ist – nämlich *damit alle zu ihm kommen*. Er nimmt vorweg, was sich *später* ereignete, als sich Jesus bereits einer gewissen Popularität erfreute. Kurzum, Markus geht es darum, die von den Menschen erst hinterher erkannte Bedeutung Jesu hervorzuheben. Wir erinnern uns: Bei Johannes dem Täufer versammelten sich die Menschen aus Jerusalem und aus Judäa; zu Jesus hingegen strömen sie aus ganz Palästina herbei. Illustriert wird damit lediglich, was der Täufer von Jesus anlässlich dessen Taufe sagte: »Nach mir kommt einer, der stärker ist als ich ...« (1,7).

Dieser »Stärkere« heilt nun Kranke und richtet die angeblich von Abergeistern Besessenen[15] wieder auf. Das Programm Jesu beinhaltet demnach nicht nur das Seelenheil, sondern auch das zeitliche Wohl der Menschen.

Christenmenschen, die betonen, dass sie zwar *in* dieser Welt, aber keinesfalls *von* dieser Welt seien, können sich dabei auf das Evangelium berufen. Je besser sie sich an diese Maxime halten, desto menschlicher wird unsere Gesellschaft. Sagen die einen. Andere dagegen behaupten, diese Haltung führe im Endeffekt dazu, alles Zeitliche zugunsten der Ewigkeit abzuwerten. Bibelstellen, die diesen Verdacht nahezulegen scheinen, finden sich zuhauf – beispielsweise im ersten Korintherbrief:

> Ich sage euch: Die Zeit ist kurz. Daher soll, wer eine Frau hat, sich in Zukunft so verhalten, als habe er keine, wer weint, als weine er nicht, wer sich freut, als freue er sich nicht, wer kauft, als würde er nicht Eigentümer, wer sich die Welt zunutze macht, als nutze er sie nicht; denn die Gestalt dieser Welt vergeht (1 Kor 7,29–31).

Nur scheinbar schätzt Paulus hier alles »Weltliche« gering. Wenn man jedoch die Voraussetzungen bedenkt, unter denen der Apostel argumentierte, erscheint alles in einem anderen Licht. Für ihn stand fest, dass die Wiederkunft Christi unmittelbar bevorstand. *Darauf* gilt es sich vorzubereiten (vgl. 1 Thess 4,15). Und *deshalb* ist es besser, sich für die kurze noch verbleibende Zeitspanne nicht mit zeitlichen Angelegenheiten zu befassen. Wobei noch hinzuzufügen wäre, dass Paulus jenen ausdrücklich zur Ehe rät, die es danach verlangt (1 Kor 7,37).

Missverständlichen Deutungen ausgesetzt war auch die Aufforderung des Paulus, den Sinn nicht »auf das Irdische« zu richten, sondern »auf das, was oben ist« (Kol 3,2). Flucht aus der Zeit in die Ewigkeit? Keineswegs! Wie aus dem Kontext hervorgeht, ist das »Irdische« hier gleichbedeutend mit Habsucht, Zorn, Bosheit und Lästerungen.

---

15 Zum damaligen Dämonenglauben siehe im 1. Kapitel den Abschnitt *Das »Messiasgeheimnis«* (Mk 1,32–34).

Ähnliches gilt für die Predigt Jesu. Dass seine Heilsbotschaft immer den ganzen Menschen betrifft, zeigt er mittels der Krankenheilungen. Deshalb verkündet er nicht bloß Gottes Barmherzigkeit, sondern lässt seine Landsleute diese Barmherzigkeit auch erfahren. Er vertröstet die Menschen nicht einfach auf ein besseres Jenseits, sondern spendet ihnen realen Trost, indem er dieses Jenseits gleichsam schon ein Stück Wirklichkeit werden lässt. Er denkt nicht nur auf die Ewigkeit hin, sondern auch von der Ewigkeit her, wodurch diese geradezu zum kritischen Korrektiv für alles Zeitliche, Irdische und Vergängliche wird. Durch seine Zuwendung, seine Liebe und seine Nähe zu den Menschen vermittelt er ihnen eine konkrete Vorstellung vom zukünftigen Glück.

Die Bibel kennt keine Abwertung, wohl aber eine Relativierung der Zeit und alles Zeitlichen. Unser zeitliches Leben ist mehr als eine Art Durchgangsstufe auf dem Weg zur Ewigkeit, nämlich der Boden, in dem die Ewigkeit Wurzeln schlägt. Alles Vergängliche vergeht nicht einfach wie der Schnee an der Sonne, sondern prägt und formt und bildet uns.

Wenn die Kirchen sich heute vermehrt zu öffentlichen Angelegenheiten äußern, entspricht das ihrem evangelischen Auftrag. Menschenrechte, Umweltschutz, Gleichberechtigung der Geschlechter, Gleichstellung von LGBTQ+, Lebensqualität, Ausländerfrage, Rentengesetzgebung, Arbeitermitbestimmung, Engagement für den Weltfrieden und für die Bewahrung der Schöpfung – all diese Dinge haben etwas mit Humanität und Gerechtigkeit und insofern mit Nächstenliebe zu tun. In diesem Zusammenhang ist auch die insbesondere von der Befreiungstheologie geforderte vorrangige Option für die Armen zu sehen, was sich bekanntlich nicht nur auf individuelle Notlagen bezieht, sondern auch auf die Beseitigung von ausbeuterischen Strukturen.

Zu Recht hat sich das Christentum immer wieder dagegen gewehrt, den irdischen Fortschritt mit dem Kommen des Gottesreiches zu identifizieren. Das besagt aber nicht, dass zwischen beiden keinerlei Zusammenhang bestünde. Die Christgläubigen sind ja nicht nur aufgefordert, auf dieses Reich hin zu leben, sondern auch gehalten, von diesem Reich her zu denken, insofern die Hoffnungsbilder des kommenden Gottesreiches ein Vor-Bild darstellen, nach dem sie diese Welt gestalten sollen. Die (leider inzwischen fast vergessene) Gemeinsame Synode der Bistü-

mer in der Bundesrepublik Deutschland hat das vor fast fünf Jahrzehnten in ihrem Dokument *Unsere Hoffnung* so ausgedrückt:

> Die Verheißungen des Reiches Gottes sind nicht gleichgültig gegen das
> Grauen und den Terror irdischer Ungerechtigkeit und Unfreiheit, die das
> Antlitz des Menschen zerstören. Die Hoffnung auf diese Verheißung weckt
> in uns und fordert von uns eine gesellschaftskritische Freiheit und Ver-
> antwortung, die uns vielleicht nur deswegen so blass und unverbindlich,
> womöglich gar so »unchristlich« vorkommt, weil wir sie in der Geschichte
> unseres kirchlichen und christlichen Lebens so wenig praktiziert haben.
> Und wo die Unterdrückung und Not sich – wie heute – ins Weltweite stei-
> gern, muss diese praktische Verantwortung unserer Hoffnung auf die
> Vollendung des Reiches Gottes auch ihre privaten und nachbarschaftli-
> chen Grenzen verlassen können. Das Reich Gottes ist nicht indifferent
> gegenüber den Welthandelspreisen! Dennoch sind seine Verheißungen
> nicht etwa identisch mit dem Inhalt jener sozialen und politischen Uto-
> pien, die einen neuen Menschen und eine neue Erde, eine geglückte Voll-
> endung der Menschheit als Resultat gesellschaftlich-geschichtlicher
> Kämpfe und Prozesse erwarten und anzielen. Unsere Hoffnung erwartet
> eine Vollendung der Menschheit aus der verwandelnden Macht Gottes, als
> endzeitliches Ereignis, dessen Zukunft für uns in Jesus Christus bereits
> unwiderruflich begonnen hat. [...] Indem wir uns unter das »Gesetz
> Christi« (Gal 6,2) stellen und in seiner Nachfolge leben, werden wir auch
> mitten in unserer Lebenswelt zu Zeugen dieser verwandelnden Macht
> Gottes: als Friedensstifter und Barmherzige, als Menschen der Lauterkeit
> und Armut des Herzens, als Trauernde und Streitende, im unbesieglichen
> Hunger und Durst nach Gerechtigkeit (vgl. Mt 5,3–11).[16]

Bemerkenswert an diesem Text ist, dass er außer einem Appell ein Schuldbekenntnis enthält. In der Tat verhält es sich so, dass wir für unsere Mitmenschen gar nie genug tun können, weil der von Jesus angewandte Zoll-
stock (»Wie ich euch geliebt habe, so sollt auch ihr einander lieben«:

---

16 Gemeinsame Synode der Bistümer in der Bundesrepublik Deutschland,
    Unsere Hoffnung I, 6, in: Offizielle Gesamtausgabe [der Beschlüsse], Frei-
    burg i. Br. ²1976, 96 f.

Joh 13,34) stets nach oben hin offen ist. Wohl beinhaltet die Nächstenliebe ein *Ideal*, das man nie ganz zu verwirklichen vermag, dem man sich aber – und *das* ist das Entscheidende – immer mehr annähern kann.

WARUM AUSGERECHNET ZWÖLF?

3[†] In jener Zeit [13] stieg Jesus auf einen Berg und rief die zu sich, die er erwählt hatte, und sie kamen zu ihm. [14] Und er setzte zwölf ein, die er bei sich haben und die er dann aussenden wollte, damit sie predigen [15] und mit seiner Vollmacht Dämonen austrieben. [16] Die Zwölf, die er einsetzte, waren: Petrus – diesen Beinamen gab er dem Simon –, [17] Jakobus, der Sohn des Zebedäus, und Johannes, der Bruder des Jakobus – ihnen gab er den Beinamen Boanerges, das heißt Donnersöhne –, [18] dazu Andreas, Philippus, Bartholomäus, Matthäus, Thomas, Jakobus, der Sohn des Alfäus, Thaddäus, Simon Kananäus [19] und Judas Iskariot, der ihn dann verraten hat.

Vier von den besonders Erwählten kennen wir bereits, nämlich Simon Petrus und dessen Bruder Andreas sowie die beiden Zebedäussöhne Johannes und Jakobus (1,16–20).

Weshalb räumt Jesus ausgerechnet zwölf Männern eine Sonderstellung ein? Dass sich unter den Zwölfen keine Frauen befinden, verwundert nicht angesichts der damaligen patriarchal verfassten Gesellschaft.

Offensichtlich dachte er bei der Zwölferzahl an die zwölf Stämme Israels. Damit setzt er ein Zeichen, das seine Landsleute auf Anhieb verstanden. Das Volk Israel sollte sich neu konstituieren als wahrhaftes und wirkliches Gottesvolk. Als Gemeinschaft, die, von Gott berufen, anderen Völkern zum Zeichen ist, nämlich zum Sinnbild von Gottes Zuwendung zu den Menschen. Von Jesus, so steht's im griechischen Original, wurden sie *ausgesandt* (*apostélä*), damit sie, ähnlich den altbundlichen Propheten Gottes Plan und Wille *verkündeten*. *Gesandte* sind sie (*apóstoloi*, wovon sich der Begriff *Apostel* herleitet), die selbst nichts zu sagen haben und »nur« Gottes Wegleitung und Weisung in Erinnerung rufen sollen. *Das* ist ihr Auftrag.

Und was ist daraus geworden? Die gängige Theologie hat diese Apostel mittels ein paar mehr als waghalsigen spekulativen Salti mortali zu

Vorgängern der späteren Bischöfe hochstilisiert, was Letztere sich nur zu gern gefallen ließen. Tatsächlich mauserten sich die angeblichen Nachfolger der Apostel im Lauf der Jahrhunderte zu einem heiligen »Stand« von privilegierten Kirchenmännern. Was mit sich brachte, dass, auch wenn es um Glaubensfragen ging, weltliche Interessen und damit politisches Kalkül gelegentlich weit wichtiger schien als die Verkündigung von Jesu Frohbotschaft.

Dass dabei auch der schnöde Mammon eine nicht zu unterschätzende Rolle spielte, lässt sich anhand der Protokolle des Konzils von Trient (1545–1563) leicht rekonstruieren. Diese zeigen, dass es damals nicht nur um die Formulierung von Glaubenssätzen und Sittenlehren ging, sondern auch um Macht und um Moneten. Damals nämlich kannten viele Kardinäle und Bischöfe, ja sogar Pfarrer, die ihnen übertragenen Territorien nicht einmal dem Augenschein nach. Die Seelsorge und die Amtsgeschäfte wurden von Stellvertretern geführt, während die teilweise erklecklichen Einkünfte aus den Pfründen an deren Inhaber gingen, die sich in Paris, Rom oder Venedig oder an anderen mondänen Orten vergnügten. Diesem Missbrauch wollte man abhelfen. Allerdings gelang es dann den Befürwortern der bisherigen Praxis, den ersichtlichen pastoralen Notstand zu einer theologischen Frage umzufunktionieren. Grundsätzlich stimmten alle darin überein, dass Bischöfe und Pfarrer sich um die Gläubigen des ihnen zugewiesenen Territoriums kümmern sollten. – Aber?

Aber ist nun ein Bischof *kraft seiner Weihe der Leiter* (»*Hirte*«) seines Bistums *oder* ist er lediglich ein *Beamter*, den der Papst einsetzt und demzufolge auch wieder abberufen kann?

Im ersten Fall (diese Ansicht vertraten die »Episkopalen«) steht der Bischof in der Nachfolge der Apostel; seine bischöfliche Vollmacht ist ihm letztlich von Gott verliehen, und nicht vom Papst, der ihn zum Bischof ernennt. Dann aber hat er auch die Pflicht, seine Diözese persönlich zu leiten, und kann diese Aufgabe nicht gegen Lohnzahlungen an andere delegieren.

Die meisten italienischen Bischöfe und Prälaten waren in dieser Sache entschieden anderer Meinung. Sie hatten kein Interesse daran, an der gängigen Praxis etwas zu ändern. Das hätte die Häufung von einträglichen Pfründen verunmöglicht; überdies wären deren Inhaber gezwungen gewesen, ihre Ehrenämter und Sonderstellungen aufzugeben und in ihren Diözesen zu residieren. Deshalb wollten sie nichts wissen von einem »göttlichen« und damit allgemein verbindlichen Recht, sondern befürworteten die uneingeschränkte Macht des Papstes über die Kirche. Sie argumentierten, dass der Papst als Nachfolger des Petrus und Statthalter Christi berechtigt sei, den Bischöfen ihre Vollmacht zu übertragen und auch wieder zu entziehen – also könne von einem göttlichen Recht nicht die Rede sein. Dabei konnten sie sich auf einen Beschluss des Konzils von Florenz (1439) berufen, das im Hinblick auf die schon seit Jahrhunderten bestehende Spaltung zwischen Ost- und Westkirche den absoluten Primat, d. h. die Vorrangstellung des römischen Papstes, betont hatte:

> Wir bestimmen, dass der Römische Bischof den Primat über den gesamten Erdkreis innehat. [...] Ihm ist von unserem Herrn Jesus Christus im seligen Petrus die volle Gewalt übertragen worden, die gesamte Kirche zu weiden, zu leiten und zu lenken.[17]

Nach langem Hin und Her einigte man sich schließlich auf eine salomonische Lösung. Die Residenzpflicht wurde lediglich eingeschärft und die theologische Frage nach der göttlichen Vollmacht der Bischofsgewalt ausgeklammert ... Was es weiterhin ermöglichte, dass viele »Nachfolger« der »Gesandten« Jesu in ihren Schlössern residieren konnten, ohne sich persönlich um die Glaubensverkündigung kümmern zu müssen ...

Daran hat Jesus bestimmt nicht gedacht, als er zwölf Männer zu Aposteln berief, mit der einzigen Auflage, die Frohe Botschaft von der Herankunft des Gottesreiches zu verkünden (1,15).[18]

---

17 H. Denzinger, Kompendium der Glaubensbekenntnisse und kirchlichen Lehrentscheidungen. Verbessert, erweitert und ins Deutsche übertragen und unter Mitarbeit von H. Hoping herausgegeben von P. Hünermann, Freiburg i. Br. [45]2017 (lateinisch/deutsch), Nr. 1307.

18 Zur Entstehung der Kirche und der kirchlichen Ämter siehe die Überlegungen zu Mk 16,9–20.

WER GEHÖRT ZUR »HEILIGEN FAMILIE«?

3 [†] In jener Zeit [20] ging Jesus in ein Haus, und wieder kamen so viele Menschen zusammen, dass er und die Jünge nicht einmal mehr essen konnten. [21] Als seine Angehörigen davon hörten, machten sie sich auf den Weg, um ihn mit Gewalt zurückzuholen; denn sie sagten: Er ist von Sinnen. *[Die Episode von Jesu Angehörigen wird hier durch einen Einschub unterbrochen (3,22–30) und erst mit Vers 31 zu Ende geführt. Deshalb ist es naheliegend, den Einschub erst nach der »Verwandtschaftsfrage« zu behandeln.]* [31] [Da] kamen die Mutter Jesu und seine Brüder; sie blieben vor dem Haus stehen und ließen Jesus herausrufen. [32] Es saßen viele Leute um ihn herum, und man sagte zu ihm: Deine Mutter und deine Brüder stehen draußen und fragen nach dir. [33] Er erwiderte: Wer ist meine Mutter, und wer sind meine Brüder? [34] Und er blickte auf die Menschen, die im Kreis um ihn herumsaßen, und sagte: Das hier sind meine Mutter und meine Brüder. [35] Wer den Willen Gottes tut, der ist für mich Bruder und Schwester und Mutter.

Am Sonntag nach Weihnachten wird in der römisch-katholischen Kirche gemäß dem liturgischen Kalender das Fest der Heiligen Familie gefeiert. Bis vor einigen Jahrzehnten wurde an diesem Tag jeweils statt der Predigt ein Herdenbrief des Bischofs verlesen. Aus meiner Kindheit ist mir noch in Erinnerung, dass sich die Leute schon damals fragten, ob ein dem Junggesellendasein verpflichteter Kirchenmann überhaupt etwas Substanzielles beitragen könne in Sachen Familienfragen. Mein Vater seligen Angedenkens hat in diesem Zusammenhang einmal bemerkt, sehr hilfreich sei ihm das nicht, was er da wieder vernommen habe; unsere unheilige Familie bestehe aus sieben Mäulern und dementsprechend vielen Problemen; da sei der heilige Josef recht gut weggekommen im Vergleich.

Wenn immer von der Heiligen Familie die Rede ist, sind wir wohl versucht, sie uns in ihren Anfängen vorzustellen: das Jesuskind selig lächelnd in der Krippe, sicherlich etwas weniger lebhaft strampelnd als seine Altersgenossen; Maria, die ihm ein paar Psalmen vorsingt; Josef, still und ergeben und etwas ältlich im Hintergrund, einer eben, der sich mit seiner Großvaterrolle abgefunden hat, die ihm die Kirchenväter und im

Anschluss an sie die Künstler zugedacht haben, begreiflicherweise. Denn ein junger lendenkräftiger Josef an der Seite Marias hätte bloß Anlass gegeben zu mancherlei unheiligen Spekulationen.

Ein bisschen realistischer wird das Bild, wenn wir uns vorzustellen versuchen, wie es bei dieser Heiligen Familie ein paar Jahre später zu und her ging. Die Mutter greift zu den üblichen Tricks, um das Kind dazu zu bringen, den Brei zu schlucken (»noch ein Löffelchen für die Tante Elisabet, noch eins für den Onkel Zacharias und das letzte für dich, damit du groß und stark und gescheit wirst«). Und dann immer wieder diese schlaflosen Nächte, weil Jesu Eltern sich Hunderte von Malen die gleiche Frage stellen, die Eltern seit Menschengedenken beschäftigt und zu allen Zeiten beschäftigen wird: Was wird wohl aus unserem Kind werden? Und Josef, der bei aller Gottergebenheit ab und zu nun doch die Geduld verliert und mit der Faust auf den von ihm gezimmerten Tisch haut, weil der kleine Jesusknabe ihm schon wieder die Säge kaputt gemacht und die Nägel versteckt hat. Der Kleine musste ja wie alle anderen Kinder sozialisiert werden ...

Größere Kinder, größere Sorgen: Irgendwann tut Jesus, was viele Kinder im Verlauf ihrer Persönlichkeitsentwicklung tun: Er unternimmt einen Ausbruchsversuch – und um diesen beneide ich ihn noch heute, wahrscheinlich deshalb, weil mein eigener viel weniger spektakulär verlief und eher kläglich endete; jedenfalls musste bei meiner Rückkehr kein Mastkalb das Leben lassen wie im Gleichnis vom verlorenen Sohn. Auch Jesus also unternimmt einen Ausbruchsversuch, ungefähr mit zwölf, anlässlich einer Wallfahrt nach Jerusalem; die Eltern sollen ruhig allein zurückkehren in ihr gottverlassenes Nest. Er hat den Duft der großen weiten Welt geschnuppert; die Hauptstadtluft und die Tempelhallen faszinieren ihn weit mehr als das alltägliche Einerlei in dem langweiligen Nazaret.

Später dann löst er sich vollends von zu Hause. Seine Eltern wollen es zwar nicht wahrhaben, genauso wie auch heute manche Eltern es nicht wahrhaben wollen, dass ihre Kinder allmählich selbstständig werden. Eine Gelegenheit, das drastisch vorzuführen, ergibt sich in Kana anlässlich eines Hochzeitsfestes, bei dem offenbar auch ein paar trinkfeste Gesellen mit zu Tisch sitzen. Da sagt Jesus seiner Mutter glattweg und unverblümt, dass sie offenbar noch immer nicht begriffen habe, dass er jetzt erwachsen sei, dass er seine eigenen Wege gehen müsse und dass sie sich endlich von ihm lösen und sich nicht ständig einmischen solle in seine Angelegenheiten. In der gestelzten Sprache des Evangelisten: »Was willst du von mir, Frau?« (Joh 2,4)

Hier endlich beginnt sich die Wirklichkeit abzuzeichnen; die Idylle, wie wir sie von unzähligen sentimentalen Heilige-Familie-Darstellungen kennen, ist definitiv zu Ende.

Heilige Familie. Nur zwei der Evangelisten widmen der Kindheit und Jugend Jesu gerade drei, vier Seiten. Mit anderen Worten: Wir wissen viel zu wenig vom Familienleben dieser Heiligen Familie, als dass unsere heutigen Familien sich an ihr ein Beispiel nehmen könnten. Wenn immer man die Heilige Familie als Vorbild hingestellt hat, wurden die eigenen Vorstellungen von der intakten bürgerlichen Familie in sie hineinprojiziert. Und diese Wunschbilder waren es dann, die nun wiederum Vorbildcharakter hatten. Da beißt die Katze sich doch in den Schwanz!

Viel mehr gäbe es aufgrund der überdies theologisch übermalten Quellenlage nicht zu sagen über die Heilige Familie, wenn da nicht noch ein kleiner Haken wäre, an dem man einiges sehr Gewichtiges aufhängen kann.

Eine entscheidende Frage nämlich lautet: Wer gehört eigentlich zu dieser Heiligen Familie? Was versteht Jesus darunter? Auskunft gibt uns Jesus selbst, von dem seine engsten Angehörigen denken, er sei »von Sinnen«. (Im Klartext, seine Mutter und seine Brüder halten ihn für total verrückt.) Was Jesu Mutter betrifft, zeigt sich uns hier ein Bild, das sich von dem von der kirchlichen Frömmigkeit zeitweise übertünchten sehr unterscheidet.

Wie reagiert Jesus, als er von der Ankunft seiner Mutter und seiner Brüder erfährt? »Wer den Willen Gottes tut, der ist für mich Bruder und Schwester und Mutter.« Ins Heute übersetzt: Meine Angehörigen sind jene, die die Bibel nicht zitieren, sondern applizieren! Was nützt es, fromm anzubeten, wenn man nicht bereit ist, fröhlich mit anzupacken? Was soll das Händeringen im Tempel, wenn man für die Mitmenschen draußen keine offene Hand hat? Was fruchtet es, Gott mit den Lippen zu ehren, wenn das Herz weit weg ist von ihm?

Also noch einmal: Wer den Willen Gottes tut, gehört zur Heiligen Familie. Und die anderen? Auch auf sie wartet Jesus. Sie haben jederzeit Gelegenheit, sich seiner Familie beizugesellen.

DER STREIT UM DIE DEUTUNGSHOHEIT

$3^†$ In jener Zeit [22] sagten die Schriftgelehrten, die von Jerusalem herabgekommen waren: Er ist von Beelzebul besessen; mit Hilfe des Anführers der Dämonen treibt er die Dämonen aus. [23] Da rief er sie zu sich und belehrte sie in Form von Gleichnissen: Wie kann der Satan den Satan austreiben? [24] Wenn ein Reich in sich gespalten ist, kann es keinen Bestand haben. [25] Wenn eine Familie in sich gespalten ist, kann sie keinen Bestand haben. [26] Und wenn sich der Satan gegen sich selbst erhebt und mit sich selbst im Streit liegt, kann er keinen Bestand haben, sondern es ist um ihn geschehen. [27] Es kann aber auch keiner in das Haus eines starken Mannes einbrechen und ihm den Hausrat rauben, wenn er den Mann nicht vorher fesselt; erst dann kann er sein Haus plündern. [28] Amen, das sage ich euch: Alle Vergehen und Lästerungen werden den Menschen vergeben werden, so viel sie auch lästern mögen; [29] wer aber den Heiligen Geist lästert, der findet in Ewigkeit keine Vergebung, sondern seine Sünde wird ewig an ihm haften. [30] Sie hatten nämlich gesagt: Er ist von einem unreinen Geist besessen.

Schon früher hat der Evangelist von erheblichen Spannungen zwischen den Schriftgelehrten und den Pharisäern einerseits und Jesus andererseits berichtet (1,22; 2,6 und 2,16). Völlig unwahrscheinlich ist, dass diese Auseinandersetzungen schon so kurz nach Jesu öffentlichem Auftreten erfolgten. Vielmehr spiegelt sich hier eine Situation wider, die sich erst später ergab und die schon bald nach Jesu Tod zur *gegenseitigen* Befeindung jüdischer Kreise und Jesusgläubigen führte. Verstehen kann man den vorliegenden Abschnitt nur, wenn man diesem Umstand Rechnung trägt.

Hielten seine eigenen Verwandten Jesus anfänglich für unzurechnungsfähig, so beschuldigen ihn die Schriftgelehrten jetzt des Pakts mit Beelzebul, dem obersten der Dämonen.

Wie kommen sie dazu? Ihnen entgeht nicht, dass Jesus erfolgreich gegen dunkle Mächte ankämpft. Warum aber stößt er bei ihnen dennoch auf Ablehnung?

Was sich da abspielt zwischen Jesus und seinen Widersachern, begreifen wir am ehesten, wenn wir einen Blick auf die Kirchengeschichte werfen. Dabei bemerken wir, dass gerade die Mystiker und Mystikerinnen amtskirchlicherseits immer wieder auf Misstrauen oder doch auf Verständnislosigkeit stießen.

Beargwöhnt wurden sie vor allem, weil sie die engen, durch die sachgerechte Glaubenslehre beschränkten Grenzen sprengten und ungewohnte – will sagen *personenbezogene* – Wege zur Gotteserfahrung beschritten.

So etwa der Dominikaner Meister Eckhart (um 1260–1328), dessen Äußerungen über das Wesen Gottes auf wenig Gegenliebe stießen. Wie damals üblich, beurteilte die Inquisition nicht dessen Schriften, sondern lediglich einzelne aus dem Zusammenhang herausgerissene Sätze. Eckharts Werke lagen der Kommission nicht einmal vor. Dass Meister Eckhart vor Abschluss des Verfahrens verstarb, rettete ihn möglicherweise vor der Todesstrafe.

Oder Marguerite Porete (um 1250/1260–1310). Vermutlich dem Patriziat der nordostfranzösischen Stadt Valenciennes entstammend, schloss sie sich einer klosterähnlichen Bewegung von Frauen an. Ihr in einfacher Volkssprache geschriebenes Werk *Le mirouer des simples ames* (*Spiegel der einfachen Seelen*) versetzte die kirchliche Inquisition in Aufruhr, was im Jahr 1310 ihre öffentliche Verbrennung zur Folge hatte. Der Grund war, dass sie die Ansicht vertrat, der Mensch bedürfe keiner Vermittlung durch die Kirche, um Gott in seinem Innersten wahrzunehmen. Heute gilt Marguerite Porete als eine der wichtigsten Mystikerinnen und theologischen Schriftstellerinnen überhaupt.

Neben manch anderen Geist- und Gotterfüllten geriet auch die heilige Teresa von Ávila (1515–1582) in die Fänge der Inquisition, die ebenfalls die Ansicht vertrat, jeder Mensch, unabhängig von einer Kirchenzugehörigkeit, könne mit Gott in Kontakt treten. Weshalb man sie verdächtigte, die moralische Ordnung zu untergraben, denn: Wenn jeder Mensch fähig ist, Gottes Gegenwart zu erfahren und darüber zu reden, gar zu predigen – wer legt dann die Regeln fest? Wer sagt, was gilt? Dass der Prozess gegen die mutige Ordensfrau glimpflich ausging, ist einzig auf ein wohlwollendes Gutachten des Dominikaners Pedro Ibanez Diaz zurückzuführen, der 1565 ihrer autobiografischen Schrift *Vida* (*Das Buch meines Lebens*) bescheinigt, dass die Verfasserin

»von allen typisch weiblichen Kindereien weit entfernt« und »äußerst gradlinig« sei.[19]

Stets sind es *Schrift*gelehrte, die ihre Vermittlerrolle gefährdet sehen. Wer denn, wenn nicht sie, ist zuständig, wenn es darum geht, den Geist der Bibel zu erfassen und die heiligen Texte allgemein verbindlich auszulegen?!

Sie beharren auf ihren verkrusteten Glaubenssätzen, an denen längst der Rost nagt, allen Aktualisierungsversuchen sich widersetzend. Sie, sie allein sind zuständig für die rechte Lehre und die richtigen Formulierungen, ungeachtet der Tatsache, dass diese kaum jemand mehr versteht. Fragt sich bloß, was *sie* sich vorstellen unter Begriffen wie *Heil, Gnade, Allmacht der Sünde, ein Gott in drei Personen* ... die für viele zu nichtssagenden Phrasen und Floskeln geworden sind.

Wer immer versucht, das Mysterium der Dreifaltigkeit in verständlicher Sprache einigermaßen plausibel zu machen, wird von den Kirchenoberen (gleich welcher Konfession) früher oder später angemahnt: »Immer noch gilt: Es gibt einen Gott in drei Personen.« Ach ja? Geben sich die offiziellen Deuter eigentlich Rechenschaft darüber, dass das eine glatte Häresie ist, wenn man den *heutigen* Personbegriff vor Augen oder im Kopf hat?

Unter *Person* verstehen wir seit Beginn der Neuzeit etwas ganz anderes als die Menschen der Antike, als dieser Glaubenssatz formuliert wurde. Wenn wir den Personbegriff verwenden, meinen wir damit *ein* Wesen mit einem eigenen Willen, mit Bewusstsein und Selbstbewusstsein, mit Identität und Individualität und Verantwortung. Wenn wir nun *diesen* Personbegriff auf die Dreifaltigkeit anwenden, wird die Trinitätslehre zu einem Drei-Götter-Glauben. Denn in Gott gibt es nur *einen* Willen, *eine* Kraft, *ein* Selbstbewusstsein, *ein* Aktzentrum ... und insofern im Sinne unseres neuzeitlichen Personverständnisses nur *eine* Person.

---

19 C. Mühlstedt, Die Mystik Teresas von Avila. Auf der Suche nach innerer Freiheit, Deutschlandfunk: Aus Religion und Gesellschaft, 30.9.2015, URL=https://www.deutschlandfunk.de/auf-der-suche-nach-innerer-frei heit-die-mystik-teresas-von.2540.de.html?dram:article_id=332429 (13.06.2023).

Das in der philosophischen Begrifflichkeit der christlichen Antike formulierte Trinitätsdogma besagt, dass Gott kein in sich ruhender, sondern ein handelnder Gott ist, der dem Menschen in drei Wirkweisen begegnet, nämlich als Schöpfer (Gottvater), als Erlöser (Gottessohn), als Lebensspender (Heiliger Geist).

Wenden wir uns wieder dem Markustext zu. Die Schriftgelehrten, von denen der Evangelist redet, erscheinen hier als typische Vertreter einer »Kaste«, die Deutungshoheit für sich beansprucht. Erkennbar geht es ihnen weniger um Rechtgläubigkeit als um Macht.

Es bleibt diesen Leuten nicht verborgen, dass Jesus das Böse zu bannen vermag. Weil er dies (als theologischer Laie!) ohne ihre Zustimmung schafft, vollbringt er sein Werk nicht im Auftrag Gottes, sondern mithilfe des Teufels. Wider besseres Wissen *lästern* (so der Originaltext) sie den Heiligen Geist, indem sie ihn als Beelzebul bezeichnen.

Vor diesem Hintergrund wird nun auch deutlich, was Jesus meint mit der Sünde gegen den Geist, nämlich das verstockte *Beharren* auf dem Irrtum. Solange Menschen diese Haltung pflegen, kann ihnen nicht einmal Gott ihre Sünden vergeben. Weil er die menschliche Freiheit respektiert.

4. KAPITEL

WO BLEIBT DER ERFOLG?

4 [†] In jener Zeit [1] lehrte Jesus wiederum einmal am Ufer des Sees, und sehr viele Menschen versammelten sich um ihn. Er stieg deshalb in ein Boot auf dem See und setzte sich; die Leute aber standen am Ufer. [2] Und er sprach lange zu ihnen und lehrte sie in Form von Gleichnissen. Bei dieser Belehrung sagte er zu ihnen: [3] Hört! Ein Sämann ging aufs Feld, um zu säen. [4] Als er säte, fiel ein Teil der Körner auf den Weg, und die Vögel kamen und fraßen sie. [5] Ein anderer Teil fiel auf felsigen Boden, wo es nur wenig Erde gab, und ging sofort auf, weil das Erdreich nicht tief war; [6] als aber die Sonne hochstieg, wurde die Saat versengt und verdorrte, weil sie keine Wurzeln hatte. [7] Wieder ein anderer Teil fiel in die Dornen, und die Dornen wuchsen und erstickten die Saat, und sie brachte keine Frucht. [8] Ein anderer Teil schließlich fiel auf guten Boden und brachte Frucht; die Saat ging auf und wuchs empor und trug dreißigfach, ja sechzigfach und hundertfach. [9] Und Jesus sprach: Wer Ohren hat zum Hören, der höre!

Auch weniger bibelfeste Leserinnen und Leser werden leicht feststellen, dass diese Episode nur so strotzt vor Ungereimtheiten. Der Weg und das Dornengestrüpp befinden sich am Rand des Feldes. Dass bei der Aussaat ein paar Körner dorthin fallen, ist so selbstverständlich, dass ein Sämann keinen Gedanken darauf verwendet. Und schon gar nicht wird ein Bauer das kostbare Saatgut auf ein Feld mit dünner Erdschicht und felsigem Untergrund ausstreuen; warum das verfehlt ist, hat ihm der Großvater ja schon erklärt, als er noch ein kleiner Junge war.

Wirklichkeitsbezogen ist in diesem Gleichnis einzig das vertraute Bild vom Sämann, während die geschilderte Episode völlig realitätsfern wirkt.

Oder doch nicht?

Statt an *Säen* und *Ernten* oder an *Arbeit* und *Ertrag* brauchen wir bloß an die von uns vertrauten Begriffe *Einsatz* und *Erfolg* zu denken, und schon erkennen wir uns wieder in der Gestalt dieses Sämanns.

Beispiele? Da ist ein Experte für Umweltfragen, der jede Menge an Zeit und Geld investiert, um auch bei anderen das Bewusstsein dafür zu schärfen, dass die Menschheit am Rand eines Abgrundes steht. Eine Volkshochschule gewinnt ihn als Referenten, und dann findet er einen fast leeren Saal vor, weil seine Zeitgenossen an diesem Abend das Fußballspiel im Fernsehen wichtiger finden als eine Diskussion über Klimawandel und Zukunftschancen der Menschheit.

Oder da ist ein Seelsorger, der sehr wohl weiß, dass nicht jede Predigt ein Volltreffer sein kann. Diesmal jedoch hat er sich besonders sorgfältig vorbereitet, weil ihm das vorgesehene Thema wie kein anderes am Herzen liegt – nehmen wir einmal an, es gehe um die Stellung der Frau in der Kirche. Wie er nun nach dem Gottesdienst auf dem Kirchplatz die Runde macht, kommt seitens der Männer kaum eine Reaktion, während ihm zwei Kirchgängerinnen zu verstehen geben, dass die Frauen nun wirklich nicht dazu geschaffen seien, auch noch im kirchlichen Bereich die erste Geige zu spielen; die Musik könne man nämlich, wie bisher üblich, getrost dem Organisten überlassen; und außerdem seien sie hergekommen, um an einem Gottesdienst teilzunehmen und nicht, um sich mit der Identitätskrise der Emanzen auseinanderzusetzen ...

Jeder und jede kennt das: Man hat sich alle Mühe gegeben, an gutem Willen hat es nicht gefehlt, und natürlich hat man auch an den Erfolg geglaubt und auf ein positives Echo gehofft. Und dann folgt die große Enttäuschung.

So geschieht es, dass Kinder im Jugendlichen- und Erwachsenenalter so manches, was ihren Eltern lieb und teuer war, einfach nicht mehr bejahen. Sie legen andere Wertmaßstäbe an und gestalten ihr Leben nach ihrem eigenen Gutdünken. Und die enttäuschten Eltern fragen sich – oder fragen andere: Haben wir denn alles falsch gemacht?

Alles wohl nicht; einiges bestimmt. Man darf sich ruhig infrage stellen lassen von seinen Söhnen und Töchtern. Vielleicht gelangt man dabei sogar zu der heilsamen Erkenntnis, dass manches von dem, was man zu vermitteln versuchte, so vermittelnswert gar nicht war.

Anders freilich stellt sich das Problem, wenn Eltern erkennen müssen, dass trotz allen intensiven Bemühungen und guten Absichten ihre Kinder missraten sind, wie man zu sagen pflegt. Dann wird man verzweifeln oder resignieren, weil man sich einredet, dass alle Mühen vergeblich und alle Anstrengungen umsonst waren. Woher weiß man das so genau? Im Gegensatz zur Natur, deren Fruchtbarkeit an die Zyklen der Jahreszeiten gebunden ist, kann im Herzen eines Menschen zu jeder beliebigen Stunde ein Samen keimen und eine Pflanze heranwachsen. Da mag noch so viel an gutem Willen und an pädagogischer Anstrengung unter die Dornen und auf den Weg und auf dünnschichtiges Erdreich gefallen sein – was auf guten Grund fiel, wird irgendwann zu sprießen beginnen und wachsen und sich entfalten. Wie eine Regenflut die Wüste zum Blühen bringt, so kann auch das Herz eines Menschen verwandelt werden, wenn irgendwann jener Augenblick kommt, auf den wir so sehnsüchtig gewartet haben und den herbeizuführen uns versagt blieb. In unserer Macht liegt es bloß, die Voraussetzungen zu schaffen, damit das Gute hineinstrahlen kann in die Seele der Menschen; nie aber können wir *erzwingen*, dass sie es an- und aufnehmen. Genauso wenig wie es nicht von uns abhängt, wann endlich ein Regen sich über die Wüste ergießt, liegt es nicht an uns, den Tag zu bestimmen, an dem unsere Bemühungen Früchte bringen. Uns ist allein die Aussaat anvertraut. Das Gedeihen und Gelingen liegt in Gottes Hand.

Der französische Schriftsteller Georges Bernanos (1888–1948) hat diesen Gedanken in seinem Roman *Tagebuch eines Landpfarrers* ins Literarische umgesetzt und gleichzeitig theologisch vertieft.

Der Roman besteht aus den Tagebuchaufzeichnungen eines jungen, unerfahrenen und zudem stets kränklichen Pfarrers, der in der Trostlosigkeit eines abgelegenen flandrischen Dorfes wirkt. In seiner kleinen Gemeinde, die »vom Stumpfsinn geradezu aufgefressen wird«[20], unternimmt er den kühnen, aber aussichtslos erscheinenden Versuch, die Geistlosigkeit konventioneller Frömmigkeit aufzudecken und den Widerspruch bloßzulegen zwischen der kirchlichen Institution (die allenfalls noch als Handlangerin der weltlichen Ordnungsmacht fungiert) und dem wahren Christentum, das zu repräsentieren sie vorgibt.

Natürlich weiß dieser einfache Geistliche, dass seine Amtsbrüder ihn nicht für voll nehmen, zumal er von seiner Unfähigkeit überzeugt ist.

> Ich bin wahrscheinlich zu plump und ungeschliffen von Natur, aber ich muss gestehen: Ein Priester mit Bildungsehrgeiz war mir stets ein Gräuel. [...] Ich bin nicht mehr imstande, eine Pfarre zu leiten, ich habe weder Klugheit noch Urteil, noch gesunden Menschenverstand genug, und auch nicht die wahre Demut.[21]

Was der Erkenntnis gleichkommt: Ich bin der falsche Mann am falschen Platz. Hier findet sich einer damit ab, nichts zu sein als ein unnützer Knecht, und das Großartige oder Berührende daran ist, dass er darob nicht verzweifelt. Er ist sich bewusst, dass menschliches Machen allenfalls die gesellschaftlichen Belange zu regeln vermag. Gottes Macht allein aber ist es vorbehalten, eines Menschen Herz zu verwandeln. Bernanos' Landpfarrer bringt diese Einsicht auf eine theologische Kurzformel: »Alles ist Gnade.«[22] Diese Erkenntnis ist die Summe der Erfahrungen eines, äußerlich betrachtet, erfolglosen Priesterlebens. Soll man sie weiter entfalten oder gar begründen – und dadurch zerreden?

»Alles ist Gnade.« Diese Einsicht liegt auch dem Gleichnis vom Sämann zugrunde. Das gilt ebenso für die folgende (später hinzugefügte?) Deutung des Gleichnisses, in der die Enttäuschung darüber offenbar wird, dass die Frohbotschaft von Jesus längst nicht bei allen die erwartete Begeisterung auslöst.

---

20 G. Bernanos, Tagebuch eines Landpfarrers, Frankfurt a. M. 1986, 5.
21 Ebd., 135.
22 Ebd., 275.

JESUSVERKÜNDIGUNG UND JESUSNACHFOLGE

4 [10†] Als Jesus mit seinen Begleitern und den Zwölf allein war, fragten sie ihn nach dem Sinn seiner Gleichnisse. [11] Da sagte er zu ihnen: Euch ist das Geheimnis des Reiches Gottes anvertraut; denen aber, die draußen sind, wird alles in Gleichnissen gesagt; [12] denn sehen sollen sie, sehen, aber nicht erkennen; hören sollen sie, hören, aber nicht verstehen, damit sie sich nicht bekehren und ihnen nicht vergeben wird.

[13] Und er sagte zu ihnen: Wenn ihr schon dieses Gleichnis nicht versteht, wie wollt ihr dann all die anderen Gleichnisse verstehen? [14] Der Sämann sät das Wort. [15] Auf den Weg fällt das Wort bei denen, die es zwar hören, aber sofort kommt der Satan und nimmt das Wort weg, das in sie gesät wurde. [16] Ähnlich ist es bei den Menschen, bei denen das Wort auf felsigen Boden fällt: Sobald sie es hören, nehmen sie es freudig auf; [17] aber sie haben keine Wurzeln, sondern sind unbeständig, und wenn sie dann um des Wortes willen bedrängt oder verfolgt werden, kommen sie sofort zu Fall. [18] Bei anderen fällt das Wort in die Dornen: Sie hören es zwar, [19] aber die Sorgen der Welt, der trügerische Reichtum und die Gier nach all den anderen Dingen machen sich breit und ersticken es, und es bringt keine Frucht. [20] Auf guten Boden ist das Wort bei denen gesät, die es hören und aufnehmen und Frucht bringen, dreißigfach, ja sechzigfach und hundertfach.

Mit dieser Jesus in den Mund gelegten Deutung spielt der Evangelist auf die Zustände in seiner Gemeinde an. Mit anderen Worten, das gängige Bild vom Sämann dient nicht dazu, um eine bestimmte Unterweisung daraus abzuleiten. Gerade umgekehrt gilt: Die Grundaussage steht bereits fest und wird nun mittels eines Gleichnisses illustriert. Letzteres ist so konstruiert, dass sich darin die bestehenden Verhältnisse widerspiegeln. Wenn wir dies bedenken, erscheinen die wirklichkeitsfernen Aussagen (säen auf felsigen Grund, der Umstand, dass einiges von dem Saatgut in die Dornen oder auf den Wegrand fällt ...) durchaus sinnvoll.

Was auf der Bildebene unangemessen wirkt, erscheint plausibel, sobald man sich die Sachebene vergegenwärtigt, auf die sich das Gleichnis bezieht. Im Visier hat der Evangelist die frühchristlichen Gemeinden.

Was im bäuerlichen Alltag die Ausnahme darstellt, nämlich dass ein großer Teil des Samens nicht aufgeht, erweist sich innerhalb der Christengemeinden als beinharte Wirklichkeit. Längst nicht bei allen zeitigt das Gotteswort die erhoffte Wirkung.

Offensichtlich geht es hier um den Kontrast, der besteht zwischen Jesusverkündigung und Jesusnachfolge. Dies wiederum legt die Vermutung nahe, dass weder die Gleichniserzählung noch die anschließende Interpretation auf Jesus zurückgeht, sondern als Schöpfung der Gemeinde zu betrachten ist, die sich abfinden muss mit der Tatsache, dass die Predigt vom gekreuzigten und auferstandenen Herrn längst nicht immer auf offene Ohren stößt. Gezeigt wird, wie eifrige Jesusnachfolger und Christusjüngerinnen ihre Enttäuschung darüber verarbeiten, dass sich der Glaubenseifer in den eigenen Reihen in Grenzen hält und dass die Außenstehenden zum größten Teil weiterhin draußen bleiben. Da sind welche, die, fasziniert von Jesu Botschaft, in Begeisterung ausbrechen, die sich jedoch als Strohfeuer erweist, kaum dass Konflikte ausbrechen, Anfeindungen spürbar werden oder Verfolgung droht.

Kurzum, im Gleichnis spiegelt sich die Situation der damaligen Gemeinden. Die pädagogische Intention ist klar. Gewarnt werden die Unverständigen, die das Gotteswort schon beim Hören überhören. Ermahnt werden die Unbeständigen, die vor der erstbesten Schwierigkeit kapitulieren. Angesprochen sind die Unbekümmerten, die sich in hundert Nichtigkeiten verlieren ... Das Anliegen des Evangelisten zielt darauf, Gottes Wort nicht bloß zur Kenntnis, sondern es sich zu Herzen zu nehmen.

Dabei handelt es sich keineswegs um eine Standpauke an die Adresse der lauen Gemeindemitglieder, sondern um eine *Ermutigung*: Vertraut Jesu Wort! Lasst euch darauf ein! Dann werdet ihr erfahren, dass es Früchte bringt, dreißigfach, sechzigfach, ja hundertfach!

Im Mittelpunkt dieses Gleichnisses steht weder der Sämann noch die Zuhörerschaft, sondern einzig und allein *das von Jesus verkündete Gotteswort*, das die Herzen der Menschen verwandelt und die Welt verändert – wenn sie es denn auf sich wirken lassen.

Wie dieses Wort die Denkweise und die Lebenspraxis eines Menschen umzukrempeln vermag, hat ein Franz von Assisi erfahren, als er in dem vom Zerfall bedrohten Kirchlein San Damiano außerhalb der Stadt Assisi zum Bild des Gekreuzigten aufschaute und in seinem Herzen plötzlich eine Stimme vernahm: »Francesco, stelle mein Haus wieder her!« Es war dieser eine Satz, der eine der weitestreichenden Reformen der Kirche auslöste.

Aus der Rückschau wird nun auch die Einleitung zu dieser Ausdeutung in etwa verständlich. Euch, die ihr zu mir steht, sagt Jesus, ist es gegeben, das Geheimnis des Reiches Gottes zu verstehen. Denen aber, die »draußen« sind, wird es sich nicht erschließen, weil sie, wie schon Jesaja sagt, wohl sehen, aber nichts erkennen, und hören, ohne zu verstehen (vgl. Jes 6,9 f.). Wie das? Weil, meint Jesaja, ihr »Herz verfettet« ist! Wer nicht bereit ist, sich infrage stellen zu lassen und ausschließlich auf Bestätigung aus ist, hört immer nur das, was ins eigene Konzept sich einfügt, und nimmt bloß wahr, was zur vorgefassten Meinung passt – und verpasst so tausend Dinge, die das Leben bereithält. Mit einer solchen Einstellung gleichen sie Menschen, die sich weigern, von einem frisch gebackenen Brot zu kosten, weil sie bislang nur Brei gegessen haben.

RÄTSELWORTE

4[†] In jener Zeit sprach Jesus: [21] Zündet man etwa ein Licht an und stülpt ein Gefäß darüber oder stellt es unter das Bett? Stellt man es nicht auf den Leuchter? [22] Es gibt nichts Verborgenes, das nicht offenbar wird, und nichts Geheimes, das nicht an den Tag kommt. [23] Wenn einer Ohren hat zum Hören, so höre er! [24] Weiter sagte er: Achtet auf das, was ihr hört! Nach dem Maß, mit dem ihr messt und zuteilt, wird euch zugeteilt werden, ja, es wird euch noch mehr gegeben. [25] Denn wer hat, dem wird gegeben; wer aber nicht hat, dem wird auch noch weggenommen, was er hat.

Diese Rätselrede wird erst verständlich, wenn man bedenkt, dass der Evangelist dabei an seine aktuelle Leserschaft denkt.

Was Jesus beziehungsweise Markus von der Leuchte sagt, leuchtet ein. Man stellt sie dahin, wo sie den ganzen Raum erhellt. Dass das Licht für Jesus und seine Verkündigung steht, steht außer Frage. Aber noch weiß das nur sein Jüngerkreis. Deren Ohren erreicht das Evangelium schon *jetzt*. *Später* jedoch wird es auch denen kundgetan, denen die Frohbotschaft noch verborgen ist (16,15). Wie die erste trägt auch die zweite

Bildrede nachösterliche Züge. Nur denen, die sich zum Auferweckten als dem Sohn Gottes bekennen (15,39), wird die Fülle der göttlichen Offenbarung zuteil. Wer jedoch Jesu Botschaft zu dessen Lebzeiten gehört hat, aber den Schritt hinein in die nachösterliche (kirchliche) Gemeinschaft nicht vollzieht, wird am Ende auch das negieren, was ihn oder sie am irdischen Jesus einst faszinierte.

KIRCHE ALS REICH GOTTES?

4[T] In jener Zeit sprach Jesus zu der Menge: [26] Mit dem Reich Gottes ist es so, wie wenn ein Mann Samen auf seinen Acker sät; [27] dann schläft er und steht wieder auf, es wird Nacht und wird Tag, der Samen keimt und wächst, und der Mann weiß nicht, wie. [28] Die Erde bringt von selbst ihre Frucht, zuerst den Halm, dann die Ähre, dann das volle Korn in der Ähre. [29] Sobald aber die Frucht reif ist, legt er die Sichel an; denn die Zeit der Ernte ist da.

[30] Er sagte: Womit sollen wir das Reich Gottes vergleichen, mit welchem Gleichnis sollen wir es beschreiben? [31] Es gleicht einem Senfkorn. Dieses ist das kleinste von allen Samenkörnern, die man in die Erde sät. [32] Ist es aber gesät, dann geht es auf und wird größer als alle anderen Gewächse und treibt große Zweige, sodass in seinem Schatten die Vögel des Himmels nisten können.

[33] Durch viele solche Gleichnisse verkündete er ihnen das Wort, so wie sie es aufnehmen konnten. [34] Er redete nur in Gleichnissen zu ihnen; seinen Jüngern aber erklärte er alles, wenn er mit ihnen allein war.

Die Gleichnisse von der aufgehenden Saat und vom Senfkorn weisen darauf hin, dass das Reich Gottes ein reines *Gnadengeschenk* ist: Wie die Saat von selbst aufgeht und wächst und sich entfaltet, während der Bauer seinen alltäglichen Verrichtungen nachgeht, wie das kleinste aller damals bekannten Samenkörner sich ohne menschliches Zutun zu einer großen Senfstaude entwickelt und wie der Sauerteig ohne weiteres Zutun der Hausfrau das Mehl durchsäuert, so wird auch das Reich Gottes von selbst Wirklichkeit, wenn sich die Menschen dafür offenhalten.

Der Mehrheit der Bibelkundigen zufolge gehören diese beiden Gleichnisreden im Gegensatz zum Sämannsgleichnis zur authentischen

Verkündigung Jesu. Vermutlich hatte er dabei vor allem diejenigen vor Augen, die seiner Predigt von der Ankunft des Gottesreiches skeptisch gegenüberstanden.

Zur Zeit Jesu diskutierten die Rabbinen die Frage, *ob* das Reich Gottes denn überhaupt komme; darauf wollen die erwähnten Gleichnisse eine Antwort geben. Ein Menschenalter später, *zur Zeit der Evangelisten*, fragten die Christengemeinden sich, *wann* das Reich Gottes Gestalt annehmen würde. Im Zusammenhang mit dieser veränderten Fragestellung erfuhren die Gleichnisse natürlich eine neue Auslegung, da der Gedanke an das Reich Gottes nun mit der Ausbreitung und dem Wachstum der Kirche in Verbindung gebracht wurde. Was schließlich zu einer Gleichsetzung zwischen Gottesreich und Kirche führte – mit bedenklichen Folgen.

Was ist die Kirche? Auf diese Frage antwortet ein im Auftrag des Trienter Konzils herausgegebener Katechismus: »*Ecclesia est regnum Dei in terra* – die Kirche ist das Reich Gottes auf Erden.«[23] Praktisch läuft diese Aussage darauf hinaus, die Kirche gegen jede Kritik zu immunisieren.

Dabei können sogar Kurzsichtige erkennen, dass die Kirche (und später die einander sich befehdenden kirchlichen Glaubensgemeinschaften) zeitweise eher Öllämpchen als Leuchttürmen gleichen. Weil die Geschichte des Christentums nicht nur von Sternstunden geprägt, sondern auch voller Schandflecken ist, muss der Bekenntnissatz von der »heiligen Kirche« auch glaubensfesten Christenmenschen aufstoßen.[24]

Was besagt das Bekenntnis zur *heiligen* Kirche tatsächlich? Damit verhält es sich ähnlich wie mit den Getauften, die die kirchliche Gemeinschaft bilden. Diese bezeichnet Paulus in seinen Briefen als *Heilige*. Damit meint er nicht, dass diese Menschen frei seien von allen Lastern und Sünden, sondern dass sie *durch die Taufe von Christus geheiligt* sind; *Heiligung* als Gabe, *Heiligkeit* als Aufgabe! Die Kirche ist *heilig*, weil sie von Christus *geheiligt* ist. Ob und in welchem Maß die Kirchen als Glaubensgemeinschaften die *Heiligkeit* anstreben, ist eine andere Frage. Die Dis-

---

23   Catechismus ex decreto Concilii Tridentini ad parochos, Romæ 1858, 329.
24   Dazu ausführlich J. Imbach, Sternstunden und Schandflecke der Kirchengeschichte, Würzburg 2019; ders., Ja und Amen. Was Christen glauben, Würzburg 2020, 217–221.

krepanz zwischen Anspruch (Heiligung) und Wirklichkeit (Sündhaftigkeit) hat der heilige Bischof Ambrosius von Mailand (339–397) mit einem
überaus drastischen Bild umschrieben; er spricht von der Kirche als
von einer »*casta meretrix*«, von einer keuschen Hure.[25] Im Klartext: Die
christliche Glaubensgemeinschaft *ist* von Christus geheiligt, was nicht
ausschließt, dass ihre Mitglieder immer wieder vom Weg der Heiligkeit
abkommen. Der oft vorgebrachte Einwand, dass die einzelnen Getauften zwar sündig, die Kirchen als solche aber heilig seien, ist geradezu
abwegig. Wie soll man sich denn eine Kirche ohne ihre sündigen Mitglieder vorstellen?!

Jesus beginnt seine Predigttätigkeit mit dem Ruf:»Die Zeit ist erfüllt;
das Reich Gottes ist nahe« (1,15). Ähnlich wie das Bundesvolk Israel Gott
trotz dessen Nähe gleichzeitig immer als *den Kommenden* erfahren hat,
verkündet auch Jesus die Gottesherrschaft als *schon angebrochene Wirklichkeit*, die freilich *noch nicht zur Vollendung* gelangt ist.

Diesen Schwebezustand von angebrochenem Heil und ausstehender
Erfüllung illustriert er mit seinen Reich-Gottes-Gleichnissen. Das heißt,
das Kommen des Gottesreiches ist als *Wachstumsprozess* zu verstehen.

Diese Spannung zwischen dem *Schon* und dem *Noch nicht*, die sich
durch das ganze Neue Testament hindurchzieht (vgl. u. a. Joh 5,24 mit
5,28 und 6,39 f.), hat Paulus in seinem Römerbrief theologisch aufge-
arbeitet.

> Denn wir wissen, dass die gesamte Schöpfung bis zum heutigen Tag seufzt
> und in Geburtswehen liegt. Aber nicht nur das, sondern auch wir, obwohl
> wir als Erstlingsgabe den Geist haben, auch wir seufzen in unserem Her-
> zen und warten darauf, dass wir mit der Erlösung unseres Leibes als
> Söhne [und Töchter] offenbar werden. Denn auf Hoffnung hin sind wir
> gerettet. Hoffnung aber, die man schon erfüllt sieht, ist keine Hoffnung.
> Denn wie kann man auf etwas hoffen, das man sieht? Hoffen wir aber auf
> das, was wir nicht sehen, dann harren wir aus in Geduld (Röm 8,22–25;
> vgl. auch Röm 5,1–11).

---

25 Ambrosius, In Lucam 1,17 (Sources chrétiennes 45), Paris 1956, 55.

Paulus spricht hier seine Mitchristinnen und Mitchristen auf eine neue Erfahrung an, nämlich auf die Spannung, die sich für sie ergibt aus dem erwarteten Heil und dem gegenwärtigen Leid. Den Glaubenden ist keine heile Welt und keine leidlose Existenz verheißen. Der Glaube überspielt nicht die negativen Seiten dieser Welt, aber in gewisser Weise relativiert er sie, weil er die Gewissheit vermittelt, dass weder Schmerz noch Leid, noch Tod das letzte Wort haben, sondern dass der rettende Gott sich dieses Wort vorbehält.

Die christliche Erlösungslehre schließt ein, dass das neue Leben sich weitgehend unter den bisherigen Bedingungen abspielt. Ob diese zum Besseren verändert werden, hängt auch von uns ab. Zwar vermögen wir das Reich Gottes nicht aus eigener Kraft herbeizuzwingen. Andererseits drängt Gott sich niemandem auf. Bildhaft drückt der Evangelist das so aus: Die Saat wächst »von selbst«; der Bauer »weiß nicht wie«. Wenn die Frucht reif ist, muss *er* zur Sichel greifen.

Das Reich Gottes ist in uns. Das heißt, wir müssen zuerst in uns hineinschauen. Nur so werden wir uns im Klaren über die uns von Gott geschenkten Gaben. Denn *diese* gilt es zu entfalten. Das Gleichnis vom Senfkorn erinnert uns daran, dass aus diesen Gaben Großes wachsen kann, auch wenn sie uns noch so bescheiden erscheinen.

WANN DAS WUNDER GESCHIEHT

4 [35†] An jenem Tag, als es Abend geworden war, sagte Jesus zu seinen Jüngern: Wir wollen ans andere Ufer hinüberfahren. [36] Sie schickten die Leute fort und fuhren mit ihm in dem Boot, in dem er saß, weg; und andere Boote begleiteten ihn. [37] Plötzlich erhob sich ein heftiger Wirbelsturm, und die Wellen schlugen in das Boot, sodass es sich mit Wasser zu füllen begann. [38] Er aber lag hinten im Boot auf einem Kissen und schlief. Sie weckten ihn und riefen: Meister, kümmert es dich nicht, dass wir zugrunde gehen? [39] Da stand er auf, drohte dem Wind und sagte zu dem See: Schweig, sei still! Und der Wind legte sich, und es trat völlige Stille ein. [40] Er sagte zu ihnen: Warum habt ihr solche Angst? Habt ihr noch keinen Glauben? [41] Da ergriff sie große Furcht, und sie sagten zueinander: Wer ist denn dieser, dass ihm sogar der Wind und das Meer gehorchen?

Wer denkt bei der Lektüre dieses Abschnitts nicht an das berühmte Kirchenlied von Martin Gotthard Schneider:

Ein Schiff, das sich Gemeinde nennt,
fährt durch das Meer der Zeit.
Das Ziel, das ihm die Richtung weist,
heißt Gottes Ewigkeit.
Das Schiff, es fährt vom Sturm bedroht
durch Angst, Not und Gefahr,
Verzweiflung, Hoffnung, Kampf und Sieg,
so fährt es Jahr um Jahr.
Und immer wieder fragt man sich,
wird denn das Schiff bestehn?
Erreicht es wohl das große Ziel?
Wird es nicht untergehn?

Das Kirchenschiff, ausgesetzt dem Gegenwind des Zeitgeistes, den Angriffen kirchenfeindlicher Piraten, bedroht vielleicht gar von Meuterern, die sich unter die Besatzung gemischt haben ...

Davon allerdings ist im Markustext nicht die Rede. Aber wovon denn?

Sicher geht es nicht um die Kirche, zumindest nicht vordergründig. Sondern um die Angst, die Menschen umtreibt angesichts der vielfachen Herausforderungen und der Schicksalsschläge des Lebens.

Wovor haben die Jünger Angst? Sie fürchten unterzugehen im Sturm. Geraten in Panik – auch oder gerade deshalb, weil der Sturm »plötzlich« einsetzt und sie völlig unvorbereitet trifft.

Wir erinnern uns an die COVID-19-Pandemie, die sich im Frühjahr 2020 weltweit verbreitete – und an die unmittelbar darauf einsetzenden Hamsterkäufe. Wenn eine Katastrophe droht oder wenn die Börsenkurse sinken, ist auf den Verstand kaum noch Verlass.

Solange Menschen sich der Zollstöcke dieser Welt bedienen, gerät die Existenzsicherung zum gnadenlosen Konkurrenzkampf. Dann werden sie immer nur voran- und weitergetrieben von ihren Ängsten – von der Angst nicht genug zu kriegen, von der Angst zu kurz und unter die Räder zu kommen, von der Angst an den Rand gedrängt und irgendwann bedeutungslos zu werden.

Es sind dies Anzeichen einer latent vorhandenen Existenzangst. Dieser Angst versucht man zu begegnen durch die Suche nach Sicherheiten. Das ist moralisch keineswegs verwerflich und menschlich absolut verständlich.

Unzählige haben während des Zweiten Weltkrieges von einem Tag auf den anderen alles verloren. Manchen widerfuhr Ähnliches im Zusammenhang mit Naturkatastrophen, Krankheiten oder unvorhersehbaren wirtschaftlichen Entwicklungen. Solche Erfahrungen hinterlassen Spuren. Die Not während des Krieges, der Hunger, das Elend, der Mangel am Allernötigsten ... Das kann sich Menschen dermaßen einprägen, dass sie in der ständigen Angst leben, dergleichen könne sich wiederholen. Und die dann auf eine Weise Vorsorge treffen, die völlig abwegig erscheint.

Manche sehen ihre Existenz gefährdet, wenn unerwartete gesellschaftliche Entwicklungen sich anbahnen. Ungewohntem begegnen sie mit Misstrauen, zumindest mit Zurückhaltung. Statt sich auf Neues einzulassen, ziehen sie es vor, auf angeblich Altbewährtes zurückzugreifen: Gut ist, was sich seit je bewährt hat. Wohin das führt, zeigt die folgende Geschichte.

Was sie denn morgen Abend kochen solle, fragt Helen ihren Friedel. »Eigentlich hätte ich wieder einmal Lust auf eine Waadtländer Saucisson, mit Kartoffeln und Lauch«, sagt der. Und fügt hinzu: »Sag mal, warum schneidest du eigentlich immer an beiden Enden ein kleines Stück ab, bevor du die Wurst ins heiße Wasser legst?« »Das hat schon meine Mutter so gemacht.« Die kommt ein paar Tage später zu Besuch (was eher nach einer Visitation als nach einer Visite aussieht). Bei dieser Gelegenheit fällt Friedel die Sache mit der Wurst wieder ein. Also fragt er die Schwiegermutter, weshalb sie die beiden Wurstenden vor dem Sieden jeweils abgeschnitten habe. »Das habe ich von meiner Mutter übernommen.« Jetzt interessiert sich auch Helen, die das Ganze mitgekriegt hat, für die Sache. Als sie ihre Oma ein paar Tage später im Altenheim aufsucht, erkundigt sie sich bei ihr, was es mit den abgeschnittenen Wurstenden auf sich habe. »Ach«, sagt die alte Frau, »habt ihr ihn denn noch immer, diesen viel zu kleinen Topf?«

»Zu neuen Ufern lockt ein neuer Tag« – so Dr. Faust in Goethes gleich-
namiger Tragödie.[26] Offensichtlich gibt es im Leben keinen Stillstand.
Und dass wir heute manches anders sehen müssen, als wir es gestern
noch gesehen haben.

Das trifft auch für die Kirche zu.

Angesichts des Sturms (der Angriffe von »außen«) ist sich die Boots-
besatzung (die Jünger) uneins. Die einen meinen, die Segel neu richten
zu müssen, um den Wellen zu trotzen. Andere sind der Ansicht, dass kräf-
tigeres Rudern helfe. Einige schreien den Steuermann an, damit er die
Richtung wechsle, weil man nur so dem Unwetter widerstehen könne.

Das ist genau die Situation, in der sich die christlichen Glaubensgemeinschaften befinden. Die Kirchenbänke haben das Knarren längst
verlernt, weil immer weniger Gläubige sich zum Gottesdienst einfinden.
Die wiederum streiten sich darüber, wie man den Glaubensschwund
beheben könne. Da gibt es die Rechten und die Linken, Voranstürmende
und Zauderer, Mutige und Ängstliche, Rückwärtsgewandte und Aufge-
schlossene ... Was völlig selbstverständlich ist. Verständlich ist auch, dass
Schwierigkeiten und Probleme entstehen. Schlimm aber ist die Art, wie
man oft miteinander umgeht; schlimm schließlich ist die Gehässigkeit,
mit der Diskussionen geführt werden, die diesen Namen schon gar nicht
mehr verdienen, weil es sich um Schmähreden und Diffamierungen
handelt.

Dass innerhalb von Glaubensgemeinschaften gestritten wird, zeugt
von Interesse. Besser eine streitende als eine schlafende Kirche! Aber die
Art und Weise wie man oft miteinander umgeht, ist alles andere als
erbaulich. Streiten will gelernt sein.

Zunächst einmal muss man sich Rechenschaft geben, wie wichtig die
Sache ist, die zur Debatte steht. Nebensächlichkeiten und Unwesentli-
ches darf man nicht hochstilisieren. Ferner dürfen nie persönliche
Motive mit hineinspielen, sonst werden aus Gegnern Feinde.

Während die Jünger auf dem Boot sich abmühen, zeigt Jesus, was nottut.
Jesus scheint zu schlafen. Er ist die Ruhe selbst. Damit gibt er den Seinen

---

26   J. W. Goethe, Faust, 1. Teil: Nacht, Vers 701.

ein Beispiel, dass sie keinesfalls überstürzt oder übereilt handeln sollen, wenn sie das Kirchenschiff durch stürmische Zeiten steuern.

Die Gefahren von »außen« sind derart groß, dass die Jünger ihnen wirksam nur begegnen können, wenn sie sich trotz anfänglichen Meinungsverschiedenheiten auf ein *gemeinsames* Vorgehen einigen. Solange sie unter sich zerstritten sind, zerstören sie gerade, was sie zu retten meinen.

5. KAPITEL

EIN SCHWANK VOM BETROGENEN TEUFEL?

5† In jener Zeit ^{1} kamen Jesus und seine Jünger an das andere Ufer des Sees, in das Gebiet von Gerasa. ^{2} Als er aus dem Boot stieg, lief ihm ein Mann entgegen, der von einem unreinen Geist besessen war. Er kam von den Grabhölen, ^{3} in denen er lebte. Man konnte ihn nicht bändigen, nicht einmal mit Fesseln. ^{4} Schon oft hatte man ihn an Händen und Füßen gefesselt, aber er hatte die Ketten gesprengt und die Fesseln zerrissen; niemand konnte ihn bezwingen. ^{5} Bei Tag und Nacht schrie er unaufhörlich in den Grabhöhlen und auf den Bergen und schlug sich mit Steinen. ^{6} Als er Jesus von Weitem sah, lief er zu ihm hin, warf sich vor ihm nieder ^{7} und schrie laut: Was habe ich mit dir zu tun, Jesus, Sohn des höchsten Gottes? Ich beschwöre dich bei Gott, quäle mich nicht! ^{8} Jesus hatte nämlich zu ihm gesagt: Verlass diesen Mann, du unreiner Geist! ^{9} Jesus fragte ihn: Wie heißt du? Er antwortete: Mein Name ist Legion; denn wir sind viele. ^{10} Und er flehte Jesus an, sie nicht aus dieser Gegend zu verbannen. ^{11} Nun weidete dort an einem Berghang gerade eine große Schweineherde. ^{12} Da baten ihn die Dämonen: Laß uns doch in die Schweine hineinfahren! ^{13} Jesus erlaubte es ihnen. Darauf verließen die unreinen Geister den Menschen und fuhren in die Schweine, und die Herde stürzte sich den Abhang hinab in den See. Es waren etwa zweitausend Tiere, und alle ertranken. ^{14} Die Hirten flohen und erzählten alles in der Stadt und in den Dörfern. Darauf eilten die Leute herbei, um zu sehen, was geschehen war. ^{15} Sie kamen zu Jesus und sahen bei ihm den Mann, der von der Legion Dämonen besessen gewesen war. Er saß ordentlich gekleidet da und war wieder bei Verstand. Da fürchteten sie sich. [16] Die, die alles gesehen hatten, berichteten ihnen, was mit dem Besessenen und den Schweinen geschehen war. [17] Darauf baten die Leute Jesus, ihr Gebiet zu verlassen. [18] Als er ins Boot stieg, bat ihn der Mann, der zuvor von den Dämonen besessen war, bei ihm bleiben zu dürfen. [19] Aber Jesus erlaubte es ihm nicht, sondern sagte: Geh nach Hause und berichte deiner Familie alles, was der Herr für dich getan und wie er Erbarmen mit dir gehabt hat! [20] Da ging der Mann weg und verkündete in der ganzen Dekapolis, was Jesus für ihn getan hatte, und alle staunten.

In den Evangelien stoßen wir auf Erzählungen, die auf Anhieb überzeugen, weil wir uns darin wiedererkennen. Dazu gehören das Gleichnis vom verlorenen Sohn (Lk 15,11–32) oder die Episode von der Begegnung Jesu mit der Sünderin, die ihre Tränen über seine Füße ergießt und getröstet von dannen geht in der Gewissheit, dass Gottes Barmherzigkeit unendlich viel größer ist als alles menschliche Versagen (Lk 7,36–50).

Anderen biblischen Überlieferungen gegenüber bleiben wir skeptisch; sie erscheinen uns wie eine Zumutung an den gesunden Menschenverstand. Zu diesen gehört zweifellos die Geschichte von der Heilung des Besessenen von Gerasa.

Sogar den Bibelwissenschaftlern schien diese Begebenheit seit je nicht geheuer. So spottete der evangelische Theologe David Friedrich Strauß in seinem erstmals 1835 erschienenen *Leben Jesu*, dass da, wo die Teufel in die Schweine fahren, »selbst starkgläubigen Auslegern der Glaube auszugehen« pflege[27]. Der protestantische Exeget Hermann Gunkel (1862–1932) sprach von einer Erzählung, »die ganz wie ein nicht ohne Humor erdichtetes Zaubermärchen klingt und die mit dem geschichtlichen Jesus sicherlich nichts gemein hat«.[28] Für Rudolf Bultmann, den großen Wegbereiter der modernen Bibelauslegung, steht außer Zweifel, »dass hier ein volkstümlicher Schwank auf Jesus übertragen« wurde, in dem auch das verbreitete Motiv vom »betrogenen Teufel« eine Rolle

27   D. F. Strauß, Das Leben Jesu für das deutsche Volk bearbeitet, Bd. 2, Bonn ⁶1891, 183.
28   H. Gunkel, Das Märchen im Alten Testament, Tübingen 1926, 87.

spielt.[29] Der englische Philosoph, Mathematiker und Soziologe Bertrand Russell schließlich meint in seinem Buch *Warum ich kein Christ bin*, es sei von Jesus »den Schweinen gegenüber ganz gewiss nicht sehr nett gewesen, die Teufel in sie fahren zu lassen«.[30]

Überrascht es da, dass selbst Kirchenfromme diese Geschichte als unwahrscheinlich empfinden?

Literaturbeflissene allerdings lassen es bei der Lektüre nicht beim ersten Eindruck bewenden, vielmehr sind sie es gewohnt, Texte zu analysieren.

Wie aus der Einleitung und dem Schluss hervorgeht, spielt die Geschichte in Gerasa, im Gebiet der überwiegend heidnischen Dekapolis östlich des Jordans, zwischen dem Toten Meer und dem See Gennesaret. Diese Ortsangabe stellt uns vor nicht unerhebliche Schwierigkeiten. Gerasa (heute: Dscherasch) ist nämlich ungefähr 55 Kilometer südwestlich vom See Gennesaret entfernt. Einen anderen See aber gibt es dort nicht, in den sich die Schweine hätten stürzen können.[31]

---

29 R. Bultmann, Die Geschichte der synoptischen Tradition (1921), Göttingen ⁷1967, 225.

30 B. Russell, Warum ich kein Christ bin, Hamburg 1968, 30.

31 Matthäus vermeidet diese Schwierigkeit, indem er die Markusvorlage abändert. Ihm zufolge ereignet sich das Geschehen (allerdings in etwas veränderter Form) im Umkreis des Städtchens Gadara (Mt 8,28–34). Einige alte Markushandschriften übernehmen diese Lesart, die ebenfalls nicht unproblematisch ist, da auch Gadara immerhin noch rund 10 Kilometer südöstlich vom See Gennesaret entfernt liegt. Eine weitere Lesart geht aller Wahrscheinlichkeit nach auf eine von dem Kirchenschriftsteller Origenes (um 185–253/54) eingeführte Korrektur zurück, die das Ereignis nach Gergesa verlegt, das sich am Ostufer des Sees Gennesaret befand und dessen Überreste noch heute in den Ruinen von Kursi zu besichtigen sind. Diese Lesart empfahl sich vor allem deshalb, weil nur zwei Kilometer von Gergesa entfernt ein steiler Berghang in den See abfällt. Nach den Grabhöhlen, von denen im Text die Rede ist, hat man dort bisher allerdings vergeblich gesucht. – Vgl. R. Pesch, Der Besessene von Gerasa. Entstehung und Überlieferung einer Wundergeschichte (Stuttgarter Bibelstudien 56), Stuttgart 1972, 18.

Das lässt darauf schließen, dass die Begebenheit ursprünglich nicht an einem See spielte. Was die Vermutung nahelegt, dass die Episode mit den Schweinen nachträglich hinzugefügt wurde.

Im Hinblick auf unseren Text trifft wohl das Urteil des Münchner Neutestamentlers Joachim Gnilka zu. Er hält »eine konkrete historische Erinnerung wegen des symbolischen Gehalts [für] nicht sehr wahrscheinlich«.[32] Noch deutlicher äußert sich ein anderer Exeget, Walter Schmithals, der von einer »mit besonderer Sorgfalt« gestalteten »theologischen Dichtung« spricht.[33]

Bei dem Höhlenbewohner von Gerasa scheint nach damaliger Ansicht ein äußerst schwerer Fall von Besessenheit vorzuliegen. Alle Anzeichen deuten darauf hin, dass es sich um einen tobsüchtigen Irren handelt. Selbst mittels Fesseln ist er nicht zu bändigen, was dadurch erklärt wird, dass der »unreine Geist«, der von ihm Besitz ergriffen hat, den Namen »Legion« trägt; er vereinigt also die Kräfte einer Unzahl von Dämonen in sich.

Und doch zeigt sich vom ersten Augenblick an, dass sich hinter seinem Gebrüll und seiner Raserei ein einziger Abgrund von Angst auftut: »Was habe ich mit dir zu tun, Jesus, Sohn des höchsten Gottes? Ich beschwöre dich bei Gott, quäle mich nicht.«

Muss man noch eigens betonen, dass dieses Glaubensbekenntnis zu Jesus als dem Sohn Gottes auf den Erzähler zurückgeht, der uns damit gleichzeitig den Schlüssel zum Verständnis seiner Geschichte gibt? Angesichts der Macht Jesu beginnt dieser Mensch zu zittern. Selbst fühlt er sich derart machtlos, dass er – man beachte die Ironie! – Jesus im Namen Gottes beschwört.

Am meisten irritiert, dass der Besessene sich nicht helfen lassen *will*. Wie er Jesus in der Ferne erblickt, läuft er zwar auf ihn zu. Sobald Jesus ihn jedoch von seinem Abergeist befreit hat, wirft sich der Geheilte, statt

32 J. Gnilka, Das Evangelium nach Markus, 1. Teilband: Mk 1–8,26 (Evangelisch-Katholischer Kommentar zum Neuen Testament II/1), Zürich u. a. 1978, 207.

33 W. Schmithals, Das Evangelium nach Markus (Ökumenischer Taschenbuchkommentar zum Neuen Testament 2/1), Gütersloh/Würzburg 1979, 266. Die folgende Auslegung basiert teilweise auf diesem Kommentar.

ihm zu danken, vor seinem Retter nieder und schreit: »Ich beschwöre dich bei Gott, quäle mich nicht!«

Hilfe als Hindernis? Befreiung als Qual? Was auf den ersten Blick völlig absurd erscheint, erweist sich bei näherem Hinsehen durchaus als stimmig, sobald wir uns die Grabhöhlen, in denen der Besessene haust, nicht als Ort, sondern als Zustand vorstellen.

Augenscheinlich handelt es sich bei dem Besessenen um einen Mann, der an sich leidet. Es wird nicht gesagt, dass er jemandem schadet. Er stellt keine Gefahr dar für die anderen. Ausdrücklich heißt es, dass er *sich* mit Steinen schlägt. Ohne Bild: Er ist voller Selbsthass und geplagt von Selbstverachtung, weil er sich selbst nicht ausstehen kann. Als lebendiger Toter lebt er dort, wo kein richtiges Leben möglich ist, nämlich inmitten von Gräbern. Andererseits deutet sein Schreien darauf hin, dass er dunkel ahnt, auf die Hilfe anderer angewiesen zu sein. Aber kaum dass ein Mensch sich ihm nähert, kriegt er es *mit der Angst zu tun* und fleht ihn an, ihn um Gottes willen nur ja in Ruhe zu lassen.

Diese scheinbare Inkonsequenz ist unter psychologischem Aspekt durchaus plausibel. Mit welchen Erwartungen denn treten wir an Menschen heran, die sich außerhalb dessen bewegen, was wir als Normalität bezeichnen und denen wir helfen wollen? In aller Regel beinhaltet die Anteilnahme einen unausgesprochenen Anspruch, sodass unserem angeblichen Erbarmen häufig etwas Erpresserisches eignet: Ich bin gerne bereit, dir zu helfen, *wenn* du dich entsprechend meinen Vorstellungen verhalten wirst. Ich habe alle Zeit für dich, *wenn* du mir versprichst, dich in die Gesellschaft ein- und ihren Regeln unterzuordnen. Dabei sind es doch gerade diese *fürchterlichen* Erwartungen, die der Besessene nicht erfüllen will – und wohl gar nicht erfüllen kann, weil *sein* Lebensentwurf nun einmal anders aussieht als der, den seine Betreuerinnen und Helfer für ihn vorgesehen haben. Je öfter er die Erfahrung macht, dass er Beistand nur unter bestimmten Bedingungen erhält, desto mehr fürchtet er sich vor menschlicher Nähe, die er im Innersten doch herbeisehnt.

Der Besessene hat Angst vor den anderen, weil er deren Erwartungen nicht erfüllen kann, und nicht weniger Angst hat er vor der *von ihm erkannten* und *für ihn gültigen* Wahrheit, weil diese Wahrheit – das heißt *sein* Lebensentwurf – den Erwartungen der Gesellschaft widerspricht. Würde er diese Wahrheit zu leben wagen, fiele ihm bald eine Außenseiterrolle zu. Wer diese Mechanismen einmal durchschaut hat, wird zu dem Schluss gelangen, dass die Angst fast regelmäßig über die Wahrhaftigkeit siegt und dass man *deshalb* immer wieder auf das Paradox der *kämpferischen* Anhänglichkeit eines Menschen an sein Leid trifft: »Ich beschwöre dich bei Gott, quäle mich nicht!«

Jene Menschen, die ihm helfen wollen, kann der Grabstättenbewohner eigentlich nur fürchten, weil sie, auf deren Beistand er *eigentlich* angewiesen wäre, kein Verständnis aufbringen (können) für das, was *er* letztlich ersehnt. Mit einem Bild ausgedrückt: Der Hilfesuchende möchte sich vielleicht als Künstler verwirklichen – und die Helfenden raten ihm, seinen Lebensunterhalt als Buchhalter zu verdienen.

Aber kann ein Mensch, der nicht minderwertiger und schon gar nicht schlechter, sondern eben nur anders ist als die anderen, im Kontor einer Versicherungsgesellschaft glücklich werden? Ähnlich wie ein Vater, der seinen Sohn enterbt, diesen nicht loswird, am allerwenigsten in Gedanken, so ergeht es einem Menschen, der eine von ihm erkannte Wahrheit nicht zu leben sich getraut aus Angst vor den anderen. Diese Wahrheit wird zu einer Besessenheit – wir sind wiederum mittendrin in unserer Geschichte ... Der Besessene *hat Angst*, seinen Weg zu gehen. Weil Menschen diese Angst niemandem und schon gar nicht sich selbst eingestehen mögen, treiben sie es so weit, dass sie ihre aus ebendieser Angst heraus getroffenen Fehlentscheidungen auch noch rechtfertigen und sich in Grabstätten verkriechen.

Die Kette der Beispiele könnte endlos sein. Ein junger Mann wagt nicht, einer Frau seine Liebe zu gestehen, weil seine Familie diese Verbindung als Mesalliance einstufen würde. Er geht stattdessen eine Vernunftehe ein, von der er von vornherein weiß, dass sie zum Scheitern verurteilt ist. Eine Frau erträgt aus gesellschaftlichen Gründen jahrzehntelang die Gewalttätigkeiten ihres Mannes, weil sie insgeheim eine bodenlose Angst hat vor dem Alleinsein. Eine Mutter findet sich damit ab, sich wie eine Sklavin abzurackern für ihren längst erwachsenen Sohn, weil sie nicht gegen die in ihrer Jugend eingetrichterte Vorstellung ankommt, dass Mutterliebe keine Grenzen kennt ... Immer wieder gibt es Menschen und wird es Menschen geben, die sich beim Gedanken an eingebläute Maximen und im Gedenken an angedrohte Strafen in Kindestagen, aber auch aufgrund erziehungsbedingt tief sitzender Schuldgefühle und anerzogener Skrupel davor fürchten, gegen den Druck der Kirche, der Gesellschaft, der Verwandten und Nachbarn ihrer inneren Stimme zu folgen und das zu tun, was ihnen das Herz eingibt. Stattdessen fügen sie sich familiären, gesellschaftlichen oder kirchlichen Zwängen und tun das, was »man« von ihnen erwartet.

Was man von ihnen erwartet. Hier liegt in der Tat das Problem. Es ist dieser innere Zwang, also letztlich der Terror von außen, durch den Menschen zu seelischen Krüppeln werden, wenn sie nicht die Kraft aufbringen, diesem zu widerstehen. Was wiederum dazu führt, dass sie am Leben vorbeileben, weil das, was sie leben, nicht *ihr* Leben ist. Sie leben nicht, sondern sie werden gelebt.

Menschen werden nur frei und beginnen erst wirklich zu leben, wenn sie es wagen, ihre Grabhöhlen zu verlassen. Und das heißt, wenn sie den Mut aufbringen, sie selbst zu sein. Konkret bedeutet das, der Stimme des Herzens zu folgen – gewiss nicht rücksichtslos gegenüber anderen, aber auch ohne Angst vor deren Urteil.

Wenn wir die Geschichte vom Besessenen aus Gerasa vor diesem Hintergrund lesen, ahnen wir plötzlich, dass hier nicht eine unwahrscheinliche oder gar fantastische Begebenheit erzählt wird, sondern dass von uns die Rede ist.

Die im Anschluss folgende Schilderung der Bannung der Dämonen ist keineswegs einzigartig. In der profanen antiken Literatur finden sich ähnliche Beschreibungen, die davon berichten, dass böse Geister auf Tiere übertragen werden. Ein in der Antike gebräuchlicher griechischer Exorzismus beispielsweise soll die Dämonen in einen Stier bannen, während ihnen in einer babylonischen Anrufung das Schwein als neue Wohnstatt angeboten wird.[34]

---

34 Vgl. R. Pesch, Jesu ureigene Taten? (Quaestiones disputatæ 52), Freiburg i. Br. 1970, 143: »Weichet ins Haupt des Stieres, dort fresset Fleisch, dort saufet Blut, dort zerstört Augen, dort verfinstert den Kopf ...« »Gib das Schwein statt seiner, gib das Fleisch als sein Fleisch, das Blut als sein Blut, lass ihn es nehmen; sein Herz gib als sein Herz und lass es ihn nehmen.«

Offenbar hat Markus eine lokale Legende mit der Jesusüberlieferung in Zusammenhang gebracht. Wenn Jesus am Ende den Dämonen erlaubt, in die Schweine zu fahren, entspricht diese Übertragung durchaus damaligen Vorstellungen.

Der Eindruck, dass es sich um eine Variante der Posse vom betrogenen Teufel handle, trügt. Zweifellos weist die Geschichte schwankhafte Züge auf. Dennoch zeigt sich der Erzähler nicht an ihrem Unterhaltungswert interessiert, sondern verfolgt eine theologische Absicht.

Erstaunlicherweise verlieren weder die Hirten noch die von ihnen herbeigerufenen Leute ein Wort über den Verlust der Schweine. Wie sie jedoch den Besessenen »bekleidet und bei Verstand« sehen, fürchten sie sich. Furcht meint jene ehrfürchtige Scheu – also Ehrfurcht, die Menschen überfällt, wenn sie mit dem Heiligen oder mit dem Göttlichen konfrontiert werden.

Die Bewohner von Gerasa bitten Jesus, die Gegend zu verlassen. Diese Bitte ist Ausdruck ihres Unverständnisses. Sie zählen zu jenen, die hören, ohne zu verstehen, und sehen, ohne zu erkennen (vgl. Jes 6,9). Sie weigern sich nicht, die Präsenz und Evidenz des Göttlichen anzuerkennen. Aber sie verweigern sich ihm: »Was habe ich mit dir zu tun?«

Anders der Geheilte. Er bittet Jesus, bei ihm bleiben zu dürfen. Damit bekundet er den Willen zur Nachfolge. Jesus weist ihn darauf hin, worin diese Nachfolge besteht: »Geh nach Hause und berichte deiner Familie alles, was der Herr [Jahwe-Gott] für dich getan und wie er Erbarmen mit dir gehabt hat.« Ins Heute übersetzt: »Der Christ hat nicht *anderswohin* zu gehen, sondern als *ein anderer* dahin, wo er auch vorher lebte.«[35]

Literarisch betrachtet hat die Geschichte vom Besessenen von Gerasa einen doppelten Schluss. *Theologisch gesehen* konfrontiert der Erzähler seine Leserinnen und Leser mit sich selbst. Insofern hat die Erzählung ein offenes Ende. Oder besteht etwa nicht ständig die Versuchung, uns dem Diktat der Menge zu beugen und so uns zu verlieren?

---

35 W. Schmithals, Das Evangelium nach Markus (Ökumenischer Taschenbuchkommentar zum Neuen Testament 2/1), Gütersloh/Würzburg 1979, 280.

ZWEI MAL AUFERWECKUNG

5²¹ᵗ In jener Zeit fuhr Jesus im Boot an das andere Ufer des Sees von Galiläa hinüber, und eine große Menschenmenge versammelte sich um ihn. Während er noch am See war, ²² kam einer der Synagogenvorsteher namens Jaïrus zu ihm. Als er Jesus sah, fiel er ihm zu Füßen ²³ und flehte ihn um Hilfe an; er sagte: Meine Tochter liegt im Sterben. Komm, und leg ihr die Hände auf, damit sie geheilt wird und am Leben bleibt! ²⁴ᵃ Da ging Jesus mit ihm. [²⁴ᵇ Viele Menschen folgten ihm und drängten sich um ihn.]

[Auf dem Weg zum Haus des Jaïrus stellt sich Jesus eine Frau in den Weg, die er von ihrer Krankheit heilt. Diese Episode bildet eine Einheit für sich. Wir behandeln sie deshalb erst im Anschluss an die hier überlieferte Begebenheit.]

³⁵ Unterwegs kamen Leute, die zum Haus des Synagogenvorstehers gehörten, und sagten zu Jaïrus: Deine Tochter ist gestorben. Warum bemühst du den Meister noch länger? ³⁶ Jesus, der diese Worte gehört hatte, sagte zu dem Synagogenvorsteher: Fürchte dich nicht! Glaube nur! ³⁷ Und er ließ keinen mitkommen außer Petrus, Jakobus und Johannes, den Bruder des Jakobus. ³⁸ Sie gingen zum Haus des Synagogenvorstehers. Als Jesus den Tumult sah und wie sie heftig weinten und klagten, ³⁹ trat er ein und sagte zu ihnen: Warum schreit und weint ihr? Das Kind ist nicht gestorben, es schläft nur. ⁴⁰ Da lachten sie ihn aus. Er aber warf alle hinaus und nahm den Vater des Kindes und die Mutter und die, die mit ihm waren, und ging in den Raum, in dem das Kind lag. ⁴¹ Er fasste das Kind an der Hand und sagte zu ihm: Talita kum!, das heißt übersetzt: Mädchen, ich sage dir, steh auf! ⁴² Sofort stand das Mädchen auf und ging umher. Es war zwölf Jahre alt. Die Leute waren ganz fassungslos vor Entsetzen. ⁴³ Doch er schärfte ihnen ein, niemand dürfe etwas davon erfahren; dann sagte er, man solle dem Mädchen etwas zu essen geben.

Schon der Titel lässt aufhorchen: *Irgendwo in diesem Dunkel.* Es handelt sich um autobiografische Aufzeichnungen der ukrainisch-russischstämmigen Schriftstellerin Natascha Wodin, in denen sie von ihrer schwierigen Kindheit und Jugend berichtet.

Als Kind sowjetischer Zwangsarbeiter kommt sie nach dem Zweiten Weltkrieg in eine Armensiedlung nach Deutschland. Als sie elf Jahre alt ist, nimmt sich ihre Mutter das Leben. Darauf schickt sie ihr Vater, Sänger in einem Kosaken-Chor, zusammen mit ihrer jüngeren Schwester in ein Kinderheim. Später, als der Vater in einer Fabrik unterkommt, lebt sie wieder bei ihm. Mit sechzehn Jahren flüchtet sie vor seiner Gewalt in die Obdachlosigkeit, weil sie es in dem häuslichen Klima von Unterdrückung, Erniedrigung und Gewalt nicht mehr aushält.

> Was mich anging, so war mein Vater schon immer davon überzeugt gewesen, dass aus mir nie etwas werden würde, dass bei mir Hopfen und Malz verloren war, dass ich genauso lebensuntauglich und nichtsnutzig war wie meine Mutter. [...] Manchmal schlug er mich, ohne einen erkennbaren Grund, aber meistens bestrafte er mich mit Schlägen, wenn meine Arbeit im Haushalt ihn nicht zufriedenstellte. Schon früher, in meiner Kindheit hatten mich seine Anforderungen im Hinblick auf Sauberkeit und Ordnung in Angst und Schrecken versetzt, nie war ihm etwas sauber, nie etwas ordentlich genug. [...] Ich musste alles zwei- oder sogar dreimal putzen, und weil es auch dann noch nicht sauber genug war, schlug er mich. Es war, als wäre ich selbst der Schmutz, den zu beseitigen mir nie gelang und den er nun endlich mit eigenen Händen austilgen wollte. Ich erstarrte unter seinen Schlägen, ich stellte mich tot – diese Kunst hatten mich seine Schläge schon früh gelehrt.[36]

Physisch überlebt das Kind Natascha diese Demütigungen; psychisch ist es tot. In der Schule wird Natascha als Diebin verdächtigt, wenn einmal etwas abhandenkommt, zu Hause wird sie vom Vater über Nacht ausgesperrt, wenn sie nicht pünktlich vom Unterricht zurück ist.

> Irgendwann ging ich überhaupt nicht mehr nach Hause, und ich hörte auf, in die Schule zu gehen. Zuerst fürchtete ich noch, man würde mich suchen und vielleicht sogar die Polizei einschalten, aber nichts geschah. Mein Verschwinden schien niemanden zu interessieren, weder meinen Vater noch die Lehrer. [...] Es war, als hätte man mich sofort nach meinem Verschwinden vergessen oder aber niemals zuvor auch nur zur Kenntnis genommen, dass ich vorhanden war.

---

36 N. Wodin, Irgendwo in diesem Dunkel, Hamburg 2020, 43 f. Die folgenden Zitate 196 und 226 f.

Wie soll ein Kind unter derartigen Umständen ein gesundes Selbstvertrauen entwickeln? Besonders wenn es sich nicht nur ständig herabgesetzt und gedemütigt fühlt, sondern auch den Eindruck hat, überhaupt nicht mehr wahrgenommen zu werden?

Vom Töchterlein des Jaïrus sagt Jesus, dass es nicht tot sei, sondern bloß schlafe. Irgendwie trifft das auch auf Natascha zu. Sie kommt sich wie eine Tote vor, weil sie nicht mehr auch nur eine einzige der tausend Möglichkeiten, die das Leben bereithält, sehen kann aufgrund all der schlimmen Erfahrungen, die sie machen musste.

Ein Mensch, um den sich niemand kümmert, verkümmert. Das hat zur Folge, dass er nicht nur an seiner Mitwelt, sondern auch an sich selbst verzweifelt.

Vom Töchterchen des Jaïrus (das bezeichnenderweise nicht einmal einen Namen hat) heißt es, dass Jesus es mit der Hand berührt. Er wendet sich ihm zu. Tatsächlich wird ein »toter« Mensch nicht durch Schreien und Wehklagen zum Leben erweckt. Was ihm nottut, ist Aufmerksamkeit, Unterstützung, Zuwendung, Liebe. Oder, je nach Situation, Anerkennung, Einfühlungsvermögen, Verständnis, Vergebung ...

Dann erst kann er wieder so werden, dass seine Existenz nicht ein Dahinvegetieren ist, sondern die Bezeichnung *Leben* verdient.

Als Natascha einmal in der Bahnhofsgegend umherirrt, bemerkt sie an einem Fabriktor ein Schild mit der Aufschrift »Telefonistin gesucht«. Schmutzig, verwahrlost, übel riechend, wie sie ist, meldet sie sich beim Pförtner; sie hat ja nichts mehr zu verlieren. Der Pförtner mustert sie und meint, hier sei sie falsch. Natascha insistiert; schließlich wird dieser aussichtslose Fall zum Personalchef geführt.

> Er lächelte mich freundlich an. Mein Name sagte ihm, dass ich aus den »Häusern« kam und er erriet, dass ich von dort fortgelaufen war und keine Bleibe mehr hatte. Er stellte mir noch einige Fragen, schüttelte immer wieder den Kopf, machte sich ein paar Notizen, dann sagte er, ich hätte eine schöne, ansprechende Stimme, genau die richtige für eine Telefonistin. [...] Seit ich in diesem Büro saß, kämpfte ich mit den Tränen, weil mich plötzlich jemand gesehen hatte. [...] Der Personalchef sagte, er werde mich erst einmal auf Probe einstellen, für drei Monate, danach würden wir weitersehen. Kurz darauf stand ich wieder auf der Straße, mit

hundertfünfzig Mark Vorschuss, den man mir im Lohnbüro ausgezahlt hatte, und der Adresse eines alten Ehepaars, das ein möbliertes Zimmer vermietete.

Beide, die Geschichte von Jaïrus' Töchterlein und jene von Natascha Wodins Wiedergeburt zeigen, was für »tote« Menschen vonnöten ist, damit sie zurückfinden ins Leben – nämlich dass andere Menschen sie sehen und sich ihnen zuwenden.

»EIN BISSCHEN WENIGER ORDNUNG UND EIN BISSCHEN MEHR MITGEFÜHL«

5[24b] Viele Menschen folgten ihm [Jesus] und drängten sich um ihn. [25] Darunter war eine Frau, die schon zwölf Jahre an Blutfluss litt. [26] Sie war von vielen Ärzten behandelt worden und hatte dabei sehr zu leiden; ihr ganzes Vermögen hatte sie ausgegeben, aber es hatte ihr nichts genutzt, sondern ihr Zustand war immer schlimmer geworden. [27] Sie hatte von Jesus gehört. Nun drängte sie sich in der Menge von hinten heran und berührte sein Gewand. [28] Denn sie sagte sich: Wenn ich auch nur sein Gewand berühre, werde ich geheilt. [29] Und sofort versiegte die Quelle des Blutes, und sie spürte in ihrem Leib, dass sie von ihrem Leiden geheilt war. [30] Im selben Augenblick fühlte Jesus, dass eine Kraft von ihm ausströmte, und er wandte sich in dem Gedränge um und fragte: Wer hat mein Gewand berührt? [31] Seine Jünger sagten zu ihm: Du siehst doch, wie sich die Leute um dich drängen, und da fragst du: Wer hat mich berührt? [32] Er blickte umher, um zu sehen, wer es getan hatte. [33] Da kam die Frau, zitternd vor Furcht, weil sie wusste, was mit ihr geschehen war; sie fiel vor ihm nieder und sagte ihm die ganze Wahrheit. [34] Er aber sagte zu ihr: Meine Tochter, dein Glaube hat dich gerettet. Geh in Frieden! Du sollst von deinem Leiden geheilt sein.

Versetzen wir uns einmal in die Lage einer Katechetin, die sich in der Pfarrei engagiert. Ihre Initiativen stoßen auf Zustimmung, ihre Vorschläge finden Anklang. Was aber kaum jemand weiß: Ihre Ehe ist zerrüttet. Ihr Mann ist stolz darauf, dass er es zu etwas gebracht hat. Er besitzt ein eigenes Unternehmen, mischt mit in der Politik – und am Esstisch redet er mit seiner Frau, als leite er eine Vorstandssitzung. Als diese sich von ihm trennt, weil sie es einfach nicht mehr aushält in diesem goldenen Käfig, ist ihr Ansehen dahin. Ihre vormals geschätzten Vorschläge im Pfarrgemeinderat stoßen immer öfter auf eisiges Schweigen. Das führt dazu, dass die Frau total verunsichert ist, auf die Mitarbeit in der Pfarrei verzichtet und sich immer mehr zurückzieht. Als sie nach einem Jahr einen anderen Mann kennenlernt und sich mit ihm in der Öffentlichkeit zeigt, gibt man ihr auf jede nur mögliche Art zu verstehen, dass man so etwas nicht billigt. Hatte sie vor der Trennung von ihrem Ehemann den Eindruck, in einer Scheinehe zu leben, wirft man ihr jetzt vor, sie lebe in einer wilden Ehe. In der Nacht erhält sie anonyme Telefonanrufe, am Morgen stecken gehässige Briefe im Briefkasten, ohne Absender und ohne Unterschrift.

Diese Frau weiß nur eines: Die mit ihren weißen Westen, denen die kirchliche Kleiderordnung über alles geht, haben mich abgeschrieben. Für die bin ich wie eine Aussätzige.

Wenn keiner und keine von denen, die allsonntäglich das Wort Gottes anhören, sich meldet bei dieser Frau, dann bleibt nur zu hoffen, dass diese in einer ihrer dunklen Stunden zur Bibel greift und zufällig auf den Abschnitt von der Frau stößt, die unter Blutungen leidet.

Was der Evangelist mit dieser Geschichte sagen wollte, wird diese Frau auf Anhieb verstehen, weil sie intuitiv spürt, dass sie nicht in einer fernen Vergangenheit spielt, sondern von ihr selbst handelt.

Befindet sich die blutflüssige Frau nicht in einer ähnlichen Situation? Zur körperlichen Krankheit kommen die damit verbundenen seelischen Belastungen. Das allein schon könnte einen Menschen schier zur Verzweiflung bringen, zumal ja keine Hoffnung auf Heilung besteht. Denn zum einen hat alle ärztliche Kunst in den zwölf Jahren seit dem Ausbruch des Leidens versagt, und zum anderen kann die Frau keinen Arzt mehr konsultieren, weil sie finanziell ruiniert ist; die bisherigen Behandlungen haben sie ihr Vermögen gekostet. Punkt.

Nein, einen Punkt können wir hier nicht setzen. Denn zum körperlichen Leiden und zum seelischen Druck gesellt sich die gesellschaftliche Ächtung, die jede psychische Belastung ins Unerträgliche steigert.

Eine Frau, die ihre Monatsblutung hatte, galt in Israel (und auch in anderen damaligen und teilweise auch in heutigen Kulturen) als kultisch unrein. Vorab gilt dies für die Zeit ihrer Menstruation, aber auch für die Zeit nach einer Geburt, wegen des damit verbundenen Blutverlustes. Von ihrer Unreinheit befreit wird sie durch spezielle Riten (Lev 15,19–30). Während der Zeit ihrer Unreinheit haben die Frau und alle, die sich in ihrer Nähe aufhalten, eine ganze Reihe von Bestimmungen und Vorschriften zu beobachten, damit andere nicht verunreinigt werden. Verboten ist die geschlechtliche Vereinigung. Verboten ist es einer unreinen Frau, irgendeinen anderen Menschen zu berühren; sie würde ihn verunreinigen. Selbst Gegenstände, die sie angefasst hat, werden dadurch verunreinigt und übertragen so die Unreinheit auf andere (Lev 15,20–23). Diese Bestimmungen galten auch, wenn eine Frau unter Blutfluss litt.

Der blutflüssigen Frau waren aufgrund ihrer Unreinheit jeder Körperkontakt mit anderen, jede Zärtlichkeit mit einem Mann, jeder normale Umgang mit ihren Mitmenschen und die Teilnahme am kultischen Leben der Gemeinde untersagt. Praktisch war sie ausgeschlossen aus der menschlichen Gemeinschaft. Das Tragische daran ist, dass hier uralte religiöse Vorstellungen mit im Spiel sind; gemäß dem Propheten Ezechiel nämlich ist Blutfluss ein Zeichen von Sünde (Ez 18,6; 22,10; 36,17). Letztlich hat diese Frau keine Perspektive mehr.

Aber ausgerechnet sie, die durch jede Berührung anderer Unreinheit erzeugt, drängt sich durch die Menschenmenge und fasst Jesu Gewand an. Und sie wird tatsächlich geheilt, und zwar, wie es ausdrücklich heißt, wegen ihres unerschütterlichen Glaubens.

An dieser Stelle wird die Frau aus unserer Erzählung, die in der neutestamentlichen Geschichte ihre Schwester oder Doppelgängerin erkennt, bei der Lektüre eine Weile innehalten und sich fragen, wie jene bloß die Kraft fand, sich unter die Menge zu mischen, sich durch das Gedränge einen Weg zu Jesus zu bahnen und sein Gewand mit ihren Fingern zu berühren. Sie beginnt zu ahnen, dass ein Mensch, der aufgrund seiner Verstörung innerlich zerstört ist und isoliert lebt von seiner Mitwelt, ungeheure Energien benötigt, bis er es schafft, anderen wieder frei und im Bewusstsein seiner Würde ins Gesicht zu blicken. Immerhin geht es ja darum, sich den anderen zuzumuten und sich den Blicken der selbst ernannten Richter und Richterinnen auszusetzen. Es ist dies der einzige Weg, wird sich die gänzlich verunsicherte Frau wohl sagen, der herausführt aus meiner Isolation und aus meiner Verzweiflung. Und deshalb muss auch ich diesen Schritt tun! Und die Kraft dazu holt sie sich aus der Geschichte von ihrer Schwester, die an Blutfluss leidet.

Sobald diese spürt, dass sie von ihrem Leiden befreit ist, sagt sie Jesus »die ganze Wahrheit«. Das kann nur heißen, dass sie davon redet, was sie erlitten und erduldet hat, und wie verzweifelt sie war in den vergangenen zwölf Jahren. Und wie dankbar sie ist, dass sie in Jesus ihren Retter gefunden hat.

Vielleicht (oder hoffentlich) wird dieser Schluss auch die Frau in unserer Geschichte motivieren, einem Menschen die »ganze Wahrheit« zu sagen.

In dem Augenblick, da sie es fertigbringt, wieder mit erhobenem Haupt und mit festem Blick durch die »Menge« zu schreiten, hat sie die Geschichte von der blutflüssigen Frau gewiss besser verstanden als ein Bibelwissenschaftler oder eine Exegetin, die darüber ihre Doktorarbeit geschrieben haben. Die Lehre, die wir daraus ziehen können, hat der israelische Schriftsteller und Nobelpreisträger Amos Oz in einem seiner Romane mit wenigen Worten zusammengefasst: »Ein bisschen weniger Ordnung und ein bisschen mehr Mitgefühl.«[37]

---

37   A. Oz, Eine Geschichte von Liebe und Finsternis, Frankfurt a. M. 2006, 266.

6. KAPITEL

DAS EINE UND EINZIGE WUNDER

6¹ ▪ Von der ungenannten Ortschaft, in der Jaïrus wohnte, brach Jesus auf und kam in seine Heimatstadt Nazaret [vgl. Mk 1,9 und 24]; seine Jünger folgten ihm. ² Am Sabbat lehrte er in der Synagoge. Und die vielen Menschen, die ihm zuhörten, gerieten außer sich vor Staunen und sagten: Woher hat er das alles? Was ist das für eine Weisheit, die ihm gegeben ist! Und was sind das für Machttaten, die durch ihn geschehen! ³ Ist das nicht der Zimmermann, der Sohn der Maria und der Bruder von Jakobus, Joses, Judas und Simon? Leben nicht seine Schwestern hier unter uns? Und sie nahmen Anstoß an ihm. ⁴ Da sagte Jesus zu ihnen: Nirgends ist ein Prophet ohne Ansehen außer in seiner Heimat, bei seinen Verwandten und in seiner Familie. ⁵ Und er konnte dort keine Machttat tun; nur einigen Kranken legte er die Hände auf und heilte sie. ⁶ᵃ Und er wunderte sich über ihren Unglauben.

Dieser Abschnitt fordert zu mehreren Rückfragen heraus. Zunächst einmal: Wie ist die Rede von Jesu Brüdern[38] und Schwestern zu verstehen? Handelt es sich um wirkliche Geschwister? Das stünde im Widerspruch zur kirchlichen Lehre von der bleibenden Jungfräulichkeit Marias.

In den Ostkirchen gelten die Brüder und Schwestern Jesu als dessen Halbgeschwister, weil sie einer früheren Ehe des verwitweten Josef ent-

---

38 Brüder hat Markus schon früher erwähnt: 3,31; vgl. auch Gal 1,19; 2,9 und 2,12; Apg 12,17; 15,13; 21,18.

stammten. Die römische Kirche sieht in Jesu Geschwistern nahe Verwandte, die man damals als Brüder und Schwestern bezeichnete. In den Kirchen der Reformation hat sich seit der Aufklärung weitgehend die Auffassung durchgesetzt, dass es sich um leibliche Nachkommen Marias und Josefs handle. Aufgrund der Texte lässt sich keine dieser (teilweise von dogmatischen Interessen bedingten) Theorien verifizieren. Historisch gesehen muss die Frage offenbleiben.

Sonderbar mutet an, dass Jesus bei seinen Landsleuten auf Ablehnung stößt, obwohl sein Auftreten offensichtlich Bewunderung hervorruft (»Was ist das für eine Weisheit, die ihm gegeben ist!«). Befremdend ist auch, dass Jesus in seiner Heimatstadt einige Kranke heilt, obwohl vorher ausdrücklich gesagt wird, dass er dort wegen des Unglaubens der Bevölkerung keine »Machttaten« (womit Wunder gemeint sind) vollbringen konnte.

Wie erklären sich diese Ungereimtheiten?

Bewunderung und Ablehnung brauchen sich keineswegs auszuschließen. Das kennen wir aus unserem Alltag. Eine Sängerin oder ein Sportler können uns durch ihre herausragenden Leistungen durchaus imponieren – was aber noch lange nicht heißt, dass wir sie als Personen wertschätzen. So sind auch Jesu Weisheit und Wirken überaus beeindruckend, was aber nicht zum Glauben an ihn als den Sohn Gottes führt; im Gegenteil. Zur Anerkennung gesellt sich die Skepsis: Er ist ja auch nur einer von uns! Wir kennen ihn doch, ihn und seine ganze Sippschaft. Wenn Jesus daran erinnert, dass ein Prophet in seiner Heimat gegen den Wind redet, bezieht er sich mit diesem Sprichwort nicht nur auf die alttestamentlichen Mahner und Warner, sondern weist gleichzeitig darauf hin, dass gerade jene, die am ehesten mit ihm vertraut sein müssten, seine Botschaft und damit den Glauben an ihn ablehnen.

Da hilft auch kein Wunderwirken. Und damit sind wir beim eigentlichen Thema dieses Abschnitts aus dem Markusevangelium.

Die Wahrheit Jesu erschließt sich nur dort, wo das eigene Leben wahr wird, indem man an ihn glaubt. Wunder als solche haben keinerlei Beweiskraft. *Das* meint der Evangelist, wenn er betont, dass Jesus keine Wunderzeichen tun kann, wenn der Glaube an ihn fehlt.

Das trifft auch heute zu.

In seinem humorvollen Roman *Das Wunder des Malachias* lässt Bruce Marshall einen Kaplan sagen: »Überhaupt sind Wunder heutzutage aus der Mode gekommen. Wenn sich eines im Schlafzimmer unseres hochwürdigen Bischofs ereignen würde, täte Seine Gnaden alles, um den ungehörigen Vorfall zu vertuschen.«[39]

Natürlich möchte ich mit diesem Zitat weder die Kapläne schlechtmachen noch unseren Herren Bischöfen zu nahe treten. Aber ich glaube, dass die Bemerkung des schottischen Schriftstellers zutrifft. Wer heute ernsthaft mit Wundern rechnet, gilt bei den meisten Zeitgenossen selbst als ein wunderlicher Mensch.

Noch immer geistert in den Köpfen zahlreicher Gläubiger die Vorstellung herum, ein Wunder sei ein von Gott gewirktes Ereignis, das im Rahmen der Naturgesetze nicht erklärt werden könne.[40] Diese Behauptung ist wissenschaftlich widersinnig und theologisch tollkühn. Sie geht nämlich von der Voraussetzung aus, dass wir sämtliche Naturgesetze kennen würden. Darüber können sogar Menschen, die von den Naturwissenschaften keine Ahnung haben, nur den Kopf schütteln. Wurden denn im Lauf der Jahrhunderte nicht immer wieder neue Gesetzmäßigkeiten entdeckt, was in der Folge dazu führte, frühere Erkenntnisse zu modifizieren und zu korrigieren? Deshalb kommen auch Gottesgelehrte nicht um die Feststellung herum, dass man gerade aus naturwissenschaftlichen Gründen nicht behaupten kann, Gottes Wirken sei daran zu erkennen, dass er irgendwelche Naturgesetze zeitweise suspendieren würde.

Kein Wunder daher, dass heute viele Menschen an der Möglichkeit von Wundern zweifeln. Wer kann denn sicher behaupten, dass bislang undurchschaubare Ereignisse – etwa überraschende Genesungen von angeblich unheilbaren Krankheiten – eines Tages nicht doch eine Erklärung finden? So kennen wir, wenn auch nur unzureichend, den wechselseitigen Einfluss, den Körper und Geist aufeinander ausüben. Heute ist

---

39 B. Marshall, Das Wunder des Malachias, Frankfurt a. M. ²1956, 57.
40 Dazu ausführlich: J. Imbach, Wunder. Eine existenzielle Auslegung, Würzburg 1995; W. Schmithals, Das Evangelium nach Markus (Ökumenischer Taschenbuchkommentar zum Neuen Testament 2/1), Gütersloh/Würzburg 1979, 298–307.

viel von psychosomatischen Krankheiten die Rede. Ist der Gedanke so abwegig, dass es umgekehrt auch psychogene Heilungen geben kann, beschleunigt durch seelische Kräfte im Menschen, über die wir noch immer sehr wenig wissen?

Außerdem erweist sich der in der traditionellen christlichen Apologetik angeführte Wunderbeweis für die Wahrheit des Glaubens bei näherem Hinsehen als Luftblase. Wunder gibt es bekanntlich nicht nur im Christentum, sondern auch in ziemlich allen Religionen. Diesem Einwand begegneten die Theologen mit der Behauptung, es handle sich dabei entweder um Täuschung oder um Teufelstrug. Dabei übersahen sie allerdings, dass sich der Spieß leicht umdrehen lässt, indem man dem Christentum den gleichen Vorwurf macht – was übrigens schon zu Zeiten Jesu der Fall war, als seine Gegner ihn anklagten, mit Beelzebuls Hilfe Dämonen auszutreiben (3,22).

Wie versteht Jesus seine Wunder? Aufschluss gibt hier der sprachliche Befund. Statt des in der antiken Welt gebräuchlichen Wortes *thauma* (*Wunder*) ist in den Evangelien von einem *semeion* die Rede, was in erster Linie *Zeichen* bedeutet. Oder von *dynamis* (*Machttat*), wodurch das Gewicht einer Zeichenhandlung noch eigens unterstrichen wird.

Ein Zeichen aber hat keine Bedeutung in sich, sondern will auf etwas hinweisen. Es will die weiterführen, die es zur Kenntnis nehmen. Was bezweckt Jesus mit seinen Zeichen? Welche Absicht verfolgen die Evangelisten, wenn sie diese überliefern?

Die Antwort liegt auf der Hand. Wer immer von diesen Zeichen hört, soll hingeführt werden zum Glauben an Jesus. Das entsprechende Bekenntnis aber lautet nicht *Jesus war ein Wundertäter*, sondern *Jesus ist der Sohn Gottes* (15,39).

Damit wird verständlich, dass Jesus in seiner Heimatstadt wegen des ihm dort entgegengebrachten Unglaubens keine Zeichen setzen konnte. Wer bloß Jesu Wunder bestaunt, sich aber nicht auf ihn und seine Botschaft einlässt, dem oder der bleibt verborgen, wer Jesus ist – eben Gottes Sohn.

Wenn es am Schluss heißt, dass Jesus in Nazaret dennoch einige Krankenheilungen bewirkte, wollte der Evangelist wohl sagen, dass sich nicht alle seine Landsleute von ihm abwandten.

Bekanntlich sind die Evangelien nicht rein historische oder proto-kollartige Aufzeichnungen im heutigen Sinn, sondern Glaubenszeug-nisse. Das heißt, sie spiegeln den Glauben der frühen Christengemein-den wider, und zu diesem Glauben wollen sie aufrufen. Im Vordergrund steht daher nicht das geschichtliche Interesse, sondern die Absicht, Jesus als den Heilbringer (Erlöser) schlechthin zu verkünden. Daher ist es nicht immer leicht herauszufinden, ob sich ein bestimmtes Geschehen so ereignet hat, wie es dargestellt wird (vgl. z. B. Mk 10,46–52 mit Mt 20,29–34!). Außerdem gilt es, genau zu unterscheiden zwischen Wundergesche-hen und Wundergeschichte. Manche Wundergeschichten überliefern keine wirkliche Begebenheit, sondern wollen auf narrative Weise illust-rieren, dass Jesus tatsächlich der erwartete Messias ist.

Jesu Zeichen sind keine Glaubensbeweise. Vielmehr ist der Glaube an ihn vorausgesetzt, damit die Menschen in Jesu Taten das Wirken Got-tes erkennen können. Markus unterstreicht dies, indem er Jesus, nach-dem er Menschen geholfen hat, zu wiederholten Malen sagen lässt: »Dein Glaube hat dich gerettet« (5,34; vgl. 9,23; 11,22 f.).

Der Glaube hängt nicht ab von spektakulären Wundern. Gottes Fuß-spuren und Fingerabdrücke in der Welt lassen sich überall erkennen. Aber es braucht dazu das Vergrößerungsglas des Glaubens. Gottes Hand-schrift ist oft nicht leicht zu lesen; auch gläubige Menschen vermögen sie oft nur mühsam zu entziffern. Und immer wieder entdecken sie, dass da stets der gleiche Satz geschrieben steht: Gott liebt uns.

Gott liebt uns. Das ist doch das einzige und eigentliche Wunder. Und alles, was wir an Schönem und Gutem, was wir an Frohem und Hellem erleben dürfen (sei das nun leicht erklärbar oder völlig unerklärlich), ist doch nur die *Folge* dieses einen Wunders von Gottes Liebe. Die Rose im Garten und der Wein auf dem Tisch, die Freundschaft, die wir erfahren und das Vertrauen, das man uns schenkt, die Farben der Schmetterlinge und das Lachen der Kinder ... ist das nicht alles wunderbar?[41]

---

41   Mehr zur Wunderfrage in den Ausführungen zu Mk 8,10–13.

WAS ALLEIN ZÄHLT

6[6b] Jesus zog durch die benachbarten Dörfer und lehrte. [7] Er rief die Zwölf zu sich und sandte sie aus, jeweils zwei zusammen. Er gab ihnen Vollmacht über die unreinen Geister [8] und er gebot ihnen, außer einem Wanderstab nichts auf den Weg mitzunehmen, kein Brot, keine Vorratstasche, kein Geld im Gürtel, [9] kein zweites Hemd und an den Füßen nur Sandalen. [10] Und er sagte zu ihnen: Bleibt in dem Haus, in dem ihr einkehrt, bis ihr den Ort wieder verlasst! [11] Wenn man euch aber in einem Ort nicht aufnimmt und euch nicht hören will, dann geht weiter und schüttelt den Staub von euren Füßen, ihnen zum Zeugnis. [12] Und sie zogen aus und verkündeten die Umkehr. [13] Sie trieben viele Dämonen aus und salbten viele Kranke mit Öl und heilten sie.

Jesus schickt die zwölf Jünger in die Dörfer und Weiler Galiläas mit dem Auftrag, unter seinen Landsleuten zu missionieren. Zu zweit sollen sie sich auf den Weg machen, wohl damit einer dem anderen in einer Notlage beistehen kann (»Zwei sind besser als einer allein [...] Denn wenn sie hinfallen, richtet einer den anderen auf«: Koh 4,9 f.). Um auch den leisesten Anschein persönlicher Bereicherung oder Vorteilsannahme zu vermeiden, sollen sie nur das Nötigste mit auf den Weg nehmen; damit dokumentieren sie ihre Anspruchslosigkeit. Wenn sie eine vorübergehende Bleibe gefunden haben, sollen sie ihr Quartier nicht gegen ein besseres tauschen.

Wohl verleiht Jesus den Jüngern Macht über die Dämonen. Dass sie den Menschen die Ankunft des Gottesreiches verkünden und sie zum Umdenken bewegen sollen, braucht Jesus nicht eigens zu betonen (1,15). Und so rufen die Jünger ihre Landsleute zur »Umkehr« auf. Was sie im Einzelnen predigen, wird nicht gesagt, wohl aber, dass sie sie von Abergeistern befreien und von Krankheiten heilen. Offenbar liegt der Schwerpunkt ihrer Mission auf dem *Beispiel*, das sie geben, weil nur so ihre Predigt glaubwürdig wirkt. Sie verteufeln die Menschen nicht, noch überreden sie sie, sondern überzeugen sie durch ihr Verhalten.

Ein wesentlicher Fehler heutiger Glaubensverkündigung scheint darin zu bestehen zu denken, wir könnten irgendetwas von Christus oder von Gott so sagen, dass daraus so etwas wie ein fertiges Lehrgebäude entsteht. Aber es gibt nun einmal keine Weltformeln im Umgang mit Jesus und mit Gott. Wenn wir von Gott oder von Jesus sprechen, ist das gleichzeitig immer auch ein Vorantasten und ein Suchen, um Antworten zu finden hinsichtlich unserer jeweiligen existenziellen oder geschichtlichen Fragen. Gott ist nicht fertig, er ist nichts, was man in ein Gesetz fassen könnte. Von Jesus gilt das Gleiche. Glaubenssätze sind immer zeitbedingt, sind Hinweise auf Wahrheit, die Menschen im Umgang mit Jesus und mit Gott erfahren haben. Auch unsere Christusbekenntnisse sind nur ein begrenzter Ausdruck dessen, was Jesus wirklich ist. Er ist viel mehr. Wenn ich aber mit der Wendung »Ich glaube an Jesus Christus als den Sohn Gottes« einfach sage: »Ich habe erlebt, dass im Mittelpunkt meines Lebens die Person des Mannes aus Nazaret steht; wenn ich mich von ihm entferne, wird es dunkel in mir und um mich, wenn ich ihm näherkomme, wird mein Leben lichtvoll, dann drücke ich aus, *dass* und *wie* ich an Jesus als den Sohn Gottes glaube. Auf dieser Ebene gibt es keine Rechthaberei, keine Kämpfe, keine Konfessionsstreitigkeiten. Da gibt es nur Menschen, die sich gemeinsam bemühen, die unterwegs sind und suchen und die einander erzählen, was sie mit Jesus Christus erlebt haben. Dann streiten sie sich nicht um Formeln, dann haben Sturheit und Eigensinn ein Ende. Letztlich geht es doch darum, dass die Menschen sich bemühen, ein Stück Wahrheit in ihrem Leben zu verwirklichen, und je mehr sie das versuchen, desto deutlicher werden sie sich – je auf ihre Weise – von der Wahrheit Jesu getragen fühlen. Wer wollte sich das Recht herausnehmen, anderen das bisschen wegzunehmen, was sie gerade in Händen halten, weil jemand es angeblich besser, vollkommener, sicherer weiss?

Ein Beispiel für solches Fehlverhalten findet sich schon im Neuen Testament, genauer, in der Apostelgeschichte, und zwar an jener Stelle, an der der Erzmärtyrer Stephanus seine (vom Verfasser komponierte) lange Rede hält (Apg 7).

Jesus wurde wegen seines *Handelns* umgebracht, Stephanus hingegen aufgrund seines *Bekenntnisses* gesteinigt. Das ist schon mal ein großer Unterschied. Tatsächlich hat sich das Christentum schon sehr früh zu einer Lehre entwickelt – als hätte Jesus gewollt, dass wir *als Erstes* von Gott und von ihm reden, und zwar so, als müssten wir anderen Menschen immer neu beweisen, weshalb sie verkehrt handeln und das Falsche glauben. Dann zeigen die Guten auf die vermeintlich Bösen, die Rechtgläubigen auf die angeblich Falsch- oder Ungläubigen, die Erwählten auf die Irrenden. Und da soll eine Annäherung möglich sein?

Stephanus verzeiht seinen Mördern, so wie Jesus seinen Henkern vom Kreuz herab vergeben hat. Das hört sich sehr erbaulich an. Aber inzwischen sind wir vielleicht auch sensibel genug, um uns zu fragen, ob Stephanus seine Mörder nicht unnötig provozierte. Damit wir uns nicht falsch verstehen: Es gibt Wahrheiten, für die es sich nicht nur lohnt zu leben, sondern auch zu sterben. Aber muss man diese Wahrheiten so verkünden, indem man Andersdenkende herabsetzt? Ihnen jeden guten Willen abspricht? Sie öffentlich verunglimpft? Wenn wir die Rede lesen, die Stephanus seinen Anklägern vor seinem Tod hält, werden wir erstaunt sein, was er ihnen alles an den Kopf wirft. Die Argumente, die er für die Wahrheit seines Glaubens anführt, füllen Spalten. Dabei spart er nicht mit Anwürfen. »Halsstarrige« nennt er die Gegner (Apg 7,50). Er behauptet (woher er das weiß, bleibt sein Geheimnis), sie würden sich dem Heiligen Geist widersetzen wie weiland schon ihre Väter, die ihrerseits schon die Propheten verfolgt und getötet hätten – Gesetzesbrecher seien sie allesamt!

Diese Rede ist geradezu ein Musterbeispiel dafür, was sich in den kommenden Jahrhunderten (nicht nur innerhalb des Christentums, sondern auch in anderen Religionen und Weltanschauungen) immer neu wiederholt hat. Wer aber immer schon weiß, wo Gott hockt, braucht die anderen erst gar nicht mehr anzuhören. So kommt es, dass das eigene Bekenntnis nicht einladend, sondern trennend wirkt, dass es behaftet ist mit Folter, Blut und Grausamkeit.

Von Max Frisch stammt ein Wort, das zeigt, wie man Andersdenkende am ehesten von den eigenen Einsichten überzeugen kann: »Man sollte den anderen die Wahrheit wie einen Mantel hinhalten, dass sie hineinschlüpfen können, und sie ihnen nicht wie einen nassen Lappen um die Ohren schlagen.«[42]

Das entspricht durchaus der Absicht Jesu. Auf Dauer allerdings vermochte sich die Minderheit der Neugläubigen in Jerusalem nicht zu halten; in der Apostelgeschichte des Lukas bereits ist von Konflikten mit der

---

42   M. Frisch, Tagebuch 1966–1971, Frankfurt a. M. 1971, 167.

jüdischen Gemeinde und von anschließenden Verfolgungen die Rede. So ergab es sich, dass das Christentum anderswo Fuß zu fassen versuchte, nämlich im ganzen übrigen Römischen Reich. Dort waren die Anhänger und Anhängerinnen als Atheisten verschrien, weil sie den römischen Götterkult aufgrund ihres Ein-Gott-Glaubens ablehnten. Das Blatt wendet sich, als das Christentum zu Anfang des 4. Jahrhunderts unter Kaiser Konstantin erst toleriert und im Jahr 393 unter Kaiser Theodosios I. zur Staatsreligion erhoben wird. Prompt trifft das Unvorstellbare ein: Die ehemals Verfolgten werden ihrerseits zu Verfolgern – im Namen der Wahrheit und unter Berufung auf die Reinheit der Lehre wandelt sich die religiöse Frage immer mehr zur Machtfrage, ohne dass man das eingestanden hätte. Die Botschaft wird zwar verkündet, aber in dem Maß, wie dies zunehmend mit Gewalt geschieht, gleichzeitig auch verraten.

Erinnert sei nur an die mittelalterlichen Kreuzzüge. Wohl war man damals überzeugt, die von den Muslimen besetzten heiligen Stätten erobern und für die Christenheit wieder zugänglich machen zu müssen. Aber warum musste schon der Erste Kreuzzug im Jahr 1099, nachdem Jerusalem bereits eingenommen war, in ein furchtbares Blutbad ausarten? Wer einen solchen Sieg (wenn denn der Ausdruck hier noch angebracht ist) auf Jesu Beistand zurückführt, ist entweder zynisch oder aber völlig verblendet.

Was Missionierung, will sagen die Verkündigung des Evangeliums, wirklich beinhaltet, hat Franz von Assisi gezeigt. 1219, während des Fünften Kreuzzugs, dringt er unbewaffnet im oberägyptischen Damiette bis zum Lager des Sultans vor, um diesem den christlichen Glauben zu verkünden und mit ihm über einen Frieden zwischen Muslimen und Christen zu verhandeln. Zwar kommt es zu keiner Bekehrung, aber die beiden scheiden als Freunde. Der Unterschied zwischen dem kleinen Kaufmannssohn und dem Anspruch der damaligen Kirchenleitung könnte größer nicht sein. Während die Kreuzfahrer mit Waffengewalt ein Land erobern wollen, versucht Franziskus ein Volk zu bekehren. Umso tragischer mutet es an, dass ausgerechnet die Franziskaner im 16. Jahrhundert in weiten Teilen Lateinamerikas Zwangsbekehrungen durchführten und Zwangstaufen vornahmen.

Natürlich enthält die Chronik der Völkerevangelisierung nicht nur dunkle, sondern auch unzählige lichte Seiten. Das soll und darf hier nicht verschwiegen werden. Aber mit dem Verweis auf diese Letzteren lassen sich die Verirrungen nicht rechtfertigen. Man darf sich dankbar an das Gute erinnern und soll Fehlverhalten freimütig eingestehen. Wer den Mut hat, Irrtümer zuzugeben, begeht allemal eine tapfere Tat.

WIE WENIG WIR VON DEN ANDEREN WISSEN

6[†] In jener Zeit [14] hörte der König Herodes von Jesus; denn sein Name war bekannt geworden, und man sagte: Johannes der Täufer ist von den Toten auferstanden; deshalb wirken solche Kräfte in ihm. [15] Andere sagten: Er ist Elija. Wieder andere: Er ist ein Prophet, wie einer von den alten Propheten. [16] Als aber Herodes von ihm hörte, sagte er: Johannes, den ich enthaupten ließ, ist auferstanden. [17] Herodes hatte nämlich Johannes festnehmen und ins Gefängnis werfen lassen. Schuld daran war Herodias, die Frau seines Bruders Philippus, die er geheiratet hatte. [18] Denn Johannes hatte zu Herodes gesagt: Du hast nicht das Recht, die Frau deines Bruders zur Frau zu nehmen. [19] Herodias verzieh ihm das nicht und wollte ihn töten lassen. Sie konnte ihren Plan aber nicht durchsetzen, [20] denn Herodes fürchtete sich vor Johannes, weil er wusste, dass dieser ein gerechter und heiliger Mann war. Darum schützte er ihn. Sooft er mit ihm sprach, wurde er unruhig und ratlos, und doch hörte er ihm gern zu. [21] Eines Tages ergab sich für Herodias eine günstige Gelegenheit. An seinem Geburtstag lud Herodes seine Hofbeamten und Offiziere zusammen mit den vornehmsten Bürgern von Galiläa zu einem Festmahl ein. [22] Da kam die Tochter der Herodias und tanzte, und sie gefiel dem Herodes und seinen Gästen so sehr, dass der König zu dem Mädchen sagte: Wünsch dir, was du willst; ich werde es dir geben. [23] Er schwor ihr sogar: Was du auch von mir verlangst, ich will es dir geben, und wenn es die Hälfte meines Reiches wäre. [24] Sie ging hinaus und fragte ihre Mutter: Was soll ich mir wünschen? Herodias antwortete: Den Kopf des Täufers Johannes. [25] Da lief das Mädchen zum König hinein und verlangte: Ich will, dass du mir sofort auf einer Schale den Kopf Johannes' des Täufers bringen lässt. [26] Da wurde der König sehr traurig, aber weil er vor allen Gästen einen Schwur geleistet hatte, wollte er ihren Wunsch nicht ablehnen. [27] Deshalb befahl er einem Scharfrichter, sofort ins Gefängnis zu gehen und den Kopf des Täufers herzubringen. Der Scharfrichter ging und enthauptete Johannes. [28] Dann brachte er den Kopf auf einer Schale, gab ihn dem Mädchen und das Mädchen gab ihn seiner Mutter. [29] Als die Jünger des Johannes das hörten, kamen sie, holten seinen Leichnam und legten ihn in ein Grab.

Historisch gesehen hat der Evangelist hier im Trüben gefischt. Verbürgt ist, dass Johannes in der Bergfestung Machärus am Toten Meer im Gefängnis saß und unter Herodes Antipas (dem Sohn Herodes' des Großen, vgl. Mt 2: Die Huldigung der Magier aus dem Osten) *aus politischen Gründen* hingerichtet wurde.[43] Nach der von Markus überlieferten Geschichte hingegen wurde der Täufer in Tiberias gefangen gehalten und schließlich Opfer einer Palast- und Familienintrige.

Offensichtlich haben wir es hier mit einer vom Evangelisten übernommenen Legende zu tun.

Bekanntermaßen erzählen Legenden (wie auch Mythen und Märchen) von Dingen, die sich nie ereignet haben und sich auf dieser Welt doch immer wieder abspielen.

Mit dem Hinweis auf Gottes Gebot erinnert Johannes Herodes Antipas und dessen neue Gemahlin Herodias daran, dass sich beide des Ehebruchs schuldig gemacht haben, weil der König die Frau seines Halbbruders – also seine Schwägerin – noch zu Lebzeiten ihres Mannes zur Frau genommen und damit gegen das göttliche Gesetz verstoßen hat (vgl. Lev 18,16; 20,21).

Rechtlich gesehen unterliegt die Sache keinem Zweifel. Die mosaische Vorschrift lässt hier keinen Spielraum zu. Wer gegen ein göttliches Gesetz verstößt, gilt als von Gott verstoßen. Es sei denn, er oder sie bekenne sich schuldig, bereue und füge sich Gottes Willen und Weisung.

Rechts und links, schwarz und weiß, hier das Gute und dort das Böse, keine Skepsis, kein Hinterfragen, schon gar nicht, wenn man sich auf irgendwelche Vorschriften berufen kann – ein solcher Standpunkt macht es leicht, Meinungen und Menschen einzuordnen und zu bewerten oder zu

---

43 Flavius Josephus, Jüdische Altertümer, XVIII 5,4.

verurteilen. Dass es fließende Übergänge und Schattierungen gibt, wird zumeist übersehen oder als störend empfunden, weil damit ein klares, eindeutiges und endgültiges Urteil von vornherein ausgeschlossen scheint.

Wie problematisch eine derartige Haltung ist, vermag jene Szene aus Dostojewskis autobiografischen *Aufzeichnungen aus einem Totenhaus* zu zeigen, in denen der russische Schriftsteller seine Zeit als politischer Häftling in Sibirien schildert. Das Lager, in dem er seine Strafe absitzt, untersteht einem Major, der als äußerst brutal und niederträchtig gilt.

> An und für sich war er nichts als ein zuchtloser und böser Mensch. Die Sträflinge betrachtete er als seine natürlichen Feinde, das war sein erster und entscheidender Fehler. Dabei hatte er sogar einige Fähigkeiten; aber alles, auch das Gute, äußerte sich bei ihm in einer verzerrten und entstellten Weise. Unbeherrscht und heimtückisch wie er war, tauchte er mitunter sogar bei Nacht unverhofft im Zuchthaus auf, und wenn er einen Sträfling auf der linken Seite oder auf dem Rücken schlafend fand, ließ er ihn am andern Morgen dafür bestrafen.[44]

Mehr als eine lange Charakterdarstellung vermag jene Szene über den Major auszusagen, in der Dostojewski von der Ankunft einiger polnischer Häftlinge im Lager berichtet. Unter ihnen befindet sich Z., ein älterer Adeliger.

> Man hatte die Gefangenen nicht rasiert, sodass sie mit dicken Stoppelbärten bei uns ankamen, und als man sie als Erstes dem Platzmajor vorgeführt hatte, raste der vor Empörung über diese Verletzung der Subordination, woran sie ja überhaupt keine Schuld hatten.
> »In was für einem Aufzug kommen die mir unter die Augen!«, brüllte er, »Landstreicher sind das, Banditen!«
> Z., der damals noch wenig Russisch verstand und geglaubt hatte, sie seien gefragt worden, ob sie Landstreicher oder Banditen wären, hatte

---

44   F. M. Dostojewski, Aufzeichnungen aus einem Totenhaus, Luzern o. J. [Lizenzausgabe der Winkler-Ausgabe], 517. Die folgenden Zitate 842 und 854 f.

darauf geantwortet: Wir sind keine Landstreicher, sondern politische Gefangene.

»Wa-a-as! Du willst obendrein noch frech werden? Frech will der werden!«, schäumte der Major. »Ab mit ihm in die Wachstube! Hundert Rutenstreiche, sofort, auf der Stelle!«

Einige Monate später ändert der Major seine Einstellung und ruft Z. zu sich.

»Z.«, sagte er, »ich habe dich beleidigt. Ich habe dich grundlos züchtigen lassen, ich weiß es. Es tut mir leid. Begreifst du, was das heißt? Mir, *mir*, *mir* tut es leid!«

Z. erwiderte, dass er wohl wisse, was das heiße.

»Nun, so schließen wir also Frieden miteinander. Aber begreifst du, begreifst du auch in vollem Umfang, was das bedeutet? Bist du imstande, es zu begreifen und zu ermessen? Stell dir nur das eine vor: ich, ich, ein Major« ... und so weiter.

Dostojewski kommentiert:

Z. selbst hat mir die ganze Szene hernach geschildert. Also war selbst in diesem versoffenen, borniertem und unbeherrschten Menschen noch eine menschliche Regung vorhanden. Wenn man sich dabei seine Begriffswelt und seine Entwicklung vor Augen hielt, konnte man sein Verhalten geradezu großmütig nennen.

Als großer Seelenkenner lässt Dostojewski es bei diesem Urteil nicht bewenden. Vielmehr meldet er sofort einen skeptischen Vorbehalt an:

Aber vielleicht war er im Augenblick dieser Aufwallung auch nur besonders betrunken gewesen.

Dieses Beispiel wirft eine für unsere zwischenmenschlichen Beziehungen grundlegende Frage auf: In welchem Maß können wir behaupten, einen uns bekannten Menschen tatsächlich zu kennen?

Dabei wissen wir gerade ungefähr, was in seinem Pass steht und können darüber hinaus noch einigermaßen Auskunft geben über seine Lebensgewohnheiten, aufgrund derer wir uns ein Urteil über ihn gebildet haben. Wir halten diesen Bekannten vielleicht für fröhlich, spontan, sympathisch und gewissenhaft. Doch was er im Innersten denkt, was er fühlt, was seine eigentlichen Ziele und Absichten sind, kurzum, wer er ist, entzieht sich unserer Kenntnis. Ist er von Natur aus fröhlich, oder gibt er sich nur so? Könnte seine angebliche Gewissenhaftigkeit nicht auch Ausdruck einer übergroßen Ängstlichkeit sein – oder ein Mittel, um Karriere zu machen? All das und vieles andere wissen wir nicht. Etwas überspitzt ausgedrückt: Unser Bekanntenkreis besteht aus lauter Unbekannten.

Das gilt auch für Menschen, denen wir enger verbunden sind. Wir meinen sie zu kennen, obwohl uns ihre letzten Intentionen und Motivationen verborgen bleiben. Wir haben uns eine bestimmte Vorstellung von ihnen gemacht, und diese Vorstellung ist es, die wir bejahen oder ablehnen.

Was hat das alles mit unserem Markustext zu tun?

Die Geschichte von der Enthauptung des Täufers erweckt den Eindruck, dass Rückfragen überflüssig seien. Eindeutig scheint festzustehen, mit welch teuflischer Zielsicherheit Herodias handelt, um den Mahner Johannes loszuwerden. Und wie feige Herodes sich Letzterem gegenüber verhält. Verurteilenswert ist, dass keiner der Hofschranzen dem Ansinnen Herodias' gegenüber Bedenken äußert.

So eindeutig ist das alles jedoch nicht, wenn wir uns die Sache etwas näher ansehen.

Johannes redet, wie es sich für einen Gottesmann gehört. Ungeachtet dessen, was ihm droht, nennt er die Dinge beim Namen. Ehebruch ist und bleibt Ehebruch. Daran gibt es nichts zu rütteln. Aber sind die Personen, die hier so monströs erscheinen, lediglich Scheusale? Müsste man nicht die *Vorgeschichte* kennen, um ihre Haltung angemessen beurteilen zu können?

Von Herodias heißt es, dass sie dem Täufer »nicht verzieh«, dass er ihre Beziehung zu Herodes als Ehebruch bezeichnete. Warum aber erscheint ihr das unerträglich? Was muss sich im Herzen einer Frau abspielen, die skrupellos den Tod ihres Anklägers fordert? Könnte es nicht sein, dass sie aus einer unglücklichen Ehe ausbrechen wollte, weil sie es einfach nicht mehr aushielt mit ihrem Gatten? Dass dieser gar froh ist, sie losgeworden zu sein? Dass sie von echter Liebe getrieben ist zu Herodes? Und sich jetzt *tödlich* bedroht fühlt von Johannes, der ihr alles wieder entreißen will, was sie dem Leben abgerungen hat? Wie kommt er überhaupt dazu, etwas zu verdammen, wovon er, der Asket, nicht die geringste Ahnung hat?! Natürlich hat der Mann recht, wenn man das Ganze auf rein moralisch-juristischer Ebene betrachtet. Bekanntlich aber entwickelt ein Mensch auch Gefühle, und die haben genauso ihre Berechtigung. All das bedenkt Johannes nicht. Und schon gar nicht nimmt er Rücksicht auf die Empfindungen einer im Innersten verletzten Frau. Die wünscht sich nur noch eines: Soll ihn doch der Teufel holen oder – wenn der sich nicht rührt – der Tod!

Und Herodes? Scheint dem Täufer gegenüber nicht abgeneigt zu sein. Er verschont ihn aus Angst vor den Leuten. Der Evangelist lässt durchblicken, dass dieser König von Roms Gnaden Johannes gegenüber keinerlei Hassgefühle hegt, gewisse Seiten an ihm sogar schätzt. Aber nun hat er einen Eid geleistet – das Desaster, das sich daraus ergeben wird, war nicht vorhersehbar. Weigert er sich jetzt, sein Wort einzulösen, verliert er sein Gesicht. So sieht er sich gezwungen, etwas zu tun, was er gar nicht will. Indem er zu seinem Schwur steht, degradiert sich der Herrscher zum Dienstknecht seiner Frau.

Seine Stieftochter Salome wiederum tritt auf – aber gar nicht eigentlich in Erscheinung. Als Tänzerin macht sie gute Figur, aber sie hat keinerlei Profil. Dem Stiefvater gegenüber bringt sie vor, was ihre Mutter fordert. Eher als deren Komplizin ist sie ihre Marionette.

Und die Henkersknechte? Führen aus, was ihnen befohlen wird.

Wie wir es drehen und wenden – da geht es allemal um Menschen, die mittendrin stecken in einem tödlichen Geflecht und tun, was sie eigentlich gar nicht tun wollen und doch weiterverfolgen, was sie begonnen haben; alle sind sie Täter und irgendwie auch wieder Opfer, wer soll sich da auskennen ...

Was bewegt den Evangelisten, diese Geschichte in seine Schrift einzufügen? Ein Hinweis findet sich ganz am Ende. Als die Jünger des Johannes von dessen Tod erfahren, holen sie seinen Leichnam und setzen ihn

bei. Wörtlich nimmt Markus hier vornweg, was er später von Jesu Begräbnis sagt; beide Male heißt es, dass »sie ihn [den Leichnam] in ein Grab
legten« (6,29 und 15,46). Dieser Parallelismus ist beabsichtigt. Während
die Geschichte des Täufers mit einem Tod endet, erweist sich das Grab
Jesu als Durchgang zum Ostermorgen und damit zu seiner Auferweckung und Erhöhung. Im Klartext: Der Bußprediger Johannes gehört
noch zum alten Äon; Jesus hingegen ist der erwartete Messias, der ein
neues Zeitalter einleitet.

GEBT *IHR* IHNEN ZU ESSEN!

6^{30} Die Apostel versammelten sich wieder bei Jesus und berichteten ihm
alles, was sie getan und gelehrt hatten. ^{31} Da sagte er zu ihnen: Kommt
mit an einen einsamen Ort, wo wir allein sind, und ruht ein wenig aus!
Denn sie fanden nicht einmal Zeit zum Essen, so zahlreich waren die
Leute, die kamen und gingen. ^{32} Sie fuhren also mit dem Boot in eine ein-
same Gegend, um allein zu sein. ^{33} Aber man sah sie abfahren, und viele
erfuhren davon; sie liefen zu Fuß aus allen Städten dorthin und kamen
noch vor ihnen an. ^{34} Als er ausstieg, sah er die vielen Menschen und
hatte Mitleid mit ihnen; denn sie waren wie Schafe, die keinen Hirten
haben. Und er lehrte sie lange. ^{35} Gegen Abend kamen seine Jünger zu
ihm und sagten: Der Ort ist abgelegen, und es ist schon spät. ^{36} Schick sie
weg, damit sie in die umliegenden Gehöfte und Dörfer gehen und sich
etwas zu essen kaufen können! ^{37} Er erwiderte: Gebt ihr ihnen zu essen!
Sie sagten zu ihm: Sollen wir weggehen, für zweihundert Denare Brot
kaufen und es ihnen zu essen geben? ^{38} Er sagte zu ihnen: Wie viele Brote
habt ihr? Geht und seht nach! Sie sahen nach und berichteten: Fünf
Brote und außerdem zwei Fische. ^{39} Dann befahl er ihnen, sie sollten sich
in Mahlgemeinschaften im grünen Gras lagern. ^{40} Und sie ließen sich in
Gruppen zu hundert und zu fünfzig nieder. ^{41} Darauf nahm er die fünf
Brote und die zwei Fische, blickte zum Himmel auf, sprach den Lobpreis,
brach die Brote und gab sie den Jüngern, damit sie diese an die Leute
austeilten. Auch die zwei Fische ließ er unter allen verteilen. ^{42} Und alle
aßen und wurden satt. ^{43} Und sie hoben Brocken auf, zwölf Körbe voll,
und Reste von den Fischen. ^{44} Es waren fünftausend Männer, die von
den Broten gegessen hatten.

Se non è vero è ben trovato, sagt man in Italien, wenn eine Anekdote zwar lustig, aber nicht glaubwürdig klingt. Wahr oder nur gut erfunden – das gilt auch für die folgende Geschichte.

Sie handelt von einem Pfarrer, der über die wunderbare Brotvermehrung predigt. Im Eifer des Gefechts unterläuft ihm ein kleiner Versprecher: Mit fünftausend Broten hat Jesus fünf Menschen satt gekriegt, ruft der Pfarrer triumphierend aus. Das soll ihm einmal einer nachmachen! Der Küster, der ausnahmsweise zugehört hat, murmelt vernehmlich vor sich hin: Das kann jeder! Souverän fährt der Pfarrer in seiner Predigt fort. Am folgenden Sonntag entschließt er sich dann doch, das Missverständnis auszuräumen und präzisiert: Natürlich habe ich mich in der letzten Predigt versprochen. Es waren fünftausend Menschen, die Jesus mit nur fünf Broten gesättigt hat; und das macht ihm nun wirklich keiner nach. Auch diesmal kann sich der Küster eines Kommentars nicht enthalten: Aber, Herr Pfarrer, natürlich kann das jeder; Sie vergessen wohl die Reste vom letzten Sonntag!

Der Text, auf den sich der Prediger bezieht, findet sich in seiner ältesten auf uns gekommenen Fassung im Markusevangelium; die übrigen Evangelisten haben ihn von dort übernommen.

Nachdem die Apostel von ihrer Mission (6,6–13) zu Jesus zurückgekehrt sind, würden wir gern erfahren, was sie verkündet haben. Doch statt seine Leserschaft darüber zu informieren, erteilt Markus ihnen eine Lehre.

Er beschreibt, wie die um Jesus versammelte Menschenmenge seinen Worten lauscht, ungeachtet der Tatsache, dass der Tag sich neigt. Anschließend erzählt er eine Wundergeschichte, über die sich die wenigsten, die sie zum ersten Mal hörten, gewundert haben dürften. Ähnliche Vorkommnisse waren ihnen ja bereits aus dem Alten Testament bekannt.

So berichtet das Buch Exodus, dass Jahwe sein Volk in der Wüste mit Manna und Wachteln ernährt (Ex 16). An dieses Eingreifen Gottes erinnert auch das Gebetbuch Israels (Ps 105,40; vgl. 78,24).

Bekannt war außerdem die Episode vom Mehl- und Ölwunder des Elija. Zur Zeit einer großen Dürre kommt der Prophet nach Sarepta, einer rund 180 km nördlich von Jerusalem gelegenen Küstenstadt. Vor dem Stadttor begegnet er einer Witwe und bittet sie um einen Bissen

Brot. Diese jedoch besitzt nur noch eine Handvoll Mehl und ein wenig Öl. Davon will sie für sich und ihren Sohn etwas zubereiten; dann werden beide auf den Tod warten. Doch der Prophet versichert ihr im Namen Gottes:»Der Mehltopf wird nicht leer werden und der Ölkrug nicht versiegen bis zu dem Tag, an dem der Herr wieder Regen auf den Erdboden sendet« (1 Kön 17,14).

Eine ähnliche Geschichte ist von Elijas Schüler und Nachfolger Elischa überliefert. Wiederum ist es eine Witwe, die in Not geraten ist, und darüber hinaus noch von einem Gläubiger bedrängt wird. Außer einem Krug Öl ist ihr nichts mehr geblieben. Auf Drängen des Propheten borgt sie sich von ihren Nachbarn zahlreiche Gefäße, die sie nun mit dem Öl füllt, das aus ihrem Krug zu fließen beginnt (2 Kön 4,1–7). Überdies schreibt die Hebräische Bibel dem Propheten Elischa auch ein Brotwunder zu.

> Einmal kam ein Mann von Baal-Schalischa und brachte dem Gottesmann Brot von Erstlingsfrüchten, zwanzig Gerstenbrote und frische Körner in einem Beutel. Elischa sagte: Gib es den Leuten zu essen! Doch sein Diener sagte: Wie soll ich das hundert Männern vorsetzen? Elischa aber sagte: Gib es den Leuten zu essen! Denn so spricht der Herr: Man wird essen und noch übrig lassen. Nun setzte er es ihnen vor; und sie aßen und ließen noch übrig, wie der Herr gesagt hatte (2 Kön 4,42–44).

Die Ähnlichkeit dieser Erzählung mit der von Markus überlieferten Wundergeschichte ist derart frappierend, dass sich der Gedanke an eine Abhängigkeit aufdrängt. Während jedoch Elischa hundert Männer mit zwanzig Gerstenbroten sättigt, heißt es von Jesus, dass er mit nur fünf Broten und zwei Fischen fünftausend Menschen verpflegt. Die Botschaft ist klar: Jesus ist größer als Elischa! Es handelt sich bei der von Markus überlieferten Geschichte um ein sogenanntes Überbietungswunder.

Allerdings lässt sich nicht übersehen, dass der Evangelist nicht einfach eine bereits vorgegebene Geschichte auf Jesus überträgt. Zwar folgt er dem Erzählmuster der Vorlage. Wenn man den Text jedoch genau liest, stößt man auf ein paar Kleinigkeiten, die für ein angemessenes Verständnis nicht unerheblich sind.

Da ist zunächst die Tatsache, dass die Menschen offenbar alles stehen und liegen lassen, um Jesus zu hören. Keine Mühe ist ihnen zu groß, kein Weg zu weit. Sie ziehen nicht nur hinter Jesus her, sondern eilen ihm sogar voraus. Die Frage, wie sie, die ja im Gegensatz zu Jesus nicht den Schiffsweg benutzen, noch vor ihm am anderen Ufer ankommen, wäre falsch gestellt. Dem Evangelisten geht es darum zu zeigen, welch unglaubliche Erwartungen die Menschen Jesus gegenüber hegen.

Menschen, die nichts mehr trägt, suchen nach einem Halt. Sie möchten sich nicht an etwas, sondern an jemanden halten. Das trifft auch für Jesu Landsleute zu, die ihm sogar zu Fuß vorauseilen. Jesus mag ihre Erwartungen nicht enttäuschen: »Er hatte Mitleid mit ihnen, denn sie waren wie Schafe, die keinen Hirten haben« – ein Ausspruch, den Markus dem Alten Testament entnimmt (Num 27,17; 1 Kön 22,17).

Das Wort von der unbehüteten Herde weckt Assoziationen an die Eingangsverse des 23. Psalms: »*Der Herr* [Jahwe] *ist mein Hirt*, nichts wird mir fehlen. Er lässt mich lagern auf *grünen Auen*« (Ps 23,1 f.). Damit auch die Begriffsstutzigen die Anspielung auf diese Schriftstelle verstehen, vermerkt der Evangelist ausdrücklich, dass Jesus die Leute auffordert, sich ins *grüne Gras* zu setzen. Damit unterstreicht er, worauf es Jesus ankommt. Er will seine Landsleute zu ihrem eigentlichen Hirten, nämlich zu Jahwe-Gott, zurückführen. Denn *er* ist der »Herr«, der es den Seinen an nichts fehlen lässt.

Allerdings lebt der Mensch nicht nur vom Wort Gottes; er bedarf auch des täglichen Brotes. Und zwar sind es ausgerechnet die Apostel, die als Erste ans Essen denken; begreiflicherweise, sie sind ja noch völlig erschöpft von ihrer eigenen Predigttätigkeit, zu der Jesus sie ausgesandt hat (6,6–13). Aber gerade ihnen stünde es schlecht an, Jesus mit dem banalen Hinweis auf den knurrenden Magen zu unterbrechen. Also erfinden sie einen Vorwand. *Er* soll die Leute wegschicken, damit sie sich etwas zu essen kaufen können. Jesus versteht den Wink mit dem Zaunpfahl; die Apostel wollen ihm eine Lehre erteilen. Doch er belehrt sie eines Besseren: »Gebt ihr ihnen zu essen!«

Die Menschen folgen Jesus, weil sie nach dem Wort Gottes hungern. Einzig darauf richten sich ihre Gedanken. Und mit der gleichen Selbstverständlichkeit, mit der sie das Wort aus Jesu Mund in sich aufnehmen, nehmen sie nun auch die Speisen entgegen, die er ihnen schenkt.

Bezüglich der von Jesus überlieferten Machttaten verweisen die Evangelisten häufig auf die erstaunte oder begeisterte Reaktion der Umstehenden. So heißt es im Anschluss an manche von ihm herbeigeführte Heilung häufig, dass »alle in Staunen gerieten und Gott priesen« (2,12). Einen solchen Chorschluss (so der bibeltheologische Fachausdruck) würde man auch am Ende der Episode von der Speisung der Fünftausend erwarten. Der aber fehlt. Wer den Text genau liest, erkennt, dass gar kein Grund dafür vorhanden ist. Nirgends heißt es, dass die Anwesenden sich darüber Rechenschaft geben, was wirklich vor sich geht. Sie setzen sich ins grüne Gras, erhalten ein Stück Brot und als Zugabe etwas getrockneten Fisch. Worüber sollen sie sich also wundern?

Das alles zeigt: Markus hegt nicht die Absicht, Jesu Macht und Größe mittels einer Wundergeschichte herauszustellen. Er begnügt sich mit dem (für die damalige Leserschaft sofort verständlichen) Hinweis, dass Jesus größer ist als Elischa. Während dieser hundert Männer mit zwanzig Broten sättigt, speist Jesus mit nur fünf Broten fünftausend Menschen. Im Unterschied zum vierten Evangelisten stellt er keinen Bezug her zum letzten Abendmahl (vgl. Joh 6).

Worauf es Markus ankommt, begreifen wir, wenn wir auf die Zahlensymbolik achten. Warum gerade fünf Brote, zwei Fische, zwölf Körbe?

Zweimal verweist der Evangelist darauf, dass die Apostel fünf Brote und zwei Fische als Vorrat haben, insgesamt also sieben Teile. Beim Volk Israel galt die Sieben schon von alters her als heilige Zahl;[45] sie war ein Sinnbild für Gott. Die Leserinnen und Leser dieses Abschnitts sollen erinnert werden, dass der Mensch nicht nur von Brot, sondern auch von und aus dem lebt, was der Mund des Herrn spricht (Dtn 8,3). Wenn Jesus zu Beginn der Mahlzeit zum Himmel aufblickt, tut er das nicht, um von Gott ein Wunder zu erbitten. Er spricht einfach das übliche Lob- und Dankgebet – den Tischsegen, wie wir heute sagen würden.

Damit haben wir die dieser Geschichte zugrunde liegende Symbolik erst teilweise entschlüsselt. Nach damaligem jüdischem Verständnis umfasst das in der Schrift enthaltene Wort Gottes drei Textgruppen, nämlich die Tora (die fünf Bücher Mose), die Bücher der Propheten

---

45   Ausführlicher dazu bei den Ausführungen zu Mk 8,1–9.

und die übrigen Schriften (Psalmen, Klagelieder, Weisheitsliteratur, Geschichtsschreibung).

Wir haben gute Gründe anzunehmen, dass die fünf Brote auf die fünf Bücher Mose verweisen. Tatsächlich besitzen wir mehrere Belege aus dem 1. Jahrhundert, gemäss denen die Rabbinen *die Tora* mit dem Brot (die Hauptnahrung damals) vergleichen. Die zwei Fische hingegen versinnbildlichen die beiden anderen Textsammlungen, nämlich *die Bücher der Propheten* (Nebiim) und *die übrigen Schriften* (Ketubim). *Damit* soll die anwesende Menschenmenge gespeist werden, und diese Speise schenkt Jesus allen, die sich ihm zuwenden.

So gering der Vorrat an Broten und Fischen auch ist – er wird nicht weniger! Zwölf Körbe bleiben übrig. Wie die Sieben ist auch die Zwölf für die Juden eine heilige Zahl; sie ist Ausdruck der göttlichen Fülle. Der Vorrat der von Jesus dargebotenen Speise, d. h. Gottes Wort, ist unerschöpflich; die ganze Menschheit kann damit gesättigt werden.

Die Erkenntnis, dass die Geschichte von der Speisung der Fünftausend stark symbolisch geprägt ist, ebnet den Weg zu einem angemessenen Verständnis: Nur wenn der Mensch sich leiten lässt von Gottes Wort und Weisung, findet er hin zu einem erfüllten Leben.

Diese Aussage erfährt allerdings eine wichtige Ergänzung. Nachdem die Apostel sich darüber Rechenschaft geben, dass die Leute den ganzen Tag kaum etwas gegessen haben, wollen sie sie in die umliegenden Dörfer schicken, damit sie sich dort Nahrung besorgen können. Jesus jedoch überhört den Vorschlag der Apostel. Vielmehr fordert er sie auf eine geradezu provozierende Weise heraus: »Gebt ihr ihnen zu essen!«

Es ist dies ein Auftrag. Denn (das dürfte aufgrund des bisher Gesagten feststehen) was die Apostel den Leuten geben sollen, sind nicht Brote, sondern Gottes lebendig machendes Wort – und dieses kann man nicht kaufen, sondern nur dankbar entgegennehmen von denen, die selbst nichts in Händen haben. Und sich dessen bewusst sind.

»Gebt *ihr* ihnen zu essen!« Diese Aufforderung beinhaltet eine massive Kritik an jenen Amtsträgern, die vergessen, dass sie – im Wortsinn – selbst nichts zu sagen und damit auch nicht das Sagen haben, sondern nur weiterreichen können, was sie vorher empfangen haben aus Jesu Händen. Sie sind Gesandte, Beauftragte und in *diesem* Sinn Bevollmächtigte.

Kirchliche Amtsträger, das zeigt die ganze Christentumsgeschichte, sind häufig versucht, sich in Selbstdarstellung zu üben. Statt schlicht und einfach Jesu Auftrag zu erfüllen, maßen sie sich eine Autorität an, die unvereinbar ist mit dem von Jesus verkündeten Evangelium. Autorität, wie Jesus sie versteht, basiert auf der barmherzigen und demütigen Ausführung seines Auftrags: »Gebt *ihr* ihnen zu essen!« Punkt.

Auf diese Anweisung läuft die Geschichte von der Speisung der Fünftausend hinaus.

Natürlich hatte der Evangelist bei der Niederschrift seine damalige Leserschaft im Auge, insbesondere jene, die mit der Glaubensverkündigung beauftragt sind. Dennoch ist seine Aussage von zeitloser Gültigkeit. Wer in der Kirche ein besonderes Amt innehat, darf darüber nie vergessen, dass jede Sonderstellung innerhalb der Glaubensgemeinschaft zu einem speziellen Dienst verpflichtet.

Das Wunder der Speisung ereignet sich immer neu und stets nur da, wo Amtsträger ihre Aufgabe erfüllen, ohne nach Anerkennung und Lohn zu schielen; da also, wo sie anderen nicht den Kopf, sondern die Füße waschen; da auch, wo sie sich nicht nach kirchenfürstlicher Manier bedienen lassen, sondern ihren Dienst versehen an der Glaubensgemeinschaft in dem Bewusstsein, dass sie letztlich nichts anderes sind als »unnütze Knechte«. Das gleiche Wunder geschieht, wo die einzelnen Gläubigen sich nicht den Kopf zerbrechen über die Grenzen ihrer Fähigkeiten und die Begrenztheit ihrer Kräfte, sondern wo sie sich konkret einsetzen für die Ausbreitung des Gottesreiches, und das heißt zuallererst einmal für das Wohl der anderen – für Gerechtigkeit, für Frieden, für die Bewahrung der Schöpfung ...

Wo immer dies zutrifft, fällt das Missverhältnis zwischen der eigenen Beschränktheit und dem angestrebten Ziel nicht ins Gewicht. Vielmehr setzt der Glaube daran, dass die Saat aufgeht und dreißig-, sechzig-, ja hundertfache Frucht trägt (4,8), neue Kräfte frei, sodass plötzlich aus wenigem viel wird. Das wenige, das die Apostel in die Hände Jesu legen und aus seinen Händen neu entgegennehmen, reicht bestimmt – wenn sie es nur weiterreichen.

DIE EHEMALS VERFOLGTEN WERDEN ZU VERFOLGERN

6⁴⁵ Gleich darauf drängte er seine Jünger, ins Boot zu steigen und ans andere Ufer nach Betsaida vorauszufahren. Er selbst wollte inzwischen die Leute nach Hause schicken. ⁴⁶ Nachdem er sich von ihnen verabschiedet hatte, ging er auf einen Berg, um zu beten. ⁴⁷ Als es Abend wurde, war das Boot mitten auf dem See, er aber war allein an Land. ⁴⁸ Und er sah, wie sie sich beim Rudern abmühten, denn sie hatten Gegenwind. In der vierten Nachtwache kam er zu ihnen; er ging auf dem See, wollte aber an ihnen vorübergehen. ⁴⁹ Als sie ihn über den See gehen sahen, meinten sie, es sei ein Gespenst, und schrien auf. ⁵⁰ Alle sahen ihn und erschraken. Doch er begann mit ihnen zu reden und sagte: Habt Vertrauen, ich bin es; fürchtet euch nicht! ⁵¹ Dann stieg er zu ihnen ins Boot, und der Wind legte sich. Sie aber waren bestürzt und fassungslos. ⁵² Denn sie waren nicht zur Einsicht gekommen, als das mit den Broten geschah; ihr Herz war verstockt.

Im Zusammenhang mit dem auf dem See wandelnden Jesus verweisen die Exegeten auf Vorbilder aus dem Alten Testament, wo verschiedentlich vom Gang durch das Wasser die Rede ist: Durchzug der Israeliten durch das Schilfmeer (Ex 14,21–31); Durchzug des auserwählten Volkes durch den Jordan (Jos 3 f.); Elijas Durchquerung des Jordans (2 Kön 2,7 f. und 14). Dabei geht es nie um ein Wandeln *auf* dem Wasser, ein Gedanke, der erst im Buch Ijob Gestalt annimmt: »Er [Gott] schreitet einher auf den Höhen des Meeres« (Ijob 9,8).

Der Gedanke vom Wandeln durch und über das Wasser (wie übrigens auch jener vom Fliegen) war keineswegs auf die Welt der Bibel beschränkt, sondern übte auf die Menschen der Antike eine große Faszination aus. In der außerbiblischen Welt betrachtete man das Gehen auf dem Wasser als eine göttliche Fähigkeit, wovon mehrere literarische Belege zeugen. Diese Fähigkeit schrieb man vor allem Göttersöhnen (Heroen) zu oder Menschen, die in einer besonders innigen Beziehung zur Gottheit standen.[46]

---

46 Dazu U. Luz, Das Evangelium nach Matthäus, 2. Teilband: Mt 8–17 (Evangelisch-Katholischer Kommentar zum Neuen Testament I/2), Zürich u. a. ⁶2016, 407.

Ein Beispiel findet sich auch in der buddhistischen Überlieferung in einem Jataka.[47] Dort ist die Rede von einem Laienbruder, der auf dem Weg zu seinem Meister ans Ufer eines Flusses kommt. Der Fährmann ist gerade abwesend, worauf der Bruder, »von freudigen Gedanken an Buddha getrieben«, den Fuß auf das Wasser setzt.

> Als er in die Mitte gelangt war, sah er die Wellen. Da wurden seine freudigen Gedanken an Buddha schwächer, und seine Füße begannen einzusinken. Doch er erweckte wieder stärkere Gedanken an Buddha und ging weiter auf der Oberfläche des Wassers.

Wenn Markus dieses Motiv aufgreift, geht es ihm keineswegs darum, ein tatsächliches Vorkommnis zu schildern. Vielmehr möchte er so seiner Leserschaft eine theologische Lektion erteilen.

Das Boot mit den Jüngern ist mitten auf dem See. Es herrscht Gegenwind. Jesus ist abwesend; er hat sich auf einen Berg begeben, um dort zu beten. Die Jünger sind allein, genauer noch, sie wurden alleingelassen; Jesus hat sie ja weggeschickt. Er nähert sich ihnen erst wieder während der vierten Nachtwache, also zwischen drei und sechs Uhr in der Früh, nachdem sie fast die ganze Nacht über gegen die Wellen angekämpft haben. Doch die Jünger sehen Jesus nicht; sie halten ihn ja für ein Gespenst. Woran sie allerdings nicht denken: Jesus sieht sie.

Der Evangelist bezieht sich hier auf Erfahrungen seiner christusgläubigen Zeitgenossen, die vom Dunkel des Zweifels heimgesucht werden. Dabei bedient er sich der damals im jüdischen und heidnischen Raum bekannten Legende vom Wandel über das Wasser. Darin spiegelt sich die Situation der jungen Kirche nach Jesu Tod und Auferweckung wider. Körperlich weilt der Auferstandene nicht mehr unter den Seinen. Die vorangegangene Speisungsgeschichte berichtet davon, wie die Jünger

---

47 Jatakas sind Geschichten aus dem Leben Buddhas. Die seit dem 5. Jahrhundert vorliegende Sammlung geht auf wesentlich ältere, zum Teil vorchristliche Überlieferungen zurück. Das folgende Zitat (Jataka 190) in J. B. Aufhauser, Buddha und Jesus, Bonn 1926, 12. Dort finden sich weitere Beispiele vom Wandeln über das Wasser.

das Brot des Lebens aus Jesu Hand empfangen und weitergereicht haben. Nun schickt Jesus sie weg; sie sollen das Brot und die Fische austeilen, die sie aus seiner Hand empfangen haben. Sie befinden sich jetzt sozusagen auf Dienstreise. Sie brechen auf zu neuen Ufern. Jesus bleibt zurück. Jetzt, nach seiner Auferweckung, ist er den Seinen entrückt; er ist für sie unsichtbar geworden. Der Gegenwind (von einem Sturm ist nicht die Rede) macht ihnen zu schaffen. Obwohl sie sich beim Rudern abmühen, kommen sie kaum von der Stelle. Ohne Bild: Angesichts der Widerstände, auf die sie stoßen, vergessen sie, dass der Auferstandene mitten unter ihnen weilt.

Freiwillig haben sich die Jesusleute nicht in diese Situation begeben. Sie führen den Auftrag Jesu aus, dem sie – so ihr Eindruck – nicht gewachsen sind. Der Erfolg bleibt aus. Die Gemütslage der Jünger verdunkelt sich. Frustriert wie sie sind, scheint ihnen jeder Einsatz umsonst.

Und jetzt der Kernpunkt: Der Auferweckte möchte sie seines Beistands versichern: »Er wollte an ihnen vorübergehen« – sich ihnen also *zeigen*. Und die Jünger? Erkennen ihn nicht, meinen ein Gespenst zu sehen! Drastisch ausgedrückt: Statt sich trösten und bestärken zu lassen, machen sie in die Hose.

Was Markus hier anmahnt, hat über die Jahrhunderte hin nichts an Aktualität eingebüßt. Jesusnachfolger und Christusjüngerinnen sollen sich einsetzen für ihren Glauben, ungeachtet aller Widerstände, im Vertrauen darauf, dass der Auferweckte ihnen zur Seite steht. Was Markus mit der Erscheinung des auf dem Wasser wandelnden Jesus bildhaft ausdrückt, wird der Evangelist Matthäus wenige Jahre später in ein Wort fassen, das er dem auferweckten Jesus zuschreibt: »Ich bin mit euch alle Tage bis zum Ende der Welt« (Mt 28,20).

Ich bin bei euch: Das gilt nicht absolut; das gilt nur, wenn alle, die sich in Jesu Fußstapfen wähnen, das – und nur das! – tun und wirken, was der Auferstandene ihnen aufgetragen hat.

Das haben sie anfänglich getreulich getan. Auf Dauer allerdings vermochte sich die Minderheit der Neugläubigen in Jerusalem nicht durchzusetzen. Von selbst ergab es sich daher, dass die Jesusgläubigen das Christentum im übrigen Römischen Reich verbreiteten.

Sobald sie auf offene Ohren stießen, versuchten sie gleichzeitig, ihre Machtposition auszubauen und zu festigen. Und bedienten sich dabei auch gewaltsamer Methoden, die in eklatantem Widerspruch standen zu der von Jesus verkündeten Frohbotschaft.

Dass die Kirche zeitweise vom rechten Weg abkommen kann, weil sie Jesus nicht mehr vertraut, zeigt ein Blick auf ihre Geschichte. Das konnte so weit gehen, dass man das, was Jesus wollte, als teuflisch bezeichnete, bloß um die eigenen Machtpositionen zu sichern. Und wer dagegen die Stimme erhob, landete auf dem Scheiterhaufen oder wurde exkommuniziert. Erinnert sei an das Schicksal des englischen Reformators John Wyclif (um 1330–1384), der den politischen Machtanspruch der Päpste negierte, an den böhmischen Theologen Jan Hus (um 1370–1415), der gegen den weltlichen Besitz der Kirche, die Habsucht des Klerus und dessen Lasterleben polemisierte, oder an Martin Luther (1483–1546), der anfänglich lediglich eine Tempelreinigung anstrebte, ähnlich wie sie Jesus seinerzeit vorgenommen hatte (11,15–19). Diese Reformatoren (und viele andere nach ihnen) bezahlten einen hohen Preis für ihren Einsatz für eine Kirche, die den Absichten des Mannes aus Nazaret gerecht werden sollte.[48]

Vor lauter Angst um den Verlust ihrer Vormachtstellung griffen Kirchenobere immer wieder zur Gewalt, um Kritiker zum Schweigen zu bringen – und zwar auch da, wo diese das Evangelium auf ihrer Seite hatten.

Es betrifft dies beileibe nicht nur die römische Kirche – wie der Fall Servet exemplarisch zeigt. Ihren Anfang nimmt die Sache, als sich Jean Calvin im Mai 1536 auf der Durchreise nach Straßburg kurz in Genf aufhält und vom dortigen Prediger Guillaume Farel (1489–1565) beschworen wird, sich in der Stadt für die Anliegen der »Neugläubigen« einzusetzen. 1538 werden Farel und Calvin aus Genf verwiesen, weil sie aufgrund anstehender Querelen der gesamten Gemeinde das Abendmahl verweigerten.

---

48 Allerdings war Wyclifs Prädestinationslehre mehr als nur ein Angriff auf die von den Kirchenoberen verkündete Heilsgewissheit. Und bei Hus spielten neben dem Wunsch einer relativen kirchlichen Autonomie auch politische Motive eine Rolle (Unterdrückung des Tschechentums in Böhmen). Was aber keinerlei Entschuldigung für das ihnen zugefügte Unrecht darstellt.

Gut zwei Jahre später ruft der Rat der Stadt die beiden zurück zwecks Klärung einiger theologischer Fragen. Calvin stellt Bedingungen, unter anderem, dass »die Prediger allen zu befehlen haben, vom Höchsten bis zum Niedrigsten«. Die Ratsherren ahnen nicht, dass sie sich damit einem Fanatiker ausliefern. Der verfasst eine Kirchenzucht, die das gesamte öffentliche und private Leben einer minutiösen Regulierung unterwirft und dabei auf Denunziation, Überwachung und strengste Kirchenstrafen setzt. Schon das Fernbleiben vom Gottesdienst gilt als grobes Vergehen. Private Vergnügungen sind untersagt. Tanz gilt als Kapitalverbrechen, Theater als Tabu.

In dem von ihm etablierten Gottesstaat betrachtet sich Calvin als einzig berufener Ausleger der Bibel. Wer nicht für ihn ist, ist gegen ihn. Wer schweigt, ohne ihm ausdrücklich zuzustimmen, betrachtet er als Todfeind. Gelehrte und Humanisten wie der romkritische, aber dennoch papsttreue Erasmus von Rotterdam oder der lutherische Philipp Melanchthon, die anders denken, bezeichnet er als Hunde, die gegen ihn belfern. Oder als Satansdiener.

1553 kommt es in Genf zum Eklat. Der spanische Arzt Michael Servet wagt es, Calvins Dreifaltigkeitslehre in einigen Punkten infrage zu stellen. Die Rache des fanatischen Gottesstreiters ist furchtbar. Auf sein Bestreben hin wird der Gegner gefangen gesetzt, schmachtet während Monaten unter erbärmlichsten Bedingungen dahin, bis ihm sein Hemd in Fetzen vom Leib hängt. Dennoch weigert er sich standhaft zu widerrufen. Am 27. Oktober 1553 wird er auf Calvins Initiative hin vor den Toren Genfs lebendig verbrannt. Weitere Verurteilungen anderer folgen.

Die Reformatoren in Bern, Basel, Schaffhausen und Wittenberg sind entsetzt. Denn mit diesem Vorgehen hat Calvin sogar die römische Inquisition überholt, die immerhin erst auf Anzeigen hin reagierte.

Calvins Arm reicht weit über Genf hinaus, bis nach Basel. Dort hält sich sein früherer Freund Sebastian Castellio (1515–1563) auf. Ebenfalls der Reformation zugetan, hat auch er Einwände gegen die Trinitätslehre des Genfer Despoten. Außerdem hat der gebürtige Franzose Bibelübersetzungen in lateinischer und französischer Sprache angefertigt, die Calvins Missfallen erregen.

Nach der infamen Ermordung Servets unterzieht Castellio Calvins theokratisches System in seinem in Latein verfassten Manifest mit dem

Titel *Ob man die Ketzer blutig verfolgen soll* einer vernichtenden Kritik und macht sich so seinen ehemaligen Weggenossen zum erbitterten Feind. Von Genf war er nach Basel geflüchtet, um nicht das gleiche Schicksal wie Servet zu erleiden. Dort verbringt er mit seiner Familie die letzten achtzehn Jahre seines Lebens in ärmlichen Verhältnissen – unter anderem als schlecht dotierter Professor für griechische Sprache und als Verfasser geisteswissenschaftlicher Werke, die teilweise erst nach seinem Hinschied veröffentlicht werden. Der zutiefst verletzte Calvin indessen gibt keine Ruhe. Seine Spione überwachen jeden Schritt des Kritikers und bringen es schließlich fertig, dass er vom Rat der Stadt Basel als irregeleiteter Reformator angeklagt wird. Der Umstand, dass der erst 48-Jährige am 29. Dezember 1563 verstirbt, bewahrt ihn vor einer möglichen Verurteilung.

Calvin und Castellio – die Gegensätze zwischen diesen beiden der Reformation verpflichteten Gestalten könnten größer nicht sein. Der eine gebärdet sich als kompromissloser Diktator im Namen der Religion, der andere plädiert für Toleranz in Glaubensfragen. Der eine setzt auf Ketzerverbrennung, der andere auf Dialog. Mit allen Mitteln der Gewalt unterdrückt der eine schon den geringsten zaghaft vorgebrachten Einwand, während der andere mahnt, die Gewissensfreiheit hoch- und Glaubensentscheidungen wertzuschätzen.

Zu denken gibt, dass ausgerechnet Castellio der Vergessenheit anheimfiel.

In Basel erinnert seit 1982 lediglich ein kleiner Treppenweg unweit seines ehemaligen Wohnsitzes an den überragenden Gelehrten und Humanisten. 2016 hat die Bürgerschaft sich dazu aufgerafft, eine Gedenktafel zu seinen Ehren anzubringen – genau 501 Jahre nach seiner Geburt. Außer dem Geburts- und Sterbeort mit den entsprechenden Daten ist in fünf Sprachen jene Mahnung aus Castellios Toleranzmanifest eingraviert, die bis heute nichts von ihrer Aktualität eingebüßt hat. Die Inschrift lautet: »Einen Menschen töten heißt nicht, eine Lehre verteidigen, sondern: einen Menschen töten.«[49]

---

49 S. Castellio, Gegen Calvin – Contra libellum Calvini. Eingeführt, aus dem Lateinischen übersetzt und kommentiert von U. Plath, in: W. F. Stammler (Hg.): Bibliothek Historischer Denkwürdigkeiten, Essen 2015, 131.

Ob Calvin aus Selbstverliebtheit oder aus innerster Überzeugung oder einfach aus Fanatismus gehandelt hat, mögen Geschichtsforschende und Psychoanalytiker beurteilen.

Hinweise für ein angemessenes Verhalten in Sachen Glaubensstreitigkeiten finden sich in der Apostelgeschichte, wo ausgerechnet ein Jude seinen Glaubensgeschwistern Ratschläge erteilt, die von Jesus stammen könnten. Es handelt sich dabei um ein Lehrstück über den Umgang mit Andersdenkenden, aber auch mit Warnern und Mahnerinnen. Die Episode, von der im Folgenden die Rede ist, trug sich Anfang der Dreißigerjahre des 1. Jahrhunderts in Jerusalem zu.

Nachdem die Apostel nach Jesu Tod zunächst geflohen sind, haben sie sich in der Hauptstadt wiederum gesammelt. Mit ihrer Lehre vom gekreuzigten Messias erregen sie ein derartiges Aufsehen, dass die Tempelpriester die öffentliche Ordnung gefährdet und ihre Position bedroht sehen. Sie lassen die Apostel verhaften und in ein öffentliches Gefängnis werfen. Anschließend wird ihnen der Prozess gemacht. Das Urteil steht fest, noch ehe die Verhandlung begonnen hat: Sie sollen wegen Gotteslästerung hingerichtet werden. Einer der Richter allerdings, der Pharisäer Gamaliël, meldet Bedenken an. Wie, wenn doch etwas dran wäre an der ganzen Sache? Jedenfalls erteilt er seinen Kollegen den Rat, die Angeklagten freizulassen:

»Wenn dieses Vorhaben oder dieses Werk von Menschen stammt, wird es zerstört werden; stammt es aber von Gott, so könnt ihr sie nicht vernichten« (Apg 5,38 f.).

Mit seiner Haltung steht der Pharisäer Gamaliël Jesus näher als manche seiner späteren Gefolgsleute oder Stellvertreter. Tatsächlich hat auch der Mann aus Nazaret mit seinem Gleichnis vom Unkraut im Weizenfeld (Mt 13,24–30) ausdrücklich vor voreiligen Säuberungsaktionen gewarnt.

Am Schluss unseres Abschnitts aus dem Markusevangelium wird berichtet, dass Jesus zu seinen Jüngern ins Boot steigt, nachdem sich der Wind gelegt hat. Diese aber sind nicht nur fassungslos, sondern bestürzt. Weil ihr »Herz verstockt« ist. Noch immer erkennen sie in Jesus nicht den

Messias.[50] Was historisch zutrifft; erst nach Jesu Auferweckung gehen ihnen die Augen auf. Der Evangelist scheut sich nicht, den aktuellen Unglauben der Jünger anzuprangern.

VON JESUS BERÜHRT

6[†] In jener Zeit [53] fuhren Jesus und seine Jünger auf das Ufer zu, kamen nach Gennesaret und legten dort an. [54] Als sie aus dem Boot stiegen, erkannte man ihn sofort. [55] Die Menschen eilten durch die ganze Gegend und brachten die Kranken auf Tragbahren zu ihm, sobald sie hörten, wo er war. [56] Und immer, wenn er in ein Dorf oder eine Stadt oder zu einem Gehöft kam, trug man die Kranken auf die Straße hinaus und bat ihn, er möge sie wenigstens den Saum seines Gewandes berühren lassen. Und alle, die ihn berührten, wurden geheilt.

Wie bereits früher (1,32–34 und 3,7–10) bündelt der Evangelist Jesu Wirken in Galiläa erneut zu einem Sammelbericht, ohne auf Details einzugehen – wobei hier ausschließlich von Krankenheilungen die Rede ist. Es drängt sich der Eindruck auf, als wolle Markus seiner Leserschaft wieder und wieder in Erinnerung rufen, dass menschliches Leid keine Grenzen kennt. Bezeichnend ist überdies, dass hier nicht die unmittelbar betroffenen Personen, sondern ihre Angehörigen auf Jesu Heilkraft vertrauen. *Sie* bringen die Kranken zu Jesus und *sie* bitten ihn um seine Hilfe. Mit einem Wort: Der Helfer scheint auf die Mithilfe anderer angewiesen zu sein. Es ist, als wolle Markus sagen, dass Gott nun einmal keine anderen Hände hat als die unseren.

Eignet der Heilung dieser Kranken ein magischer Charakter? Wer auch nur den Saum von Jesu Gewand berührt, wird geheilt? Der Glaube an magische Praktiken dürfte dem Evangelisten so fern liegen wie einer Ziege das Fliegen. Gewiss will er nicht sagen, dass schon ein rein physischer Kontakt mit Jesus Heilung bewirkt – was ohnehin nur für Jesu Landsleute gelten würde. Ihm geht es darum zu zeigen, dass jene

---

50 Das hängt mit dem für das Markusevangelium typischen Messiasgeheimnis zusammen; siehe dazu die Ausführungen zu Mk 1,32–34.

Menschen Heilung finden, die Jesus berühren und von ihm *berührt* sind. Das ist das Entscheidende. Hatte Jesus doch schon zu der Frau, die ihn anlangte, um geheilt zu werden, gesagt: »Dein *Glaube* hat dich gerettet« (5,34). Kurzum: Menschen finden ihr Heil, wenn sie sich an Jesus *klammern*.

Ein Detail in diesem Abschnitt wird oft übersehen. Anlässlich seiner Predigttätigkeit sucht Jesus nicht nur Städte und Dörfer auf; er begibt sich hinaus aufs Land, bis zu den abgelegenen Gehöften. Das zeigt, dass es ihm nicht um den großen Auftritt geht, sondern darum, *alle* Menschen von seiner Frohbotschaft zu überzeugen.

Wohl bewegt sich Jesus auch in besseren Kreisen (vgl. u. a. Lk 7,36–50). Vorwiegend aber fühlt er sich hingezogen zu den verlorenen Schafen Israels (Mt 10,6; 15,24). Dass damit nicht nur Menschen mit einem moralisch fragwürdigen Lebenswandel gemeint sind, zeigt Markus, indem er Jesus hinausgehen lässt bis in entlegene Gegenden, wo seine Landsleute auf Gehöften und in Hütten hausen, die für jene, die in Palästen residieren, nicht einmal zu existieren scheinen.

Das ist gleichzeitig ein Fingerzeig für all jene kirchlichen Amtsträger, sich nicht nur da einzusetzen, wo sie Bewunderung und Applaus ernten, sondern überall, wo Menschen nach Trost, Linderung und Verständnis hungern.

7. KAPITEL

___

DER UNTERSCHIED ZWISCHEN RECHT UND GERECHTIGKEIT

7[†] In jener Zeit [1] hielten sich die Pharisäer und einige Schriftgelehrte, die aus Jerusalem gekommen waren, versammelten sich bei Jesus. [2] Sie sahen, dass einige seiner Jünger ihr Brot mit unreinen, das heißt mit ungewaschenen Händen aßen. [3] Die Pharisäer essen nämlich wie alle Juden nur, wenn sie vorher mit einer Handvoll Wasser die Hände gewaschen haben; so halten sie an der Überlieferung der Alten fest. [4] Auch wenn sie vom Markt kommen, essen sie nicht, ohne sich vorher zu waschen. Noch viele andere überlieferte Vorschriften halten sie ein, wie das Abspülen von Bechern, Krügen und Kesseln. [5] Die Pharisäer und die Schriftgelehrten fragten ihn also: Warum halten sich deine Jünger nicht an die Überlieferung der Alten, sondern essen ihr Brot mit unreinen Händen? [6] Er antwortete ihnen: Der Prophet Jesaja hatte Recht mit dem, was er über euch Heuchler sagte, wie geschrieben steht: Dieses Volk ehrt mich mit den Lippen, sein Herz aber ist weit weg von mir [vgl. Jes 29,13]. [7] Es ist sinnlos, wie sie mich verehren; was sie lehren, sind Satzungen von Menschen. [8] Ihr gebt Gottes Gebot preis und haltet euch an die Überlieferung der Menschen. [9] Und weiter sagte Jesus: Sehr geschickt setzt ihr Gottes Gebot außer Kraft und haltet euch an eure eigene Überlieferung. [10] Denn Mose hat zum Beispiel gesagt: Ehre deinen Vater und deine Mutter!, und: Wer Vater oder Mutter verflucht, soll mit dem Tod bestraft werden. [11] Ihr aber lehrt: Es ist erlaubt, dass einer zu seinem Vater oder seiner Mutter sagt: Was ich dir schulde, ist Korbán, das heißt: eine Opfergabe. [12] Damit hindert ihr ihn daran, noch etwas für Vater oder

Mutter zu tun. ¹³ So setzt ihr durch eure eigene Überlieferung Gottes Wort außer Kraft. Und ähnlich handelt ihr in vielen Fällen.

Wenn Menschen sich durch das Verhalten anderer verunsichert fühlen, verweisen sie gern auf das Gesetz. Sie fixieren sich auf die geltenden Verordnungen, klammern sich an Paragrafen, erinnern an juristische Bestimmungen. Sie berufen sich dabei auf das geltende Recht. Wenn sie dieses durchgesetzt haben, ist ihrem Gerechtigkeitssinn Genüge getan. Die Gerechtigkeit bleibt dabei häufig auf der Strecke. Die alten Römer brachten diesen Sachverhalt auf die Kurzformel *summum ius – summa iniuria*, was besagt, dass eine pedantische Anwendung des Rechts jeder Art von Ungerechtigkeiten Tür und Tor öffnet.

Dass Gesetzeskonformität bei Weitem nicht gleichbedeutend ist mit Gerechtigkeit, illustriert Friedrich Dürrenmatt in seinem *Monstervortrag über Gerechtigkeit und Recht.*[51]

Der Kalif Harun al Raschid und sein Großwesir wurden von den Christen hart bedrängt, wobei die Christen, die sich durch den Genuss alkoholischer Getränke vor der Schlacht in der Schlacht in eine Raserei zu steigern wussten, leicht im Vorteil lagen. Der Kalif und sein Großwesir beschlossen, dieser Tatsache wissenschaftlich auf den Grund zu gehen, und erhielten vom heiligen Imam, dem großen Kenner des Korans, die Erlaubnis, zu Forschungszwecken einige erbeutete Flaschen Châteauneuf-du-Pape zu trinken.
Nachdem sie drei Flaschen Châteauneuf-du-Pape getrunken hatten, wobei sie die christliche Kriegstaktik durchexerzierten, kamen sie, ohne recht zu wissen, warum, auf die Frauen zu sprechen. Der Großwesir besaß eine schöne Sklavin, der Kalif verlangte sie zum Geschenk. Der Großwesir schwor beim Barte des Propheten, die Sklavin nicht zu verschenken. Der Kalif erbot sich, die Sklavin zu kaufen, der Großwesir, seltsam eigensinnig, was doch sonst nicht seine Art war, schwor beim Barte des Prophe-

---

51 Friedrich Dürrenmatt: Monstervortrag über Gerechtigkeit und Recht: Die zweite Geschichte, aus: Friedrich Dürrenmatt: Philosophie und Naturwissenschaft. Copyright © 1986 Diogenes Verlag AG Zürich.

ten, die Sklavin nicht zu verkaufen. Nach zwei weiteren Flaschen Châteauneuf-du-Pape schwor der Kalif ebenfalls beim Barte des Propheten, dass er die Sklavin des Großwesirs noch diese Nacht als Eigentum besitzen werde.

Kaum war der Schwur getan, als sich die beiden erschrocken anstarrten, denn jeder hatte beim Barte des Propheten das Gegenteil dessen geschworen, was der andere geschworen hatte. Sie ließen den heiligen Imam rufen, der schlaftrunken angetorkelt kam, hatte er doch zu Studienzwecken ebenfalls einige Flaschen Châteauneuf-du-Pape mitnehmen dürfen.

Der Kalif und der Großwesir erklärten dem Heiligen das Dilemma. Der Imam gähnte. »Großer Kalif«, sagte er, »das Problem ist einfach zu lösen. Der Großwesir soll dir die Sklavin zur Hälfte verkaufen und zur Hälfte schenken, dann hat er seinen Schwur nicht gebrochen, denn er hat beim Barte des Propheten geschworen, die ganze Sklavin weder zu verschenken noch zu verkaufen.«

Der Imam wurde mit hundert Goldstücken belohnt und ging wieder nach Hause, der Kalif und der Großwesir tranken eine weitere Flasche Château-neuf-du-Pape, und die Sklavin wurde gebracht. Sie war so schön, dass der Kalif schwor, noch diese Nacht mit ihr zu schlafen – leider wieder beim Barte des Propheten. Der Großwesir erbleichte, entkorkte eine weitere Flasche Châteauneuf-du-Pape zu wissenschaftlichen Zwecken und lallte: »Mächtiger Kalif, du hast beim Barte des Propheten eine neue Unmöglichkeit geschworen, denn die Sklavin ist noch Jungfrau, und nach den Gesetzen des Korans darfst du erst nach mehrtägigen Riten mit ihr schlafen.« Der Kalif, bestürzt, ließ den Imam rufen. Der heilige Rechtsgelehrte, zum zweiten Mal geweckt, hörte sich das Unglück an. »Großer Kalif«, sagte er, »kinderleicht. Lass einen Sklaven rufen.« Der Sklave wurde gerufen und nahm zitternd vor dem Kalifen Achtungstellung an. »Gib dem Sklaven die Sklavin zur Frau«, befahl der Imam. Der Kalif gehorchte. »Nun soll der Sklave den Wunsch aussprechen«, fuhr der Heilige fort, »sich von der Sklavin scheiden zu dürfen. Du vollziehst die Scheidung, und mit einer geschiedenen Frau darfst du nach den Gesetzen des Korans jederzeit schlafen.«

Aber die Sklavin war so schön, dass sich der Sklave weigerte, sich von ihr scheiden zu lassen. Der Kalif bot ihm Goldstücke, zehn Goldstücke, vergeblich, der Sklave blieb störrisch. Der große Imam schüttelte den Kopf. »Großer Kalif«, gähnte er traurig, »wie gering sind deine Kenntnisse, nichts widersteht den Gesetzen des Korans. Es bleiben dir zwei Möglichkeiten offen. Häng den Sklaven auf, mit einer Witwe darfst du jederzeit ins Bett, die Witwe eines Gehängten ist ehrlos.« »Die zweite Möglichkeit?« fragte der Kalif. »Mache aus der Sklavin ein freies Weib«, befahl ihm der Imam gelassen. »Sei ein freies Weib«, sagte der Kalif. »Siehst du«, stellte der Imam fest, »nun kannst du sie gegen den Willen des Sklaven von ihm scheiden lassen, denn sie ist ein freies Weib und er ein Sklave, und eine Ehe zwischen einem Freien und einer Sklavin oder zwischen einem Sklaven und einer Freien kann jederzeit geschieden werden, nicht auszudenken, wohin wir sonst mit unserer gesellschaftlichen Ordnung noch kämen. Doch nun gehe ich endgültig schlafen.«

Der große Rechtsgelehrte wurde mit tausend Goldstücken belohnt, grüßte und entfernte sich. Der Großwesir war schon eingeschlafen, wurde in seinen Palast getragen, der Sklave trotzdem gehängt und der Kalif Harun al Raschid war mit der schönen freigelassenen Sklavin und der letzten Flasche Châteauneuf-du-Pape allein.

Man wird davon ausgehen dürfen, dass der in dieser Angelegenheit beteiligte Sklave weit weniger Vergnügen an dieser Geschichte empfand als ihre Leser und Leserinnen. Für uns jedoch ist nicht der Unterhaltungswert von Interesse, sondern die ihr zugrunde liegende Moral. Was diese betrifft, fallen zumindest drei Dinge ins Gewicht.

Erstens steht außer Zweifel, dass man sich durch eine fundierte Kenntnis bestimmter Sachverhalte auf völlig legale Weise mancherlei Vorteile verschaffen kann.

Zweitens stellt sich die Frage – und dabei geht es um ein ethisches Problem –, ob das, was geltendem Recht entspricht, immer und in jedem Fall gerecht ist. Im Hinblick auf unsere Geschichte wäre immerhin zu überlegen, wie ein Gesetz, das zwischen Sklaven und Freien unterscheidet, mit den Menschenrechten vereinbar ist. Offenbar beruhen manche Rechtsgrundsätze auf kulturellen, gesellschaftlichen oder religiösen Voraussetzungen – oder auch auf Machtinteressen, die ihrerseits der Überprüfung bedürfen.

Drittens mag die Geschichte etwas anzüglich anmuten; das eigentlich Anstoß Erregende aber liegt doch wohl nicht darin, dass der Kalif mit einer schönen Sklavin schlafen möchte (was ihm seine Religion ja gestattet). Pikant wird die Sache erst dadurch, dass die scharfsinnigen Überlegungen des Imams nicht auf irgendeiner von Menschen ersonnenen Rechtsordnung beruhen, sondern sich allesamt auf den Koran und das daraus abgeleitete Religionsgesetz stützen. Dies wiederum schließt ein, dass sie teils direkt, teils indirekt auf Allah zurückzuführen sind. Unter Berufung auf Gott und seine Offenbarung kann man sich anscheinend jede Menge Vorteile verschaffen, wenn man nur über das nötige Insiderwissen (in unserem Fall über hinreichende theologische Kenntnisse) verfügt.

Das Beispiel zeigt: Das geltende Recht vermag nicht zu verhindern, dass die Gerechtigkeit oft auf der Strecke bleibt.

Da ist ein Unternehmer, der eine Mitarbeiterin unbedingt loswerden möchte. Letztere ist zwar tüchtig, innovativ, und eigentlich ist ihr nichts vorzuwerfen; aber der Chef hat sie irgendwie in der Nase. Überdies ist sie im Lauf der Jahre in die höchste Gehaltsgruppe aufgestiegen. Nur – so leicht ist es nicht, sie zu entlassen, vor allem, wenn kein stichhaltiger Grund vorliegt. Also berät sich der Chef mit einem befreundeten Unternehmer, dem er schon einmal einen Gefallen erwiesen hat. Die beiden kommen überein, wie sie es bewerkstelligen könnten, dass die Angestellte an die Luft gesetzt werden kann, ohne dass irgendwelche juristischen Nachspiele zu befürchten sind. Der Freund des ersten Unternehmers lässt der Angestellten durch eine Drittperson stecken, dass in seinem Geschäft ein guter Posten zu besetzen sei. Die Frau erkundigt sich; das Gehalt wird höher sein als an ihrem jetzigen Arbeitsplatz. Also bewirbt sie sich, der Vertrag wird aufgesetzt, die Kündigung beim bisherigen Arbeitgeber eingereicht. Die Angestellte tritt die neue Stelle an, eine Probezeit ist vereinbart, und nach dieser Probezeit wird sie entlassen. Alles ist juristisch korrekt gelaufen – so einfach ist das. Den Begriff Ethik wollen wir in diesem Zusammenhang lieber nicht in den Mund nehmen.

Gegen diese Art, ethische Verpflichtungen und moralische Grundsätze zu unterlaufen, kämpft Jesus an.

Ein entsprechender vom Evangelisten überlieferter Streit zwischen den Pharisäern und Jesus entzündet sich an einer höchst banalen Begebenheit. Diese werfen ihm vor, dass seine Jünger essen, ohne sich vorher die Hände gewaschen zu haben. Dabei beziehen sie sich auf die »Überlieferung der Alten«. Dazu gehören zahlreiche im Alltag zu beachtende Vorschriften. Obwohl diese Überlieferungen durch das Gesetz des Mose nicht unmittelbar gedeckt sind, misst man ihnen teilweise größere Bedeutung bei als der Schrift.

Wohl betont Markus, dass »alle Juden« sich vor dem Essen die Hände waschen. Das galt insbesondere für jene Gegenden, in denen die nichtjüdische Bevölkerung überwiegt. Dort ließ sich, anders als im Heiligen Land, der Kontakt mit durch Götzendienst verunreinigten Menschen kaum vermeiden. Geschirr wie Becher, Krüge und Kessel werden vor dem Gebrauch ebenfalls gesäubert. Diese Tätigkeiten arten, sobald sie religiös verbrämt werden, in einen reinen Ritualismus aus, dessen Berechtigung im Einzelfall nicht mehr zur Debatte steht. Muss, wer sich kurz zuvor die Hände gewaschen hat, sie nochmals reinigen, bevor er oder sie ein Stück Brot anrührt?

Wenn Vorschriften zu Selbstläufern werden, gerät der Ritus zum hohlen Ritual. Wo eine in einem bestimmten Zusammenhang entstandene Überlieferung nicht mehr hinterfragt wird, entartet sie zu leerem Formalismus. Was ursprünglich den Menschen diente, macht sie in anderen Situationen zu Sklaven – vor allem wenn angeblich religiöse Motive mit im Spiel sind.

Zu welch gottwidrigem Verhalten es führt, wenn die Experten für Gottesfragen die göttlichen Weisungen erst zerlegen, sie dann auslegen und ihre Erkenntnisse schließlich den Menschen auferlegen, zeigt Jesus, indem er die von seinen Gegnern aufgegriffene Frage der »Überlieferung der Alten« ausweitet. Dabei kommt er auf das damals offenbar nicht selten praktizierte Korbán-Gelübde zu sprechen.

Korbán bedeutet Opfer (vgl. u. a. Lev 3,1–12). Gemeint ist eine Gott dargebotene Opfergabe. Mittels eines Korbán-Versprechens konnte man seine Güter dem Tempel vermachen. Der Markustext lässt darauf schließen, dass es offenbar ein paar schlaue Köpfe gab, die mit diesem Korbán-Gelübde ihren gesamten Besitz dem Tempel verschrieben, um auf diese Weise zur Altersvorsorge der Eltern nichts beitragen zu müssen. Allerdings konnten sie nicht gezwungen werden, ihre Güter dem Tempel tatsächlich zuzuführen. Diese Gesetzeslücke ermöglichte es ihnen, eine Rentenrevision auf eigene Faust durchzuführen. Indem sie dem Tempel *versprechen* (aber nicht geben), was sie ihren Eltern schulden, geben sie vor, Gott zu dienen. Und dies geschieht auf Kosten derer, denen sie ihr Leben verdanken.

Offensichtlich lassen sich mittels einer rigiden Auslegung von Rechtsgrundsätzen die größten Ungeheuerlichkeiten rechtfertigen.

Dem Recht ist mithilfe solcher Tricksereien Genüge getan. Die Gerechtigkeit bleibt auf der Strecke.

WO EIN MORD BEGINNT

7[†] In jener Zeit [14] rief Jesus die Leute zu sich und sagte: Hört mir alle zu und begreift, was ich sage! [15] Nichts, was von außen in den Menschen hineinkommt, kann ihn unrein machen, sondern was aus dem Menschen herauskommt, das macht ihn unrein.

[*Hier fügen einige alte Handschriften ein:* [16] Wer Ohren hat, höre.]

[17] Er verließ die Menge und ging in ein Haus. Da fragten ihn seine Jünger nach dem Sinn dieses rätselhaften Wortes. [18] Er antwortete ihnen: Begreift auch ihr nicht? Versteht ihr nicht, dass das, was von außen in den Menschen hineinkommt, ihn nicht unrein machen kann? [19] Denn es gelangt ja nicht in sein Herz, sondern in den Magen und wird wieder ausgeschieden. Damit erklärte Jesus alle Speisen für rein. [20] Weiter sagte er: Was aus dem Menschen herauskommt, das macht ihn unrein. [21] Denn von innen, aus dem Herzen der Menschen, kommen die bösen Gedanken, Unzucht, Diebstahl, Mord, [22] Ehebruch, Habgier, Bosheit, Hinterlist, Ausschweifung, Neid, Lästerung, Hochmut und Unvernunft. [23] All dieses Böse kommt von innen und macht den Menschen unrein.

Jesus wendet sich von den Pharisäern ab und den übrigen Menschen zu. Und greift auf, was jene seinen Jüngern vorwerfen, nämlich, dass sie sich vor dem Essen die Hände nicht gewaschen haben. Dann rückt er die Dinge zurecht. Was rein ist und was unrein, lässt sich nicht anhand von ein paar überlieferten Vorschriften feststellen, die zudem oft bloß ritualistischer Natur sind. Hier gelten nicht kultische Bestimmungen, die sich überlebt haben, sondern ethische und moralische Kriterien. Es geht nicht um Formalismen, sondern um Haltungen, und die zeigen sich im Verhalten.

Unzucht, Habgier, Bosheit, Hinterlist, Ausschweifung, Neid ... gleich reihenweise zählt Jesus die Laster auf, die Menschen dazu veranlassen, jede Art von Ungeheuerlichkeiten zu begehen: Demütigungen und Diebstahl, Folter und Verrat, Tortur und Totschlag ...

Wo beginnt ein Mord? Doch nicht erst bei der Tat, sondern im Herzen des Menschen. Habsucht kann ein Motiv sein. Oder Eifersucht oder Rachedurst, auch Hass, Habgier und Groll, Missgunst, Machtbesessenheit ... Jeder Mord hat eine Vorgeschichte.

Wer mörderisches Gebaren verhindern will, muss von Anfang an auf jede Gefühlslage achten, die dahin führt, andere aus dem Feld zu drängen. Das beginnt schon auf der Ebene unseres tödlichen und tötenden Konkurrenzdenkens, das (beileibe nicht nur in der Wirtschaft) dazu führt, dass wir andere kaltstellen. Man kann einen Menschen in den Herzinfarkt treiben, schlecht von ihm reden, sodass er sein gesellschaftliches Renommee einbüßt, ihn boykottieren, ihm das Leben vermiesen, ihn fertigmachen, bis er erledigt ist. Das fängt da an, wo man Andersdenkenden, die den eigenen Interessen im Weg stehen, nicht mit Argumenten begegnet, sondern sie als Trottel, als Schwachköpfe, als Idioten bezeichnet und ihnen damit zu verstehen gibt, dass man mit ihnen überhaupt nicht reden kann. Auf sie zu hören, lohnt sich nicht, handelt es sich doch bloß um Einfaltspinsel. Wenn es auf dem Feld der Konkurrenz schon schlimm ist, als untüchtig zu gelten, läuft der Vernichtungskampf logischerweise auf Beleidigung und Verachtung hinaus. Gegen Gegner geht man vor, indem man zunächst alle legalen Mittel einsetzt, um sie in den Ruin zu treiben. Wem das nicht genügt, greift zu drastischeren Maßnahmen. Gerüchte werden gestreut, Verleumdungskampagnen gestartet, Rufmord wird betrieben. Um zu morden, braucht man nicht unbedingt Pistolen, Schlagstöcke, Klappmesser oder Gift.

Wer einen anderen Menschen physisch vernichtet, ist ein Totschläger oder Mörder, sagt das Gesetz. W*er Hass hegt oder Hass sät*, ist ein potenzieller Mörder.

Es reicht nicht, anderen mit Wertschätzung und Achtung zu begegnen und sie in ihrem Sosein gelten zu lassen. Vielmehr gilt: Wenn du das

Gefühl hast, dass ein anderer Mensch etwas gegen dich hat, dann versuche du, der du dich unschuldig wähnst, dich mit ihm zu versöhnen. Wenn es an Bereitschaft dazu fehlt, kannst du unmöglich guten Gewissens vor Gott hintreten (vgl. Mt 5,21–24). Tu den ersten Schritt, geh auf deinen Gegner zu! Denn aus dem Feind soll ein Bruder, aus der Gegnerin eine Schwester werden. Nur so lässt sich vermeiden, dass aus dem Gegenspieler ein *Todfeind* wird. Damit sind wir erneut an dem Punkt, wo ein Mord beginnt.

Menschen, die meinen, ein Mord beginne erst da, wo einer gegen den anderen die Faust oder den Hammer oder die Axt erhebt, betrügen sich selbst.

JESUS UND DIE PSYCHOTHERAPIE

7[†] In jener Zeit [24] brach Jesus auf und zog von dort in das Gebiet von Tyrus. Er ging in ein Haus, wollte aber, dass niemand davon erfuhr; doch es konnte nicht verborgen bleiben. [25] Eine Frau, deren Tochter von einem unreinen Geist besessen war, hörte von ihm; sie kam sogleich herbei und fiel ihm zu Füßen. [26] Die Frau, von Geburt Syrophönizierin, war eine Heidin [*wörtlich:* eine Griechin; *nicht der Abstammung, sondern der Kultur nach!*]. Sie bat ihn, aus ihrer Tochter den Dämon auszutreiben. [27] Da sagte er zu ihr: Lasst zuerst die Kinder satt werden; denn es ist nicht recht, das Brot den Kindern wegzunehmen und den kleinen Hunden vorzuwerfen. [28] Sie erwiderte ihm: Ja, du hast Recht, Herr! Aber auch für die Hunde unter dem Tisch fällt etwas von dem Brot ab, das die Kinder essen. [29] Er antwortete ihr: Weil du das gesagt hast, sage ich dir: Geh nach Hause, der Dämon hat deine Tochter verlassen! [30] Und als sie nach Hause kam, fand sie das Kind auf dem Bett liegen und sah, dass der Dämon es verlassen hatte.

»Es ist nicht recht, das Brot den Kindern wegzunehmen und den kleinen Hunden vorzuwerfen!« Wer nicht wüsste, dass diese Äußerung gegenüber einer verzweifelten Mutter aus Jesu Mund kommt, würde sie, ohne im Geringsten zu zögern, als Gemeinheit bezeichnen.

Angesichts dieses Textabschnitts aus dem Markusevangelium wird wohl so mancher Prediger ins Schwitzen und mehr als eine Zuhörende ins Grübeln geraten. Weil der scheinbar unerträgliche Ausspruch nun einmal so dasteht, kann man ihn nicht einfach tilgen. Also werden manche daran herumdeuten, den Sinn verdrehen, mit hundert intellektuellen Salti mortali den Sachverhalt entschärfen.

Um dieses – isoliert betrachtet – menschenverachtende Jesuswort richtig zu gewichten, müssen wir uns in die Lage seiner Zeitgenossen versetzen. Denn *sie* (und nicht uns) will Jesus bewusst provozieren.

Das begreifen wir schlagartig, wenn wir uns einen Text aus dem 56. Kapitel des Jesajabuchs vergegenwärtigen.

»So spricht der Herr: Wahrt das Recht, und übt Gerechtigkeit, denn bald kommt mein Heil, und meine Gerechtigkeit wird sich bald offenbaren« (Jes 56,1). Und weiter erklärt der Prophet: »*Der Fremde*, der sich dem Herrn angeschlossen hat, soll nicht sagen: Sicher wird er mich ausschließen aus seinem Volk. [...] *Alle*, die ihm dienen [...], werde ich zu meinem heiligen Berg bringen und sie erfreuen in meinem Haus des Gebets« (Jes 56,3 und 7).

Wohl den meisten von Jesu Landsleuten war diese Jesajastelle geläufig. Zumindest einige waren sich bewusst, dass Jesaja für ungültig erklärt, was bislang entsprechend der im Buch Deuteronomium enthaltenen Bestimmungen galt: dass nämlich Fremde für alle Zeiten ausgeschlossen bleiben sollten vom Volk Gottes. Fortan jedoch, erklärt der Prophet, soll das nicht mehr gelten; ab jetzt darf keine und keiner mehr ausgegrenzt werden. Denn zum Volk Gottes gehören alle, die sich ihm anschließen wollen.

Was die Didaktik betrifft, erweist sich Jesus hier mindestens so geschickt wie seinerzeit Sokrates. Zu der kanaanäischen Frau, wohlgemerkt, zu einer *Fremden*, die nach damaliger Auffassung nicht zum Volk Gottes gehört, sagt er bloß: »Es ist nicht recht, das Brot den Kindern wegzunehmen und den kleinen Hunden hinzuwerfen!«

Letztlich richtet sich dieses Wort nicht an die Frau, sondern an die Zuhörerschaft. Jesu Zeitgenossen kennen ihre Bibel. Aber niemand von den Umstehenden sagt: Hör mal, Meister, der Prophet Jesaja sieht die Dinge nun doch ein bisschen anders.

In der Tat lässt sich die Frau, die weder die mosaische Weisung noch deren Umdeutung durch den Propheten Jesaja kennt, nicht abfertigen;

vielmehr bekundet sie jene Glaubensfestigkeit, die laut Jesaja einzig notwendig ist, um zum Volk Gottes zu gehören.

Damit dürfte klar sein: Nicht die Heilung der Tochter steht im Zentrum dieser Wundergeschichte, sondern der Glaube der Frau. Es geht dem Evangelisten nicht darum, ein wundersames Ereignis festzuhalten; in erster Linie zielt seine Absicht darauf, seiner (damaligen) Leserschaft eine Lektion zu erteilen.

Zum Exempel gereicht diese Geschichte auch uns Heutigen. Wie verhalten wir uns eigentlich gegenüber Fremden? Wie begegnen wir denen, die in irgendeiner Weise »anders« sind als wir? Wird unser Denken noch immer bestimmt von jener Schwarz-Weiß-Malerei, die manchen Bestimmungen des Buches Deuteronomium zugrunde liegt? Oder haben wir verinnerlicht, was Jesaja postuliert und Jesus als verbindlich deklariert? Meinen wir, die Integration von »anderen« könne nur erfolgen, wenn diese unsere Denkmuster und Handlungsweisen übernähmen? Haben wir uns schon einmal überlegt, ob wir von diesen anderen vielleicht etwas lernen könnten?

Wenn Jesus sich beeindruckt zeigt von dieser Frau, besagt das nicht, dass ihre Vertrauenshaltung erst durch die Begegnung mit ihm zustande kam. Einen felsenfesten Glauben hat sie sicher schon früher gepflegt – nur dass dieser sich bisher auf die ihr vertrauten kanaanäischen Gottheiten bezog. Vielleicht, auch dies wäre eine Überlegung wert, sollte man Andersdenkende und Andersgläubige *zuallererst* nicht nach den *Inhalten* ihres Glaubens und ihres Denkens beurteilen oder verurteilen, sondern sich fragen, was man an menschlichen Grundhaltungen von ihnen lernen können.

Vielleicht ist es gar nicht so abwegig, die Episode von der Heilung der Tochter der Syrophönizierin, statt sie exegetisch zu analysieren, durch die psychologische Brille zu betrachten.

Dann handelt diese Begebenheit von einer Mutter, die alles für ihre Tochter tut. Die nur das Beste für sie will. Und es immer nur gut meint. Und sich gar nicht bewusst ist, dass das Gegenteil von gut nicht unbedingt schlecht ist, sondern *gut gemeint*. Alles würde diese Frau tun für ihre Tochter (von einem Ehemann oder Vater ist nicht die Rede). Nichts ist ihr zu aufwendig, nichts zu beschwerlich, nichts zu anstrengend. Dabei merkt sie gar nicht, dass sie ihre eigenen Vorstellungen von einem gelingenden oder gelungenen Leben auf ihr Kind projiziert, ohne auf dessen Veranlagungen und Neigungen zu achten. *Sie* weiß, was gut ist für ihre Tochter, was sie fördert, was sie glücklich machen wird in ihrem späteren Leben. Und dafür opfert sich die Mutter auf bis zur Erschöpfung – steht doch nichts Geringeres auf dem Spiel als die Zukunft ihres Ein und Alles.

Und die Tochter? Sie merkt natürlich, dass die Mutter um ihretwillen auf vieles verzichtet, dass sie sich um sie sorgt und nur ihr Bestes will. Sie gerät unter Druck – sie kann ihre Mutter doch nicht enttäuschen, fühlt sich vielmehr verpflichtet zur Dankbarkeit. Und sie ist todunglücklich, weil sie andere Ziele verfolgt, andere Perspektiven und andere Zukunftsträume vor Augen hat. Aber gegen die Wünsche der Mutter kommt sie einfach nicht an. Sie kann die Mutter, die doch alles für sie tut, nicht enttäuschen! Der Druck von außen, der ihr Inneres zu zerstören droht, ist übermächtig; er fühlt sich an, als laste ein Dämon auf ihrer Seele.

Damit steht plötzlich nicht mehr die überforderte und verzweifelte Mutter im Mittelpunkt des Geschehens, sondern die besessene Tochter, welche die Liebeserweise der Mutter als dämonische Bedrohung wahrnimmt. Und die Mutter? Sie spürt irgendwann, dass ausgerechnet ihre Übersorge um das Kind dieses ins Unglück gestürzt hat.

Damit sind wir endlich wieder bei unserem Evangelientext. Die Syrophönizierin vertraut Jesus bedingungslos. Nur wenn die Frau in unserer Geschichte ihrer Tochter ein solches Vertrauen entgegenbringt – und das geschieht, indem sie sie loslässt und sie nicht weiter mit ihrer Übersorge belastet –, kann diese ihr Leben endlich leben.

GLAUBE ALS LEBENSHILFE

7 In jener Zeit [31] verließ Jesus das Gebiet von Tyrus wieder und kam über Sidon an den See von Galiläa, mitten in das Gebiet der Dekapolis. [32] Da brachten sie zu ihm einen, der taub war und stammelte, und baten ihn, er möge ihm die Hand auflegen. [33] Er nahm ihn beiseite, von der Menge weg, legte ihm die Finger in die Ohren und berührte dann die Zunge des Mannes mit Speichel; [34] danach blickte er zum Himmel auf, seufzte und sagte zu ihm: Effata!, das heißt: Öffne dich! [35] Sogleich öffneten sich seine Ohren, seine Zunge wurde von ihrer Fessel befreit, und er konnte richtig reden. [36] Jesus verbot ihnen [den Anwesenden], jemandem davon zu erzählen. Doch je mehr er es ihnen verbot, desto mehr verkündeten sie es. [37] Sie staunten über alle Maßen und sagten: Er hat alles gut gemacht; er macht, dass die Tauben hören und die Stummen sprechen.

Es mag erstaunen, dass diese Heilwundergeschichte sich nur bei Markus, nicht aber im Matthäus- und im Lukasevangelium findet, obwohl deren Verfasser den Markustext als Vorlage benutzt haben. Hier wäre zunächst daran zu erinnern, dass der Verfasser des Markusevangeliums sich nicht an Judenchristen wendet, sondern vorwiegend an sogenannte Heidenchristen, an Gläubige also, die vom Heidentum zum Christentum übergetreten waren. Diesem Adressatenkreis hat er Rechnung getragen, indem er Jesus zwei seltsame Zeichenhandlungen ausführen lässt: Er legt dem Kranken die Finger in die Ohren *und* berührt dessen Zunge mit Speichel. Für die ursprüngliche Zielgruppe gehörten solche Zeichenhandlungen nun einmal zu einer stilechten Heilwundergeschichte. Möglicherweise haben diese Gesten Matthäus und Lukas veranlasst, die Episode in ihren Evangelien zu übergehen.

Wenn wir uns auf derartige exegetische Quisquilien beschränken wollten, bedeutete das zwar einen kleinen Wissenszuwachs – verstanden aber hätten wir gar nichts. Den Sinn dieser Episode erfassen wir erst, wenn wir uns darüber im Klaren sind, dass sie von uns handelt. Dass und warum dies zutrifft, lässt sich bestens aufzeigen, wenn wir uns den *Brief an den Vater* vornehmen, den Franz Kafka im Jahr 1919, im Alter von 36 Jahren, schrieb. Kafka berichtet darin, wie er sich vor den Jähzornsanfällen seines Vaters fürchtete, dass dieser aber keinerlei Interesse zeigte für die Empfindungen des Kindes. »Man musste nur über irgendeine Sache glücklich sein, von ihr erfüllt sein, nach Hause kommen und es aussprechen, und die Antwort war ein ironisches Seufzen, ein Kopfschütteln, ein Fingerklopfen auf den Tisch: ›Hab' schon etwas Schöneres gesehen‹ oder ›Auch ein Ereignis!‹.«[52] An einer anderen Stelle spricht Kafka den Vater in seinem Brief direkt an: »Du schlugst mit deinen Wor-

52   F. Kafka, Brief an den Vater, Furth i. W./Prag ⁴2002, 18. Die folgenden Zitate: 19, 25, 25 f.; kursiv von mir.

ten ohne Weiteres los, niemand tat dir leid; man war gegen dich vollständig wehrlos.« Die Folge? »Ich bekam vor dir eine *stockende, stotternde Art des Sprechens*, auch das war dir noch zu viel, schließlich *schwieg ich*, zuerst vielleicht aus Trotz, dann weil ich vor dir weder denken noch reden konnte. Und weil du mein eigentlicher Erzieher warst, wirkte das überall in meinem Leben nach.« Der Vater duldet keine, auch nicht die geringste Widerrede. »Du wolltest damit die dir unangenehmen Gegenkräfte in mir *zum Schweigen bringen*, ich *verstummte gänzlich*, verkroch mich vor dir und wagte mich erst zu regen, wenn ich so weit von dir entfernt war, dass deine Macht, wenigstens indirekt, nicht mehr hinreichte.«

Menschen, die solche Erfahrungen machen, kann es sehr wohl die Sprache verschlagen; man hat ihnen die Ohren vollgestopft und sie *mundtot* gemacht; bezeichnenderweise hat Kafka seinen *Brief an den Vater* schon gar nicht erst abgeschickt! Sie *flüchten* sich ins Schweigen. Gleichzeitig – auch das beschreibt Kafka – ziehen sie sich physisch zurück, um weder Befehle noch Klagen noch Anklagen hören zu müssen. Wie *betäubt* sind die solchermaßen *Verstummten*. Oder, wie es im Markustext heißt: taub und stammelnd. Von vornherein meinen sie zu wissen, dass sie niemandem etwas recht machen können, dass es keinen Sinn hat, überhaupt etwas in Angriff zu nehmen, weil das Ergebnis nur wiederum in eine weitere Katastrophe mündete – womit gleichzeitig neue Demütigungen und noch stärkere Schuldgefühle verbunden wären. Wenn sie in Gesellschaft sind, überlassen sie meist anderen das Wort – die wissen ja eh mehr, haben einen weiteren Horizont und können viel besser reden! Wo immer sie hinkommen, entschuldigen sie sich vorbeugend für ihre Präsenz (Ich falle Ihnen sicher lästig. Sie haben wahrscheinlich keine Zeit. Ich fürchte, dass Sie mich gar nicht zu Ende anhören werden. Sicher werden Sie mich jetzt verurteilen. ...). Nicht nur Seelsorger und Psychotherapeutinnen kennen das, auch im gewöhnlichen Alltag begegnen wir gelegentlich Personen, die meinen, sich allein schon für ihre bloße Existenz entschuldigen zu müssen.

Wohl möglich, dass jemand jetzt denkt, derlei psychologische Erörterungen zielten an der Absicht des Evangelisten vorbei.

Dass und was die ganze Sache mit der Glaubenspraxis zu tun hat, erklärt uns der Evangelist mit einem einzigen kurzen Satz: Man bringt einen Taubstummen zu Jesus und bittet ihn, er möge ihn berühren. Wer hat den Taubstummen vor Jesus gebracht? Natürlich Leute, die an Jesus glaubten! Die sich gleichzeitig darüber im Klaren waren, dass ein Glaube ohne entsprechendes Handeln weniger wert ist als eine taube Nuss. Hier wird daran erinnert, dass wir uns jener Menschen besonders annehmen sollen, die sich im Leben nicht oder nicht mehr zurechtfinden.

Was das alles mit dem Glauben zu tun hat, geht aus Jesu Verhalten hervor. Achten wir zuerst einmal darauf, was Jesus *nicht* tut! Er begegnet dem Unglücklichen nicht wie ein Seelsorger, der auf seine amtliche Vollmacht pocht und von oben herab Lehren und womöglich noch mancherlei lebensfremde Ratschläge erteilt. Er stellt keine Sanduhr auf wie eine Therapeutin, die ihr Metier macht und die Sitzung für beendet erklärt, wenn die Zeit abgelaufen ist. Er verschreibt keine Therapie wie ein von seinem Können restlos überzeugter Medizinmann. Nein, Jesus nimmt den Mann beiseite; er ist jetzt ganz für ihn da – für ihn allein. Dessen Schicksal berührt ihn dermaßen, dass er ihn *berührt*. Und zwar – die Zeichenhandlung macht jetzt plötzlich Sinn – steckt er seinen Finger in dessen Ohren und in dessen Mund; das heißt, er berührt das Innerste des Mannes, er will in seine Seele blicken. Dann wendet Jesus den Blick nach oben und deutet so an, woher wir die Kraft kommt, die zum Helfen hilft. Und er spricht das entscheidende Wort aus: »Effata – öffne dich!« Das ist kein Befehl, sondern ein Zuspruch. Hab Mut, mir darfst du sagen, was dich bewegt! Kapsle dich nicht länger ab! Mir kannst du alles anvertrauen!

Da geschieht das Wunder: Der von Jesus *Berührte* kann, wie es wörtlich heißt, *richtig* reden.

Wenn biblische Texte so interpretiert werden, taucht gelegentlich der Einwand auf, dass die Glaubensbotschaft auf diese Weise auf pure Lebenshilfe zurückgestutzt werde. Da kann man nur verwundert zurückfragen: Wenn der Glaube nicht gleichzeitig Lebenshilfe ist – was dann? So einfach kann katholisch gehen.

8. KAPITEL

»DU GIBST IHNEN SPEISE ZUR RECHTEN ZEIT.«

8[1] In jenen Tagen waren wieder einmal viele Menschen um Jesus versammelt. Da sie nichts zu essen hatten, rief er die Jünger zu sich und sagte: [2] Ich habe Mitleid mit diesen Menschen; sie sind schon drei Tage bei mir und haben nichts mehr zu essen. [3] Wenn ich sie hungrig nach Hause schicke, werden sie auf dem Weg zusammenbrechen; denn einige von ihnen sind von weit her gekommen. [4] Seine Jünger antworteten ihm: Woher soll man in dieser unbewohnten Gegend Brot bekommen, um sie alle satt zu machen? [5] Er fragte sie: Wie viele Brote habt ihr? Sie antworteten: Sieben. [6] Da forderte er die Leute auf, sich auf den Boden zu setzen. Dann nahm er die sieben Brote, sprach das Dankgebet, brach die Brote und gab sie seinen Jüngern zum Verteilen; und die Jünger teilten sie an die Leute aus. [7] Sie hatten auch noch ein paar Fische bei sich. Jesus segnete sie und ließ auch sie austeilen. [8] Die Leute aßen und wurden satt. Dann sammelte man die übrig gebliebenen Brotstücke ein, sieben Körbe voll. [9] Es waren etwa viertausend Menschen beisammen. Danach schickte er sie nach Hause. [10] Gleich darauf stieg er mit seinen Jüngern ins Boot und fuhr in das Gebiet von Dalmanuta.

Rätselhaft bleibt, warum Markus zu Beginn des 8. Kapitels eine Dublette einer früher theologisch weit ausgeprägteren Episode einfügt (6,34–44).

Worüber Jesus predigt, sagt der Evangelist nicht. Kein Wort verliert er darüber, weshalb sich die Menschenmenge um ihn versammelt hat. Im Gegensatz zur Schilderung des ersten Brotwunders bei Mk 9,30–44 kommt den Jüngern hier keinerlei Bedeutung zu. Dort wurden *sie* von

Jesus beauftragt, die Brote und die Fische zu verteilen (»Gebt *ihr* ihnen zu essen!«). Wer jetzt mit dieser Aufgabe betraut ist, bleibt im Dunkeln; angeblich sind es diesmal viertausend (!) Menschen, die seit drei Tagen (!) nichts gegessen haben. Statt von fünf Broten und zwei Fischen ist jetzt von sieben Broten die Rede, außerdem von ein paar Fischen, über die Jesus seltsamerweise noch ein besonderes Tischgebet spricht. Nicht mehr zwölf, sondern sieben Körbe bleiben davon übrig.

In der Bibel gilt die Sieben als heilige Zahl, die Fülle und Ganzheit versinnbildlicht. Sie ist vor allem für das kultische Leben bedeutsam: Der siebte Tag ist ein Ruhetag, jedes siebte Jahr ein Sabbatjahr, sieben Tage dauern die großen Feste in Israel … Sieben Brote dienen der Speisung der Volksmenge. Sieben Körbe bleiben am Ende übrig.

Wir haben es hier mit einer symbolischen Erzählung zu tun. Die Nahrung, die Jesus der Menge verabreicht, ist Gottes Wort. Je mehr Menschen davon zehren, desto größer ist seine Wirkung.

Nun lebt aber der Mensch nicht nur von dem, was »der Mund des Herrn spricht«, sondern auch von vergänglicher Speise (vgl. Dtn 8,3). Erinnert sei an einen Psalm, in dem der Beter sich an Gott wendet mit den Worten: »Aller Augen warten auf dich [Gott], und du gibst ihnen ihre Speise zur rechten Zeit. Du tust deine Hand auf und sättigst alles, was lebt, mit Wohlgefallen (Ps 145,15 f.). Im Gegensatz zum Brotwunder ist das sicher nicht bildlich gemeint, sondern wörtlich zu verstehen – für uns ein Anlass, sich ein paar Gedanken zu machen über das eigene Konsumverhalten.

Während derzeit weltweit rund eine Milliarde Menschen hungern, landeten 2020 allein in Deutschland rund 11 Millionen Tonnen an Lebensmitteln im Müll.[53] Welch ein Wahnsinn!

---

53 Einschliesslich unverwertbaren Resten wie Kaffeesatz, Rüstabfälle oder Schalen; Quelle: Bundesministerium für Ernährung und Landwirtschaft BEML, URL=https://www.bmel.de/DE/themen/ernaehrung/lebensmittelver schwendung/studie-lebensmittelabfaelle-deutschland.html, Version vom 21.6.2023 (26.6.2023).
An »vermeidbaren Lebensmittelverlusten« wurden für die Schweiz im Jahr 2017 2.7 Millionen Tonnen errechnet, Quelle: Bundesamt für Umwelt BAFU, URL=https://savefood.ch/de/das-problem-food-waste.html (26.6.2023).

Dass in manchen Entwicklungsländern Nahrungsmittel haufenweise verschimmeln, hängt unter anderem mit der dort fehlenden Infrastruktur zusammen, die sich grundsätzlich verbessern ließe – zum Beispiel durch die Beschaffung von geeigneten Transportmitteln für längere Wegstrecken. Wenn ein Melonen- oder Mangobauer die Früchte einen Tag lang auf einem Eselskarren auf den städtischen Markt schaffen muss, verdirbt ein Teil der Ernte schon auf dem Weg.

Anders präsentiert sich die Situation in den westlichen Industriestaaten. Äpfel mit einem Durchmesser von weniger als sechs Zentimeter kommen gar nicht erst in die Ladenregale. Dafür finden sich dort Früchte aus anderen Kontinenten. Außerdem ist da noch die Sache mit dem Verkaufs- und dem sogenannten Mindesthaltbarkeitsdatum. Ersteres ist zweifellos berechtigt, damit uns nicht verdorbene Ware angedreht wird. Der Begriff Mindesthaltbarkeitsdatum hingegen wird meist missverstanden. Es bedeutet nicht, dass die Erzeugnisse nach Ablauf der angegebenen Frist verdorben sind. Ob ein Joghurt Spuren von Schimmel aufweist, lässt sich nicht aufgrund des Datums feststellen, sondern indem man den Becher öffnet und sich den Joghurt anschaut.

Anlass zum Ärgernis ist besonders der Umstand, dass die Bevölkerung in unseren Breiten erwartet, dass sie immer und überall auf das ganze angepriesene Sortiment zurückgreifen kann. Wenn sämtliche Brot- und Kuchensorten bis zum Ladenschluss verfügbar sein müssen, führt das dazu, dass am Tagesende eine Menge Backwaren übrig bleiben und entsorgt werden (sofern sie, falls überhaupt möglich, nicht an wohltätige Institutionen abgegeben werden). An diesem wahnwitzigen System halten die Großverteiler fest, weil ihre Kundschaft sonst angeblich zur Konkurrenz wechselt. Ernährungsexperten berichten von einer Fabrik, die täglich 13 000 Scheiben frisches Toastbrot vernichtet, weil sie die Anschnitte nicht nutzt. Kann man angesichts einer derartigen Verschandelung von Nahrungsmitteln noch guten Gewissens ein belegtes Brötchen kaufen? Und mit Genuss verzehren? Wenn wir vermeiden möchten, dass nicht nur Unmengen von Nahrungsmitteln, sondern am Ende auch unsere Moral im Müll landet, müssen wir zuallererst unsere Ansprüche überprüfen.

Es ist dies auch eine Frage der Verteilungsgerechtigkeit. Bezüglich der äußerst komplexen gesellschaftlichen und wirtschaftlichen Verflechtungen sind in erster Linie die Fachleute und die Politik gefordert, um die bestehenden Probleme zu lösen. Das dispensiert uns jedoch nicht davon, uns zu überlegen, was wir zu einer Verbesserung der gegenwärtigen skandalösen Situation beitragen können. Dann stehen wir aufseiten dessen, der weiß, dass Menschen beides brauchen, das Brot des Lebens und das tägliche Brot – und der uns mahnt, dazu beizutragen, dass beides nicht nur den vom Leben oder vom Schicksal Privilegierten zugutekommt.

Das alles schließt nicht aus, dass wir unsere Dankbarkeit Gott gegenüber auch damit bezeugen, dass wir seine guten Gaben dankbar genießen. Es kann ja wohl nicht sein, dass diese nur Gottesleugnern und Atheistinnen vorbehalten sein sollen.

DER »WUNDERBEWEIS« – EIN ZEICHEN VON UNGLAUBEN

8[¹⁰■ Als Jesus mit seinen Jüngern in der Gegend von Dalmanuta war,] ¹¹† kamen die Pharisäer und begannen ein Streitgespräch mit Jesus; sie forderten von ihm ein Zeichen vom Himmel, um ihn auf die Probe zu stellen. ¹² Da seufzte er tief auf und sagte: Was fordert diese Generation ein Zeichen? Amen, das sage ich euch: Dieser Generation wird niemals ein Zeichen gegeben werden. ¹³ Und er verließ sie, stieg in das Boot und fuhr ans andere Ufer.

Wir dürfen annehmen, dass die Pharisäer, die sich Jesus nähern, über sein Wirken informiert sind. Dennoch verlangen sie von ihm ein »Zeichen vom Himmel«, mittels dessen er sich legitimieren soll. Wetten, dass sie sich auch von einem noch so eindrücklichen Himmelszeichen nicht überzeugen ließen? Falls sich ein solches tatsächlich ereignete, bliebe ihnen noch immer die Möglichkeit, es Beelzebul, dem Herrscher über alle Teufel, zuzuschreiben (3,22).

Erstaunlicherweise hält die Kirche am Wunderbeweis weiterhin fest. Bis vor wenigen Jahrzehnten galten Jesu Zeichenhandlungen als Bestätigung seiner Messianität. Inzwischen teilen viele Theologen und Bibelwissenschaftlerinnen die Ansicht, dass die betreffenden neutestamentlichen Schilderungen einer historischen Rückfrage nicht standhalten, sondern dass es sich in den meisten Fällen um katechetische Beispielerzählungen handelt, um die Gottessohnschaft Jesu und seine Messianität hervorzuheben.

Bei Selig- und Heiligsprechungsverfahren der römischen Kirche indessen gilt der Wunderbeweis nach wie vor als wichtiges Kriterium.

Grundvoraussetzung für eine Selig- oder Heiligsprechung ist ein besonders tugendhaftes Leben und Wirken der infrage stehenden Person. Im Heiligsprechungsprozess (Kanonisierungsverfahren) werden biografische Informationen, Schriften des oder der Verstorbenen sowie Aussagen von Zeitgenossen zusammengetragen und bei der Kongregation für Selig- und Heiligsprechungsprozesse eingereicht. Nach eingehender Prüfung aller Akten durch Fachleute liegt die letzte Entscheidung beim Papst. Für den Erfolg eines kirchenamtlichen Verfahrens ist der Nachweis eines Wunders erforderlich, das nach dem Tod des Dieners oder der Dienerin Gottes auf dessen oder deren Fürsprache gewirkt wurde. Lediglich bei der Selig- oder Heiligsprechung von Märtyrern sieht das Kirchenrecht davon ab. Die meisten Wunderberichte beziehen sich auf Genesungen von angeblich unheilbaren Krankheiten. Nach dem Aktenstudium müssen Ärzte zu dem Schluss kommen, dass die Heilung wissenschaftlich nicht erklärbar ist.

Dass und weshalb Wunder keine Glaubensbeweise sind, haben wir bereits früher festgehalten.[54]

So seltsam es auf Anhieb klingt – das naive oder aber schon fast trotzige Verteidigen des Wunderbeweises scheint eher ein Anzeichen für fehlendes Gottvertrauen und latenten Unglauben zu sein. Eugen Drewermann erläutert das anhand eines einleuchtenden Beispiels.[55]

Da ist eine junge, alleinstehende, psychologisch in keiner Weise versierte und total überforderte Mutter. Um ihr siebenjähriges Kind bei Fehlverhalten in die Schranken zu weisen, droht sie ihm nicht bloß mit dem Schwarzen Mann (was an sich schon problematisch ist), sondern spontan und unbewusst mit Liebesentzug. »Ich hab' dich satt; gar nichts mehr werde ich für dich tun.« Oder: »Wenn du nicht artig bist, gehe ich von hier weg, dann kannst du sehen, wie du allein zurechtkommst.«

---

54   Vgl. dazu die Ausführungen zu Mk 6,1–6.

55   Sinngemäß übernehme ich im Folgenden die Überlegungen von E. Drewermann, Das Matthäusevangelium. Zweiter Teil, Solothurn/Düsseldorf, 1994, 360 f.

Oder gar: »Du bist der Nagel zu meinem Sarg.« Und das wiederholt sich, wieder und wieder.

Stellen wir uns einmal die Ängste dieses Kindes vor, das in einer solchen Atmosphäre aufwächst. Es *muss* sich fürchten, von einem Augenblick auf den anderen die einzige Stütze zu verlieren, auf die es angewiesen ist. Ständig muss es sich fragen, ob auf die Mutter noch Verlass ist. Unbewusst wird es immer wieder nach Zeichen, Hinweisen und Fingerzeigen dafür suchen. Liebt mich meine Mutter gar nicht mehr? Was muss ich bloß tun, damit sie mich wieder mag? Zaghaft wird das Kind vielleicht seine Mutter fragen, ob sie ihm wieder einmal sein Lieblingsessen kocht (Schnipo!) – und wenn sie das tatsächlich tut, hat es einen *Beweis*, dass die Mutter es lieb hat. Oder es bringt der Mutter einen kleinen Strauß aus Feldblumen, die es eben gepflückt hat. Wie wird sie reagieren? Letztes Mal hat sie gesagt: »Leg sie auf den Tisch, ich hab' gerade zu tun ...« Wird sie sich diesmal freuen? Wird sie mich in ihre Arme nehmen?

Die amerikanische Schriftstellerin Celeste Ng (sprich: ing) schildert eine solche Situation in ihrem bewegenden Roman *Was ich euch nicht erzählte*. Die Mutter musste ihren Traum, Ärztin zu werden, mit Rücksicht auf ihre Familie zurückstellen. Was sie nicht erreicht hat, soll nun ihre Tochter Lydia verwirklichen. Als diese sechs Jahre alt ist, verlässt die Mutter die Familie. Nach einigen Monaten erst kehrt sie zurück. Was aber nicht verhindert, dass Lydia seither ständig unter Verlustängsten leidet. Alles tut sie ihrer Mutter zuliebe, aus Besorgnis, sie wieder zu verlieren.

> Sie hatte alles versprochen, was ihre Mutter wollte. Solange sie nur blieb. Sie hatte solche Angst gehabt.
> Und so hatte sie zu allem Ja gesagt, was ihre Mutter von ihr verlangte. Sie wusste, was ihre Eltern sich wünschten, und Lydia wollte sie glücklich sehen. Sie hielt ihr Versprechen. Und ihre Mutter blieb. Lies dieses Buch. *Ja*. Versuch dieses. Vermeide jenes. *Ja*.[56]

Lydia hat kein eigenes Leben, hat nie eines gehabt. Als sie mit sechzehn keinen Ausweg sieht aus diesem Teufelskreis, nimmt die Tragödie ihren Lauf – Lydia nimmt sich das Leben.

---

56 C. Ng, Was ich euch nicht erzählte, München ⁶2019, 263.

Immer ist da der untergründige Wunsch spürbar nach Vergewisserung, nach einem Zeichen, nach einem Beweis, der bestätigen soll, dass die Verunsicherung, die Verlustängste und die Angst vor Liebesentzug unbegründet sind.

Solange das Kind auf derartige »Beweise« angewiesen ist, um sich halbwegs sicher zu fühlen, ist es nicht glücklich. Glücklich wäre es, wenn die Mutter es *spüren* ließe, dass sie es liebhat, trotz gelegentlicher Frechheiten und Fehler.

Wenn Menschen ständig nach Bestätigung suchen müssen, fehlt es an Vertrauen. Das gilt auch im religiösen Bereich. Die Pharisäer fordern von Jesus ein »Zeichen des Himmels«. Davon versprechen sie sich Sicherheiten. Wie verfehlt das ist, hat Martin Luther einmal sinngemäß so ausgedrückt:

> Wenn Gott uns geschaffen hätte mit nur einem Arm und würde, wenn wir fünfzehn Jahre alt sind, den anderen Arm hinzufügen, und wenn wir fünfundzwanzig Jahre sind, das erste Bein und mit fünfunddreißig das zweite, hätten wir Grund über all die Jahre hin dankbar zu sein, dass er so wunderbar uns geschaffen hat und weiter schafft. Nun aber hat Gott alles auf einmal gemacht, und da staunen die Dummköpfe, wo denn wohl Gott sei.[57]

Heute versuchen die römischen Heiligenmacher, mittels eines Wunders festzustellen, wo Gott auf außerordentliche Weise gehandelt hat. Sie meinen, diesen Gott dingfest machen zu können auf eine Weise, die über jeden Zweifel erhaben ist. Diese Art von Wunderbeweis spielte in der traditionellen Glaubensverkündigung eine herausragende Rolle. Noch immer mag gelegentlich zutreffen, was Goethes Dr. Faust behauptet, dass nämlich »das Wunder des Glaubens liebstes Kind« sei.[58] Weit öfter als eine dank der Religion grassierende Wundersucht galt aber eher umgekehrt, dass man versuchte, die Wahrheit der Glaubens*lehre* durch den Wunderbeweis zu untermauern.

---

57   Zit. E. Drewermann, Das Matthäusevangelium. Zweiter Teil, Solothurn/ Düsseldorf, 1994, 362.
58   J. W. Goethe, Faust I, Vers 766.

Um etwaige Zweifel daran zu beseitigen, bemühte man sich schließlich bei den Naturwissenschaften um Schützenhilfe; beliebt war Albert Einsteins berühmter Ausspruch: »Gott würfelt nicht.« Häufig berief man sich auch auf Teilhard de Chardin oder auf den Atomphysiker Wernher von Braun. In einem in der Zeitschrift *Christian Life* veröffentlichten Interview äußert dieser sich so:

> Meine Mitarbeit an der Erforschung des Weltraums hat meinen Glauben an Gott nicht vermindert, sondern gestärkt. Während wir die Schöpfung besser kennenlernen, sollten wir auch eine bessere Kenntnis des Schöpfers erhalten und eine tiefere Verantwortung des Menschen für das, was Gott damit will. Die bemannten Raumflüge sind fantastische Leistungen, aber bis jetzt haben wir nur ein kleines Fenster in den Weltraum geöffnet. Doch das, was wir durch dieses Fenster von den unendlichen Geheimnissen des Universums sehen können, bekräftigt die Gewissheit, dass es einen Schöpfer gibt.

Geflissentlich (oder aus Unkenntnis?) ließ man andersdenkende Wissenschaftler nicht zu Wort kommen. Erinnert sei etwa an das Werk *Zufall und Notwendigkeit* des französischen Molekularbiologen und Nobelpreisträgers Jacques Monod. Seiner Ansicht nach ist alles, »angefangen von der Bakterie bis zum Menschen«, nichts anderes als »das Ergebnis einer riesigen Lotterie«:

> Das Universum trug weder das Leben noch trug die Biosphäre den Menschen in sich. Unsere »Losnummer« kam beim Glücksspiel heraus. Daher muss der Mensch endlich aus seinem tausendjährigen Traum erwachen und seine totale Verlassenheit, seine radikale Fremdheit erkennen. Er weiß nun, dass er seinen Platz wie ein Zigeuner am Rand des Universums hat, das für seine Musik taub ist und gleichgültig gegen seine Hoffnungen, Leiden und Verbrechen.[59]

---

59 J. Monod, Zufall und Notwendigkeit. Philosophische Fragen der modernen Biologie, München 1971, 71, 179, 211, 219.

162

Das Universum samt dem Menschen hängt demnach im Nichts. Nach einem Schöpfer Ausschau zu halten, wäre ebenso sinnlos, wie in einem dunklen Zimmer eine schwarze Katze zu suchen, die gar nicht vorhanden ist.

Da kommen wir aus dem Staunen nicht mehr heraus. Naturwissenschaftler gelangen, ausgehend von der Struktur und der Entwicklung des Universums, zu einander völlig entgegengesetzten Ergebnissen. Beide beobachten objektiv feststellbare Tatsachen, *deuten* diese aber aufgrund ihrer persönlichen, subjektiven Weltanschauung unterschiedlich. Jacques Monod ist Atheist; *also* ist für ihn alles Zufall. Wernher von Braun glaubt an einen Schöpfergott; *ergo* entspricht die Entwicklung des Universums dessen Willen.

Beide Schlussfolgerungen sind nicht das Ergebnis wissenschaftlicher Forschung, sondern beruhen auf einer persönlichen Überzeugung. Was zeigt, dass es sich nicht um wissenschaftlich begründete Schlussfolgerungen handelt, sondern um eine Interpretation wissenschaftlicher Daten im Licht der persönlichen Weltanschauung.

Damit steht fest, dass aus naturwissenschaftlicher Sicht kein Wunder- oder Gottesbeweis erbracht werden kann.

Umso mehr erstaunt es, dass sich manche Dogmatiker und Theologinnen noch heute mit Fragen herumschlagen wie: Hat Jesus Wunder gewirkt, die naturwissenschaftlich nicht erklärbar sind? Hat er Taten vollbracht, die einzig er vollbringen konnte, sodass wir gewiss sein können, dass er der Sohn Gottes war? Wer hier Zweifel anmeldet oder das gar in Abrede stellt, gilt für diese Art von »Gotteswissenschaftlern« als ungläubig. Ungläubig aber sind dem Markusevangelium zufolge *sie selbst*, weil sie meinen, dass Menschen nur aufgrund jener »Zeichen vom Himmel« glauben könnten, die Jesus den Pharisäern gerade versagte.

Der Glaube ist nicht angewiesen auf spektakuläre Wunderzeichen. Und schon gar nicht lässt sich damit die Wahrheit des Glaubens untermauern. Glaube ist wesentlich Gottvertrauen. Vertrauen aber lässt sich nie beweisen, sondern »nur« bezeugen.

Wie schwierig das ist, weiß ein italienisches Sprichwort: »*Fa quel che il prete dice, non quel che il prete fa* – Mach, was der Priester sagt, nicht was der Priester tut.«

ZUERST DAS FRESSEN UND DANN DIE MORAL?

8[†] In jener Zeit [14] hatten die Jünger vergessen, Brote mitzunehmen; nur ein einziges hatten sie im Boot dabei. [15] Und Jesus warnte sie: Gebt acht, hütet euch vor dem Sauerteig der Pharisäer und dem Sauerteig des Herodes! [16] Sie aber machten sich Gedanken, weil sie keine Brote bei sich hatten. [17] Als er das merkte, sagte er zu ihnen: Was macht ihr euch darüber Gedanken, dass ihr kein Brot habt? Begreift und versteht ihr immer noch nicht? Ist denn euer Herz verstockt? [18] Habt ihr denn keine Augen, um zu sehen, und keine Ohren, um zu hören? Erinnert ihr euch nicht: [19] Als ich die fünf Brote für die Fünftausend brach, wie viele Körbe voll Brotstücke habt ihr da aufgehoben? Sie antworteten ihm: Zwölf [6,43]. [20] Und als ich die sieben Brote für die Viertausend brach, wie viele Körbe voll habt ihr da aufgehoben? Sie antworteten: Sieben [8,8]. [21] Da sagte er zu ihnen: Versteht ihr immer noch nicht?

Noch immer erkennen die Jünger nicht, wer Jesus wirklich ist. Ausgerechnet auf sie trifft jetzt zu, was Jeremia und Ezechiel ihren Landsleuten vorwarfen, nämlich dass sie weder Augen noch Ohren hätten, um Gottes Wege zu sehen und sein Wort zu verstehen (Jer 5,21; Ez 12,2). Zwölf Körbe sind bei der ersten Speisung der Menge übrig geblieben; sieben bei der zweiten. Während die Sieben für die göttliche Fülle steht, verweist die Zwölf auf die zwölf Stämme des Volkes Israel, das nun durch die zwölf Jünger repräsentiert wird – ein Hinweis auf das neue Volk Gottes.

Jesus tadelt die Jünger, weil sie ihn noch immer nicht als Messias erkennen. Gleichzeitig warnt er sie, wie die Pharisäer zu werden, die auf seiner Legitimation in Form eines Wunderzeichens beharren. Fest steht gleichzeitig, dass die Jünger von Jesus derart eingenommen sind, dass sie ihm weiterhin folgen. Offenbar haben sie »Hunger nach Worten des Herrn« (Am 8,11). Sobald sie sich aber Rechenschaft darüber geben, dass sie bloß ein einziges Brot dabeihaben, werden sie unruhig. Die Überlegung, wovon sie sich heute und morgen ernähren werden, drängt alles andere zurück. Sie befinden sich in der Lage von Menschen, die sich keine Gedanken machen (beziehungsweise machen können), *wie* sie leben, weil sich alles auf die Frage konzentriert, *wovon* sie leben sollen.

Menschen sind es gewohnt, die Existenzfrage auf politischer, sozialer und ökonomischer Basis zu lösen. Als die Jünger bemerken, dass sie keine

Nahrungsmittel mehr haben, sagt Jesus nur: »Was macht ihr euch darüber Gedanken, dass ihr keine Brote habt?« Dieser Zuspruch stellt nicht nur für die Jünger, sondern auch für uns eine Zumutung dar. Will Jesus damit sagen, dass der Glaube an die Vorsehung von jeder Vorsorge dispensiert?

Das Gottvertrauen, zu dem Jesus uns aufruft, haben wir weitgehend durch den Glauben an den Mammon ersetzt. Je mehr wir davon haben, desto abgesicherter fühlen wir uns. Gleichzeitig aber wächst die Angst, alles zu verlieren. Also müssen wir dafür sorgen, unseren Besitz zu wahren, ihn wenn immer möglich zu vermehren. Je mehr wir unser Eigen nennen, desto größer ist die Angst vor Verlusten. Diese Angst, verbunden mit der Gier nach immer mehr, wirkt sich auch auf den Arbeitsmarkt aus. Unternehmer machen sich die Not der Beschäftigungssuchenden zunutze; Lohndumping und Kurzzeitverträge sind die Folge. Praktisch läuft das auf Erpressung hinaus; statt Waren werden Menschen verkauft – der Arbeitsmarkt als Menschenhandel. Investoren werden unter der Hand unversehens zu Spekulanten. Spekuliert wird mit Devisen, mit Rohstoffen, mit Bodenschätzen. Und, was besonders skandalös ist, mit Grundnahrungsmitteln.

Hat also Bertolt Brecht recht, wenn er in seiner *Dreigroschenoper* dafür plädiert, dass Menschen zuallererst ans Überleben denken müssen?

> Ihr Herrn, die ihr uns lehrt, wie man brav leben
> Und Sünd und Missetat vermeiden kann
> Zuerst müsst ihr uns was zu fressen geben
> Dann könnt ihr reden: damit fängt es an.
> Ihr, die ihr euren Wanst und unsre Bravheit liebt
> Das eine wisset ein für allemal:
> Wie ihr es immer dreht und wie ihr's immer schiebt
> Erst kommt das Fressen, dann kommt die Moral.
> Erst muss es möglich sein auch armen Leuten
> Vom großen Brotlaib sich ihr Teil zu schneiden.[60]

---

60   B. Brecht, Dreigroschenoper, Zweites Dreigroschenfinale: Denn wovon lebt der Mensch? (Die Interpunktion entspricht dem Original.)

Brecht ist darin zuzustimmen, dass man Hungernden nicht mit moralischen Belehrungen den Magen füllen kann. Aber sogar da, wo Menschen
dazu verdammt sind, unter dem Existenzminimum dahinzuvegetieren,
stellt sich die Frage der Moral.

Was sollen Menschen tun, wenn sie sich trotz aller Bemühungen die
nötige Nahrung nicht beschaffen können? Dazu hat sich im Hungerwin-
ter 1946 am Silvesterabend der damalige Kölner Erzbischof und Kardinal
Josef Frings in seiner Jahresendpredigt über die Zehn Gebote geäußert.
»Du sollst nicht stehlen« (Ex 20,15; Dtn 5,19), steht da, unter anderem.
Dazu der Kardinal:»Wir leben in Zeiten, da in der Not auch der Einzelne
das wird nehmen dürfen, was er zur Erhaltung seines Lebens notwendig
hat, wenn er es auf andere Weise, durch seine Arbeit oder durch Bitten,
nicht erlangen kann.« Damit erklärt der Kardinal, dass die nötigen Mittel, um überleben zu können, auch auf illegale Weise beschafft werden
dürfen. Natürlich darf das nicht auf Kosten jener gehen, die noch weniger haben. Nur nebenher sei bemerkt, dass Frings damit zu einem Begriff
Anlass gegeben hat, der im Kölner Volksmund nach wie vor lebendig ist,
nämlich *fringsen*, was so viel heißt wie stehlen aus blanker Not.[61]

---

61 Dazu vermerkt die Seite URL=https://www.erzbistum-koeln.de/news/70-
    Jahre-Fringsen-Eine-Silvesterpredigt-mit-Nachwirkungen wörtlich: »Im
    Historischen Archiv des Erzbistums Köln wird die handschriftliche Vorlage
    der Predigt aufbewahrt. Die Blätter sind ein sehr authentisches und wahr-
    haft schwieriges Dokument der Zeitgeschichte. Die Handschrift ist schwer
    zu lesen, die Worte sind eng geschrieben und durch Streichungen und
    Zusätze selbst für einen Frings-Kenner kaum entzifferbar. Keine Äußerung
    steht näher zum Thema ›fringsen‹ als diese Predigtvorlage. Ganz deutlich
    wird, dass Frings seine Äußerungen nicht zufällig tat, sondern dass er sehr
    mit den Formulierungen gerungen hat. Die gravierenden Konsequenzen,
    der Streit mit den Behörden, seine durch das Wort ›fringsen‹ angedeutete
    Popularität im Volk, haben Frings zeitlebens darüber nachdenken lassen,
    ob seine Wortwahl an Silvester 1946 wohl die richtige gewesen sei.
    Erzbischof Rainer Maria Woelki hält das ›Fringsen‹ – das Stehlen des Aller-
    nötigsten zum eigenen Überleben – im Extremfall auch heute noch für
    erlaubt. Woelki sagte dazu im Gespräch mit dem Evangelischen Presse-
    dienst (epd): ›Man kann 1946 natürlich nicht mit 2016 vergleichen.‹ Es gebe
    heute andere Sozialsysteme, Sozialhilfe, Tafeln und Unterkünfte für Men-
    schen, die auf der Straße leben müssen. ›Aber ich würde immer sagen: Im

Dazu passt, was von dem ehemaligen New Yorker Bürgermeister Fiorello La Guardia (1934–1945) überliefert ist. Ihm wurde einmal ein Mann vorgeführt, der einen Laib Brot entwendet hatte. Er rechtfertigte den Diebstahl damit, dass seine Familie am Verhungern sei. »Nach dem Gesetz muss ich Sie zur Zahlung von zehn Dollars verurteilen«, sagt La Guardia. »Aber ich will diese Strafe für Sie bezahlen.« Und gibt dem Angeklagten einen Zehndollarschein. »Außerdem«, fügt La Guardia hinzu, »bestrafe ich alle hier Anwesenden mit einer Buße von fünfzig Cent – und zwar dafür, dass sie in einer Stadt leben, in der ein Mensch Brot stehlen muss, um essen zu können. Gerichtsdiener, kassieren Sie die Geldstrafen sogleich ein und übergeben Sie sie dem Angeklagten.«

Wenn wir genug haben, um davon leben zu können, stellt sich die Frage nach dem *Wie* und dem *Wofür*. Und die müsste eigentlich am Anfang stehen.

Vor Jahrzehnten schon hat die Theologin Dorothee Sölle daran erinnert, dass der Mensch »am Brot allein« zugrunde geht:

> Der Mensch lebt nicht vom Brot allein, er stirbt sogar am Brot allein, einen allgegenwärtigen, schrecklichen Tod, den Tod am Brot allein, den Tod der Verstümmelung, den Tod des Erstickens, den Tod aller Beziehungen. Den Tod, bei dem wir noch eine Weile weitervegetieren können, weil die Maschine noch läuft, den furchtbaren Tod der Beziehungslosigkeit: Wir atmen noch, konsumieren weiter, wir scheiden aus, wir erledigen, wir produzieren, wir reden noch vor uns hin und leben doch nicht.[62]

Wo nur das Brot allein noch zählt, ist ein Mensch gerade so viel wert, als er leistet. Wer nicht mehr mithalten kann im Produktionsprozess, wird als Last empfunden. Weil man Leben mit Leistung verwechselt.

Das führt dazu, dass Menschen nicht als Personen, sondern als Gegenstände betrachtet werden. Sie werden verplant, verwaltet, versachlicht. Man spricht dann von Kampfeinheiten, Kräfteeinheiten, Ar-

---

Extremfall, wenn all das nicht tragen sollte, würde ich auch heute noch zu dem stehen, was Kardinal Frings damals 1946 als Ultima Ratio gesagt hat. Um des Menschen willen‹, so Kardinal Woelki.«

62   D. Sölle, Die Hinreise, Stuttgart 1975, 7.

beitseinheiten. Persönliche Bedürfnisse, Sehnsüchte und Fähigkeiten interessieren, wenn überhaupt, nur insofern, als sie dem Fortkommen eines Betriebs, einer Firma oder eines Einzelnen dienen.

Davor warnt Jesus seine Jünger, wenn er sie tadelt:»Was macht ihr euch darüber Gedanken, dass *ihr* keine Brote habt?« Denkt ihr nur daran, *eure* Bedürfnisse zu befriedigen, oder liegt euch das Wohl eurer Mitmenschen am Herzen?

Es wäre blanker Zynismus, wenn wir Sonntag für Sonntag am Altar das Brot brechen und nicht bereit wären, im Alltag unser Brot mit den Armen dieser Welt zu teilen. Gottesdienst führt notwendigerweise zum Weltdienst, weil die Liebe zu Gott sich in der Liebe zum Nächsten konkretisiert. Zu Recht wünscht sich der Berner Pfarrer und Schriftsteller Kurt Marti,»dass Gott ein Tätigkeitswort werde«.[63]

Und die, denen es an nichts mangelt? Sie werden sich irgendwann auch überlegen, wofür sie eigentlich leben. Weil das»Brot allein« nie genügen wird, um das Leben als sinnvoll zu erfahren.

WIE BLINDE SEHEN LERNEN

8[†] In jener Zeit [22] kamen Jesus und seine Jünger nach Betsaida. Da brachte man einen Blinden zu Jesus und bat ihn, er möge ihn berühren. [23] Er nahm den Blinden bei der Hand, führte ihn vor das Dorf hinaus, bestrich seine Augen mit Speichel, legte ihm die Hände auf und fragte ihn: Siehst du etwas? [24] Der Mann blickte auf und sagte: Ich sehe Menschen; denn ich sehe etwas, das wie Bäume aussieht und umhergeht. [25] Da legte er ihm nochmals die Hände auf die Augen; nun sah der Mann deutlich. Er war geheilt und konnte alles ganz genau sehen. [26] Jesus schickte ihn nach Hause und sagte: Geh aber nicht in das Dorf hinein!

Es war einmal ein frommer Israelit namens Tobit, der die Weisungen Gottes, wie sie im Gesetz des Mose festgeschrieben sind, aufs Strengste beobachtete.[64] Mit vielen anderen Stammesgenossen wird er nach Ninive

63 K. Marti, Zärtlichkeit und Schmerz, Darmstadt/Neuwied 1980, 135.

64 »Es war einmal …« So beginnen viele Märchen – und tatsächlich handelt es sich beim Buch *Tobit* um die Neufassung und Adaptierung eines armeni-

verschleppt. Unbeirrt geht er weiterhin den Weg der Wahrheit und der Gerechtigkeit und übt sich eifrig in den Werken der Liebe. In seine Heimat zurückgekehrt, trumpft er damit auf, wie viel Gutes er im assyrischen Exil gestiftet hat: »Ich, Tobit, folgte mit gerechten Taten den Wegen der Wahrheit alle Tage meines Lebens, und viele Werke der Barmherzigkeit tat ich meinen Brüdern und meinem Volk, die mit mir in das Land der Assyrer nach Ninive in Gefangenschaft gegangen waren« (Tob 1,3). Angeblich haben alle übrigen Angehörigen seines Stammes während der Verbannung ihre religiösen Überzeugungen verloren und ihren Gott vergessen. Einzig er, rühmt sich Tobit, sei alljährlich der Satzung folgend nach Jerusalem gepilgert. Dass es sich dabei um eine maßlose Übertreibung handelt, wird erst später offenbar, als er sich noch anderer Reisegefährten erinnert (vgl. Tob 5,14). Die Zehnten der Feldfrüchte und der Wolle und der Schafschur hat er den Priestern und den Tempeldienern überlassen. Sämtliche seiner Stammesgenossen haben sich im assyrischen Ausland einen Deut um die Speisevorschriften gekümmert; er aber, Tobit, hat die Weisungen seines Gottes befolgt; dabei vergisst er sogar seine Frau Hanna und seinen Sohn Tobias zu erwähnen, die doch mit ihm am selben Tisch saßen und aus der gleichen Schüssel aßen! Mit den Hungernden hat er sein Brot, mit den Nackten die Wolle geteilt. Er hat die Leichen seiner Landsleute vor Schändung geschützt, indem er sie entgegen dem königlichen Verbot heimlich bestattete.

Nicht zufällig ist in den ersten beiden Kapiteln des Büchleins Tobit so viel von Toten die Rede. Nicht den Lebenden zu helfen, sondern die Toten zu begraben, scheint Tobit von allen Werken der Barmherzigkeit das wichtigste zu sein. Tatsächlich haftet seiner Frömmigkeit etwas Nekrophiles an. Seine Religion erstickt im Keim schon jede Lebensfreude. Während der Verfasser des 119. Psalms gleich acht Mal betont, dass er sich an Gottes Wegweisungen »ergötzt«, empfindet Tobit sie als Bürde. Tobit ist auf seine Gesetzesfrömmigkeit fixiert. Sein Bestreben zielt einzig darauf, Gott zufriedenzustellen, um sich so sein Wohlwollen zu erkaufen –

---

schen Märchens, das um die Mitte des 3. vorchristlichen Jahrhunderts, zur Zeit der Entstehung des Buches Tobit, im Orient in verschiedenen Versionen verbreitet war. Mehr zum Buch Tobit siehe J. Imbach, Nur wer den Aufbruch wagt … Jona – Rut – Tobit, Düsseldorf 2007, 91–140.

Glaube als Pflichtübung und Religion als drückende Last. Alles, was nur im Entferntesten mit Lebenslust und Daseinsfreude zu tun hat, erscheint diesem Gottessklaven und Gesetzesknecht suspekt. Nichts nimmt er wahr von der Schönheit der Schöpfung und der befreienden Kraft des Glaubens. Mit einem Wort, Tobit ist *blind.*

Überdeutlich zeigt dies der Fortgang der Geschichte. Nach Tobits Rückkehr in die Heimat veranstalten seine Freunde ein Festmahl. Kaum dass die ersten Speisen aufgetragen werden, erreicht die Gesellschaft die Nachricht, dass ein Landsmann verstorben ist. Natürlich macht Tobit sich gleich auf, um ihn zu bestatten. Zurückgekehrt legt sich der Erschöpfte an der Hofmauer zum Schlafen nieder.

> Ich wusste aber nicht, dass Spatzen über mir in der Mauer waren. Ihr warmer Kot fiel mir in die Augen und führte zu weißen Flecken. Ich ging zu den Ärzten, um mich behandeln zu lassen, aber je mehr Arzneien sie mir daraufstrichen, desto mehr erblindeten meine Augen an den weißen Flecken, bis sie ganz blind waren (Tob 2,10).

Wie »Blinde« sehen lernen, zeigt Markus in der Episode von der Blindenheilung. Dabei deutet er an, dass es sich dabei um einen Prozess handelt, der sich oft über einen längeren Zeitraum hinzieht. Der Blinde wird nicht von einem Augenblick auf den anderen geheilt. Zuerst sieht er Wesen, die sich wie Bäume bewegen. Später erst erkennt er, dass es sich um Menschen handelt.

Das erinnert an ein verwöhntes Herrensöhnchen namens Francesco Bernardone, das 1182 in Assisi zur Welt kam und in jugendlichen Jahren von Ruhm und Reichtum träumte. Nachdem er als Zwanzigjähriger zusammen mit anderen anlässlich eines Scharmützels mit der Bürgerwehr von Perugia überwältigt wird, verbringt er fast ein Jahr als Kriegsgefangener in einem dunklen Verlies. Kaum zurück in Assisi denkt er schon wieder an Krieg. Im Sommer 1204 zieht es ihn nach Süden, wo er sich dem Anführer der päpstlichen Truppen, dem siegreichen Walter von Brienne, anschließen will, dessen Söldner in Apulien herumlümmeln und die Bauern schikanieren. Doch schon in Spoleto überfallen ihn Zweifel, gerät er ins Nachdenken – und kehrt um. Man kann sich den Spott vorstellen, den er nach seiner ruhmlosen Rückkehr in Assisi über sich ergehen lassen musste. Doch er hat endgültig genug von den Schlächtereien. Immerhin weiß er jetzt, was er nicht will. Aber was will er nun wirklich?

Eines Tages betritt Francesco das verfallene Kirchlein San Damiano und betet vor dem Bild des Gekreuzigten. Plötzlich vermeint er in seinem Inneren eine Stimme zu hören: »Francesco, geh und stelle mein Haus wieder her!« Vom Vater verstoßen und von seinen Gefährten verlacht, karrt er Steine heran für die Instandsetzung des Kirchleins. Das Essen bettelt er sich zusammen und macht sich damit zum Narren, und zwar so lange, bis seinen Landsleuten das Lachen vergeht. Bald schon sammeln sich Gefährten um ihn, nicht irgendwelche verkrachten Existenzen, sondern gestandene Männer und wohlhabende Bürger, darunter sogar ein Priester und ein Rechtsanwalt, die seine Lebensweise teilen wollen. Die Gemeinschaft gibt sich eine Regel, die später vom Papst bestätigt wird. Der Inhalt lässt sich in drei Worten zusammenfassen: Das Evangelium leben.

Jetzt erst *sieht* Franziskus, was die Stimme des Gekreuzigten meinte, als er ihn aufforderte, sein Haus wiederherzustellen. Nicht bloß das Kirchlein von San Damiano vor den Toren von Assisi, sondern die Kirche in ihrer Gesamtheit war vom Verfall bedroht und musste gestützt und gestärkt, renoviert und reformiert werden.

Ähnliches ist uns von Ignatius von Loyola (1491–1556) überliefert, der ebenfalls zuerst bloß »Bäume« sah, bevor er *sehend* wurde. Nach seiner Bekehrung pflegt Ignatius zunächst ein völlig fehlgeleitetes Heiligkeitsideal, das in einer massiven Leibfeindlichkeit wurzelt. Zunächst zeigt er sich von der leibverachtenden Askese der alten Väter derart beeindruckt, dass er sich in grobes Sackleinen kleidet, und da er früher

entsprechend der Gepflogenheit jener Zeit sehr auf die Pflege des Haares bedacht war und er noch immer eine schöne Frisur hatte, beschloss er nun, es einfach wachsen zu lassen, wie es wolle, ohne es zu kämmen oder zu schneiden oder irgendwie während der Nacht oder bei Tag zu bedecken. Auch seine Nägel, für deren Pflege er früher besondere Sorgfalt aufgewandt hatte, ließ er wachsen. Eines Tages jedoch, während einer Vision, wurde sein Verstand plötzlich über sich selbst erhoben. Da gab er jene früher geübten Strengheiten auf, seitdem er Gottes reichen Trost einmal spürte und die Frucht sah, die er im Verkehr mit Menschen in deren Seelen erreichte. Er schnitt sich wieder die Nägel und die Haare.[65]

Fortan praktizierte Ignatius keine selbstzerstörerische Askese mehr, sondern betrachtete den Dienst am Mitmenschen als angemessene Form der Abtötung.

Die Beispiele zeigen, dass sich das Wunder der Blindenheilung immer neu und stets da ereignet, wo Menschen sich nicht auf bestimmte Dinge fixieren, sondern sich immer wieder hinterfragen und sich auf neue Erfahrungen einlassen.

Ein wichtiges Detail im Markustext darf man nicht übersehen. Anders als später bei der Blindenheilung bei Jericho (10,46–52), wo der Blinde selbst Jesus um Hilfe angeht, wird dieser hier vor ihn *gebracht*. Indem er sich bringen lässt, verleiht er seiner Hoffnung auf Heilung Ausdruck. Ins Heute übersetzt: Um besser sehen zu können oder sehend zu werden, braucht es eine gewisse Offenheit gegenüber anderen Ansichten und Verhaltensweisen – also Mut, sich infrage stellen zu lassen. Wer sich von vornherein immer im Recht meint und sich deshalb allem Neuen, Ungewohnten und Unerprobten gegenüber ablehnend verhält und sich weigert, andere Ansichten überhaupt zur Kenntnis zu nehmen, handelt wie Tobit, dessen Leben an Armseligkeit kaum mehr zu überbieten war (vgl. Tob 2 f.).

VON PETRUS ZUM PAPSTTUM

8 [27†] Jesus ging mit seinen Jüngern in die Dörfer bei Cäsarea Philippi. Unterwegs fragte er die Jünger: Für wen halten mich die Menschen? [28] Sie sagten zu ihm: Einige für Johannes den Täufer, andere für Elija, wieder andere für sonst einen von den Propheten. [29] Da fragte er sie: Ihr aber, für wen haltet ihr mich? Simon Petrus antwortete ihm: Du bist der Messias! [30] Doch er verbot ihnen, mit jemandem darüber zu sprechen.

---

65 Ignatius von Loyola, Der Bericht eines Pilgers, Freiburg i. Br. ³1977, 55; das folgende Zitat: 63 f.

[31] Dann begann er, sie darüber zu belehren: Der Menschensohn müsse vieles erleiden und von den Ältesten, den Hohepriestern und den Schriftgelehrten verworfen werden; er werde getötet, aber nach drei Tagen werde er auferstehen. [32] Und er redete ganz offen darüber. Da nahm ihn Petrus beiseite und machte ihm Vorwürfe. [33] Jesus wandte sich um, sah seine Jünger an und wies Petrus mit den Worten zurecht: Weg mit dir, Satan, geh mir aus den Augen! Denn du hast nicht das im Sinn, was Gott will, sondern was die Menschen wollen.

Es ist, als wollte der Evangelist seine Leserschaft mit dem vorausgehenden Abschnitt auf diese Szene vorbereiten. Dort heißt es, dass der Blinde vorerst nur Bäume sieht, bevor sein Augenlicht vollkommen hergestellt ist. Ähnlich die Jünger. Bislang sind sie lediglich einem außergewöhnlichen Wundertäter und Wanderprediger gefolgt. Mehr als von seinen Reden (über die auffallend wenig berichtet wurde), scheinen sie von seinem Handeln beeindruckt zu sein. Irgendwann fragt Jesus sie, was die Leute von ihm halten. Die Meinungen darüber gehen auseinander. Wer den Markustext unbefangen – das heißt ohne dogmatische Gedanken im Hinterkopf – bis hierher liest, würde erwarten, dass die Jünger sich für die eine oder andere Ansicht entscheiden oder aber ratlos blieben. Umso überraschender ist, dass Petrus sich zu Jesus als dem von den Juden erwarteten Messias bekennt. Dass sich in diesem Bekenntnis der nachösterliche Glaube an Jesus widerspiegelt, dürfen wir voraussetzen.

Kann man sagen, dass Petrus wie der Blinde im vorhergehenden Abschnitt plötzlich *sieht*? Wenn ja – *was* sieht er?

Petrus sieht im Glauben an den Messias etwas anderes als die Vorstellungen, die bis dahin im Judentum mit der Messiaserwartung verbunden sind.

Messias (hebr. *Maschiach*; griech. *Christós*; latinisiert *Christus*) bedeutet *der Gesalbte*. Als Gesalbte gelten im Alten Testament die Könige in Israel (1 Sam 16,3; 2 Sam 2,4 und 7; Ps 2,2), die Priester (Ex 28,41; 30,30; 40,15; Dan 9,26) und die Propheten (1 Kön 19,16; Jes 61,1). Später wurde der Begriff fast nur noch für den zukünftigen endzeitlichen Retter verwendet. Zur Zeit Jesu waren verschiedene, zum Teil einander widersprechende Messiaserwartungen verbreitet. Die einen sehnten einen politischen Führer herbei, der Israel von der Herrschaft der Römer befreien werde. Andere stellten sich unter dem Messias einen König vor, der das Reich Davids neu errichten und die verstreuten Juden aus allen Völkern wiederum im Land Israel zusammenführen werde. Diese Messiasbilder sind von restaurativen und nationalistischen Sehnsüchten bestimmt. Wieder andere dachten an eine Priestergestalt oder an einen Weltenrichter oder an einen Erneuerer des Kosmos ...

Petrus erkennt in Jesus den von seinem Volk erhofften Heilbringer. Seine Erwartungen allerdings werden sogleich zunichtegemacht, als Jesus sich mit dem im Danielbuch genannten Menschensohn (Dan 7,13) identifiziert und gleichzeitig sein Leiden voraussagt. Noch ist der Glaube des Petrus nicht gefestigt. Befangen von der Vorstellung, dass sich Großes und Mächtiges nur bei den Mächtigen und Großen findet, will er Jesus von seinem Weg abhalten. Worauf dieser ihn einen Satan schilt, eine Zurechtweisung, wie sie härter nicht sein könnte:»Weg von mir, Satan!«, wie es in manchen Bibelübersetzungen fälschlich heißt. Im griechischen Original steht nicht »Weiche!« oder »Hinweg von mir!«, sondern: »Hinter mich!« Markus bedient sich hier des gleichen Ausdrucks wie bei der Berufung der ersten vier Jünger: *opíso mu*, folge mir! Tritt in meine Fußstapfen (1,17)! Was besagt, dass Jesus dazu auffordert, die eigenen Vorstellungen hintanzustellen und ihm nachzufolgen – ganz egal wohin der Weg führt. Wohin dieser Weg führen kann, wird er im Anschluss an diese Episode erläutern.

Es ist dies das erste Mal, dass Petrus im Neuen Testament als Sprecher der Apostel in Erscheinung tritt. Ausgerechnet er wird von Jesus gemaßregelt.

Wer hier eine Anspielung auf die spätere Vormachtstellung der Päpste sieht, irrt. Im Neuen Testament gibt es keine einzige Stelle, die als Beleg dienen könnte, dass Jesus das Papsttum in seiner heutigen Form gewollt hätte. Es ist das Ergebnis einer historisch bedingten Entwicklung, die immer wieder und immer neu daraufhin zu prüfen ist, ob sie den Absichten des Mannes aus Nazaret gerecht wird.

Die Vorrangstellung des Bischofs von Rom innerhalb der Gesamtkirche, die nach heutigem Verständnis wesentlich zum Papsttum gehört, beginnt sich erst um die Mitte des 4. Jahrhunderts schrittweise durchzusetzen. Als Kaiser Konstantin 324 seine Residenz in den Osten des Reiches, in die nach ihm benannte Stadt Konstantinopel verlegt, entsteht in Rom ein Machtvakuum. Dieses wird nun vom Vorsteher der dortigen Christengemeinde gefüllt, der inzwischen eine nicht unbedeutende gesellschaftliche Position erlangt hat. Ein erstes Anzeichen dafür bildet ein im Jahr 343 erlassenes Dekret der Kirchenversammlung von Sardica (Sofia), das abgesetzten Bischöfen die Appellationsmöglichkeit beim römischen Kirchenvorsteher ermöglicht. Wenig später verfällt Damasus I. (366–384) auf den Gedanken, die an Petrus ergangene Verheißung Jesu (»Ich aber sage dir: Du bist Petrus, und auf diesen Felsen werde ich meine Kirche bauen ...«; Mt 16,18) auf die römischen Bischöfe auszuweiten. Von Damasus stammt auch die Idee, die Bezeichnung Apostolischer Stuhl für den römischen Bischofssitz zu reservieren. Bis dahin nämlich schmückten sich auch andere Christengemeinden mit diesem Titel.

Siricius, der 384 zum Bischof von Rom gewählt wird, verfolgt die Linie seines Vorgängers Damasus konsequent weiter. Kaum im Amt, kramt er aus den Schubladen wurmstichiger Schränke ein paar vergilbte Dokumente hervor und stößt dabei auf einen Erlass, mit dem Kaiser Gratianus (367–383), ein erklärter Förderer des Christentums, allen römischen Bischöfen die oberste Gerichtsbarkeit und Entscheidungsgewalt über die Kirchen im westlichen Teil des Römischen Reichs zugestand. Der Fund bleibt nicht ohne Folgen. Kleriker aus der Provinz, die mit irgendwelchen Anfragen an den Bischof von Rom gelangen, werden fortan nicht mehr mit Ermahnungen oder Ratschlägen abgefertigt, sondern mit amtlichen Verordnungen eingedeckt. Logische Folge: Liturgische, theologische oder disziplinarische Bestimmungen, die für eine einzelne Kirchenprovinz gefällt werden, sind jetzt für alle anderen Ortskirchen gleichermaßen verbindlich.

Siricius ist es auch, der sich als erster Nachfolger Petri mit dem Titel *Papa* (Papst, abgeleitet vom griechischen *pappas*) schmückt, mit dem die Gläubigen der östlichen Kirchenprovinzen ihre Bischöfe anreden. Gegen Ende des 5. Jahrhunderts gilt der Papsttitel als Monopol des Apostolischen Stuhls.

Hatte die Bezeichnung *Papa* unter Siricius noch einen ehrerbietigväterlichen Klang, so ändert sich das mit Innozenz I., der im Jahr 401 als direkter Nachfolger seines Vaters Anastasius I. (399–401) zum Bischof von Rom gewählt wird (es gab damals noch keinen Pflichtzölibat). Die 36 von ihm erhaltenen Briefe sind allesamt in einem Ton gehalten, der keinerlei Zweifel daran aufkommen lässt, wer in der Kirche das Sagen hat. Glaubenslehre, Liturgie und kirchendisziplinarische Fragen haben sich fortan an der römischen Kirche zu orientieren. Streitpunkte betreffend wichtige Dinge sollen allein vom römischen Bischof entschieden werden. Damit ist die Marschrichtung vorgegeben, in der sich die künftigen Päpste fortbewegen. Begreiflich daher, dass manche Kirchenhistoriker und -historikerinnen Innozenz I. als den ersten eigentlichen Papst bezeichnen.

Später wird Leo I. (der Große; 440–461) als Erster den Titel *vicarius Petri*, Stellvertreter des Petrus, für sich beanspruchen. Die hehre Bezeichnung *vicarius Christi* (Stellvertreter Christi) hingegen, die seit dem 4. Jahrhundert für die Apostel verwendet wurde, postulieren die Päpste erst seit Innozenz III. (1198–1216) für sich, um ihre geistliche Vormachtstellung zu steigern.

Die östlichen Kirchen nehmen den entstehenden römischen Zentralismus und die damit verbundenen Ansprüche anfänglich nicht allzu ernst. In Konstantinopel, dem Zweiten Rom, gilt neben dem Kaiser nicht etwa der Papst als höchste Autorität, sondern das vom Kaiser (!) einberufene Ökumenische Konzil, dem sich auch der Bischof von Rom zu fügen hat. Das ändert aber nichts daran, dass die römischen Päpste ihre Position festigen und sogar ausbauen können. Äußerlich kommt diese Stärkung auch im römischen Hofzeremoniell zum Ausdruck, in das jetzt vermehrt vormals dem Kaiser vorbehaltene Elemente integriert werden. Bei liturgischen Feiern schreiten dem Papst Kerzen- und Weihrauchträger voran; begrüßt wird er mit der Proskynese, dem bislang dem weltlichen Herrscher reservierten Kniefall, und wie der Kaiser unterzeichnet der Papst seine Erlasse jetzt mit *rubrum*, will sagen mit roter Tinte (wovon sich der Begriff *Rubrik* herleitet). Schließlich übernimmt der römische Bischof auch den im alten Rom dem heidnischen Oberpriester zustehenden Titel eines *Pontifex maximus* (oberster Brückenbauer).

Dass Päpste im Lauf der Jahrhunderte versuchten, ihre historisch entwickelte Vorrangstellung zu einer Vormachtstellung auszubauen, ist psychologisch und politisch erklärbar. Dass ein damit allzu oft verbundener Machtmissbrauch einem Verrat an Jesus gleichkam, gehört zu jenen dunklen Seiten der Kirchengeschichte, unter deren Folgen wir noch heute leiden.[66]

Im Matthäusevangelium (Mt 16,18) bezeichnet Jesus Petrus als Fundament der Kirche. Wohl tritt dieser als Sprecher der Jünger in Erscheinung; nie aber wird er diesen gegenübergestellt. Nirgends heißt es da, dass das auch für seine Nachfolger gelten würde.

Angesichts der historisch bedingten Entwicklung des Papsttums scheint heute eine Dezentralisierung und eine konsequente Anwendung des Subsidiaritätsprinzips nicht bloß wünschenswert, sondern notwendig. In Rom ist man sogar den von der Bischofskongregation nach einem feinmaschigen Raster ausgewählten und vom Papst direkt ernannten Bischöfen gegenüber misstrauisch. Ein Indiz dafür ist die Tatsache, dass mit der Einführung des neuen Kirchenrechts im Jahr 1983 die Bischöfe mehr noch als früher entmündigt wurden. Ein Beispiel? Vormals waren diese befugt, den in ihren Diözesen lehrenden Theologieprofessoren und -professorinnen die Lehrerlaubnis zu erteilen. Nunmehr benötigen sie dazu das *Nihil obstat* (d. h. die Erlaubnis) der römischen Glaubenskongregation (inzwischen umbenannt in Dikasterium für die Glaubenslehre). Was bleibt da noch übrig vom Lehramt der Bischöfe? Und wo bleibt ihre Leitungsbefugnis? Die Bischöfe wurden zu Befehlsempfängern und Handlangern degradiert. Für Außenstehende ist es schlicht unfassbar, dass die Bischöfe anlässlich der Einführung des neuen Kirchenrechts ihr Mitspracherecht bei der Besetzung von theologischen Lehrstühlen zugunsten Roms protestlos aus der Hand gegeben haben.

In seiner 1995 veröffentlichten Enzyklika *Ut unum sint* hat Johannes Paul II. ausdrücklich darauf hingewiesen, dass neue Formen der päpstlichen Primatsausübung durchaus denkbar seien. Gleichzeitig lud er die »kirchlichen Verantwortlichen [d. h. die Bischöfe] und ihre Theologen« dazu ein, mit ihm zusammen über dieses Thema »in einem brüderlichen, geduldigen Dialog« nachzudenken.[67] Und was geschah? Im Jahr darauf organisierte die Glaubenskongregation ein Symposion, in dem

---

66   Dazu mehr bei J. Imbach, Sternstunden und Schandflecke der Kirchengeschichte, Würzburg 2019.

67   Johannes Paul II., Ökumenismus-Enzyklika *Ut unum sint*, Nr. 96.

dieser Vorschlag aufgegriffen wurde. In der Schlusserklärung hieß es dann, man habe zunächst festgenagelt, was nicht aufzugeben sei. Ein weiteres Symposion, das sich positiv mit dem päpstlichen Anliegen befassen sollte, wurde bis heute nicht organisiert![68]

Mehr als nur wünschenswert – oder vielmehr notwendig – ist, dass der Papst Fachleute dazu ermuntert, auch Fragen, die zunächst vielleicht etwas irritierend wirken, auszudiskutieren, statt die Debatte mit einem Machtwort abzublocken – wie das Johannes Paul II. im Zusammenhang mit der Diskussion um das Frauenpriestertum getan hat. Der Apostelgeschichte zufolge dürfen wir darauf vertrauen, dass der Heilige Geist auch in heftigen Auseinandersetzungen die Oberhand behält. Es ging damals in Jerusalem um die Frage, ob die aus dem Heidentum zum Christentum neu Dazugekommenen sich vor dem Empfang der Taufe erst beschneiden lassen müssten. Erst nach langem und »heftigem Streit« ergreift Petrus das Wort. Das Schlusswort in dieser Angelegenheit spricht allerdings nicht Petrus, sondern Jakobus, der Leiter der Jerusalemer Gemeinde (vgl. Apg 15,6–21).

Nicht unwichtig bezüglich der Glaubwürdigkeit eines Petrusdienstes wäre auch die Überlegung, ob man nicht vieles von dem vor allem bei offiziellen Anlässen in Rom üblichen Pomp aufgeben solle, zugunsten einer größeren Schlichtheit.

Nichts spricht dagegen, den Bischof von Rom als Garanten der Einheit der Glaubensgemeinschaft zu betrachten. Was sich in dieser Hinsicht im Lauf der Jahrhunderte an institutionellen Funktionen angesammelt hat, ist durchaus reformierbar – und vieles davon ist tatsächlich reformbedürftig. Historisch Gewachsenes ist bekanntlich nicht in Stein gemeißelt. Im Übrigen neigen auch die Kirchen der Reformation zu der Ansicht, dass eine Glaubensgemeinschaft ein Oberhaupt benötigt. Umstritten ist allerding die Art und Weise, wie diese Rolle auszufüllen ist.

---

68 Mehr dazu bei W. Bühlmann, Die Zeit des Regenbogens. Glauben – eine Utopie, die trägt, Freiburg i. Üe. 2003, 158–160.

WAS KREUZESNACHFOLGE BEDEUTET

8³⁴■ Jesus rief die Menge zusammen und seine Jünger zu sich. Er sagte zu ihnen: Wenn jemand mit nachfolgen will, verleugne er sich selbst und nehme sein Kreuz und folge mir nach. ³⁵ Denn wer sein Leben retten will, wird es verlieren; wer aber sein Leben um meinetwillen und um des Evangeliums willen verliert, wird es retten. ³⁶ Was nützt es einem Menschen, wenn er die ganze Welt gewinnt, dabei aber sein Leben einbüßt? ³⁷ Um welchen Preis könnte ein Mensch sein Leben zurückkaufen? ³⁸ Denn wer sich vor dieser treulosen und sündigen Generation meiner und meiner Worte schämt, dessen wird sich auch der Menschensohn schämen, wenn er mit den heiligen Engeln in der Herrlichkeit seines Vaters kommt.

Nach dem ersten Höhepunkt des Markusevangeliums, in dem sich Petrus zu Jesus als dem erwarteten Messias bekennt, wird der Erste unter den Aposteln gleich nochmals belehrt. Und zwar leitet Jesus seine Rede mit einem Wort ein, das wir bereits aus der Berufungsgeschichte von Simon und Andreas kennen (1,17): »*opíso mu* – Wer *hinter mir* hergehen will …« Und weiter: »nehme das Kreuz auf sich und folge mir nach.«

Offensichtlich geht diese Aufforderung zum Kreuztragen *in dieser Form* nicht auf Jesus zurück; sie wäre gar nicht verstanden worden, weil sie seinen Kreuzestod voraussetzt. In diesem Ausspruch spiegeln sich Erfahrungen seiner Jünger und Jüngerinnen wider, von denen vornehmlich die Apostelgeschichte berichtet: Ächtung und Nachstellungen, Kerker und Folter und alle möglichen Arten von Benachteiligungen und Verfolgungen.

Dass die Kreuzesnachfolge nicht nur in solchen Ausnahmesituationen zu praktizieren ist, präzisiert der Verfasser des Lukasevangeliums, indem er die von ihm verwendete Markus-Vorlage leicht abwandelt: »Wenn einer hinter mir hergehen will, verleugne er sich selbst, nehme *täglich* sein Kreuz auf sich und folge mir nach« (Lk 9,23).

Im Unterschied zu Markus und Matthäus (der ebenfalls auf die Markus-Vorlage zurückgreift) spricht Lukas vom *alltäglichen* Kreuz und liefert uns damit gleichzeitig den Schlüssel zur Deutung des missverständlichen und in der Tat oft missverstandenen Wortes von der Kreuzesnachfolge. Im Gegensatz zur Gemeinde des Markus und des Matthäus war die Zielgruppe, für die Lukas sein Evangelium verfasste, vorerst keinen größeren Nachstellungen und Verfolgungen ausgesetzt. Seiner Ansicht nach besteht das Kreuz, das den Gläubigen auferlegt ist, in der zumeist banalen und gleichzeitig oft mühseligen Bewältigung des Alltags im Geist und Sinne Jesu.

Kreuzesnachfolge. Noch immer wird mit diesem Begriff Opfer, Verzicht und Askese assoziiert. Was ist wirklich gemeint?[69]

Die Aufforderung zur Kreuzesnachfolge beinhaltet zunächst einmal die Mahnung, *Leiderfahrungen nicht zu verdrängen, sondern sie zu verarbeiten* – beispielsweise eine schlimme Vergangenheit, die man als Last mit sich herumträgt; eine Schuld, deren Folgen nicht wiedergutzumachen sind; die niederschmetternde Erkenntnis von Versagen und Erbärmlichkeit und das Wissen, dass wir unseren Idealen oft weit hinterherhinken. Solche Erfahrungen sind schmerzlich. Nicht selten führen sie zur Selbstablehnung und zum Selbsthass (was sich wiederum in der Ablehnung anderer Menschen äußert).

In diesem Zusammenhang meint Kreuzesnachfolge zweitens: *aufarbeiten, was einen bedrückt und beschwert*, sich damit auseinandersetzen, in Gedanken, in Gesprächen mit befreundeten Menschen, aber auch im Angesicht Gottes. Die eigenen Grenzen und Unzulänglichkeiten zu akzeptieren, fällt nie leicht. Das kann nicht von einem Tag auf den anderen gelingen. Vielmehr beinhaltet es einen langwierigen und schmerzlichen Prozess, religiös gesprochen handelt es sich um ein Kreuz, das einem auferlegt ist.

Drittens schließt eine richtig verstandene Kreuzesnachfolge die Bereitschaft ein, *Leid zu ertragen*. Das gilt aber ausschließlich für jenes Leid, das unausweichlich ist und angesichts dessen wir uns unseres Unvermögens radikal bewusst werden. Da leidet jemand an einer unheilbaren Krankheit und weiß genau, dass die Ärzte nicht mehr helfen können; da geht eine langjährige Beziehung plötzlich in die Brüche, weil der Mann seiner Partnerin erklärt, er liebe jetzt eine andere, und ein Zurück komme für ihn nicht infrage; da ist eine Frau, die ihre Existenz bedroht

---

69 Die folgenden Überlegungen decken sich mit dem, was ich bereits in meinem Credobuch ausgeführt habe: J. Imbach, Ja und Amen. Was Christen glauben, Würzburg 2020, 152–155.

sieht, weil die Firma, in der sie seit Jahrzehnten arbeitet, im Rahmen von Sparmaßnahmen ein paar Hundert Arbeitsplätze wegrationalisiert; da stirbt uns ein Mensch plötzlich weg, von dem wir uns angenommen wussten und der uns eine Ahnung davon vermitteln konnte, was Heimat ist … Wir könnten beliebig fortfahren mit dem Aufzählen von Leiderfahrungen, die ein Menschenleben oft über Jahre hin überschatten. Solches Leid versuchen Jesusgläubige zu tragen, indem sie wie (und mit) Jesus beten: »Abba, Vater, alles ist dir möglich. Nimm diesen Kelch von mir! Aber nicht, was ich will, sondern was du willst« (14,36).

Dieses Jesuswort erinnert daran, was Kreuzesnachfolge weiter beinhaltet, nämlich: *das Leid nicht suchen, sondern es, wo und wenn immer möglich, bekämpfen.* Genau diesen Weg ist Jesus gegangen, der das Kreuz keineswegs gesucht, sondern den Vater gebeten hat, es ihm zu ersparen. Wenn immer er mit dem Leid konfrontiert war, versuchte er es zu lindern – indem er den Sündern und Sünderinnen Vergebung zusprach, Kranke heilte, sich auf die Seite der Schwachen und Entrechteten stellte, mit Menschen Mahlgemeinschaft hielt, die andere als von Gott verstoßen betrachteten … Auf diese Weise hat er gezeigt, dass alles fremde Leid eine Herausforderung darstellt, weil es kein fremdes Leid gibt. Die sich auf Jesus berufen, können unmöglich ihre eigenen Wege gehen, sondern müssen ihm auf seinem Weg folgen, und dieser Weg führt allemal hin zu den Leidenden und den Bedürftigen, den zu Unrecht Verfolgten und gesellschaftlich Benachteiligten, zu den Verachteten und zu den um ihr Leben Betrogenen. Wer das einmal erkannt hat, wird schnell merken, dass alle Rede von Erlösung und vom Kommen des Gottesreiches erst glaubwürdig ist, wenn man darüber die jeweiligen gesellschaftlichen Verhältnisse nicht aus dem Blick verliert.

Dazu fügt sich bestens die anschließende Mahnung: »Was nützt es einem Menschen, wenn er die ganze Welt gewinnt, dabei aber sein Leben einbüßt?«

Mit dem Thema der Kreuzesnachfolge verbindet Jesus die Warnung, sein Herz nicht an irdische Güter zu hängen, ein Thema, das Markus im 10. Kapitel seines Evangeliums weiterentfaltet.

9. KAPITEL

EINE VORWEGGENOMMENE OSTERGESCHICHTE

9² Sechs Tage danach nahm Jesus Petrus, Jakobus und Johannes beiseite und führte sie auf einen hohen Berg, aber nur sie allein. Und er wurde vor ihnen verwandelt; ³ seine Kleider wurden strahlend weiß, so weiß, wie sie auf Erden kein Bleicher machen kann. ⁴ Da erschien ihnen Elija und mit ihm Mose, und sie redeten mit Jesus. ⁵ Petrus sagte zu Jesus: Rabbi, es ist gut, dass wir hier sind. Wir wollen drei Hütten bauen, eine für dich, eine für Mose und eine für Elija. ⁶ Er wusste nämlich nicht, was er sagen sollte; denn sie waren vor Furcht ganz benommen. ⁷ Da kam eine Wolke und überschattete sie, und es erscholl eine Stimme aus der Wolke: Dieser ist mein geliebter Sohn; auf ihn sollt ihr hören. ⁸ Als sie dann um sich blickten, sahen sie auf einmal niemanden mehr bei sich außer Jesus.
⁹ Während sie den Berg hinabstiegen, gebot er ihnen, niemandem zu erzählen, was sie gesehen hatten, bis der Menschensohn von den Toten auferstanden sei. ¹⁰ Dieses Wort beschäftigte sie, und sie fragten einander, was das sei: von den Toten auferstehen. ¹¹ Da fragten sie ihn: Warum sagen die Schriftgelehrten, zuerst müsse Elija kommen? ¹² Er antwortete: Ja, Elija kommt zuerst und stellt alles wieder her. Aber warum heißt es dann vom Menschensohn in der Schrift, er werde viel leiden müssen und verachtet werden? ¹³ Ich sage euch: Elija ist schon gekommen, doch sie haben mit ihm gemacht, was sie wollten, wie es in der Schrift steht.

Seit Urzeiten gelten Berge in vielen Religionen als Sitz der Gottheit. Es sind dies Orte, an denen der Himmel die Erde berührt – und an denen sich der Mensch der Gottheit besonders nahe fühlt. Tiefenpsychologisch betrachtet ist das der Grund, warum auch in unseren Gegenden Kirchen und Kapellen oft ausgerechnet auf Hügeln erbaut wurden, obwohl sie dort nicht ohne Weiteres beschwerdefrei zu erreichen sind. So überrascht es denn nicht, dass Markus die Episode von der Verklärung Jesu auf einen Berg verlegt (den die Legende später mit dem Tabor identifiziert). Im Matthäusevangelium verabschiedet sich der auferweckte (verklärte) Jesus von den Jüngern auf einem Berg (Mt 28,16–20).

Einen Hinweis darauf, dass die Erzählung von der Verklärung Jesu ursprünglich zu den Geschichten gehörte, die von Jesu Auferweckung handeln, findet sich auch im Zweiten Petrusbrief. Weshalb Markus diese Geschichte in die Zeit des irdischen Jesus zurückverlegte, bleibt rätselhaft. Dabei sah er sich allerdings genötigt, das Überlieferungsgut zu modifizieren. So ist bei ihm von einem verklärten *Auferstehungsleib* nicht mehr die Rede; nicht sein Leib, sondern lediglich seine *Kleider* werden jetzt »strahlend weiß«.

Auch der Schluss weist darauf hin, dass es sich ursprünglich um eine nachösterliche Erzählung handelt. Jesus verbietet den drei Jüngern, anderen *vor seiner Auferstehung* von ihrem Erlebnis zu berichten. Und die Jünger? Sie können sich – so der Text ausdrücklich – unter »Auferstehung« *noch* gar nichts vorstellen! Die Messianität Jesu erschloss sich ihnen erst nach Ostern voll, zu einer Zeit also, als die vorliegende Erzählung entstand, um die Bedeutung Jesu narrativ zu verdeutlichen.

Wie alle anderen Juden erwarten die Jünger die Wiederkunft des Elija, der, so der allgemein verbreitete Glaube, lebend in den Himmel entrückt wurde (2 Kön 2,1–18). Neben Mose gilt er als der bedeutendste Prophet. Im Buch Maleachi wird er als Wegbereiter des Messias angekündigt (Mal 3,23 f.). *Darauf* spielt Markus an im Anschluss an die Episode von der Verklärung Jesu.

Natürlich kannte seine ursprüngliche Leserschaft auch die Geschichte von Mose, der den Gipfel des Berges Sinai ersteigt, wo ihm Gott sich in einer Wolke offenbart (Ex 24,9–18). Allen war überdies bewusst, weshalb der Evangelist ausgerechnet die Erscheinungen von Mose und Elija erwähnt. Mose versinnbildlicht das Gesetz, das dieser auf dem *Berg* Sinai entgegennahm, während Elija für die altbundlichen Propheten steht. Die Botschaft des Evangelisten ist klar: Jesus ist der neue Mose, auf den das Volk hören soll. Er hat die Vollmacht, das, was Mose und die Propheten vor ihm verkündet haben, verbindlich auszulegen.

Wenn wir uns diese bibelwissenschaftliche Erkenntnis vor Augen halten, begreifen wir schlagartig, dass der Evangelist die Überlieferung von der Verklärung Jesu nach einem alttestamentlichen Vorbild gestaltet hat. Die letzten Zweifel daran vermag ein scheinbar unwesentliches Detail zu zerstreuen. »Am *siebten Tag* rief der Herr mitten aus der Wolke Mose herbei«, heißt es im alttestamentlichen Buch Exodus (Ex 24,16). Nicht nur den Berg, auf dem Jahwe Mose die Gesetzestafeln überreichte, sondern auch diese Zeitangabe übernimmt der Evangelist aus dem Buch Exodus: »*Sechs Tage danach* (also am siebten Tag) führt Jesus Petrus, Jakobus und Johannes auf den Berg! – Von den Gefährten, die Mose auf den Sinai begleiten, werden nur drei namentlich erwähnt, nämlich Aaron, Nadab und Abihu (Ex 24,1). Gleichermaßen nimmt auch Jesus drei Jünger mit auf den Berg. Damit dürfte klar sein, dass der Evangelist uns mit dieser wundersamen Schilderung nicht das Staunen lehren, sondern eine theologische Lektion erteilen will.

Die ist zusammengefasst in dem Aufruf der göttlichen Stimme, die aus der Wolke ertönt: »Dieser ist mein geliebter Sohn; auf ihn sollt ihr hören!« Während Mose mittels der Gesetzestafeln den Israeliten einen Weg weist zum Frieden mit Gott, zum Frieden untereinander und zum Frieden mit sich selbst, erscheint Jesus hier als der endgültige Offenbarer.

Wie wir gesehen haben, mutet einen diese Szenerie wie eine Vorwegnahme von Jesu Auferweckung an. Fast hat man den Eindruck, als wolle der Evangelist die Enttäuschung mindern, die er seiner Leserschaft wenige Kapitel später mit der Schilderung von Jesu schmählichem Ende am Kreuz nicht ersparen kann. Vielleicht deshalb betont er ausdrücklich: »Auf ihn, auf Jesus, sollt ihr hören.« Und er zeigt diesen Jesus weiß gewandet, in der künftigen Vollendung.

In der künftigen Vollendung! Wie töricht hört sich da das Ansinnen des Petrus an, der drei Hütten bauen will auf dem Berg! Wie Goethes Dr. Faust ist er geneigt, zum Augenblick zu sagen: »Verweile doch, du bist so schön!«[70] Kommt uns das nicht bekannt vor? Wenn wir dem grauen

---

70   J. W. Goethe, Faust I, Studierzimmer, Vers 1700.

Alltag einmal für eine Weile (und die erscheint uns immer kurz) entronnen sind, möchten wir, dass der Ausnahmezustand zur Regel wird. Und dies, obwohl wir genau wissen, dass es schon eine Gnade ist, wenn wir uns halbwegs zufrieden fühlen dürfen. Spärlich nur und selten sind die Momente, in denen wir meinen, sterben zu können vor Glück.

Jesus auf dem Berg der Offenbarung – auf ihn sollt ihr hören! Und was tut oder sagt Jesus? Nichts! Nichts hält er dem ebenso verständlichen wie albernen Vorschlag des Petrus entgegen. Die Geschichte mündet in einen recht ernüchternden Schluss: »Sie stiegen den Berg hinab.« Wie weiland schon Mose mit seinen drei Gefährten begibt sich auch Jesus mit den drei Jüngern wiederum hinab in die Niederungen der alltäglichen Mühsale und Banalitäten. Und die Jünger? Sie haben gespürt, dass es Größeres, Schöneres, Helleres gibt. Unsagbares.

Ich kann mir vorstellen, dass die meisten Menschen gelegentlich solche Erfahrungen machen, und sei es auch nur augenblicksweise. Und dabei spüren, dass sie auf dieser Erde nie ganz zu Hause sind.

ICH GLAUBE. HILF MEINEM UNGLAUBEN!

9[†] In jener Zeit, als Jesus mit Petrus, Jakobus und Johannes von dem Berg herabgestiegen war [14] und sie zu den anderen Jüngern zurückkamen, sahen sie eine große Menschenmenge um sie versammelt und Schriftgelehrte, die mit ihnen stritten. [15] Sobald die Leute Jesus sahen, liefen sie in großer Erregung auf ihn zu und begrüßten ihn. [16] Er fragte sie: Warum streitet ihr mit ihnen? [17] Einer aus der Menge antwortete ihm: Meister, ich habe meinen Sohn zu dir gebracht. Er ist von einem stummen Geist besessen. [18] Immer wenn der Geist ihn überfällt, wirft er ihn zu Boden, und meinem Sohn tritt Schaum vor den Mund, er knirscht mit den Zähnen und wird starr. Ich habe schon deine Jünger gebeten, den Geist auszutreiben, aber sie hatten nicht die Kraft dazu. [19] Da sagte er zu ihnen: O du ungläubige Generation! Wie lange muss ich noch bei euch sein? Wie lange muss ich euch noch ertragen? Bringt ihn zu mir! [20] Und man führte ihn herbei. Sobald der Geist Jesus sah, zerrte er den Jungen hin und her, sodass er hinfiel und sich mit Schaum vor dem Mund auf dem Boden wälzte. [21] Jesus fragte den Vater: Wie lange hat er das schon? Der Vater antwortete: Von Kind auf; [22] oft hat er ihn sogar ins Feuer oder ins Wasser

geworfen, um ihn umzubringen. Doch wenn du kannst, hilf uns; hab Mitleid mit uns! ²³ Jesus sagte zu ihm: Wenn du kannst? Alles kann, wer glaubt. ²⁴ Da rief der Vater des Jungen: Ich glaube; hilf meinem Unglauben! ²⁵ Als Jesus sah, dass die Leute zusammenliefen, drohte er dem unreinen Geist und sagte: Ich befehle dir, du stummer und tauber Geist: Verlass ihn, und kehr nicht mehr in ihn zurück! ²⁶ Da zerrte der Geist den Jungen hin und her und verließ ihn mit lautem Geschrei. Der Junge lag da wie tot, sodass alle Leute sagten: Er ist gestorben. ²⁷ Jesus aber fasste ihn an der Hand und richtete ihn auf, und der Junge erhob sich.
²⁸ Als Jesus nach Hause kam und sie allein waren, fragten ihn seine Jünger: Warum konnten denn wir den Dämon nicht austreiben? ²⁹ Er antwortete ihnen: Diese Art kann nur durch Gebet ausgetrieben werden.

Ein paar grundsätzliche Bemerkungen sollen uns den Weg zum Verständnis dieser Wundergeschichte ebnen. Zunächst ist daran zu erinnern, dass es sich bei den Dämonen, von denen in den Evangelien vor allem im Zusammenhang mit den Exorzismen die Rede ist, nicht um den Teufel handelt, sondern um böse Geister. Jesu Exorzismen gelten also nicht dem Teufel als dem eigentlichen Widersacher Gottes, sondern jenen Abergeistern, die nach damals allgemein verbreiteter Auffassung den Menschen übel mitspielen. Zu berücksichtigen bleibt ferner, dass die biblischen Verfasser *ihrem* Weltbild verpflichtet sind, das sie natürlich nicht weiter hinterfragten und das sich von dem unseren weitgehend unterscheidet. Tatsächlich führte man in jener Zeit (und nicht nur in der Welt der Bibel) Krankheiten, für die man keine Erklärung hatte, auf den Einfluss von Dämonen zurück. In Ermangelung eines medizinischen Befunds behalf man sich mit einer theo-logischen Diagnose. Und diese lautete auf Besessenheit.

Solche Deutungen, die damals an der Tagesordnung waren, mögen heute befremden. Doch sollte man nicht übersehen, dass sie in manchen Kreisen noch immer verbreitet sind. Bloß dass sich dabei das Gewicht von der medizinischen Ebene in den psychischen Bereich verlagert hat. Man weigert sich dann, Persönlichkeitsstörungen einem Krankheitsbild zuzuordnen, und wartet stattdessen mit übernatürlichen Erklärungen auf. Nicht selten sind es die Betroffenen selbst, die unbewusst dazu neigen, eine psychische Störung oder Krankheit dämonologisch zu interpretieren. Was damit gemeint ist, kann ein Fallbeispiel illustrieren.[71]

Ein ratloser Psychiater äußert einem ihm bekannten Pfarrer gegenüber die Bitte, ihm eine junge Patientin schicken zu dürfen, die jede ärztliche Behandlung ablehnt. Allenfalls sei sie bereit, sich einem Priester in der Beichte zu offenbaren. Im Gespräch mit dieser Frau erfährt der Priester, dass sie mit dem Teufel einen Pakt geschlossen habe. Wenn er ihr helfe, durch maßloses Essen so dick zu werden, dass sie schließlich platzen werde, wolle sie ihm ihre Seele überantworten.

Nachforschungen ergeben, dass die Frau an Lebensüberdruss leidet, offenbar weil sie zeitlebens zu kurz gekommen und schlecht behandelt worden ist. Ihre Wut darüber hat sie buchstäblich in sich hineingefressen. Unbewusst wollte sie ihren Mitmenschen anschaulich vor Augen führen, dass diese an ihrem Elend schuld seien: Ihr mögt mich nicht, ihr könnt mich nicht riechen, ihr habt mich ruiniert.

Das Bündnis mit dem Teufel ist letztlich nichts anderes als das Ergebnis der Verteufelung der jungen Frau durch die anderen: Die spinnt total, die ist absolut verrückt, soll sie doch der Teufel holen!

Damit schließt sich dieser Teufelskreis. Die Frau fühlt sich abgelehnt, und diese (wirkliche oder vermeintliche) Ablehnung treibt sie in die Isolation. Die Mitmenschen ihrerseits reagieren mit verstärkter Ablehnung – wer fühlt sich schon wohl in der Gesellschaft eines solchen Menschen?

Ärzte und Seelsorger machen immer wieder ähnliche Erfahrungen. Wer unterdrückt wird und nicht gelernt hat, sich zu wehren, gerät leicht in die Vorstellung, alle anderen seien böse – oder übernimmt die Vorstellung der anderen und hält sich selbst für böse. Das bedeutet: Je mehr wir einen leidenden, unterdrückten, kranken Menschen aus der Gemeinschaft aussondern, umso leichter lassen wir ihn zum Gegentyp des »normalen« Menschen werden, zum Sonderling, zum Sündenbock und Bösewicht, der vermeintlich selbst an allem schuld ist; ihm bleibt nur noch die schlimme Außenseiterrolle, in die wir ihn mit Gewalt hineindrängen.

---

71 Vgl. K. P. Fischer/H. Schiedermair, Die Sache mit dem Teufel, Frankfurt a. M. 1980, 173 f.

So kommt in diese Geschichte der Teufel nicht von ungefähr hinein, sondern er ist gleichsam das Echo, die Resonanzgestalt des Aussonderungsverhaltens der anderen. Das »Bündnis« mit dem Teufel signalisiert einen letzten Rest an Gegenwehr, freilich in verzweifelter Ohnmacht. In unserem Fall konnte der Seelsorger die ambivalenten Gefühle der jungen Frau aufnehmen; es gelang, sie mithilfe einer Person ihres Vertrauens schrittweise und geduldig in die menschliche Gemeinschaft zurückzuführen, und in dem Maße als dies gelang, »wich der Teufel von ihr«, das heißt, löste sich das Teufelsbündnis auf.

Es ist leicht zu verstehen: In Wirklichkeit war es nicht diese Frau, sondern es waren die sie isolierenden Mitmenschen, die – biblisch gesprochen – dem Teufel Raum in ihrem Herzen gegeben hatten. Einen Menschen aussondern aus der menschlichen Gemeinschaft, ihn aufgeben, abstempeln, »zum Teufel jagen«, ist in Wahrheit ein Zeichen dafür, dass wir mit dem anderen, mit seiner Art, mit seinem Leid nicht umgehen können, dass wir Angst haben, uns anzustecken, mit hineingezogen zu werden, uns zu verunreinigen, selbst krank zu werden.[72]

Ähnlich wie bei dieser jungen Frau können wir auch die Besessenheit, von der Markus in seiner Wundergeschichte berichtet, heute näher benennen. Sämtliche Krankheitssymptome deuten auf Epilepsie hin. Eine Macht ergreift den Kranken und wirft ihn zu Boden, wo er sich mit schäumendem Mund in Konvulsionen wälzt. Die Krämpfe äußern sich im Zähneknirschen und Erstarren. Nach dem Kollaps ist er völlig erschöpft – eben »wie tot«.

Wenn wir die vom Evangelisten vertretene dämonologische Interpretation der Krankheit durch einen medizinischen Befund ersetzen, läuft das auf die Feststellung hinaus, dass Jesus hier keinen Abergeist gebannt, sondern einen Kranken geheilt hat. Überdies kann man sich natürlich noch fragen, ob es sich bei dieser Geschichte um eine Überlieferung handelt, die lediglich der narrativen Illustration der Person und Sendung Jesu dient, oder ob ihr eine historische Begebenheit zugrunde liegt.

---

72   Ebd., 174 f.

Es spricht einiges dafür, dass das Letztere zutrifft. Die Erzählung folgt keinem vorgeprägten Erzählmuster, wie das bei Wundergeschichten sonst häufig zutrifft, sondern weist individuelle Züge auf. Insbesondere trifft dies zu für die detaillierte Beschreibung des Krankheitsbildes. Für eine historische Reminiszenz spricht auch die Tatsache, dass in dieser Erzählung jene christologischen Bekenntnisformeln fehlen, die sich in anderen Wundergeschichten finden (und die in der Regel als theologische Interpretation der Gestalt Jesu seitens der Gemeinde oder des Evangelisten zu betrachten sind; vgl. 1,24, wo der Evangelist den Abergeist ein Glaubensbekenntnis sprechen lässt: »Ich weiß, wer du bist: Der Heilige Gottes.«).

Derartige Erkenntnisse mögen im Zusammenhang mit der Leben-Jesu-Forschung nicht unwichtig sein. Gewiss aber stehen sie nicht im Vordergrund, wenn wir uns überlegen, was die Geschichte von der Heilung des epileptischen Knaben uns heute zu sagen hat. Die entscheidende Frage lautet dann, ob und in welcher Weise die Leserinnen und Leser in dieser Episode vorkommen.

Tatsächlich geht es in dieser Geschichte eigentlich *nur* um die Leserinnen und Leser des Textes! Sicher ist, dass der Evangelist nicht darüber belehren will, ob es sich bei den Dämonen nun um personale Wesen oder um apersonale Mächte handelt; das ist unser Problem. Damals war das überhaupt keine Frage. Vielmehr geht es ihm um eine völlig unakademische Sache, nämlich um die Erfahrungstatsache, dass der Mensch dem Bösen ausgeliefert ist. Und dass Jesus – und zwar nur er – ihn davor retten kann. Wie aus der abschließenden Frage der Jünger (»Warum konnten wir den Dämon nicht austreiben?«) hervorgeht, haben diese vor der Ankunft Jesu vergeblich versucht, den Jungen zu heilen. Damit soll gezeigt werden, dass alle Hilfe von Jesus kommt.

Wir erkennen uns in dieser Geschichte auf Anhieb, sobald wir uns Rechenschaft geben darüber, dass der an Fallsucht erkrankte Junge für den Menschen schlechthin steht. Der Mensch ist nicht frei, das Böse abzulehnen oder es zu ergreifen. Er ist ja vom ersten Augenblick seiner Existenz an bereits vom Bösen ergriffen. *Aus sich heraus* hat der Mensch keinerlei Macht über das Böse, weil dieses sich seiner längst bemächtigt hat.

Diese Auffassung vertritt die ganze Bibel, angefangen von den ersten mythologisch eingefärbten Sätzen bis hin zu den theologisch durchdachten Briefen des Paulus. Dieser Letztere bezieht sich auf eigene Erfahrungen, wenn er darüber klagt, dass er sein Handeln nicht begreift: »Ich tue nicht das, was ich will, sondern das, was ich hasse« (Röm 7,15).

Paulus bezieht sich hier nicht auf seinen Lebenswandel *vor* seinem Damaskuserlebnis (Apg 9,3–9); er redet von seiner menschlichen Verfasstheit überhaupt. Ein Eiferer war er schon vor seiner Bekehrung zum Christentum, und ein solcher ist er geblieben bis zu seinem Lebensende. Und stets macht er die gleiche Erfahrung: Sein Wollen und sein Verhalten, sein Trachten und sein Handeln stehen miteinander im Widerstreit: »Nicht ich bin es, der dies bewirkt, sondern die in mir wohnende Sünde« (Röm 7,17). Das heißt: Ich bin nicht einmal mehr Herr im eigenen Haus; hier hat vielmehr die Sünde das Sagen; *sie* lenkt mich, *sie* agiert, *sie* setzt sich durch.

Dabei denkt Paulus überhaupt nicht daran, die Verantwortung des Menschen zu relativieren oder zu nivellieren oder gar zu negieren. Ich selbst bin es ja, der den Graben aufgerissen hat zwischen dem Ich, das das Gute will, und jenem anderen Ich, das das Böse schafft! Sein Thema hier ist nicht die Frage nach dem Ausmaß der Verantwortung, sondern die Erfahrung der radikalen Verfallenheit an das Böse.

Rein logische Kategorien erweisen sich als unzureichend, um derartige Erfahrungen zu analysieren. Wohl kann man sein Erschrecken darüber bekunden, aber solch Durchlebtes lässt sich nie angemessen artikulieren.

Ähnliche Erfahrungen haben zahlreiche Denker und Dichter veranlasst, über das Wesen des Menschen und seine Identität nachzusinnen.

Erinnert sei an jene entsetzliche Szene, die der italienische Schriftsteller Elio Vittorini (1908–1966) in seinem Roman mit dem unübersetzbaren Titel *Uomini e no* (deutsch: *Dennoch Menschen*, 1945) schildert. Ein Hauptmann lässt einen Soldaten von seinen Hunden zerfleischen, weil dieser einen von ihnen aus Notwehr getötet hat. Am Schluss dieser grauenvollen Schilderung macht Vittorini sich ein paar Gedanken:

> Der Mensch, sagt man. Und dabei denken wir an die, die fallen, an die, die verloren sind, an die Weinenden und Hungernden, an die Frierenden und Kranken, an die Verfolgten und an die, die getötet werden. Wir denken an die Erniedrigung, die sie erleiden, und an ihre Würde. An all das,

was in ihnen erniedrigt und beleidigt worden ist und was ihnen gegeben war, um sie unglücklich zu machen. Das ist der Mensch. [...]
Wir unterstellen immer, zum Menschen gehöre nur das, was erlitten ist, und die Überwindung des Leids. Hungern. Das gehört unserer Meinung nach zum Menschen. Frieren. Und nicht mehr hungern, nicht mehr frieren, die Luft auf dieser Erde atmen, sie besitzen, diese Erde besitzen, die Bäume, die Flüsse, das Korn, die Städte; den Wolf besiegen und der Welt ins Gesicht schauen. Das gehört unserer Meinung nach zum Menschen. [...]
Aber der Mensch kann auch handeln, wenn irgendetwas in ihm vorgeht, ohne daß er gelitten und überwunden hat, ohne Hunger und Kälte zu kennen, dann glauben wir, er sei kein Mensch. Wir sehen ihn. Er ist wie ein Wolf. Er greift an, er erniedrigt und beleidigt. Und wir sagen: Das ist der Mensch nicht. Kalt handelt er wie der Wolf. Aber ändert das etwas daran, daß er gleichwohl ein Mensch ist?
Wir denken nur an die Erniedrigten und Beleidigten.
O Mensch! O Mensch! Wo einer erniedrigt und beleidigt wird, stehen wir sofort auf seiner Seite und sind der Meinung, er sei der Mensch. Blut? Ja, da ist der Mensch. Tränen? Ja, da ist der Mensch.
Und der, der erniedrigt und beleidigt hat, was ist der? Wir denken nie daran, dass auch er ein Mensch ist. Was soll er sonst sein? Wirklich ein Wolf?[73]

Auschwitz und die Pastoralsymphonie – beides wurde vom Menschen ersonnen und ins Werk gesetzt. Der Mensch ist buchstäblich zu allem fähig. Er vermag nicht nur ungeahnte Höhen zu erreichen, sondern stürzt (oder stürzt sich) auch in die tiefsten und dunkelsten Abgründe.

Dabei verhält es sich beileibe nicht so, dass sich die Menschheit in zwei Gruppen aufteilen ließe, in Gute und Böse. Vielmehr vereinigt jeder Mensch beides in sich, Glanz und Elend, Herrlichkeit und Erbärmlichkeit, das Streben nach Reinheit und den Hang zum Verbrechen.

In unserem Markustext verschmelzen der Dämon und der von ihm besessene Junge sozusagen zu einer einzigen Person. Gegenüber dem

---

73   E. Vittorini, Dennoch Menschen, Olten 1963, 178 und 186.

Bösen ist der Mensch hilflos, fassungslos und sprachlos; nicht zufällig ist der Abergeist, der sich des Jungen bemächtigt hat, stumm.

Für ein angemessenes Verständnis dieser Geschichte ist außerdem von Bedeutung, dass der Vater des Knaben in *erzählerischer Hinsicht* nur als Sprachrohr und Interpret seines stummen Sohnes fungiert, dem es buchstäblich die Sprache verschlägt. *Theologisch betrachtet* ist der Vater eine Art Doppelgänger, was dadurch zum Ausdruck kommt, dass er zu Jesus sagt: »Hab Mitleid mit *uns*!«

Der Junge repräsentiert die von Jesus als ungläubig bezeichnete Menschheit. Diese ist wie jener dem Bösen ausgeliefert. Ebenso trifft für den Menschen schlechthin zu, was von dem Jungen gesagt wird, nämlich dass der Dämon ihn immer wieder auf den Boden und damit – wohin denn wohl? – in den Dreck wirft.

Aber dort lag er eigentlich schon immer, seit seiner Geburt: »Von Kind auf«, antwortet der Vater auf Jesu Frage, wie lange er das schon habe. Das ist keine biografische Notiz, sondern eine theologische Aussage. Tatsächlich ist der Mensch von allem Anfang an den lebensfeindlichen Mächten ausgeliefert. Selbst das wärmende Feuer und das Leben spendende Wasser werden zur Bedrohung: Oft schon hat, den Worten des Vaters zufolge, der Dämon das Kind »sogar ins Feuer oder ins Wasser geworfen, um es umzubringen.«

Die Jüngerfrage »Warum konnten denn wir den Dämon nicht austreiben?« lässt darauf schließen, dass der Vater sich in seiner Verzweiflung zuvor vergeblich an die Jünger gewandt hat. Seine Hoffnung richtet sich zunächst allein auf eine menschliche Macht. Demgegenüber betont der Erzähler, dass Rettung einzig von Jesus kommen kann. Er allein erweist sich allen Todesmächten als überlegen.

Bedeutsam ist das Schlusswort, das Jesus an die Jünger richtet: »Diese Art [von Abergeistern] kann nur durch Gebet ausgetrieben werden.«

Gebet aber ist nichts anderes als der sprachliche Ausdruck des Glaubens.

Daran gebricht es der »ungläubigen Generation«. Nicht einzelne gottwidrige Taten, sondern das fehlende Vertrauen zu Gott wirft Jesus seinen Landsleuten (und der Evangelist seiner Leserschaft) vor. Die einzelnen Verfehlungen, derer der Mensch sich schuldig macht, sind ja bloß eine Folge und damit eine je konkrete Manifestation des Unglaubens.

Einzig der Glaube (und darunter versteht der Evangelist die tätige und zumeist alltäglich-banale Jesusnachfolge) vermag das Böse zu überwinden. Wenn der Dämon den Jungen auf Jesu Befehl hin verlässt, wird damit angedeutet, dass der Mensch allein mit seinen begrenzten Mitteln und Kräften das Böse nie zu besiegen vermag. Gegen die Macht der Sünde hilft einzig die Kraft der Gnade, die immer dann wirksam wird, wenn jemand sich Gottes Führung gläubig überlässt.

Solcher Glaube kann (wie alles menschliche Vertrauen überhaupt) stets von Zweifeln bedroht und Unsicherheiten ausgesetzt sein. Das geht gerade aus dem Bekenntnis des Vaters hervor (der auch hier wiederum als Sprachrohr des Sohnes in Erscheinung tritt): »Ich glaube.« Und im selben Atemzug: »Hilf meinem Unglauben!«

Hilf meinem Unglauben! Das bedeutet nichts anderes, als dass der Glaube (wie menschliches Vertrauen überhaupt) in jedem Augenblick unseres Lebens auf die Probe gestellt werden kann.

Derartige Anfechtungen sind nichts Außergewöhnliches, wenn man bedenkt, dass Glaube in erster Linie sich nicht auf irgendwelche Glaubenswahrheiten bezieht, sondern grundsätzlich und wesentlich das Vertrauen auf Gott meint.

Ausgerechnet in den Evangelien stoßen wir immer wieder auf Stellen, die darauf hindeuten, dass blinder Glaube und fraglose Gläubigkeit keineswegs selbstverständlich sind. Besonders deutlich kommt das in den Ostergeschichten zum Ausdruck, die geradezu durchsetzt sind von Hinweisen auf die Zweifel und den zeitweiligen Unglauben der Jünger. Nach Lukas und Johannes schenken diese den Grabbesucherinnen keinerlei Gehör, als sie ihnen die Botschaft von der Auferstehung Jesu überbringen: »Die Apostel hielten diese Reden für Geschwätz und glaubten ihnen nicht« (Lk 24,11). Im Johannesevangelium legt Thomas gar ein ausdrückliches Unglaubensbekenntnis ab: »Wenn ich nicht das Mal der Nägel an seinen [Jesu] Händen sehe und wenn ich meinen Finger nicht in das Mal der Nägel und meine Hand nicht in seine Seite lege, glaube ich nicht« (Joh 20,25). Die Emmausjünger verleihen ihrem Unglauben ebenfalls offen Ausdruck: »Wir hatten gehofft, dass Jesus der sei, der Israel erlösen würde« (Lk 24,21). Wohlgemerkt: Wir *hatten* gehofft ... Einige Apostel schließlich zweifeln sogar noch angesichts einer Erscheinung des Auferstandenen (Mt 28,17).

Kein Mensch kann von sich behaupten, er besitze den Glauben ein für alle Mal. Vielmehr geht es darum, das Gottvertrauen ein Menschenleben lang immer neu zu verwirklichen und zu vertiefen.

Wie gelangt der Mensch vom Tod zum Leben? Dies ist die eigentliche Frage, die der Geschichte vom besessenen Jungen zugrunde liegt und auf die diese eine Antwort geben will.

»Der Junge lag da wie tot, sodass alle Leute sagten: Er ist gestorben. Jesus aber fasste ihn an der Hand und richtete ihn auf und er erhob sich.« Hier wird eine Totenerweckung beschrieben und gleichzeitig gesagt, dass einzig der Herr über Leben und Tod alle dunklen Mächte besiegen und das Leben schenken kann. Gesagt wird aber auch, dass eine Gesellschaft, in der uns nichts geschenkt wird, tödlich ist – und dass wir uns alles schenken lassen dürfen in der Begegnung mit Jesus, die Leben schafft.

WIE JESUS SEINE SENDUNG WAHRNIMMT

9[30] Sie gingen von dort weg und zogen durch Galiläa. Er wollte aber nicht, dass jemand davon erfuhr; [31] denn er belehrte seine Jünger und sagte zu ihnen: Der Menschensohn wird in die Hände von Menschen ausgeliefert, und sie werden ihn töten; doch drei Tage nach seinem Tod wird er auferstehen. [32] Aber sie verstanden das Wort nicht, fürchteten sich jedoch, ihn zu fragen.

Was der Evangelist Jesus hier als Vorhersage in den Mund legt, ist eine Vorwegnahme dessen, was die Gemeinde erst nach Jesu Auferweckung zu erfassen vermochte, nämlich dass der Messias und Menschensohn in dieser Weltzeit nicht als Triumphierender, sondern als Leidender auftritt. Historisch an dieser Darstellung ist, dass Jesus bereits während seines öffentlichen Wirkens erkannte, dass er durch sein Auftreten in Galiläa und sein Eintreten für die Armen und Schwachen den Protest der Religionsverwalter geradezu provozierte. Damit verbunden wiederum war die realistische Annahme, dass dieser Einsatz ihn das Leben kosten würde.

Das besagt, dass das Messiasbewusstsein Jesu nicht von Anfang an schon ausgeprägt war, sondern einer Entwicklung unterlag. Eigentlich versteht sich das von selbst, wenn man wirklich Ernst macht mit der kirchlichen Lehre, der zufolge Jesus nicht nur der Sohn Gottes, sondern gleichzeitig auch durch und durch Mensch war.

Etliche Gläubige gehen wohl von der Annahme aus, dass die Gottheit Jesu ein vollkommenes Wissen um Gott und eine vollendete Erkenntnis seiner Sendung mit einschloss.

Gegenfrage: Wenn Jesus tatsächlich nicht nur wahrer Gott, sondern auch wahrer Mensch ist, was bliebe dann von seinem wirklichen Menschsein noch übrig, wenn man ihm diese Fähigkeiten zuschriebe? Würde er damit nicht zu einem als Mensch getarnten oder verkleideten Gott gemacht? Und weiter: Wo wäre der Beginn eines solchen vollkommenen Wissens und damit ein ausgeprägtes Bewusstsein seiner messianischen Sendung anzusetzen? Bei seiner Geburt? Oder, konsequent weitergedacht, schon im Mutterleib? Aber auch umgekehrt: Wenn man sich Jesus nicht als allwissenden Menschen denkt, wie kann dann von seiner Gottheit die Rede sein?

Weiterhelfen kann uns hier der Evangelist Lukas. Der berichtet, wie die Weisheit des zwölfjährigen Jesus unter den Rabbinen im Tempel höchste Betroffenheit auslöst. Außerdem erweckt der Junge bei dieser Gelegenheit den Anschein, dass er sich seiner Gottsohnschaft bereits voll bewusst ist: »Wusstet ihr nicht, dass ich in dem [Haus] sein muss, was meinem Vater gehört?« (Lk 2,49) Nur wenige Zeilen weiter aber bemerkt der Evangelist, dass Jesus nicht nur an Alter, sondern auch an Weisheit *zunahm* (Lk 2,52).

Die hier angedeutete Spannung lässt sich durch die ganze christliche Theologiegeschichte hindurch verfolgen. Das Bekenntnis zu Jesu vollem Menschsein erforderte die Annahme eines Entwicklungsprozesses, angefangen vom Nichtwissen über das Lernen und den Erkenntnisfortschritt, bis hin zu einem ausdrücklichen Messiasbewusstsein.

Dieser Sachverhalt wurde im Altertum häufig als Beweis dafür angeführt, dass Jesus lediglich ein menschliches Geschöpf sei, wenn auch vollkommener als alle übrigen Menschen. So erklärt es sich, dass in den ersten Jahrhunderten manche Kirchenväter nur zögerlich von einem Erkenntnis*prozess* und einem Bewusstseins*zuwachs* in Bezug auf Jesus zu sprechen wagten. Dies wiederum führte dazu, dass man später dazu neigte, Jesus jede Vollkommenheit des Wissens zuzuschreiben. So vertritt Thomas von Aquin (um 1225–1274) in seiner *Theologischen Summe* die

Ansicht, dass Jesus alles wusste, und zwar auf jede nur denkbare Art.[74] Ausgehend von diesem Ansatz wurden in der Folge die gewagtesten Theorien entwickelt, um bei Jesus doch noch so etwas wie eine Wissenszunahme und Bewusstseinsentwicklung behaupten zu können – so unter anderem die Theorie, Jesus hätte von der ihm eigenen göttlichen Allwissenheit entweder keinen Gebrauch gemacht oder freiwillig darauf verzichtet.

Später glaubte man, das Problem lösen zu können, indem man unterschied zwischen einem allgemein menschlichen Wissen, das Jesus mit den übrigen Menschen teilte und von dem man eine Entwicklung annahm, und seinem immer schon vorhandenen göttlichen Messiasbewusstsein – wobei man beide Ebenen praktisch trennte.

Sämtliche Theorien, die Jesus ein vollkommenes Wissen und ein von Anfang an ausgeprägtes Messiasbewusstsein zuschreiben, gehen von der – ihrerseits nicht mehr reflektierten – Voraussetzung aus, dass ein begrenztes Wissen einen Mangel darstelle und damit unvereinbar sei mit der Vollkommenheit des Sohnes Gottes.

Diese stillschweigende Voraussetzung trifft in keiner Weise zu. Nichtwissen, Lernbereitschaft und Erkenntnisfortschritt sind normale Bedingungen der menschlichen Erkenntnis; sie stellen keinen Mangel dar, sondern gehören wesentlich zum Menschsein.

Jeder Mensch verwirklicht sich im Dialog mit und in der Beziehung zu anderen. In der Auseinandersetzung mit sich und der Mitwelt findet er seine Identität. Auf Jesus angewandt besagt das, dass man zwischen seinem menschlichen Wissen und seinem Messiasbewusstsein wohl unterscheiden kann, aber beides nicht voneinander trennen darf. Indem sich Jesu menschliches (profanes und religiöses) Erfahrungswissen mit fortschreitendem Alter allmählich vervollkommnet, vertieft sich gleichzeitig auch sein messianisches Sohnesbewusstsein. Im Rahmen seiner menschlichen Entfaltung, die einen Lernprozess mit einschließt, zeigt ihm der Vater immer deutlicher seine messianische Sendung. Mit einem Wort: Jesus erfuhr sich selbst auf menschliche Weise als Sohn Gottes,

---

74   Vgl. Thomas von Aquin, Summa theologica, III, 9–12; 15,8.

wobei seine Taufe und die Verklärung Schlüsselerlebnisse dieses Erfahrungsprozesses darstellen.

Indem Jesus Gott entdeckt, findet er gleichzeitig seine Identität. Er beginnt zu begreifen, dass er nicht nur ganz und gar aufseiten der Menschen steht, sondern gleichzeitig auch ganz und gar auf die Seite Gottes gehört.

EIN PAAR GEMEINDEREGELN

9^{33} Sie [Jesus und die Jünger] kamen nach Kafarnaum. Als er dann im Haus war, fragte er sie: Worüber habt ihr auf dem Weg gesprochen? ^{34} Sie schwiegen, denn sie hatten auf dem Weg miteinander darüber gesprochen, wer der Größte sei. ^{35} Da setzte er sich, rief die Zwölf und sagte zu ihnen: Wer der Erste sein will, soll der Letzte von allen und der Diener aller sein. ^{36} Und er stellte ein Kind in ihre Mitte, nahm es in seine Arme und sagte zu ihnen: ^{37} Wer ein solches Kind in meinem Namen aufnimmt, der nimmt mich auf; und wer mich aufnimmt, der nimmt nicht nur mich auf, sondern den, der mich gesandt hat.

^{38} Da sagte Johannes zu ihm: Meister, wir haben gesehen, wie jemand in deinem Namen Dämonen austrieb; und wir versuchten, ihn daran zu hindern, weil er uns nicht nachfolgt. ^{39} Jesus erwiderte: Hindert ihn nicht! Keiner, der in meinem Namen eine Machttat vollbringt, kann so leicht schlecht von mir reden. ^{40} Denn wer nicht gegen uns ist, der ist für uns. ^{41} Wer euch auch nur einen Becher Wasser zu trinken gibt, weil ihr zu Christus gehört – Amen, ich sage euch: Er wird gewiss nicht um seinen Lohn kommen. ^{42} Wer einem von diesen Kleinen, die an mich glauben, Ärgernis gibt, für den wäre es besser, wenn er mit einem Mühlstein um den Hals ins Meer geworfen würde. ^{43} Wenn dir deine Hand Ärgernis gibt, dann hau sie ab; es ist besser für dich, verstümmelt in das Leben zu gelangen, als mit zwei Händen in die Hölle zu kommen, in das nie erlöschende Feuer. [^{44} *Spätere Textzeugen fügen hier ein:* wo ihr Wurm nicht stirbt und das Feuer nicht erlischt.] ^{45} Und wenn dir dein Fuß Ärgernis gibt, dann hau ihn ab; es ist besser für dich, lahm in das Leben zu gelangen, als mit zwei Füßen in die Hölle geworfen zu werden. [^{46} *Spätere Textzeugen fügen hier ein:* wo ihr Wurm nicht stirbt und das Feuer nicht erlischt. Vgl. 9,48*] ^{47} Und wenn dir dein Auge Ärgernis gibt, dann reiß es aus; es ist besser für dich, einäugig in das Reich Gottes zu kommen, als mit zwei Augen in die Hölle geworfen zu werden, [48] wo ihr Wurm nicht stirbt und das Feuer nicht erlischt. [49] Denn jeder wird mit Feuer gesalzen werden. [50] Das Salz ist etwas Gutes. Wenn das Salz die Kraft zum Salzen verliert, womit wollt ihr ihm seine Würze wiedergeben? Habt Salz in euch und haltet Frieden untereinander!

Wenn eine Gemeinschaft sich von außen bedroht fühlt, halten die einzelnen Mitglieder meist zusammen, weil sie so der Gefahr am wirksamsten begegnen können. Sobald diese gebannt ist, ist der Zusammenhalt oft gefährdet durch interne Querelen, Rangstreitigkeiten oder Eifersüchteleien.

Wohl ungewollt erinnert der Evangelist im vorliegenden Abschnitt an dieses soziologische Muster. Eigentlich müssten sich die Jünger freuen, dass einer, der nicht zu ihrem Kreis gehört, in Jesu Namen auftritt. Stattdessen sehen sie in ihm einen Rivalen und befürchten, dass ihr Renommee deswegen Schaden nehmen könne. Völlig anders äußert sich Jesus in dieser Angelegenheit: Lasst ihn in Frieden, denn solange er nicht gegen uns agiert, steht er auf unserer Seite.[75]

Offene Rivalität indessen scheint ausgerechnet unter Jesu Jüngern zu herrschen. Sie streiten sich darüber, wer von ihnen der Größte sei. Indem Jesus auf ein Kind deutet, bedeutet er ihnen, wie albern und wie skandalös ihr Verhalten ist. Statt sich ihrer Größe zu rühmen, sollen sie sich um die Kleinsten kümmern. Die Tragik der Jünger besteht darin, dass sie sich damit nicht abfinden wollen. Wodurch sie Jesus geradezu zwingen, ihnen demnächst gründlich die Leviten zu lesen.[76]

Im Übrigen erweckt die Lektüre dieses Abschnitts den Eindruck, dass Markus in Kürzestform eine ganze Palette von untereinander unabhängigen Themen tangiert, ohne dass ein roter Faden erkennbar wäre. Oder doch? Tatsächlich handelt es sich um Impulse, die die Gemeindeord-

---

75   Matthäus hingegen outet sich diesbezüglich als Scharfmacher. Wohl übernimmt er den entsprechenden Ausspruch aus der Markusvorlage, dreht ihn aber um: »Wer nicht mit mir ist, der ist gegen mich« (Mt 12,30).
76   Vgl. dazu die Ausführungen zu Mk 10,35–40.

nung betreffen. Klar geht das aus jenen Aussagen hervor, die selbst glaubensstarke Christenmenschen irritieren können.

Verstümmeln soll sich, wer durch die Hand, den Fuß oder das Auge zum Bösen verführt wird! Eine solche Äußerung ist nicht wörtlich, aber doch ernst zu nehmen.

Richtig gewichten können wir sie allerdings nur (und das gilt auch für alle anderen biblischen Texte), wenn wir uns über ihre literarische Gattung Rechenschaft geben; es handelt sich hier um eine Hyperbel, also um eine Übertreibung, in Form eines Mahnworts. Solche Übertreibungen sind uns aus unserem Alltag vertraut. Etwa wenn wir einmal die Geduld verlieren und einen unbelehrbaren Besserwisser oder eine ewige Stänkerin und Nervensäge in einem Anflug von Wut anschreien: »Jetzt scher dich endlich zum Teufel!« Dass das nicht wörtlich gemeint ist, geht schon daraus hervor, dass auch eingefleischte Atheisten und Agnostikerinnen, die an keinen Teufel glauben, sich gelegentlich so äußern.

Wichtig zum Verständnis eines Bibeltextes ist auch der Zusammenhang. Unmittelbar bevor Jesus die Jünger mahnt, das Böse im Keim zu ersticken, warnt er sie davor, den »Kleinen« Ärgernis zu geben; andernfalls wäre es besser, wenn sie vorher ertränkt würden.

Der Kontext ist klar. Die in der Gemeinde das Sagen haben, sollen sich so anstellen, dass die »Kleinen« keinen Anstoß nehmen an ihrem Verhalten. Die Frage ist nur: Wer sind diese »Kleinen«?

In manchen Bibelkommentaren ist nachzulesen, dass damit vorab Gläubige mit wenig eigenem Urteilsvermögen gemeint seien, solche also, die sich leicht verunsichern ließen. Diese wären vor den Gefährdungen durch die so manches anzweifelnden Intellektuellen zu schützen. Praktisch läuft das darauf hinaus, Rückfragen möglichst zu vermeiden und Zweifel gar nicht erst zu äußern. Das Ideal ist ein blinder Glaube – was aber in krassem Widerspruch zu der von den mittelalterlichen Theologen formulierten Forderung steht, der zufolge es den Glauben nach »Einsicht« verlangt.[77]

---

77   »*Fidens quaerens intellectum* - der nach Einsicht suchende Glaube«, zum ersten Mal so formuliert von Anselm von Canterbury im Jahr 1078 (ursprünglicher Titel seines *Proslogion*).

In Wirklichkeit geht es dem Evangelisten um ein anderes Problem. Die »Kleinen« sind nicht die im Glauben Verunsicherten. Sondern die einfachen Gläubigen, also die gewöhnlichen Mitglieder der Gemeinde. Gesellschaftlich gehören sie zur Zeit des Evangelisten einer Minderheit an, die unter dem ständigen Druck einer möglichen Verfolgung steht. Statt über sie zu verfügen, sollen die Verantwortlichen in der Gemeinde sie begleiten – und auf keinen Fall Anstoß erregen durch ihr Verhalten. Deshalb gilt: Wenn du versucht bist, auf sie herabzublicken, dann reiß dein Auge aus! Wenn du meinst, immer und gleich hart durchgreifen zu müssen, hau dir die Hand ab! Und den Fuß ebenfalls, falls du dazu neigst, andere mit Füßen zu treten! Denk daran: »Wer der Erste sein will, soll der Letzte von allen und der Diener aller sein!«

Niedergeschlagen hat sich diese Mahnung in jener Devotionsformel, mit der sich die Päpste als *servus servorum Dei*, als Diener der Diener Gottes bezeichnen. Eingeführt wurde diese Bezeichnung von Papst Gregor I. (dem Großen; 590–640). Vereinzelt wurde sie später auch von einigen weltlichen oder geistlichen Regenten verwendet. Seit dem 12. Jahrhundert ist sie jedoch dem Papst vorbehalten. Einen geradezu sarkastischen Anstrich bekam dieser Titel stets dann, wenn Kardinäle sich um den Papstthron balgten und sich dabei oft sogar zu kriminellen Handlungen hinreißen ließen.

Markus hatte offenbar gute Gründe, Jesu Warnung vor Machtmissbrauch seiner Leserschaft schon im übernächsten Kapitel seines Evangeliums erneut in Erinnerung zu rufen.

10. KAPITEL

DU BIST ZU UNVERBRÜCHLICHER TREUE FÄHIG!

10[†] In jener Zeit [1] kam Jesus nach Judäa und in das Gebiet jenseits des Jordan. Wieder versammelten sich viele Leute bei ihm, und er lehrte sie, wie er es gewohnt war.

[2] Da kamen Pharisäer zu ihm und fragten: Darf ein Mann seine Frau aus der Ehe entlassen? Damit wollten sie ihm eine Falle stellen. [3] Er antwortete ihnen: Was hat euch Mose vorgeschrieben? [4] Sie sagten: Mose hat erlaubt, eine Scheidungsurkunde auszustellen und die Frau aus der Ehe zu entlassen. [5] Jesus entgegnete ihnen: Nur weil ihr so hartherzig seid, hat er euch dieses Gebot gegeben. [6] Am Anfang der Schöpfung aber hat Gott sie als Mann und Frau geschaffen. [7] Darum wird der Mann Vater und Mutter verlassen, [8] und die zwei werden ein Fleisch sein. Sie sind also nicht mehr zwei, sondern ein Fleisch. [9] Was aber Gott verbunden hat, das darf der Mensch nicht trennen. [10] Zu Hause befragten ihn die Jünger noch einmal darüber. [11] Er antwortete ihnen: Wer seine Frau aus der Ehe entlässt und eine andere heiratet, begeht ihr gegenüber Ehebruch. [12] Auch eine Frau begeht Ehebruch, wenn sie ihren Mann aus der Ehe entlässt und einen anderen heiratet.

Entsprechend der mosaischen Weisung kann ein Mann seine Frau entlassen, wenn er »an ihr etwas Anstößiges entdeckt«. Allerdings muss er ihr einen Scheidungsbrief ausstellen (Dtn 24,1). Der dient als Beweis, dass sie tatsächlich verstoßen wurde und wieder heiraten kann.

Die Sache scheint also klar. Bis dahin hat sich Jesus in dieser Angelegenheit nicht geäußert. Und schon gar nicht ist ersichtlich, weshalb er eine Ansicht vertreten sollte, die der bisher üblichen Praxis widerspricht. Markus schiebt die Pharisäer hier bloß vor, um eine Frage zu klären, die zu seiner Zeit diskutiert wurde.

Tatsächlich beinhaltet dieser Abschnitt nicht ein Streitgespräch zwischen Jesus und seinen Gegnern, sondern eine Belehrung seitens des Evangelisten. Die aber hat es in sich.

Kein Zweifel herrschte darüber, dass ein Mann seine Frau entlassen konnte. Das Gesetz nennt als Grund Anstößigkeit. Und das ist der springende Punkt. Bezüglich des konkreten Scheidungsgrundes nämlich herrschte damals keine Einmütigkeit. Die strenge Schule des Rabbi Schammai erlaubte eine Scheidung nur im Fall von Unzucht. Für Rabbi Hillel und seine freizügige Schule hingegen genügte schon eine angebrannte Speise, um die Frau wegzuweisen.[78]

In gesellschaftlicher Hinsicht war die Ehefrau auch sonst weit weniger geschützt als der Mann. Dazu kommt, dass sie im Gesetz des Mose dem *Besitz* des Mannes zugerechnet wird.

Du sollst nicht das Haus deines Nächsten begehren. Du sollst nicht die Frau deines Nächsten begehren, nicht seinen Sklaven oder seine Sklavin, sein Rind oder seinen Esel oder irgendetwas, das deinem Nächsten *gehört* (Ex 20,17).

Die Ehefrau ist *Besitz* des Mannes; immerhin wird sie noch vor dem Vieh erwähnt. Ein Mann, verheiratet oder nicht, der mit der Frau eines anderen sexuell verkehrt, begeht Ehebruch, weil er sich an fremdem Besitz vergreift. Wenn ein verheirateter Mann mit einer unverheirateten Frau den Beischlaf vollzieht, begeht er keinen Ehebruch, sondern treibt Unzucht. Seine eigene Ehe kann ein Verheirateter gar nicht brechen, sondern immer nur einbrechen in die Ehe eines anderen. Diese Sichtweise spiegelt patriarchalische Zustände wider, an denen Jesus grundsätzlich nicht rüttelt. Und doch unterläuft er sie, zugunsten der Frau.

---

78 Rabbi Schammai und Rabbi Hillel waren Begründer teils gegensätzlich ausgerichteter Toraschulen. Sie gehören zur Elterngeneration Jesu und seiner Jünger.

Zunächst wiederholt Jesus nur, was unbestritten ist: Du sollst nicht die Ehe brechen. Das impliziert ihm zufolge, dass die mosaische Erlaubnis nicht mehr gilt. Dabei geht es Jesus vor allem darum, die Frau vor der Willkür des Mannes zu schützen. Gleichzeitig – und das ist nicht weniger wichtig – betont er, dass die Ehe so zu führen ist, dass sich die Frage der Ehescheidung gar nicht mehr stellt.

Das Verbot, die Frau zu entlassen, ist genau besehen ein Vertrauensbeweis: Du bist zu unverbrüchlicher Treue fähig! Wo und wann immer solche Treue versprochen wird, wird die Ehe geschlossen. Und wo sie gelebt wird, besteht die Ehe.

Realistischerweise wird man zugestehen müssen, dass eine Ehe aus vielen und sehr unterschiedlichen Gründen derart zerrüttet sein kann, dass eine Weiterführung der Beziehung für den unschuldigen oder weniger schuldigen Teil nicht zumutbar ist. Ehen scheitern bekanntlich nicht nur an der Untreue des Partners oder der Partnerin, sondern auch am Auseinanderleben – oft trotz allem guten Willen der Beteiligten. Tatsächlich kann es Situationen geben, in denen nicht nur eine Trennung (»von Tisch und Bett«, wie die geläufige Formulierung lautet), sondern eine Ehescheidung die bessere Lösung darstellt als ein Zusammenleben, das für beide Teile unerträglich ist.

Wenn die Weiterführung einer ehelichen Beziehung trotz allen Bemühungen eines oder beider der Betroffenen nicht mehr möglich, die Ehe also gleichsam tot ist, scheint es geradezu unmenschlich, jemanden zu einem lebenslangen Zölibat zu verpflichten, indem man einem solchen Menschen per Dekret den Weg in eine neue Partnerschaft verbaut.

Das berücksichtigen manche Kirchen*männer* noch immer viel zu wenig.[79] Sie insistieren auf dem Jesuswort von der Unauflöslichkeit der Ehe oft auf eine Weise, als hätte der Mann aus Nazaret nie gesagt, dass der Sabbat für den Menschen da ist und nicht der Mensch für den Sabbat (vgl. Mk 2,27). Im Übrigen gilt auch hier jener alte römische Rechtsgrundsatz, der in der katholischen Moraltheologie zwar bekannt ist, in der Praxis aber kaum berücksichtigt wird: »*Ad impossibilia nemo tenetur* – Unmög-

---

79 Dazu mehr bei O. H. Pesch, Christliche Lebenspraxis heute und hier, Würzburg 1994, 246–250.

liches kann man von niemandem verlangen.« Dabei geht es um eine Gewissensfrage. Ob nach einer gescheiterten Ehe sexuelle Abstinenz möglich und der Verzicht auf eine neue eheliche Verbindung unzumutbar sind, können keine Kirchenbeamten und schon gar nicht das Kirchenrecht, sondern nur die Betroffenen entscheiden.

Für die des Lateinischen Kundigen sei hier noch ein weiterer einleuchtender Grundsatz zitiert, der in der Antike Geltung hatte (aber schon damals nicht immer angewandt wurde): »*Ultra posse nemo obligatur* – niemand kann zu etwas verpflichtet werden, das über sein Vermögen (oder Können) hinausreicht.«

KINDER ALS VORBILDER?

10[†] In jener Zeit [13] brachte man Kinder zu Jesus, damit er ihnen die Hände auflegte. Die Jünger aber wiesen die Leute schroff ab. [14] Als Jesus das sah, wurde er unwillig und sagte zu ihnen: Lasst die Kinder zu mir kommen; hindert sie nicht daran! Denn solchen wie ihnen gehört das Reich Gottes. [15] Amen, das sage ich euch: Wer das Reich Gottes nicht so annimmt wie ein Kind, der wird nicht hineinkommen. [16] Und er nahm die Kinder in seine Arme; dann legte er ihnen die Hände auf und segnete sie.

Ein guter Mensch sein! Ja, wer wär's nicht gern?
Sein Gut den Armen geben? Warum nicht?
Wenn alle gut sind, ist Sein Reich nicht fern.
Wer säße nicht sehr gern in Seinem Licht?
Ein guter Mensch sein? Ja, wer wär's nicht gern?
Doch leider sind auf diesem Sterne eben
die Mittel kärglich und die Menschen roh.
Wer möchte nicht in Fried'n und Eintracht leben?
Doch die Verhältnisse, sie sind nicht so![80]

---

80   B. Brecht, Dreigroschenoper, Erstes Dreigroschenfinale: Über die Unsicherheit menschlicher Verhältnisse (1928).

Trifft zu, was Bertolt Brecht in seiner *Dreigroschenoper* behauptet? Sind es immer nur die »Verhältnisse«, die Menschen zu Unmenschen machen? Die uns hindern, selbstloser zu sein? Die uns nötigen, uns gesellschaftlichen Verkettungen und politischen Zwängen zu fügen?

Man könnte auch andersherum fragen: Reden wir uns vielleicht bloß ein, dass uns letztlich nichts anderes übrig bleibe, als die bestehenden Missstände einfach hinzunehmen? Und weiter: Wer ist dafür verantwortlich?

Vielleicht sollten wir uns in einer ruhigen Stunde einmal überlegen, wovon wir geträumt hatten, als wir fünf oder zehn oder fünfzehn Jahre alt waren. Und was aus diesen Träumen geworden ist, weil wir etwas werden, etwas darstellen, es zu Ansehen, zu Erfolg und zu Vermögen bringen wollten. Dann erhebt sich vermutlich die Frage, wie viele unserer Ideale sich in nichts aufgelöst haben, weil Geld, Vergnügen, Karriere oder Macht im Mittelpunkt standen. Überlegen müssten wir uns auch, ob unsere Wertvorstellungen nicht davon abhängen, in welchem Maß sie uns nütze sind. Und ob dieses Nützlichkeitskriterium unsere zwischenmenschlichen Beziehungen bestimmt.

Wer wissen will, was ein Mensch wert ist, muss sich am Kind orientieren. *Das* ruft uns der Evangelist mit der Episode von Jesu Kindersegnung in Erinnerung. Wie ungewöhnlich diese Forderung empfunden wird, zeigt der Evangelist. Ausgerechnet die Jünger, die es inzwischen besser wissen müssten, hindern die Leute daran, ihre Kinder zu Jesus zu bringen.

Was machen die »Verhältnisse« mit uns?, fragt Bertolt Brecht. Die Frage ist vielmehr: Was machen wir angesichts der »Verhältnisse«?

Mit Blick auf die herrschenden sozialen Ungerechtigkeiten und der dadurch verursachten Leiden sind wir wohl geneigt zu fragen: Was können wir denn dafür, dass Kinder an Unterernährung sterben? Ist es vielleicht unsere Schuld, wenn günstige Altbauwohnungen von Spekulanten in Luxusappartements umgewandelt werden? Können wir etwa verhindern, dass man in rechten und linken Diktaturen Regimekritiker foltert? Angesichts unserer Ratlosigkeit gegenüber politischen Verflechtungen und ökonomischen Verquickungen ist die Versuchung groß, die Verantwortung abzuwälzen auf andere – auf die Industrie und die Banken, auf die Politiker und die Kirchenleitungen, auf die staatlichen Institutionen und die karitativen Einrichtungen: Die sollen sich dafür einsetzen, dass mehr Gerechtigkeit herrscht auf unserer Erde.

Kleine Zwischenfrage: Haben wir uns schon einmal über Amnesty International informiert? Welche Gesichtspunkte sind für uns ausschlaggebend, wenn politische Entscheidungen anstehen – die humanitären oder die finanziellen? Geben wir uns überhaupt Rechenschaft, dass ein ursächlicher Zusammenhang besteht zwischen der Notlage ganzer Völker und unserem aufwendigen Lebensstil?

Was unsere Gesellschaft aus Menschen macht, die den Reifeprozess mit dem Erwachsensein verwechseln, zeigt der französische Schriftsteller Antoine de Saint-Exupéry (1900–1944) in seinem weltbekannten Märchen *Der kleine Prinz*. Dieser hat auf seiner Reise zur Erde verschiedene Planeten besucht und dabei eine Menge erwachsener Menschen kennengelernt: einen senilen König, der sich über den Besucher freut, weil er für eine kleine Weile außer seiner Ratte noch einen weiteren Untertan hat; einen Geck, der seinen Hut trägt, um grüßen zu können, wenn man ihm zujauchzt; einen Säufer, der trinkt, um zu vergessen, dass er sich schämt, weil er säuft …

Weil diese Menschen um jeden Preis erwachsen sein wollen, sind sie so ernsthaft und humorlos, so verbissen und verbohrt, vor allem aber besitzversessen. Sie haben wohl Kunde vom Leben; was ihnen jedoch fehlt, ist die Kunst des Lebens.

Der kleine Prinz zeigt, was die Logik der »großen Leute« aus Menschen macht: Trauergestalten, Possenreißer und Spottfiguren, Abziehbilder oder einfach Kümmerlinge. Sie leben in einer Welt, in der das Haben dem Sein im Weg steht und in der kaum noch eine Spur von Menschlichkeit erkennbar ist.

Wer die Welt nur aus der Erwachsenenperspektive betrachtet, geht an ihr zugrunde. Macht und Machen allein machen unsere Welt nicht wohnsamer und unsere Gesellschaft nicht besser. Und die Kirche noch ärmer.

Die Kinder, die Jesus segnet, stehen für Offenheit, Vertrauen, Natürlichkeit, Schutzbedürftigkeit. Würden diese Haltungen mehr gepflegt, kämen Menschen nicht nur einander, sondern auch Gott näher. Gott selbst ist uns ja auch nähergekommen – nicht als König von Jerusalem, sondern als Kind, in Betlehem.

DIE ARMEN REICHEN UND DIE REICHEN ARMEN

10¹⁷ Als sich Jesus wieder auf den Weg machte, lief ein Mann auf ihn zu, fiel vor ihm auf die Knie und fragte ihn: Guter Meister, was muss ich tun, um das ewige Leben zu erben? ¹⁸ Jesus antwortete: Warum nennst du mich gut? Niemand ist gut außer der eine Gott. ¹⁹ Du kennst doch die Gebote: Du sollst nicht töten, du sollst nicht die Ehe brechen, du sollst nicht stehlen, du sollst nicht falsch aussagen, du sollst keinen Raub begehen; ehre deinen Vater und deine Mutter! ²⁰ Er erwiderte ihm: Meister, alle diese Gebote habe ich von Jugend an befolgt. ²¹ Da sah ihn Jesus an, umarmte ihn und sagte: Eines fehlt dir noch: Geh, verkaufe, was du hast, gib es den Armen, und du wirst einen Schatz im Himmel haben; dann komm und folge mir nach! ²² Der Mann aber war betrübt, als er das hörte, und ging traurig weg; denn er hatte ein großes Vermögen. ²³ Da sah Jesus seine Jünger an und sagte zu ihnen: Wie schwer ist es für Menschen, die viel besitzen, in das Reich Gottes zu kommen! ²⁴ Die Jünger waren über seine Worte bestürzt. Jesus aber sagte noch einmal zu ihnen: Meine Kinder, wie schwer ist es, in das Reich Gottes zu kommen! ²⁵ Leichter geht ein Kamel durch ein Nadelöhr, als dass ein Reicher in das Reich Gottes gelangt. ²⁶ Sie aber gerieten über alle Maßen außer sich vor Schrecken und sagten zueinander: Wer kann dann noch gerettet werden? ²⁷ Jesus sah sie an und sagte: Für Menschen ist das unmöglich, aber nicht für Gott; denn für Gott ist alles möglich. ²⁸ Da sagte Petrus zu ihm: Siehe, wir haben alles verlassen und sind dir nachgefolgt. ²⁹ Jesus antwortete: Amen, ich sage euch: Jeder, der um meinetwillen und um des Evangeliums willen Haus oder Brüder, Schwestern, Mutter, Vater, Kinder oder Äcker verlassen hat, ³⁰ wird das Hundertfache dafür empfangen. Jetzt in dieser Zeit wird er Häuser und Brüder, Schwestern und Mütter, Kinder und Äcker erhalten, wenn auch unter Verfolgungen, und in der kommenden Welt das ewige Leben. ³¹ Viele Erste werden Letzte sein und die Letzten Erste.

Da tritt einer an Jesus heran mit der Frage, was er tun müsse, um das ewige Leben zu erben. Dabei hat er doch die mosaische Weisung nicht nur verinnerlicht, sondern sie von Jugend an beachtet. Und doch empfindet er ein schales Gefühl, das ihm sagt, dass das nicht genügt. Dass ihm etwas fehlt. Aber was? *Eines* nur, erklärt Jesus, ohne das alles andere, auch sein vorbildliches Verhalten, nicht ins Gewicht fällt.

Und was ist dieses Eine? Die innere Freiheit gegenüber dem Besitz! Will Jesus damit sagen, dass wir nicht Vorsorge treffen und keine Vorräte anlegen sollen, um gegen die Wechselfälle des Lebens gewappnet zu sein? Bestimmt nicht.

Es ist nicht der Reichtum an sich, der dem Mann den Weg zu sich selbst und damit zum Glück verbaut, sondern der Umstand, dass er an seinen Gütern hängt.

Wie sehr Menschen an toten Dingen hängen, zeigt sich etwa dann, wenn sie aus irgendeinem Grund gezwungen sind, von ihrem Eigenheim in eine kleinere, leichter zugängliche Wohnung umzuziehen. Was hat sich da nicht alles an- und aufgehäuft im Lauf der Jahrzehnte! Das meiste davon erwies sich nie als wirklich erforderlich. Man hat es eben aufbewahrt, nicht nur aus Bequemlichkeit, sondern eher noch in der Absicht, es irgendwann zu verwenden. Von manchen Dingen mochte man sich aus emotionalen Gründen nie trennen; die wurden im Speicher gelagert, wo sie in Vergessenheit gerieten. Sinnvoller wäre gewesen, zu schauen, was davon anderen hätte dienlich sein können. Richtig umgehen mit dem, was wir besitzen, können wir eigentlich nur, wenn wir uns immer wieder fragen, wie wir anderen förderlich sein können mit dem, was uns selbst gar nicht dient. Solange unser ganzes Trachten auf die Mehrung unserer Besitztümer zielt, sind wir ständig irgendwelchen angeblichen Sachzwängen unterworfen. Was uns fehlt zum Glück, ist die innere Freiheit.

Aufs Schönste illustriert dies das grimmsche Märchen vom *Hans im Glück*.[81]

Nachdem Hans sieben Jahre bei einem Meister gedient hat, beschließt er, zu seiner Mutter zurückzukehren. Der Klumpen Gold, den er als Lohn erhalten hat, drückt umso mehr auf seine Schultern, je länger sein Fußmarsch dauert. Was sich wiederum auf seinen Gemütszustand auswirkt. Jedenfalls ist er froh, dass der Reiter, dem er zufällig begegnet, ihm für den Goldklumpen sein Pferd überlässt – eine Win-win-Situation für beide? Dann tauscht er das Pferd gegen eine Kuh, diese gegen ein Schwein, das Schwein gegen eine schöne weiße Gans, die Gans gegen

81 Dazu meine ausführliche Interpretation: J. Imbach, Der fröhliche Hans und der heilige Franz. Die Weisheit der Märchen und die Bibel, Zürich 2021, 190–211.

einen Wetzstein – und der plumpst versehentlich in einen Brunnen, an dem Hans seinen Durst stillen will. Hans – ein Minus-Tauscher, ein Tölpel und Dummkopf? Das Märchen scheint die Frage zu verneinen. »Mit leichtem Herzen und frei von aller Last sprang er nun fort, bis er daheim bei seiner Mutter war.«[82]

Hans verkörpert die Kunst des Loslassens. Er ist glücklich, weil er, von jeder Last befreit, endlich *frei* ist. Damit endet das Märchen. Hans ist frei *von jeder Last*. Und damit frei *für ein neues Leben*. Doch dieser Schluss ist unbefriedigend. Wenn keine Sachzwänge herrschen, ergibt sich eine Vielzahl von neuen Möglichkeiten.

Wo das Märchen endet, setzt Jesus an. Er zeigt den armen Reichen, wie sie zu reichen Armen werden können. Nämlich indem sie sich solidarisch erweisen gegenüber den »Armen«, die weniger oder nichts haben. Dabei geht es nicht um eine sterile Moral, basierend auf Weisungen, Geboten und Vorschriften, nach denen ein Mensch sein Leben ausrichten soll. Wer sein Augenmerk auf die Leidenden und die Benachteiligten richtet, erkennt von selbst, was nottut, um Wunden zu verbinden und Not zu lindern.

Erstaunlich, dass ausgerechnet Petrus, der Erste unter den Aposteln, sich bei Jesus nach dem *Lohn* für solches Verhalten erkundigt. Als ob die Genugtuung, einem Menschen geholfen zu haben, nicht schon Lohn genug wäre!

Die Antwort Jesu: »Das Hundertfache und das ewige Leben« – also unendlich mehr, als man sich durch gute Werke je verdienen könnte! Mit anderen Worten, Gottes Lohn ist in jedem Fall ein Geschenk; dieser ist so groß, dass man ihn sich gar nicht erarbeiten kann. Anders ausgedrückt: Der Lohn, von dem hier die Rede ist, ist – und da hilft nur noch ein Paradox – ein reiner Gnadenlohn, die ungeschuldete Gabe eines unendlich gütigen Gottes.

Der Glaube an diesen Gott hofft weder auf Lohn noch fürchtet er sich vor der Strafe, sondern er ist die einzig angemessene Antwort auf Gottes zuvorkommende Liebe. Auf ergreifende Weise bezeugt das ein Gebet der islamischen Mystikerin Rabi'a al-'Adawiyya (um 713–801):

---

82   Brüder Grimm, Kinder- und Hausmärchen, München [15]1993, 427.

Gott, betete ich dich an aus Furcht vor der Hölle,
dann verbrenne mich in der Hölle.
Betete ich dich an in der Hoffnung auf das Paradies,
dann verriegle mir das Paradies.
Bet' ich dich aber an um deinetwillen allein,
dann, o Gott, vermähle mich mit deiner ewigen Schönheit.[83]

Liebe, und darum geht es Jesus, verlangt nicht nach Belohnung, sondern hat ihren Sinn in sich. Der Lohn der Liebe ist die Liebe selbst. Himmel meint nichts anderes als das endgültige Gelingen dieser Liebe, die hier auf Erden angefangen hat – und in unserer Weltzeit nie vollkommen ist.

Steht damit aber nicht Jesu Äußerung in Kontrast, gemäß der alle, die Jesus nachfolgen, schon »in dieser Zeit Häuser und Brüder, Schwestern und Mütter, Kinder und Äcker wenn auch unter Verfolgungen erhalten«? Hier hat der Evangelist die aktuelle Situation der Christengemeinde im Blick. Was die Einzelnen in Zeiten der Verfolgung an Benachteiligungen in Kauf nehmen (müssen), ersetzt die Solidargemeinschaft den Gläubigen. Und so erkennen jene, die ihren Besitz mit den Notleidenden geteilt haben, nochmals, was auch wir vielleicht schon einmal erfahren durften: Alles, was Menschen für sich allein behalten, trennt sie von den anderen, und was sie mit anderen teilen, verbindet sie mit ihnen.

DIE DRITTE LEIDENSANKÜNDIGUNG

10³²■ Auf dem Weg hinauf nach Jerusalem ging Jesus seinen Jüngern voraus. Die Leute wunderten sich über ihn, und die ihm folgten, hatten Angst. Da versammelte er die Zwölf wieder um sich und kündigte ihnen an, was ihm bevorstehen werde.

³³■ Er sagte: Wir gehen nach Jerusalem, wo der Menschensohn den Hohepriestern und den Schriftgelehrten übergeben wird; sie werden ihn zum Tod verurteilen und an Heiden ausliefern; ³⁴ sie werden ihn verspotten, anspucken, geißeln und töten. Und nach drei Tagen wird er auferstehen.

---

83   Zit. G. Bachl, Über den Tod und das Leben danach, Graz u. a. 1980, 198.

Bereits zwei Mal hat Jesus den Jüngern von seinem künftigen Leiden gesprochen (8,3–32; 9,30–32). Das erste Mal macht Petrus ihm deshalb Vorwürfe. Die zweite Ankündigung kommentiert der Evangelist mit der Bemerkung, dass die Jünger Jesus »nicht verstanden«. Das scheint auch jetzt zuzutreffen. Entsprechende Rückfragen bleiben wider Erwarten aus. Die Jünger wissen jetzt zwar, was geschehen soll. Das Warum und Weshalb jedoch bleibt ihnen nach wie vor verborgen.

Tatsächlich haben die Jünger noch immer eine politisch eingefärbte Vorstellung vom Messias. Von diesem erhoffen sie, dass er sich Bahn schaffen, durchgreifen und seine Gegner vernichten wird. Welche Assoziationen sie auch immer mit dem Begriff *Messias* verbinden – ein leidender und gefolterter Erlöser Israels liegt völlig außerhalb ihres Denkhorizonts.

Und, vorerst, auch für alle, die sich nach Jesu Auferweckung zu ihm bekennen werden. Ein gekreuzigter Messias? Das war schlechthin undenkbar. Wie sehr diese Tatsache den frühen Christgläubigen zu schaffen machte, geht aus dem ersten Korintherbrief hervor:

> Nachdem Juden Zeichen fordern und Griechen Weisheit suchen, verkünden wir dagegen den gekreuzigten Messias: den Juden – ein Ärgernis, den Völkern – ein Aberwitz. (1 Kor 1,22)

Den Juden ein Ärgernis, weil die am Pfahl Hingerichteten als von Gott verstoßen galten – nachzulesen im Buch Deuteronomium, wo es heißt, dass »ein Gehenkter ein von Gott Verfluchter ist« (21,23), eine Aussage, die man zur Zeit Jesu auch auf jene bezog, die am Kreuz hingerichtet wurden. *Den Römern ein Aberwitz* – erinnert sei daran, was der römische Advokat und Staatsmann Cicero (106–43 v. Chr.) in seiner Verteidigungsrede für einen Angeklagten namens Rabirius sagt: »Schon allein von dem Wort *Kreuz* müssen die Gedanken und Ohren der römischen Bürger verschont bleiben.«[84]

---

84   M. T. Cicero, Pro C. Rabirio perduellionis reo, Cap. V, § 16, in: Opera, Bd. II/1, ed. I. C. Orellius, Turici 1854, 650.

Begreiflich daher, dass es verboten war, diese Todesart auf die Bürger des Reiches anzuwenden.

Historisch gesehen handelt es sich bei den drei Leidensvorhersagen jeweils um ein *vaticinium ex eventu* – so der exegetische Fachausdruck. Das heißt, dass der Evangelist diese »Prophezeiungen« auf Jesus zurückführt, *nachdem* die Dinge sich so entwickelt haben, ein Vorgehen, das in der Bibel, vorab im Neuen Testament, mehrfach festzustellen ist.[85]

Offenbar will der Evangelist seine Leserschaft auf das künftige Schicksal Jesu vorbereiten. Gleichzeitig lässt er durchblicken, wenn vorerst auch nur verhalten, dass jene, die sich auf Jesus und seine Botschaft einlassen, mit massiven Benachteiligungen, ja mit Verfemung und Verfolgung rechnen müssen, was tatsächlich kurz nach Jesu Tod (also gut drei Jahrzehnte *vor* der Niederschrift des Markusevangeliums) seinen Anfang nahm (vgl. Apg 5,17 f.).

Die Botschaft ist klar: Wer sich mit Jesus auf den Weg macht, unternimmt keinen Sonntagsspaziergang. Die Maßstäbe der Welt – Ansehen, Karriere, Erfolg – stehen in krassem Widerspruch zu den Absichten Jesu, der sich vor allem den Unterprivilegierten zuwandte. Der dänische Denker und Religionskritiker Sören Kierkegaard hat das in wenigen Zeilen formuliert, die keines Kommentars bedürfen:

> Wenn ein Mann Zahnweh hat, sagt die Welt »armer Mann«; wenn einem Mann die Frau untreu wird, sagt die Welt »armer Mann«; wenn ein Mann in Geldschwierigkeiten ist, sagt die Welt »armer Mann«. – Wenn es Gott gefällt, in geringer Knechtsgestalt in dieser Welt leiden zu wollen, sagt die Welt »armer Mensch«; wenn ein Apostel in göttlichem Auftrag die

---

85 Die Mehrheit der historisch-kritischen Bibelkundigen geht mit guten Gründen davon aus, dass auch andere Weissagungen Jesu erst *nach* dem Eintreten der betreffenden Ereignisse vom Evangelisten formuliert wurden. Beispiele: Die Zerstörung Jerusalems (Lk 21,24) oder die Zerstörung des Tempels (Mk 13,2). Evangelikale und traditionalistisch orientierte Theologen und Theologinnen halten diese und ähnliche Ankündigungen zumeist für historisch.

Ehre hat, für die Wahrheit zu leiden, sagt die Welt »armer Mensch«: Arme Welt![86]

Arme Welt! Und, so muss man sagen, armes Christentum, das sich an weltlichen Denkmustern orientiert, wogegen nicht einmal einige von Jesu Jüngern gefeit waren, was im folgenden Abschnitt des Markusevangeliums überdeutlich zur Sprache kommt.

LAS CASAS ODER MACHT- UND DIENSTWISSEN

10[†] In jener Zeit [35] traten Jakobus und Johannes, die Söhne des Zebedäus, zu ihm und sagten: Meister, wir möchten, dass du uns eine Bitte erfüllst. [36] Er antwortete: Was soll ich für euch tun? [37] Sie sagten zu ihm: Lass in deiner Herrlichkeit einen von uns rechts und den andern links neben dir sitzen! [38] Jesus erwiderte: Ihr wisst nicht, um was ihr bittet. Könnt ihr den Kelch trinken, den ich trinke, oder die Taufe auf euch nehmen, mit der ich getauft werde? [39] Sie antworteten: Wir können es. Da sagte Jesus zu ihnen: Ihr werdet den Kelch trinken, den ich trinke, und die Taufe empfangen, mit der ich getauft werde. [40] Doch den Platz zu meiner Rechten und zu meiner Linken habe nicht ich zu vergeben; dort werden die sitzen, für die es bestimmt ist. [41] Als die zehn anderen Jünger das hörten, wurden sie sehr ärgerlich über Jakobus und Johannes. [42] Da rief Jesus sie zu sich und sagte: Ihr wisst, dass die, die als Herrscher gelten, ihre Völker unterdrücken und ihre Großen ihre Macht gegen sie gebrauchen. [43] Bei euch aber soll es nicht so sein, sondern wer bei euch groß sein will, der soll euer Diener sein, [44] und wer bei euch der Erste sein will, soll der Sklave aller sein. [45] Denn auch der Menschensohn ist nicht gekommen, um sich dienen zu lassen, sondern um zu dienen und sein Leben hinzugeben als Lösegeld für viele.

Bekanntlich hat der Verfasser des Matthäusevangeliums den Markustext als Vorlage benutzt und dabei nicht gezögert, die beiden Zebedäussöhne

---

86   S. Kierkegaard, Der Augenblick. Zit. in H. Buss, Kierkegaards Angriff auf die bestehende Christenheit, Hamburg-Bergstedt 1970, 127 f.

in ein etwas günstigeres Licht zu stellen. Ihm zufolge nämlich ist es *die Mutter* des Jakobus und des Johannes, die Jesus in einem Anfall von Größenwahn bestürmt, ihren Söhnen im Reich Gottes eine Vormachtstellung einzuräumen (Mt 20,20 f.).

Statt auf ihre Bitte einzugehen, erteilt Jesus den beiden eine Lektion. Nicht um den Ehrenvorsitz und damit um eine Vormachtstellung sollen sie sich Gedanken machen, sondern sich fragen, ob sie überhaupt fähig sind, Jesu »Kelch zu trinken« und seine »Taufe zu empfangen«. Das bezieht sich nicht etwa auf das Tauf- und das Altarsakrament, sondern meint das Sterben mit (oder wie) Christus, worunter der Evangelist die tägliche und tätige Nachfolge versteht. Die aber besteht nicht einfach im Machtverzicht, sondern darin, dass die Menschen ihre Macht – also ihre Autorität, ihr Wissen und ihre Kräfte – zum Wohl der Allgemeinheit einsetzen: Macht als Er-Mächtigung zum Dienst!

Dennoch haben Christenmenschen immer wieder einmal das Kunststück vollbracht, das Reich Gottes zu proklamieren und sich gleichzeitig mit den Reichen dieser Welt zu arrangieren. Erinnert sei nur an die Hoheitszeichen und Orden, mit denen sich manche schmücken, um zu beweisen, dass sie wer sind. Es mag hier der Hinweis genügen auf die breite Palette von Ehrentiteln und Rangbezeichnungen, die sich in gewissen kirchlichen Kreisen noch immer höchster Wertschätzung erfreuen. Außer den ehrwürdigen, den hochwürdigen, den sehr hochwürdigen und den hochwürdigsten Herren gibt es noch die hochwürdigsten Exzellenzen und die nicht minder hochwürdigsten Eminenzen, und über allen thront Seine Heiligkeit.

Wer im Mittelpunkt steht, läuft immer Gefahr, sich in Szene zu setzen, statt sich in den Dienst einer guten Sache zu stellen. Das gilt auch für die, die mit der Glaubensverkündigung beauftragt sind. Darauf hat seinerzeit schon Sören Kierkegaard hingewiesen, als er mit einer an Sarkasmus grenzenden Ironie die Eitelkeit gewisser Kirchenmänner geißelte:

> In der prächtigen Domkirche tritt der hochwohlgeborene, hochwürdige, geheime General-Oberhofprediger auf, der auserwählte Günstling der vornehmen Welt, er tritt auf vor einem auserwählten Kreis von Auserwählten und predigt *gerührt* über den von ihm selbst gewählten Text:

»Gott hat auserwählt das Geringe vor der Welt und das Verachtete« [vgl. 1 Kor 1,28] – und da ist niemand, der lacht.[87]

Damit betont Kierkegaard, dass die Kirchen nicht müde werden *zu behaupten*, dass die Messlatten des Evangeliums nicht den Maßstäben dieser Welt entsprechen. Und dass sie über dem Reden darüber allzu häufig vergessen, die nötigen Konsequenzen zu ziehen.

Das Niedrige also hat Gott erwählt; sich selbst erniedrigt er, als er sich herablässt zu den Erniedrigten und Geknechteten: Mensch wird er! Sobald man solche dogmatischen Aussagen nicht mehr einfach als Feiertagsrhetorik über sich ergehen, sondern in ihrer ganzen Tragweite und Sinntiefe auf sich wirken lässt, erkennt man schlagartig und nicht ohne Beklemmung, dass das Christentum eben nicht bloß eine Sache des Gemüts ist; vielmehr ist es mit der Gemütlichkeit in dem Augenblick vorbei, als man den machtlosen und armen Jesus beim Wort und die Armen und Machtlosen in Schutz nimmt.

Was Paulus im ersten Korintherbrief sichtlich irritiert zu Pergament bringt, nämlich dass Gott sich aller Macht entäußert und schutzlos sich preisgibt, um so die menschliche Geschichte in andere Bahnen zu lenken, ist so neu nicht, dass der Völkerapostel eigens darauf hätte hinweisen müssen. Als studiertem Pharisäer ist ihm sicher aufgefallen, dass dieser Gott seit je schon eine ausgesprochene Vorliebe für das Kleine und Alltägliche bekundete. In Abraham offenbart er sich einem gewöhnlichen Viehzüchter, der keinerlei überragende Leistungen vorzuweisen hat. Ausgerechnet ihm verspricht er eine Nachkommenschaft, zahlreich wie der Sand am Meer. Später wendet sich Jahwe Abrahams Abkömmlingen zu. Im Vergleich zu ihren Nachbarvölkern besitzen die paar Nomadenstämme, die erst noch untereinander verfeindet sind, weder eine hohe Kultur noch können sie sich einer glanzvollen Vergangenheit rühmen. Die Geschichte dieses Volkes ist kein Spiegel von Gottes Herrlichkeit; zumeist besteht sie aus Abfall und Götzendienst, aus Schuld und Niederlagen und nicht durchgehaltenen Neuanfängen – wie jede andere

---

87   S. Kierkegaard, Der Augenblick, in: Gesammelte Werke, Bd. 34, hg. von E. Hirsch, Gütersloh ²1994, 27f.

Geschichte auch. David, der überragende König des auserwählten Volkes, verträumt seine Jugend als gewöhnlicher Schafhirt. Jahre später, als er auf dem Gipfel seiner Macht angelangt ist, weiß er nichts Besseres zu tun, als die Frau eines seiner Feldherren zu verführen und diesen meuchlings umbringen zu lassen. Es braucht schon einen gefestigten Glauben, um in oder hinter derartigen Ereignissen so etwas wie einen göttlichen Heilsplan zu entdecken.

Als Gott gar leibhaftig in unsere irrwitzige menschliche Geschichte eintritt, erscheint er wiederum nicht so, wie man das vom Allmächtigen erwarten würde. Nicht mit Gepränge und Gewalt tritt er auf, nicht als Fürst oder Regent, auch nicht in Glanz und Herrlichkeit. Gott kommt als Kind, machtlos, hilflos, schutzlos, vertrauend einzig und allein auf die Macht der Liebe.

Auf andere (und gleichzeitig höchst subtile) Weise illustriert diesen Sachverhalt der Evangelist Lukas mit seiner Erzählung von der Geburt Jesu. Die spielt in so fernen Zeiten, dass sie sich uns sozusagen im Gewand des Plusquamperfekts präsentiert. Wer etwas genauer hinsieht (und ein paar elementare exegetische Kenntnisse mitbringt), bemerkt schnell, dass und wie der Evangelist seiner Leserschaft in Sachen Machtausübung und Herrschaftsansprüche eine Lektion erteilen wollte.

> Es geschah aber in jenen Tagen, dass Kaiser Augustus den Befehl erließ, den ganzen Erdkreis in Steuerlisten einzutragen. Diese Aufzeichnung war die erste; damals war Quirinius Statthalter von Syrien (Lk 2,1-3).

Dieser Darstellung liegt ein theologisches Konzept zugrunde. Augenscheinlich ging es Lukas darum, Augustus, dem Herrscher über das gesamte Römische Reich, das hilflose Krippenkind gegenüberzustellen – ähnlich wie er wenige Seiten weiter, wo er Jesu erstes Auftreten in der Öffentlichkeit beschreibt, den unscheinbaren Wanderprediger aus Nazaret dem römischen Kaiser Tiberius gegenüberstellt (vgl. Lk 3,1).

Dabei geht es um die Frage: Wer ist der Retter der Welt? Im griechischsprachigen Teil des Römerreiches wurde Augustus als *sotér*, als Retter oder Erlöser gefeiert, eine Hoheitsbezeichnung, die jenen Herrschern vorbehalten war, die man wie (und gelegentlich auch als) Götter verehrte. Genau dieses Ehrentitels bedient sich in der Kindheitserzählung des Lukas der Engel, der den Hirten die Geburt des Kindes verkündet: »Der *sotér*, der Retter, ist euch heute geboren; er ist der Christus, der Herr (Lk 2,11). Und *dieser* Retter präsentiert sich nicht auf einem Thron, sondern wimmert in einem Stall.

Vordergründig ist diese Botschaft an die Hirten gerichtet. In Wirklichkeit jedoch sind jene angesprochen, die Lukas mit seiner Schrift überzeugen möchte. *Sie* erinnert er daran, dass die Mächtigen mit ihrer Politik wohl für eine Weile die öffentliche Ruhe wiederherstellen können. Dass es sicherlich möglich ist, ein Reich mit den Mitteln der Diplomatie für eine gewisse Zeit zu befrieden. Dass die Menschheit zweifellos Projekte und Programme benötigt, damit sie der Gerechtigkeit ein klein wenig näherkommt. Aber mit alldem allein ist noch kein Staat zu machen. Denn wenn die Menschen tatsächlich verhindern wollen, dass einer des anderen Opfer wird, müssen sie zuallererst begreifen, dass jede Machtposition zu Dienstleistungen verpflichtet.

Johannes illustriert das auf seine Art mittels der Erzählung von der Fußwaschung, die Jesus an seinen Jüngern vornimmt.

> Als er [Jesus] ihnen [den Zwölf] die Füße gewaschen, sein Gewand wieder angelegt und Platz genommen hatte, sagte er zu ihnen: Begreift ihr, was ich an euch getan habe? Ihr sagt zu mir Meister und Herr, und ihr nennt mich mit Recht so; denn ich bin es. Wenn nun ich, der Herr und Meister, euch die Füße gewaschen habe, dann müsst auch ihr einander die Füße waschen. Ich habe euch ein Beispiel gegeben, damit auch ihr so handelt, wie ich an euch gehandelt habe. Amen, amen, ich sage euch: Der Sklave ist nicht größer als sein Herr, und der Abgesandte ist nicht größer als der, der ihn gesandt hat (Joh 13,11–16).

Immer wieder waren Menschen der Überzeugung, dass Machtverzicht nicht nur auf der politisch-gesellschaftlichen, sondern auch auf der religiösen und kirchlichen Ebene das beste Mittel sei, um der Welt ein menschlicheres Antlitz zu verleihen. Und aus ebendiesem Grund setzten sie dann ihr Können und Wissen nicht zu ihrem eigenen Vorteil, sondern zur Förderung der Gerechtigkeit ein.

Erinnert sei an den spanischen Dominikanermönch Bartolomé de Las Casas. Dieser kommt im August 1484 in Sevilla als Sohn eines Händlers zur Welt. Nach einer juristischen Laufbahn in Spanien bereist Las Casas 1502 Hispaniola, eine der »Westindischen« Inseln, wo er im Dienst des Gouverneurs in Santo Domingo als Berater tätig ist. 1512 wird er als Erster in Amerika zum Priester geweiht. Danach erhält er ein Stück Land zugeteilt, das er wie damals üblich von Indigenen in Zwangsarbeit bewirtschaften lässt. In dieser Zeit gibt er sich allmählich Rechenschaft darüber, dass die gesellschaftliche Ordnung in der Neuen Welt auf einem System der Unterdrückung basiert, das aus jedem Indio ein Objekt der Ausbeutung, aus jedem Heiden einen Rebellen und aus der kirchlichen Missionstätigkeit ein Instrument zur Aufrechterhaltung der Gewaltherrschaft macht. Was das konkret bedeutet, hält Las Casas in seinem *Bericht über die Zerstörung Westindiens* fest:

> Die Christen mit ihren Pferden, Schwertern und Lanzen verübten Metzeleien und unerhörte Grausamkeiten an den Indios. [...] Sie bauten große Galgen, die so beschaffen waren, dass die Füße der Opfer beinahe den Boden berührten und man jeweils dreizehn von ihnen henken konnte, und zu Ehren und zur Anbetung unseres Heilands und der zwölf Apostel legten sie Holz darunter und zündeten es an, um sie bei lebendigem Leib zu verbrennen. Anderen banden oder wickelten sie trockenes Stroh um den ganzen Körper, sie steckten es an und verbrannten sie so. Wieder anderen, und zwar allen, die sie am Leben lassen wollten, schnitten sie beide Hände ab, hängten sie ihnen um und sagten: »Tragt diese Briefe aus«, das heißt, »überbringt die Botschaft den Leuten, die in die Berge geflohen sind«. Gewöhnlich töteten sie die Herren und Adeligen auf diese Weise: Sie machten einen Bratrost aus Stäben, die sie auf Gabelstützen legten, und darauf banden sie die Opfer fest, und unter ihnen entzündeten sie ein schwaches Feuer, damit sie ganz allmählich, während ihnen die Qualen verzweifelte Schreie abpressten, die Seele aushauchten.[88]

Seine »erste Bekehrung« zum Anwalt der Indios schildert Bartolomé de Las Casas in der dritten Person.

---

88 M. Delgado (Hg.), Bartolomé de Las Casas. Werkauswahl, Bd. 2, Paderborn 1995, 71.

Als er die Predigten studierte, die er ihnen beim letzten Fest gehalten hatte, oder andere aus jener Zeit, begann er über jene Stellen der Heiligen Schrift nachzudenken, und wenn ich es nicht vergessen habe, war die aus dem Buch Jesus Sirach Kapitel 34,21–27 die wichtigste und vorrangigste: »Wer ein Opfer von unrechtem Gut darbringt, dessen Gabe ist mit Makel behaftet, denn Gaben der Gesetzlosen finden kein Gefallen. An Gaben der Gottlosen hat der Höchste kein Gefallen, auch vergibt er nicht Sünden aufgrund einer Fülle an Opfern. Man opfert den Sohn vor den Augen des Vaters, wenn man ein Opfer darbringt vom Gut der Armen. Kärgliches Brot ist das Leben der Armen, wer es ihnen raubt, ist ein Blutsauger. Den Nächsten mordet, wer ihm den Unterhalt wegnimmt, und Blut vergießt, wer einem Lohnarbeiter den Lohn raubt.«
Er begann, so meine ich, über das Elend und die Sklaverei, welche jene Völker erlitten, nachzudenken. Nach einigen Tagen, die er in diesem Nachdenken verbrachte und sich Tag für Tag mehr und mehr durch das bestätigt sah, was er bezüglich des Rechtes las, und hinsichtlich der Praxis beobachtete, indem er das eine mit dem anderen verband, kam er zu der Überzeugung, dass all das, was man in diesem Westindien an den Indios verbrach, unrecht und tyrannisch sei. Schließlich entschloss er sich dazu, dies auch zu predigen.[89]

Der Gouverneur, den Las Casas von seinem Sinneswandel unterrichtet, hält dessen Ansichten für eine »monströse Idee«. Las Casas indessen lässt sich nicht umstimmen – und predigt in der Folge nicht mehr für die Indios, sondern gegen die spanischen Konquistadoren:

Mit diesen Worten begann er ihnen ihre Blindheit, ihre Ungerechtigkeiten, Tyranneien und Grausamkeiten aufzudecken, die sie gegen jene unschuldigen und sanften Völker begingen; wie diejenigen, die Indios hatten, sowie solche, die sie ihnen zuteilten, kein Heil finden könnten, dass sie zur Wiederherstellung ihrer [der Indios] ursprünglichen Situation verpflichtet waren und dass er, weil er sich der Gefahr, in der er lebte, bewusst war, die Indios aufgegeben habe. Alle waren erstaunt oder sogar

---

89   Ebd., 262–266 (passim); dort auch das folgende Zitat.

erschrocken über das, was er sagte, einige zerknirscht, andere glaubten, sie träumten, als sie solche Neuigkeiten hörten, dass sie nämlich nicht ohne Sünde die Indios in ihren Diensten halten könnten; sie glaubten dies ebenso wenig, wie wenn man ihnen gesagt hätte, sie dürften sich der Arbeitstiere nicht bedienen.

Die Missstände des Systems,[90] die Bartolomé de Las Casas aus eigener Erfahrung kennt, veranlassen ihn, sich für die Abschaffung der Sklaverei und für erträgliche Lebensbedingungen der Ureinwohner einzusetzen. 1515 kehrt Las Casas nach Spanien zurück, wo er den König gegen den Widerstand von Kronrat und Klerus für eine Reform der Gesetzgebung zum Schutz der Indigenen zu überzeugen vermag. Nachdem er einen Missionsversuch an der venezolanischen Küste erfolglos abgebrochen hat, tritt er 1522 dem Orden der Dominikaner bei. Die folgenden sechs Jahre verbringt er mit der Niederschrift seiner *Historia general de las Indias* (erschienen 1528), einem Bericht über die frühen spanischen Kolonien in Amerika. 1537 erhält Las Casas den Auftrag, die Völker der nördlichen Landesteile Guatemalas zu befrieden. Es gelingt ihm, deren Vertrauen zu gewinnen und sie zum Christentum zu bekehren. 1542 werden auf sein Wirken hin die *Neuen Gesetze* erlassen, die das System der Sklaverei aufheben und eine Gleichstellung zwischen der indigenen Bevölkerung und den Spaniern festschreiben. 1544 wird Bartolomé de Las Casas zum Bischof von Chiapas, einem Gebiet im südlichen Mexiko, ernannt. 1547 kehrt er nach Spanien zurück. Am 18. Juli 1566 stirbt er in Madrid.

Wie zu Zeiten von Las Casas mangelt es auch heute nicht an Menschen, die anderen einreden wollen, im gesellschaftlichen, politischen und staatlichen Bereich herrschten eigene Gesetze, weil hier nicht fromme

---

90 Wie blind die Kirchenleitung noch heute gegenüber bestimmten Verbrechen ist, zeigt die gegenwärtige Gesetzeslage. Beispielsweise steht auf einer (allenfalls aus innerer Not) vorgenommenen Abtreibung die Strafe der Exkommunikation, während sich Vergewaltiger, Mitglieder terroristischer Vereinigungen, Mörderinnen, Kinderschänder oder Sklavenhändler, die Frauen wie Vieh an Bordellbesitzer verkaufen, lediglich einer »Todsünde« schuldig machen.

Wünsche, sondern harte Realitäten maßgebend seien. Wer in der Politik Karriere machen möchte, brauche nicht das neueste Messbuch, sondern das richtige Parteibuch.

Richtig daran ist, dass Religion und Ökonomie, Glaube und Politik, Ethik und Wirtschaftswachstum offenbar nicht auf einen Nenner und schon gar nicht unter einen Hut zu bringen sind. Das bringt es mit sich, dass viele Christen und Christinnen ihr Leben unbewusst in zwei Bereiche aufteilen: in den alltäglich-profanen, der den Gesetzen der Wirtschaftsordnung unterliegt, und in den sonntäglich-religiösen, innerhalb dessen man nach den Geboten Gottes zu leben versucht. Die Moral wird damit vorwiegend zu einer privaten Angelegenheit, und die Religion betrifft lediglich noch die Intimsphäre.

Gläubige, die über die gesellschaftliche Relevanz ihres Glaubens nachdenken, fragen sich indessen, ob ein derartiges Verhalten nicht an Schizophrenie grenze. Wir leben in einem Land, das Waffen exportiert, während Jesus zur Gewaltlosigkeit mahnt. Wir reden von einer gerechteren Weltwirtschaftsordnung und profitieren doch gleichzeitig von den bestehenden Ungerechtigkeiten. Wir sind davon überzeugt, dass vor Gott alle Menschen gleich sind, und gleichzeitig ziehen wir Nutzen aus aus der ethnischen Diskriminierung und der Undurchlässigkeit gesellschaftlicher Milieus.

Angesichts solcher angeblichen Sachzwänge fühlen sich viele machtlos, hilflos und ratlos. Gleichzeitig haben sie ein schlechtes Gewissen.

Vor diesem schlechten Gewissen braucht niemand Angst zu haben! Der Theologe Johann Baptist Metz hat einmal gesagt, es gebe Zeiten, in denen der Mut zu einem schlechten Gewissen und die Beharrlichkeit, mit der man es sich nicht ausreden lasse, womöglich die einzige Art sei, gewissenhaft zu sein.

So hilflos sind wir übrigens gar nicht, wenn wir mit uns ehrlich zurate gehen! Da ist beispielsweise die Sache mit dem Wissen. Bekanntlich kann man Wissen erwerben, um andere zu beherrschen oder um anderen zu helfen. Man spricht in diesem Zusammenhang von *Machtwissen* und von *Dienstwissen*. Ersteres dient dazu, möglichst viel Macht über andere und gleichzeitig möglichst viele Vorteile für sich zu erlangen. Die Rede vom Reich Gottes aber verträgt sich schlecht mit jenem Reichtum, der mithilfe des Machtwissens, also ohne Rücksicht auf andere erworben wird. Solche Rücksichten hingegen kennt das Dienstwissen, das wir – der Ausdruck sagt es – den Bedürftigen und Leidenden zugute-kommt. Wissen wird in diesem Fall erworben, um zu helfen.

Dass Las Casas' Bemühungen kein dauerhafter Erfolg beschieden war, spricht nicht gegen ihn, sondern gegen eine Christenheit, die sich laut-stark auf den Mann aus Nazaret berief und ihn gleichzeitig immer wieder verriet, indem sie seine Botschaft pervertierte. Ebendieser Verrat bewirkte bei dem spanischen Dominikaner ein ungutes Gefühl. Im Unterschied zu vielen seiner Zeitgenossen ließ er es nicht dabei bewen-den. Eine besondere Aufmerksamkeit für die Ohnmächtigen – die Armen, die Ausgebeuteten, die Erniedrigten und Beleidigten – ist erst da gegeben, wo »der Übergang von Gefühlen zu Überzeugungen und der Übergang von Überzeugungen zu Verpflichtungen« stattfindet.[91]

Seltsamerweise ist der Begriff *Macht* überwiegend negativ besetzt. Nicht nur auf individueller Ebene, sondern auch im sozialen Bereich wird Macht häufig als Bedrohung der persönlichen Freiheit empfunden. Die 68er-Bewegung hat diesen Sachverhalt auf die griffige Formel gebracht: »Keine Macht für niemand.« Diese nicht bloß skeptische, son-dern ablehnende Haltung gegenüber dem Phänomen Macht liegt auch dem Urteil des Schweizer Kunst- und Kulturhistorikers Jacob Burckhardt (1818–1897) zugrunde, der in seinen *Weltgeschichtlichen Betrachtungen* behauptet:

> Nun ist die Macht an sich böse, gleichviel wer sie ausübe. Sie ist kein Beharren, sondern eine Gier und so *eo ipso* unerfüllbar, daher in sich unglücklich und muss also andere unglücklich machen. Unfehlbar gerät man dabei in die Hände sowohl ehrgeiziger und erhaltungsbedürftiger Dynastien als einzelner »großer Männer« usw., das heißt solcher Kräfte, welchen gerade an dem Weiterblühen der Kultur am wenigsten gelegen ist.[92]

91 C. Sedmak, Theologie in nachtheologischer Zeit, Mainz 2003, 58.
92 J. Burckhardt, Weltgeschichtliche Betrachtungen, in: Gesamtausgabe, Bd. VII, Basel 1929, 1–208; 73.

Richtig daran ist, dass jene, die an den Hebeln der Macht sitzen, in der Regel nicht bereit sind, auf ihre Position zu verzichten oder auch nur einen Teil ihrer Zuständigkeiten an andere abzutreten. Macht- und erfolgsorientierte Menschen verspüren meist keine große Lust, dem Beispiel eines Franz von Assisi zu folgen, der auf sein Erbe und damit auf seine Vorrangstellung unter der Jugend des Städtchens verzichtete, um fortan als Bettelbruder zu leben und den Vögeln zu predigen, die schon damals für fromme Lehren ein offeneres Ohr hatten als manche seiner Zeitgenossen. Zwar räumen heute sogar CEOs und Manager ein, dass sie unserer Konsum- und Spaßgesellschaft am liebsten den Rücken kehren würden. Tatsächlich aber wären die wenigsten von ihnen bereit, ihren Sitz im Aufsichtsrat eines Großkonzerns mit dem Schemel einer Klosterzelle zu vertauschen, um in Ruhe über Siddhartha Gautamas Lehren zu meditieren. Wahrscheinlicher ist, dass sie sich in Zeiten der Depression oder bei übermäßigem Stress für ein, zwei Wochen in ein spirituelles Zentrum zurückziehen in der Hoffnung, ihr Unternehmen nachher mit gesteigerter Power marketingorientiert promoten zu können. Das aber heißt noch lange nicht, dass die Macht (wie Burckhardt behauptet) böse ist.

Die »Macht an sich« ist weder gut noch böse. Sie ist auch nicht moralisch. Und schon gar nicht ist sie unmoralisch. Sie kann beides nicht sein, da es die »Macht an sich« genauso wenig gibt wie *die* Liebe oder *den* Hass. Wohl aber gibt es auf sehr unterschiedliche Weise Liebende und mit nicht vergleichbarer Intensität und aus vielfältigen Motiven Hassende. Nicht die Macht ist gut oder böse; moralisch gut oder ethisch verwerflich hingegen sind die Absichten, die Menschen verfolgen, und die Methoden, derer sie sich bedienen, um an die Macht zu gelangen oder um an der Macht zu bleiben.

Keine Macht für niemand? Das tönt gut, ist aber blanker Unsinn. Ohne Machtausübung läuft gar nichts – weder in einem kontemplativ ausgerichteten Nonnenkloster noch in der großen Weltpolitik. Zwar unterscheiden sich die Befugnisse einer Mutter Oberin gewaltig von den Kompetenzen eines Staatsoberhauptes; beiden gemeinsam aber ist, dass sie für ihr Amt legitimiert und für bestimmte Aufgaben delegiert sind und dass sie für ihre Entscheidungen geradestehen müssen. Selbst da, wo angeblich Gleichberechtigung herrscht, die Macht also gleichsam auf alle verteilt ist, gibt es immer welche, die ein größeres Stimmvolumen, eine ausgeprägtere Sprachkompetenz, einen besser ausgebildeten Sachverstand oder mehr diplomatisches Geschick haben und ihre Ideen deshalb leichter durchzusetzen vermögen.

Was die Macht in den Ruf des Unmoralischen und ihre Träger und Trägerinnen in den Ruch der Verruchtheit gebracht hat, ist ihr Missbrauch. Und die Tatsache, dass Menschen immer wieder darunter leiden, dass ihnen oft nichts anderes übrig bleibt, als mit dem Kopf zu nicken, weil – leider – andere das Sagen haben. Der Macht haftet nur so lange das Odium des Bösen an, wie sie *die eigene* Freiheit einschränkt. Dass die meisten Menschen Macht für etwas Erstrebenswertes halten, zeigt die Gegenprobe. Gelegentlich kommt es schon einmal vor, dass wir uns vorstellen, was *wir* alles besser machen würden, wenn wir die Möglichkeit hätten, ein Machtwort zu sprechen, ein Exempel zu statuieren oder energisch durchzugreifen.

Wo immer Machtverhältnisse das zwischenmenschliche Zusammenleben mitbestimmen, stellt sich die Frage nach der Moral. Jesus zufolge handeln die Mächtigen nur dann gut, wenn sie auf ethisch vertretbare Mittel zurückgreifen und dabei nicht den eigenen Vorteil, sondern das Allgemeinwohl im Auge behalten. Es ist bestimmt kein Zufall, dass sich die goldene Regel, die allen Weltreligionen eignet, im Neuen Testament auch im Munde Jesu findet: »Alles, was ihr wollt, dass euch die Menschen tun, das tut auch ihnen! Darin besteht das Gesetz und die Propheten« (Mt 7,12).

SEINE NOT HINAUSSCHREIEN

10[†] In jener Zeit, [46b] als Jesus mit seinen Jüngern und einer großen Menschenmenge Jericho verließ, saß am Weg ein blinder Bettler, Bartimäus, der Sohn des Timäus. [47] Sobald er hörte, dass es Jesus von Nazaret war, rief er laut: Sohn Davids, Jesus, hab Erbarmen mit mir! [48] Viele befahlen ihm zu schweigen. Er aber schrie noch viel lauter: Sohn Davids, hab Erbarmen mit mir! [49] Jesus blieb stehen und sagte: Ruft ihn her! Sie riefen den Blinden und sagten zu ihm: Hab nur Mut, steh auf, er ruft dich. [50] Da warf er seinen Mantel weg, sprang auf und lief auf Jesus zu. [51] Und Jesus fragte ihn: Was willst du, dass ich dir tue? Der Blinde antwortete: Rabbuni [» mein Meister«], ich möchte sehen können. [52] Da sagte Jesus zu ihm: Geh! Dein Glaube hat dich gerettet. Im gleichen Augenblick konnte er sehen, und er folgte Jesus auf seinem Weg nach.

Was tut ein Mensch, der völlig am Ende ist? Der sich hilflos, kraftlos, machtlos fühlt? Der sich nicht mehr wehren kann und sich nicht mehr zu helfen weiß? Er schreit auf, vor Zorn, vor Ohnmacht, vor lauter Verzweiflung. Oder er schreit um Hilfe. Wenn er dazu noch die Kraft hat.

Bertolt Brecht hat das anhand einer seiner *Geschichten vom Herrn Keuner* illustriert; sie trägt den Titel *Der hilflose Knabe.*

> Herr K. sprach über die Unart, erlittenes Unrecht stillschweigend in sich hineinzufressen, und erzählte folgende Geschichte:
> Einen vor sich hin weinenden Jungen fragte ein Vorübergehender nach dem Grund seines Kummers. »Ich hatte zwei Groschen für das Kino beisammen«, sagte der Knabe, »da kam ein Junge und riss mir einen aus der Hand«, und er zeigte auf einen Jungen, der in einiger Entfernung zu sehen war. »Hast du denn nicht um Hilfe geschrien?«, fragte der Mann. »Doch«, sagte der Junge und schluchzte ein wenig stärker. »Hat dich niemand gehört?«, fragte der Mann weiter, ihn liebevoll streichelnd. »Nein«, schluchzte der Junge. »Kannst du denn nicht lauter schreien?«, fragte der Mann. »Nein«, sagte der Junge und blickte ihn mit neuer Hoffnung an. Denn der Mann lächelte. »Dann gib auch den her«, sagte er, und nahm ihm den letzten Groschen aus der Hand und ging unbekümmert weiter.[93]

Welche Moral beinhaltet diese Geschichte? Der erste Eindruck ist, dass der Mann dem weinenden Jungen helfen will, zumal er lächelt und ihn liebevoll streichelt. Aber dann stellt sich heraus, dass das nur zu seiner Taktik gehört. Sobald er erfährt, dass er nichts befürchten muss, weil der

---

93   B. Brecht, Der hilflose Knabe, in: Geschichten vom Herrn Keuner, Frankfurt a. M. 1972, 22.

Junge nicht lauter schreien kann, entreißt er ihm auch den letzten Groschen und geht unbekümmert seiner Wege.

Für den Jungen bedeuten die zwei Groschen ein kleines Vermögen;
für den Mann handelt es sich um einen geradezu läppischen Betrag.
Warum aber beraubt er dann den Knaben, statt, wie man erwarten
möchte, ihm zu helfen? Oder will er ihm vielleicht doch helfen, sozusagen längerfristig und auf eine hintersinnige, nachhaltigere Art? Immerhin könnte man annehmen, dass er aus einer erzieherischen Absicht
heraus handelt. Dann wäre sein scheinbar skrupelloses Vorgehen und
sein unbekümmertes Weggehen eine zwar schmerzliche, letztlich aber
doch nützliche Lektion, sozusagen eine Lehre fürs Leben: Mein lieber
Junge, was du brauchst, ist eine besondere Art von Stimmschulung; denn
solange du nicht fähig bist, lauter zu schreien, wirst du stets zu den
Opfern gehören ...

Wer die Geschichte so interpretiert, liest sie gegen den Strich. Der
Mann ist kein Pädagoge, sondern ein Schuft, ein Halsabschneider und
Ausbeuter. Denn erst *nachdem* er sich Gewissheit über die Hilflosigkeit
und Schwäche des Knaben verschafft hat, entreißt er ihm sein letztes Geld.

Eine pädagogische Absicht allerdings verfolgt der von Brecht vorge-
schobene Erzähler (und damit der Schriftsteller selbst). Dessen Botschaft
lautet: So ist es nun einmal im Leben; so brutal geht es tatsächlich zu. Wer
sich nicht zu wehren weiß, dem nimmt man auch das Allerletzte. Wer
sich duckmäuserisch verhält, gehört von vornherein zu den Verlierern;
wer seine Schwächen zeigt, gerät unweigerlich unter die Räder.

Dass Brechts Absicht in diese Richtung zielt, geht aus dem einleiten-
den Satz hervor, der gleichzeitig den Schlüssel zum Verständnis bildet:
»Herr K. sprach über die Unart, erlittenes Unrecht stillschweigend in
sich hineinzufressen« – und die Episode, die folgt, zeigt doch nur, wohin
diese schlechte Gewohnheit führt: Wer alles schluckt, bleibt ewig ein
armer Schlucker. Damit steht die Moral von der Geschichte zweifelsfrei
fest: Erlittenes Unrecht darf man nie und nimmer hinnehmen. Kleine
Aufsässigkeiten und halbherzige Proteste tragen gar nichts bei zur Verbesserung der Lage.

Vielmehr gilt es, seine Wut und seinen Zorn hinaus- und laut und
lange genug um Hilfe zu schreien. Schreihälse sind allemal lästig. Darum
versucht man, sie zum Schweigen zu bringen – entweder indem man

ihnen nachgibt, oder indem man ihnen das Wort verbietet und den Mund stopft.

Genau das tut die Menge, als Bartimäus um Hilfe schreit, während Jesus sich ihm nähert. Im Gegensatz zu vielen anderen von Jesus Geheilten stellt der Evangelist diesen Blinden mit Namen vor: Bar-Timäus, Sohn des Timäus.

Bartimäus sitzt am *Straßenrand*. Damit ist schon alles gesagt. Er führt eine Randexistenz. Er *hockt am Boden*. Er ist, wie man zu sagen pflegt, am Boden zerstört. Außerdem ist er *blind*. Er sieht keine Zukunft für sich und hat keine Perspektive. Und schon gar nicht sieht er einen Sinn. Er hält sich an die gesellschaftlichen Spielregeln; was bleibt ihm schon anderes übrig? Er kennt – und anerkennt offenbar – die ihm von den Mitmenschen gesetzten Grenzen. Er weiß, dass er durch seine bloße Gegenwart die anderen stört. Manche, die dem Blinden eine Münze in dessen abgetragene Mütze werfen, tun dies vielleicht nur, um ihr schlechtes Gewissen zu beruhigen. Solange Bartimäus sich ruhig verhält, erhält er, was er zum Überleben braucht. Aber dieses Überleben ist einfach kein Leben mehr! Eines weiß Bartimäus sehr wohl: Wenn er mit seinem Verhalten anderen lästig fällt, muss er damit rechnen, dass man ihn das spüren lässt. Diese Erkenntnis allein schon hindert ihn daran, einmal lauthals herauszuschreien, was er schon seit Jahren fühlt: Auch ich bin ein Mensch! Nur sagen darf er das nicht, weil man ihm sonst zu verstehen gibt, dass er kein Mensch ist, sondern bloß ein Bettler, abhängig von den anderen, ihnen ausgeliefert, auf Gedeih und Verderb.

Offenbar hat Bartimäus von Jesu Wirken gehört. Wie der sich ihm nun nähert, geht dem Blinden ein Licht auf. Wohl gebricht es ihm an Sehkraft. Aber er hat eine Vision. Und eine mächtige Stimme. Also beginnt er zu schreien.

Indirekt zielt dieses Schreien auf jene Freiheit, die Bartimäus insgeheim immer schon anstrebt, aber gleichzeitig auch fürchtet. Wenn Jesus ihn heilt, muss er auf die Fürsorge seiner Landsleute verzichten und ist auf sich allein gestellt. Die neue Lebensmöglichkeit, die er für sich erhofft, hat auch ihre bedrohliche Seite.

Bartimäus' Schreien ist der äußere Anlass für seine heilende Begegnung mit Jesus. Dieser öffnet ihm die Augen, und der Blinde sieht wieder – und zwar anders und anderes, als er erwarten konnte. Geflissentlich überhört er Jesu Aufforderung *zu gehen*. Er kehrt nicht nach Jericho zurück, sondern folgt Jesus auf seinem Weg.

Darin liegt die Sinnspitze dieser Geschichte. An diese Möglichkeit hat Bartimäus nicht im Entferntesten gedacht.

Denn was er sieht, ist sogar Jesu Jüngern noch immer verborgen: Jesus ist der Messias! Dass er ihn als solchen erkennt, geht aus seinem Anruf hervor: »Sohn Davids, hab Erbarmen mit mir!« Sohn Davids – das ist eine jüdische Messiasbezeichnung, die auf die Natan-Weissagung zurückgeht, die der Prophet in Jahwes Namen dem König David verkündete: »Dein Haus und dein Königtum werden vor dir auf ewig bestehen bleiben; dein Thron wird auf ewig Bestand haben« (2 Sam 7,16).

Mit seiner Erzählung will der Evangelist illustrieren, wie Gott durch Jesus Christus handelt. Gleichzeitig gibt er zu verstehen, dass Gott aus allem Schreien mehr heraushört, als der Mensch hineingelegt hat, und dass er ihn deshalb oft anders erhört, als dieser es eigentlich erwartet.

Bartimäus wünscht nur, von seiner Blindheit geheilt zu werden. Er will die Welt wieder sehen, seine Stadt Jericho, die Menschen dort und die Hügel, die Sonne, die Sterne, den Mond. Jesus jedoch öffnet ihm nicht nur die Augen, sondern gleichzeitig auch den Blick für eine neue Wirklichkeit, sodass Bartimäus' Leben nun in einer anderen Richtung verläuft, als er es sich vorgestellt hat. Er kehrt nicht in die Stadt zurück, sondern folgt Jesus nach.

Zweimal schleudert der blinde Bettler Jesus seinen Schrei entgegen: Hab Erbarmen mit mir! Im griechischen Originaltext steht dafür das Zeitwort *eleen*, das auch in der römischen Liturgie zu Beginn der Eucharistiefeier wiederkehrt: *Kyrie eleison* – Herr, *erbarme* dich!

Dieser Aufschrei trifft mitten ins Herz, wenn man ihn in der Vertonung großer Komponisten hört, etwa in der *Krönungsmesse* von Mozart oder in Gounods *Cäcilienmesse*. In unseren Gottesdiensten hingegen wird dieses »Herr, erbarme dich!« in der Regel im gleichen Tonfall dahingesagt, mit dem man auf die Frage: »Na, wie geht's?« antwortet. Im besten Fall hört es sich an wie ein kleinlauter Seufzer. Halbherzig und verhalten nur wird da zumeist eine Vergebungsbitte vorgetragen, die sich in der Regel auf ein paar unvermeidliche menschliche Unzulänglichkeiten, also auf Lächerlichkeiten bezieht.

Wenn man wirklich auf Gottes Erbarmen hofft, setzt das die Bereitschaft voraus, sich seiner Führung anzuvertrauen. Damit sind unkalkulierbare Risiken verbunden. Man befindet sich in einer ähnlichen Lage wie Bartimäus, *bevor* dieser sich entschließt, um Hilfe zu schreien. Natürlich möchte er wieder sehen können, aber gleichzeitig fürchtet er sich davor, weil dann mit dem Versorgtsein Schluss ist und er selbst für sich sorgen muss.

In einer ähnlich zwiespältigen Situation wie der blinde Bartimäus befinden sich die Jesusnachfolger und -nachfolgerinnen. Sie sind hin- und hergerissen zwischen dem Wunsch nach einem neuen, ganzheitlichen Leben und der Angst vor den damit verbundenen Konsequenzen.

Herr, erbarme dich! Dieser Schrei setzt voraus, dass man sich von Jesus die Augen öffnen lässt, dass man den Blick auf ihn richtet und bereit ist, ihm auf seinem Weg zu folgen.

Herr, erbarme dich! Dieser Ruf erinnert die Glaubensgemeinschaft daran, dass sie immer mehr zu dem werden muss, was sie tatsächlich sein sollte, nämlich Licht auf dem Berg und Salz der Erde (vgl. Mt 5,13).

11. KAPITEL

——

STATT EINES KRIEGSROSSES EIN ESEL

11[1] Als sie [Jesus und die Jünger] in die Nähe von Jerusalem kamen, nach Betfage und Betanien am Ölberg, schickte er zwei seiner Jünger aus. [2] Er sagte zu ihnen: Geht in das Dorf, das vor euch liegt; gleich wenn ihr hineinkommt, werdet ihr ein Fohlen angebunden finden, auf dem noch nie ein Mensch gesessen hat. Bindet es los, und bringt es her! [3] Und wenn jemand zu euch sagt: Was tut ihr da?, dann antwortet: Der Herr braucht es; er lässt es bald wieder zurückbringen. [4] Da machten sie sich auf den Weg und fanden außen an einer Tür an der Straße ein Fohlen angebunden, und sie banden es los. [5] Einige, die dabeistanden, sagten zu ihnen: Wie kommt ihr dazu, das Fohlen loszubinden? [6] Sie gaben ihnen zur Antwort, was Jesus gesagt hatte, und man ließ sie gewähren. [7] Sie brachten das Fohlen zu Jesus, legten ihre Kleider auf das Tier, und er setzte sich darauf. [8] Und viele breiteten ihre Kleider auf den Weg aus, andere aber Büschel, die sie von den Feldern abgerissen hatten. [9] Die Leute, die vor ihm hergingen und die ihm nachfolgten, riefen: Hosanna! Gesegnet sei er, der kommt im Namen des Herrn! [10] Gesegnet sei das Reich unseres Vaters David, das nun kommt. Hosanna in der Höhe! [11] Und er zog nach Jerusalem hinein, in den Tempel; nachdem er sich alles angesehen hatte, ging er spät am Abend mit den Zwölf nach Betanien hinaus.

Wenn man diesen Abschnitt als historischen Bericht versteht, ergeben sich nicht wenige Schwierigkeiten. Hier ist von der »großen Menschenmenge«, die sich Jesus in Jericho angeschlossen hat (10,1), nicht mehr die Rede. Lediglich die Zwölf scheinen ihren Meister auf seinem weiteren

Weg zu begleiten. Verwunderlich ist, dass Jesus sagen kann, wo die zwei von ihm beauftragten Jünger ein Fohlen finden. Noch mehr erstaunt, dass die Leute in Betfage ihnen das Tier anstandslos überlassen. Warum haben sie Vertrauen zu zwei wildfremden Menschen, dass diese das Tier »bald wieder zurückbringen«? Unwahrscheinlich ist, dass die Leute Kleider auf den Weg legten. Wozu soll das dienen, wenn Jesus reitet und seine Füße den Boden gar nicht berühren? Das alles zeigt, dass wir uns die Szene nicht realistisch vorstellen dürfen.

Häufig haben Prediger betont, wie schnell die Hochstimmung der Massen umschlägt in Ablehnung. Grundtenor: Vom *Hosianna* zum *Ans Kreuz mit ihm!* Vorausgesetzt wurde dabei, was hier nirgends angedeutet ist, nämlich dass es sich um dieselben Menschen handelt, die Jesus zuerst zujubeln und danach seinen Tod fordern. Was nicht heißt, dass dergleichen Überlegungen *psychologisch gesehen* grundfalsch wären – nur haben sie keinen Anhalt am Text.

Dem Evangelisten geht es nicht darum, historische Sachverhalte wiederzugeben, sondern um ein theologisches Anliegen. Dafür lässt sich Markus bei der Niederschrift dieser Episode vom Propheten Sacharja inspirieren:

> Juble laut, Tochter Zion! Jauchze, Tochter Jerusalem! Siehe, dein König kommt zu dir. Gerecht ist er, und Rettung wurde ihm zuteil, demütig ist er und reitet auf einem Esel, ja auf einem Esel, dem Jungen einer Eselin (Sach 9,9).

Markus allerdings spricht nicht von einem Esel, sondern von einem Fohlen (*pōlon*); es könnte sich also auch um das Junge eines Pferdes handeln. Erst bei Matthäus, der sich der Markusvorlage bedient und die Stelle aus Sacharja zitiert, wird aus dem Fohlen eine Eselin.

Die Szenerie bei Jesu Einzug in Jerusalem ist überwältigend. Kleider und Grasbüschel werden auf dem Weg verstreut. Wie ein König wird er in die Stadt eingeholt. Er kommt nicht im eigenen Namen, sondern »im Namen des Herrn« – also im Auftrag Gottes (vgl. Ps 118,25 f.).

Offenbar möchte der Evangelist von vornherein jedes politische Missverständnis ausschließen. Deshalb betont er, dass Jesus nicht wie ein Herrscher auf einem Kriegsross, sondern auf einem Esel reitend sich

Jerusalem nähert. Damit demonstriert er, dass Jesu Königtum nicht von dieser Welt ist (vgl. Joh 18,36).

Das Ziel seiner Jerusalemreise ist denn auch nicht die Königsburg Antonia, in der die römischen Besatzer residieren, sondern der Tempel Gottes. Und das heißt: Im Zentrum steht Gott, Gott allein.

Wie relevant ist die Kirche in unserer Gesellschaft? Diese Frage wurde in den letzten Jahren immer öfter gestellt – auch (oder gerade) im Zusammenhang mit der ständig wachsenden Anzahl der Kirchenaustritte. Hat Jesus sich vielleicht gefragt, ob sein Auftritt vor den Toren Jerusalems systemrelevant sei? Wichtig ist nicht die Bedeutung der Kirche in unserer Gesellschaft. Entscheidend ist allein die von Jesus verkündete Frohe Botschaft von Gottes Liebe und die Art, wie diese den Menschen nahegebracht wird. Die Kirche ist ihrem Wesen nach ein Provisorium. Sie ist nicht, wie man gelegentlich (und missverständlich) sogar von Bischöfen zu hören bekommt, um »Gottes willen« da, sondern um der Verkündigung Gottes und damit um der Menschen willen; sie ist nicht Zweck, sondern Mittel, das der Welt einen Widerschein von Gottes Freude vermitteln soll(te).

Wo immer die Kirche sich in den Mittelpunkt stellt, verrät sie ihre von Christus zugedachte Rolle als Heilsvermittlerin.

Nie und nimmer also kann es darum gehen, ein von einem alten Kirchenlied triumphalistisch besungenes »Haus voll Glorie« zu restaurieren, das in Wirklichkeit gar nie existierte. Wohl aber sind Christenmenschen dazu berufen, mitzubauen an einem Tempel der Freude, in dem der gnädige Gott Jesu Christi glaubwürdig verkündet wird.

Daran soll man sich erinnern bei der Lektüre dieser Stelle, wenn Jesus auf einem Esel in die Heilige Stadt einzieht und sich unmittelbar zum Haus Gottes begibt. Dort allerdings stößt er auf befremdliche Zustände, die auch uns Heutigen nicht fremd sind.

VOM GLAUBEN UND VOM BETEN IM GEIST JESU

11¹² Als sie [Jesus und die Jünger] am nächsten Tag Betanien verließen, hatte er Hunger. ¹³ Da sah er von Weitem einen Feigenbaum mit Blättern und ging hin, um nach Früchten zu suchen. Aber er fand nichts als Blätter; denn es war nicht die Zeit der Feigenernte. [14] Da sagte er zu ihm: In Ewigkeit soll niemand mehr eine Frucht von dir essen. Und seine Jünger hörten es.

[Anschließend berichtet der Evangelist von der Tempelreinigung (11,15–19). Gleich darauf belehrt Jesus seine Jünger. Weil der Anblick des unfruchtbaren Feigenbaums und die spätere Belehrung der Jünger zusammengehören, werden die beiden Abschnitte hier zusammen kommentiert. Die Erklärung der Verse 11,15–19, die ein eigenes Thema bilden, folgt im Anschluss daran.]

[20] Als sie am nächsten Morgen an dem Feigenbaum vorbeikamen, sahen sie, dass er bis zu den Wurzeln verdorrt war. [21] Da erinnerte sich Petrus und sagte zu Jesus: Rabbi, sieh doch, der Feigenbaum, den du verflucht hast, ist verdorrt.

[22] Jesus sagte zu ihnen: Habt Glauben an Gott! [23] Amen, ich sage euch: Wenn jemand zu diesem Berg sagt: Heb dich empor, und stürz dich ins Meer!, und wenn er in seinem Herzen nicht zweifelt, sondern glaubt, dass geschieht, was er sagt, dann wird es geschehen. [24] Darum sage ich euch: Alles, worum ihr betet und bittet – glaubt nur, dass ihr es schon erhalten habt, dann wird es euch zuteil. [25] Und wenn ihr beten wollt, und ihr habt einem anderen etwas vorzuwerfen, dann vergebt ihm, damit auch euer Vater im Himmel euch eure Verfehlungen vergibt. [*[26] Spätere Textzeugen fügen hier ein:* Wenn ihr aber nicht vergebt, dann wird euch euer Vater im Himmel eure Verfehlungen auch nicht vergeben; vgl. Mt 6,15].

Über diesen Abschnitt zerbrechen sich die Bibelkundigen noch heute den Kopf. Da verwünscht Jesus einen Feigenbaum, weil er außerhalb der Erntezeit (!) keine Früchte trägt. Was soll das? Auffallend ist überdies, dass Jesus entgegen seinen Gewohnheiten ein Strafwunder vollbringt; ein weiteres wird ihm nirgends zugeschrieben, obwohl solche in der antiken religiösen Überlieferung durchaus geläufig sind.[94]

---

94 Weitere Beispiele von Strafwundergeschichten aus dem Judentum und der griechisch-hellenistischen Umwelt bei A. Weiser, Die Apostelgeschichte (Ökumenischer Taschenbuchkommentar zum Neuen Testament 5/1), Gütersloh/Würzburg 1981, 139–142.

Von geradezu akrobatischer Interpretationskunst zeugt die psychologische Erklärung des evangelisch-lutherischen Theologen Emanuel Hirsch. Ihm zufolge verlor Jesus die Geduld, weil er während der letzten Tage vor seinem Tod besonders angespannt war.[95]

Überlieferungsgeschichtlich handelt es sich bei dieser Episode ursprünglich wohl um eine mit einem abgestorbenen Baum verflochtene Legende. Die Frage ist dann, warum der Evangelist (oder eine frühere von ihm übernommene Tradition) diese Geschichte mit Jesus in Verbindung brachte. Schon in der Antike neigten die Ausleger zu einer symbolischen Deutung. Der Feigenbaum stünde dann entweder für das Volk Israel, für die Stadt Jerusalem oder für die Führer des Volkes. Die Verwünschung wäre ein Zeichen und ein Ausdruck dafür, dass das alte Gottesvolk Israel durch das neue Volk Gottes, nämlich die Kirche, abgelöst wurde. Diese Interpretation setzt allerdings voraus, dass die Episode vom Feigenbaum (beziehungsweise deren Verbindung mit Jesus) nachösterlichen Ursprungs ist, was allem Anschein nach zutrifft.

Bei der Deutung, dass die Geschichte vom verdorrten Feigenbaum symbolisch auf die mit Jesus begonnene Heilszeit hinweise, schwingt ein antijüdischer Unterton mit. Das erklärt sich aus dem Umstand, dass sich die frühen Christengemeinden von der jüdischen Religionsgemeinschaft zusehends isoliert sahen und sich gegen diese behaupten mussten. Das heißt allerdings nicht, dass die Christenheit – und die Menschen überhaupt – nichts daraus lernen könnten.

Da ist ein Baum, der grünt und doch niemandem nützt. Trifft dieses Bild nicht auch auf unsere christlichen Kirchen zu, die sich nur allzu oft mit ihren eigenen Problemen befassen, ohne sich zu fragen, ob und wieweit diese die Menschen überhaupt beschäftigen würden? Gleichen sie gelegentlich nicht diesem Baum, der lediglich sich selbst versorgt, statt Früchte zu bringen? Kircheninterne Querelen und innertheologische Debatten – kaum ein Monat vergeht, dass die Medien nicht von solchen unerquicklichen Dingen berichten. Die Hirten, die doch, wie Papst Franziskus sagte, mit dem »Geruch der Schafe« vertraut sein müssten[96], ver-

---

95 E. Hirsch, Frühgeschichte des Evangeliums I, Tübingen 1941, 125.

96 Predigt von Papst Franziskus in der Chrisammesse am Gründonnerstag, 28. März 2013, URL=http://www.vatican.va/content/francesco/de/homi

lieren sich in *fruchtlosen* Debatten und Diskussionen, statt ihren von Jesus aufgegebenen Auftrag wahrzunehmen und den Menschen den Weg zur Menschlichkeit zu weisen.

Und Jesu Frohbotschaft? Bleibt auf der Strecke. Da steht ein Baum, dessen Blätter zwar rascheln – nur dass er keine Früchte trägt.

Merkwürdig, bei näherem Hinsehen aber doch verständlich ist, dass Jesus, als er von Petrus auf den verdorrten Baum angesprochen wird, das Thema abrupt wechselt. Aber nur scheinbar. Denn statt vom Glauben an Wunder redet er vom Wunder des Glaubens.

Wir sollen daran glauben, dass wir das, worum wir beten, schon erhalten haben?

Damit spricht Jesus ein Thema an, das Glaubende seit je beschäftigt und ihnen auch fernerhin zu schaffen machen wird, nämlich das Bittgebet. Die Zusicherung, dass jede an Gott herangetragene Bitte erhört wird, findet sich auch in den übrigen drei Evangelien (Mt 7,7–11; 21,22; Lk 11,9–13; Joh 14,13 f.).

Trotz der Zusicherung Jesu, dass Gott jedes Gebet erhört, machen Gläubige immer wieder die Erfahrung, dass ihre Bitten unerfüllt bleiben. Mit dieser Problematik haben sich schon die Kirchenväter herumgeschlagen.[97] Gelegentlich wurde darauf hingewiesen, dass das Versprechen der Gebetserhörung sich auf rein geistige Gaben beziehe. Oder dass die Betenden es sich an Beharrlichkeit fehlen ließen. Solche »Erklärungen«, die für inständig Bittende schon fast zynisch tönen, müssen ihnen wie Ausflüchte vorkommen.

Statt sich in theologischen Spekulationen zu ergehen, sollten der Blick auf Jesus gelenkt werden. Bekanntlich beschränkt er sich nicht darauf, die Seinen zu ermahnen, Gott zu vertrauen und sich gänzlich seinem Willen zu unterstellen. Vielmehr nimmt er in seiner schwersten Stunde sich selbst beim Wort, wenn er in seiner Todesangst zu Gott fleht: »Abba,

---

lies/2013/documents/papa-francesco_20130328_messa-crismale.html (17.7.2023).

97   Hinweise bei U. Luz, Das Evangelium nach Matthäus, 1. Teilband: Mt 1–7 (Evangelisch-Katholischer Kommentar zum Neuen Testament I/1), Düsseldorf u. a. ⁵2002, 502 f.

Vater, alles ist dir möglich. Nimm diesen Kelch von mir! Aber nicht, was ich will, sondern was du willst [soll geschehen]« (14,36).

Von einem dem Geist Jesu entsprechenden Bittgebet kann nur die Rede sein, wenn Betende tatsächlich bereit sind, ihre Bitte unter den Vorbehalt dieses von einem unbedingten Gottvertrauen getragenen Jesuswortes zu stellen, das das eigene Wollen dem Willen Gottes unterordnet. Das Beispiel des im Ölgarten mit Gott ringenden Jesus zeigt, dass dieser Gott sich vorbehält, dem Menschen die Erfüllung einer *konkreten* Bitte zu verweigern. Solche *Nichterfüllung* aber ist nicht gleichbedeutend mit einer *Nichterhörung*.

Wenn Gott einer gegenständlichen Bitte nicht stattgibt, ist der Mensch auf sich zurückgeworfen. Er muss versuchen, sich in einer Situation zurechtzufinden, um deren Änderung er doch gebetet hat. Oder vielmehr: *Er muss sich* ändern, damit er das größere Geschenk, das hinter der Verweigerung der Bitte steht, von Gott empfangen kann. Augustinus drückt diesen Gedanken in einem seiner Briefe so aus:

> Gut ist der Herr, der uns oftmals nicht gewährt, was wir wollen, auf dass er uns gebe, was wir eigentlich [zu unserem Besten] wollen sollten.[98]

Anders ausgedrückt: Gott kann eine Bitte erhören, obwohl die gegenständliche Erfüllung ausbleibt. Erhört nämlich ist eine Bitte immer dann, wenn Betende wiederum einen festen Grund und einen sicheren Halt in Gott gefunden haben.

Damit dürfte klar sein, was Jesus meint, wenn er von einem Berge versetzenden Glauben spricht, nämlich dass der Mensch seinen Willen dem Willen Gottes unterstellt und so tragen kann, was ihm auferlegt ist.

Wenn Gott die Erhörung einer konkreten Bitte verweigert, stellt Gott dem Menschen die Vertrauensfrage: Traust du mir zu, dass ich dein Heil auf einem anderen Weg verwirklichen kann als auf dem, den du jetzt unbedingt einschlagen möchtest?

In einem solchen Moment tragen wir wohl schwer an unserem Glauben. Aber gibt es nicht auch die gegenteilige Erfahrung, die einem erlaubt

---

98 Augustinus, Brief 31,1 [an Paulinus und Theresia] (PL 33), 121.

zu sagen: Was wäre ich, wenn ich mich im Gebet nicht mehr aussprechen könnte? Was wäre ich ohne Gott, an den ich mich halten kann? Was wäre ich ohne meinen Glauben, der mich trägt?

Am Ende seiner Belehrung fügt Jesus hinzu, dass nicht nur das Bittgebet, sondern alles Beten aus einem lauteren Herzen kommen soll: »Wenn ihr beten wollt und ihr habt einem anderen etwas vorzuwerfen, dann vergebt ihm, damit auch euer Vater im Himmel euch eure Verfehlungen vergibt.«

Geradezu grotesk wäre es, von Gott Vergebung zu erwarten, wenn die Bereitschaft fehlte, diese den Mitmenschen zu gewähren.

Der Wille dazu mag in vielen Fällen vorhanden sein. Aber dieser beinhaltet noch nicht die Vergebung. Wenn einem ein schreiendes Unrecht widerfährt, wird man dieses kaum so leichthin verzeihen können. Allenfalls versucht man dann, mit einem reinen Willensakt die erlittenen Ungerechtigkeiten zu vergeben. Ein zwar verständnisvoller, psychologisch aber wenig versierter Seelsorger würde wohl argumentieren, dass dies vollauf genüge, zumal es ja letztlich auf den guten Willen ankomme. Dennoch spürt man genau, dass das Herz nach wie vor von Groll und Rachegefühlen besetzt ist und dass, wenn man sich gegenüber ehrlich ist, eine wirkliche Vergebung nicht stattgefunden hat. Weil man trotz allem Versöhnungs*willen* einfach nicht verzeihen kann.

Schon Thomas von Aquin betont, dass der Glaube die Natur nicht ersetzt; vielmehr setzt der Glaube die Natur voraus. In unserem Kontext bedeutet das, die psychischen Mechanismen sind bei Gottgläubigen nicht weniger ausgeprägt als bei Agnostikerinnen und Atheisten. Wohl führt das Evangelium denen, die sich in die Nachfolge Jesu begeben, bestimmte ideale Handlungsnormen vor Augen. Insofern vermag es die *Denkweise* eines Menschen zu verändern, aber seine *Gefühle* bleiben davon unberührt. Auf unser Beispiel angewandt: Der bloße *Wille zur Vergebung* ist keineswegs identisch mit der *Vergebung*. Wenn man sich zudem daran erinnert, dass der Mensch kein statisches, sondern ein dynamisches Wesen ist, wird man Vergebung nicht als einen einmaligen isolierten menschlichen Willensakt betrachten dürfen, sondern als Prozess verstehen müssen.

Dies wiederum impliziert, dass der Vergebung zumindest zeitweise Grenzen gesetzt sein können, die weniger ein moralisches als ein psychologisches Problem darstellen.

Man erweist nicht nur sich selbst, sondern auch seinen Mitmenschen einen schlechten Dienst, wenn man erlittene Kränkungen und Ungerechtigkeiten einfach verdrängt. Vielmehr gilt es, diese zuerst einmal zu verarbeiten. Daher scheint es ehrlicher, mit der Vergebung zuzuwarten, bis man nicht nur mit dem Verstand, sondern von Herzen verzeihen kann.

Wer sich einbildet, anderen sozusagen von einem Augenblick auf den anderen verzeihen zu können, sollte nicht zu schnell Befriedigung oder gar Stolz darüber empfinden, sondern sich ernsthaft fragen, ob die Person, der da verziehen wurde, einem vielleicht nicht völlig gleichgültig geworden ist. Gegenüber einem Menschen, dem man sich tief verbunden fühlt, ist man oft lange nicht fähig, das entscheidende Wort der Vergebung auszusprechen. Das kann erst dann wirklich gelingen, wenn man miteinander ohne Groll und mit einer gewissen Gelassenheit über die Angelegenheit zu sprechen vermag. Die Wunden sind dann wohl verheilt; Narben können bleiben. Aber die tun nicht mehr weh.

VOM UNWESEN DER RELIGION

11^{15} Dann kamen sie [Jesus und die Jünger] nach Jerusalem. Jesus ging in den Tempel und begann, die Händler und Käufer aus dem Tempel hinauszutreiben; er stieß die Tische der Geldwechsler und die Stände der Taubenhändler um ^{16} und ließ nicht zu, dass jemand irgendetwas durch den Tempelbezirk trug. ^{17} Er belehrte sie und sagte: Heißt es nicht in der Schrift: Mein Haus soll ein Haus des Gebets für alle Völker genannt werden? Ihr aber habt daraus eine Räuberhöhle gemacht. ^{18} Die Hohepriester und die Schriftgelehrten hörten davon und suchten nach einer Möglichkeit, ihn umzubringen. Denn sie fürchteten ihn, weil das Volk außer sich war vor Staunen über seine Lehre. ^{19} Als es Abend wurde, verließ Jesus mit seinen Jüngern die Stadt.

Allein, ohne seine Jünger, sucht Jesus den Tempel auf. Im äußeren Vorhof, der im Gegensatz zum Innenbezirk auch Nichtjuden offenstand (daher die Bezeichnung »Vorhof der Heiden«), herrscht reger Betrieb: Kälber brüllen, Schafe blöken, Tauben flattern in ihren Käfigen und warten auf Käufer. Die Pilger können auf ihren oft langen Wegen die vorgeschriebenen Opfertiere ja nicht mitführen. Außerdem muss jeder Israelit ab Vollendung des 20. Lebensjahres jährlich eine Doppeldrachme als Tempelsteuer zahlen, die schon seit alten Zeiten in tyrischer Währung zu entrichten ist. Wechsler tauschen die kursierenden jüdischen, griechischen und römischen Münzen um in »heiliges Geld«. Natürlich verdienen die Finanzleute an dem Tausch; sie müssen auch von etwas leben.

Alles geht drunter und drüber in diesem Vorhof. Die Menschen lärmen und lachen und verköstigen sich; manche halten ihre Hände zum Gebet erhoben. Es geht zu und her, wie wir es heute auf den Vorplätzen der Wallfahrtskirchen im schweizerischen Maria Einsiedeln, in Santiago de Compostela oder im bayerischen Altötting beobachten können, wo Souvenirverkäuferinnen und Devotionalienhändler um die Gunst der Kundschaft buhlen.

Was soll daran schlecht sein?

Das erkennen wir glasklar, sobald wir uns daran erinnern, woran sich vor gut einem halben Jahrtausend die Spaltung der westlichen Christenheit entzündete. Auslöser war der Schacher, den man im Namen Gottes betrieb, indem man den Menschen suggerierte, sie könnten sich eine Abkürzung der Fegefeuerqualen durch schnöden Mammon erkaufen – Stichwort *Ablasshandel*. Bereicherung, indem man mit der Jenseitsangst der Gläubigen spielt – das ist eine der schlimmsten Perversionen der Religion. Nicht weniger verabscheuenswert ist, wenn man den Menschen einredet, dass Gott sich ihnen erst dann gnädig erweise, wenn sie materielle Opfer brächten, wobei solche Spendengelder gelegentlich in dunklen Kanälen versickern, statt sozialen Aufgaben und gemeinnützigen Zwecken zugutezukommen.

Diese Art, Gottes Gunst von materiellen Zuwendungen abhängig zu machen, Gott also gewissermaßen zu *kaufen*, stößt Jesus derart auf, dass er die Tische der Geldwechsler umstößt. Für Jesus (bzw. für den Evangelisten) ist der Tempel ein »Haus des Gebets« (Jes 56,7). Angesichts des dortigen merkantilen Treibens gleicht er jedoch eher einer »Räuberhöhle« (Jer 7,11).

Entgegen landläufigen Vorstellungen (und zahlreichen künstlerischen Darstellungen) handelt es sich bei Jesu Auftreten im Tempel um keine spektakuläre Aktion, sondern um eine Demonstration in einem eher kleinen Rahmen. Und gleichzeitig um eine Zeichenhandlung.

Die richtet sich gegen die wirtschaftliche Macht der Tempelaris-
tokratie, die das Haus Gottes für profitable Geschäfte nutzt – und damit missbraucht. Bemerkenswert ist, dass diese Financiers in allen
Evangelien nicht neutral als *argyramoiboí* oder *trapezítai* (Geldwechsler),
sondern als *kollybistaí*, als Provisionsnehmer, bezeichnet werden.[99] Auffällig ist überdies, dass Jesus gerade die Taubenhändler im Visier hat;
die Tauben waren bekanntlich die Opfertiere der Armen (vgl. Lev 5,7).
Wenn der Taubenpreis stieg, war das für die Unbegüterten besonders
belastend.

Wenn wir Jesu Kritik am Tempelwesen auf unsere Zeit übertragen,
läuft das auf Religionskritik hinaus. Dabei geht es nicht um *Kritik der Reli-
gion(en)*, sondern um *Kritik an der (und zwar an jeder) Religion*. Das *Wesen der
Religion* beinhaltet immer einen Transzendenzbezug. Dabei stellen wir
gleichzeitig fest, dass jede Religion stets auch Züge aufweist, die den
Zugang zu Gott (oder zur Gottheit) gerade verbauen.

Das ist dann der Fall, wenn eine Religion vorwiegend der persönlichen Bedürfnisbefriedigung dient oder der Stabilisierung bzw. der Förderung von Macht- oder Gruppeninteressen.

Häufig geht es dabei um handfeste materielle Vorteile. Dafür bietet
schon das Alte Testament jede Menge von Beispielen. So erhebt Jeremia
immer wieder Einspruch gegen jene Hofpropheten, die sich mehr von
der Gewinnsucht als von der Liebe zur Wahrheit leiten lassen (vgl. Jer
14,14 f.; 23,26; 29,9; Ez 13,3–23). Dabei betrifft die prophetische Kritik
einen Opferkult, dessen Befürworter sich jeder Forderung nach Erneuerung widersetzen, weil dadurch ihre Interessen gefährdet sind. So gerät
die Kritik des Propheten Hosea an der Religion zur Kritik an der Priesterklasse, die sich mittels religiös verbrämter Praktiken schamlos bereichert
(Hos 4,4 f. und 7; vgl. Am 5,21–27).

Auch im Christentum wurde die Religion wiederholt in den Dienst
materieller Interessen gestellt. Erinnert sei neben dem bereits erwähn-

---

99 U. Luz, Das Evangelium nach Matthäus, 3. Teilband: Mt 18–25 (Evangelisch-
Katholischer Kommentar zum Neuen Testament I/3), Neukirchen-Vluyn
³2016, 187.

ten Ablasshandel auch an die im Mittelalter verbreitete Praxis der Simonie (Verkauf von Weihen und geistlichen Ämtern).

Kritik an der Religion ist berechtigt, wenn die religiöse Praxis darauf zielt, über Gott oder die Gottheit(en) Macht zu gewinnen. Wir sprechen dann von Magie. Deren Wesen besteht darin, dass der Mensch meint, sein Geschick unter Zuhilfenahme genau festgelegter Formeln, Gesten und Handlungen in den Griff zu kriegen. Anders ausgedrückt, der Ritus ist nicht mehr Mittel zur Aktivierung der Gottesbeziehung, sondern entartet zum Ritual, das aus sich heraus bestimmte Wirkungen hervorbringen soll. Der Glaube an die Gottheit wird damit durch den Glauben an die Magie ersetzt.

Insofern sich Religion in Riten manifestiert, bleibt sie immer auch der Gefahr einer ästhetischen oder kulturellen Vereinnahmung ausgesetzt. Werden diese Riten losgelöst von ihrem ursprünglichen religiösen Sinnzusammenhang, dienen sie allenfalls dem Kunstgenuss, der Befriedigung der kulturellen Neugierde, der Stimulierung der Gefühle ... Tatsächlich unterscheiden sich Christen und Christinnen, die einzig deshalb an einer Eucharistiefeier teilnehmen, weil gerade eine Mozart-Messe aufgeführt (!) wird, nicht von Nicht- oder Andersgläubigen, die aus rein kulturellem Interesse einer hinduistischen Totenverbrennung beiwohnen. In beiden Fällen fehlt die religiöse Betroffenheit.

Gleiches trifft zu, wenn die Religion (meist unbewusst) zwecks Befriedigung des menschlichen Sicherheitsbedürfnisses praktiziert wird. Das geschieht da, wo Gott oder eine Gottheit dazu dient, menschliche Defizite (oder was man als solche empfindet) zu kompensieren. Aufschlussreich sind diesbezüglich einige Erkenntnisse, zu denen Rudolf Affemann, Facharzt für Psychotherapie, im Umgang mit seinen Patienten und Patientinnen gelangte.

> Zum Teil schufen sich meine Patientinnen und Patienten ihren jenseitigen Gott unbewusst aus recht eigennützigen Absichten. Er sollte tatsächlich ihre Wünsche erfüllen. Seine Aufgabe war es, sie durch Projektion von Schuldgefühlen zu befreien. Gottes Güte war dazu da, die unbewusste Selbstablehnung zu überdecken. Seine Liebe verlieh ein Wertgefühl, mit dem man Minderwertigkeitsgefühle vertrieb. Die Nähe

Gottes wurde oft gebraucht, um kein Gefühl der Einsamkeit aufkommen zu lassen.[100]

Jede Religion ist anfällig für derartige Instrumentalisierungen Gottes (oder der Gottheit). Wenn Religion vor allem (oder gar ausschließlich) darauf zielt, sich mithilfe jenseitiger Mächte in Sicherheit zu wiegen oder sich gegen die Tücken des Schicksals abzusichern, kann von einer Religiosität im jesuanischen Sinne keine Rede sein.

Religion ist dann authentisch, wenn sie den Glauben fördert, ohne mit den Unsicherheiten, Ängsten oder Sehnsüchten der Menschen zu spielen. Will sagen, wenn sie die Gläubigen dazu anleitet, Gott in seinem Gottsein zu belassen und sich ihm vorbehaltlos anzuvertrauen, ohne irgendwelche Eigeninteressen zu verfolgen.

Ist ein solcher absolut selbstloser Gottesglaube überhaupt möglich?

Die Frage lässt sich am ehesten beantworten, wenn wir etwas genauer auf unsere zwischenmenschlichen Beziehungen achten. Wenn wir anderen Menschen zugetan sind, erkennen wir wohl schnell, dass dabei gleichzeitig oft irgendwelche Vorteile verfolgt werden. In dem Maß, wie wir uns dessen bewusst sind, gelingt es uns, andere um ihrer selbst willen zu bejahen. Gleiches gilt auch im Hinblick auf die Liebe, die wir Gott entgegenbringen.

SPIRITUELLER MISSBRAUCH

11[†] In jener Zeit [27] kamen Jesus und seine Jünger wieder nach Jerusalem. Als er im Tempel umherging, kamen die Hohepriester, die Schriftgelehrten und die Ältesten zu ihm [28] und fragten ihn: Mit welchem Recht tust du das alles? Wer hat dir die Vollmacht gegeben, das zu tun? [29] Jesus sagte zu ihnen: Zuerst will ich euch eine Frage vorlegen. Antwortet mir, dann werde ich euch sagen, mit welchem Recht ich das tue. [30] Stammte die Taufe des Johannes vom Himmel oder von den Menschen? Antwortet mir! [31] Da überlegten sie und sagten zueinander: Wenn wir antworten:

---

100 R. Affemann, Gott und die Psychologie, in: L. Reinisch (Hg.), Gott in dieser Zeit, München 1972, 54 f.

Vom Himmel, so wird er sagen: Warum habt ihr ihm dann nicht geglaubt? ³² Sollen wir also antworten: Von den Menschen? Sie fürchteten sich aber vor den Leuten; denn alle glaubten, dass Johannes wirklich ein Prophet war. ³³ Darum antworteten sie Jesus: Wir wissen es nicht. Jesus erwiderte: Dann sage auch ich euch nicht, mit welchem Recht ich das alles tue.

Erneut treten Jesu Gegner auf den Plan, dieselben, die wenig später seinen Kreuzestod fordern werden. Sie, die sich in Sachen Religion für kompetent halten und ihre Autorität geltend machen, halten sich für berechtigt, Jesus nach seiner Vollmacht zu fragen. Augenscheinlich beziehen sie sich dabei auf dessen Reinigungsaktion im Tempel. »Was veranlasst dich den Ort, an dem *wir* die Menschen zu Gott hinführen, zu verunglimpfen – gegen uns, die wir hier das Sagen haben?« Sie behaupten nicht offen, dass Jesus seine Befugnisse überschritten habe. Die Frage aber ist, ob er sich dabei auf Gott beruft oder auf den Teufel oder auf die Menschen. Jesus indessen stellt eine Gegenfrage, von deren Beantwortung er seine Antwort abhängig macht: Woher hatte Johannes *seine* Vollmacht, die Menschen zum Empfang der Bußtaufe aufzufordern?

Die Hohepriester und deren Gefolgsleute geraten in Verlegenheit. Wenn sie eingestehen, dass Johannes ein gottgesandter Prophet war, stellen sie sich selbst bloß. Denn sie sind – im Gegensatz zu den an den Jordan pilgernden Volksscharen – dem Bußruf des Täufers nicht gefolgt. Sie haben sich nicht wie Jesus taufen lassen im reinigenden Wasser. Mit seiner Gegenfrage stellt Jesus das Verhalten seiner Gegner infrage. Was die natürlich merken. Behaupten sie aber, dass die Johannestaufe eine rein menschliche Erfindung sei, geraten sie in Konflikt mit den vielen, die in der Predigt des Täufers Gottes Stimme zu hören vermeinten und sich taufen ließen. Um sich nicht zu desavouieren und wider besseres Wissen sagen sie, dass sie nicht wüssten, ob der Täufer als selbst ernannter Prophet oder als Gottgesandter einzustufen sei.

Es ist geradezu paradox: Um ihren Kopf aus der Schlinge zu ziehen, sehen sich die Experten genötigt, sich als Ignoranten zu präsentieren!

Gleichzeitig erscheinen sie als Heuchler. Welche Ironie! Als Sachverständige in Sachen Religion *mussten* sie wissen, dass der Buß- und Umkehrruf des Johannes durchaus in Einklang stand mit früheren Prophetenreden.

Ein ähnliches prophetisches Zeichen stellt Jesu Tempelreinigung dar. Soll er seinen Gegnern entgegenhalten, dass hier vielerlei Geschäftigkeit herrscht, ohne dass Einschneidendes bewirkt wird? Dass die hier praktizierte Religiosität das Wesen der Religion verdeckt und den Zugang zum Göttlichen verbaut? Dass der ganze Tempel- und Opferkult letztlich nicht der Verherrlichung Gottes dient, sondern dazu, die Position der Priesterklasse und der Religionsbeamten zu konsolidieren?

Darum aber geht es doch. Die Priesterkaste bestimmt, was allein richtig ist und was als falsch zu gelten hat. Lehren und Verhaltensweisen (ins Heute übersetzt: die *kirchlichen* moralischen und glaubensmäßigen Vorgaben) sind zu übernehmen, ungeachtet dessen, ob sie im Einzelfall nachvollziehbar sind. Nicht das Empfinden der Einzelnen ist entscheidend, sondern allein die vorgegebenen moralischen und dogmatischen Richtlinien. Menschen werden nicht geformt, um eigenverantwortliche Entscheidungen zu treffen. Fremdbestimmt sind sie *genormt* von kirchlichen Amts- und Autoritätspersonen – also von Menschen, die es doch besser wissen müssten.

Nach Thomas von Aquin verpflichtet das sichere Gewissen die Menschen auch dann, wenn sie im guten Glauben irren. Denn, so Thomas, wer seinem irrenden Gewissen folgt, tut dies mit dem Wunsch, Gottes Willen zu erfüllen. Was aber gegen diesen Wunsch geschieht, ist sündhaft, und deshalb ist auch das irrende Gewissen zu achten.[101] Vorausgesetzt natürlich, dass das Wohl Dritter nicht darunter leidet.[102]

Von dieser an sich einleuchtenden Erkenntnis allerdings hielten die auf die Neuscholastik eingeschworenen »Thomas-Christen«[103], die sich sonst bei jeder Gelegenheit auf den Aquinaten beriefen, wenig, wie ein

---

101   Thomas von Aquin, Summa theologica, II–II, 10, 8; 11, 3.
102   Dies mittels eines Beispiels erläutert: Wenn ein Zeuge Jehovas aus religiösen Gründen für sich eine Bluttransfusion ablehnt, ist das hinzunehmen. Anders verhält es sich, wenn er sich weigert, seinem Kind eine lebensrettende Behandlung dieser Art angedeihen zu lassen. Da muss der Staat intervenieren, weil es um das Wohlergehen einer Drittperson geht.
103   Der Ausdruck Thomaschristen wird regulär gebraucht für die ostkirchlichen katholischen Christinnen und Christen auf dem indischen Subkontinent, die nach der Ausbreitung des Islams im 8. Jahrhundert bis zum 16. Jahrhundert räumlich von der griechischen und lateinischen Kirche

Blick auf die entsprechenden lehramtlichen Aussagen zeigt. Je weiter wir nämlich zurückschauen, desto mehr zeigt sich, wie wenig die römischen Autoritäten die Gewissensentscheide der Gläubigen respektierten.

Der von Pius IX. im Jahr 1864 veröffentlichte *Syllabus errorum* (eine Liste sogenannter »modernistischer Irrtümer«) verurteilt die Ansicht als häretisch, nach der es den Menschen freisteht, sich zu einer Religion zu bekennen, von deren Wahrheit sie überzeugt sind.[104] Das steht in Übereinstimmung mit der Enzyklika *Mirari vos arbitramur* Papst Gregors XVI. aus dem Jahr 1832, in der das Recht auf Gewissensfreiheit als »unsinnige Ansicht oder vielmehr als Wahnsinnsidee« (*absurda ac erronea sententia seu potius deliramentum*) und als »äußerst verderblichen Irrtum« (*pestilentissimus error*) gebrandmarkt wird.[105] Zwar erfolgte diese Äußerung im Hinblick auf die Forderung nach einer *extrem* ethischen Autonomie der menschlichen Vernunft, ein Umstand, der die undifferenzierte Haltung des kirchlichen Lehramts und dessen Blindheit gegenüber der Würde des menschlichen Gewissens jedoch keineswegs entschuldigt.

Von Gregor XVI. führt die Linie geradewegs zurück zu Leo X., der in seiner Bulle *Exsurge Domine* im Jahre 1520 eine Reihe von Sätzen Martin Luthers als mit dem katholischen Glauben unvereinbar qualifizierte – so unter anderen die Äußerung des Reformators, dass es gegen Gottes Wille sei, die Ketzer zu verbrennen.[106]

Dass man Andersdenkenden damals nicht gerade die eigenen Kirchenräume zur Verbreitung ihrer Lehren zur Verfügung stellte, ist aus heutiger Sicht verständlich (so wie ja auch ein Martin Luther nicht im Traum daran dachte, dass dereinst katholische Priester im Rahmen eines Kanzeltauschs vor einer protestantischen Gemeinde predigen würden). Verständlich ist auch die Tatsache, dass man die Gläubigen vor dem Umgang mit Irrlehrern warnte.

---

getrennt lebten. Ihr Name wird auf den Apostel Thomas zurückgeführt, der der Legende nach Indien missioniert haben soll.

104 H. Denzinger, Kompendium der Glaubensbekenntnisse und kirchlichen Lehrentscheidungen. Verbessert, erweitert und ins Deutsche übertragen und unter Mitarbeit von H. Hoping herausgegeben von P. Hünermann, Freiburg i. Br. ³⁴1991 (lateinisch/deutsch), Nr. 2915.
105 Ebd., Nr. 2730.
106 Ebd., Nr. 1483.

Offiziell hat das römische Lehramt seine geänderte Haltung hinsichtlich des menschlichen Rechts auf Gewissens- und damit auch auf Religionsfreiheit erst in der Konzilserklärung vom 7. Dezember 1965 zum Ausdruck gebracht. Darin heißt es:

> Das [Zweite] Vatikanische Konzil erklärt, dass die menschliche Person das Recht auf religiöse Freiheit hat. Diese Freiheit besteht darin, dass die Menschen frei sein müssen von jedem Zwang, sowohl vonseiten Einzelner wie gesellschaftlicher Gruppen, wie jeglicher menschlicher Gewalt, sodass in religiösen Dingen niemand gezwungen wird, gegen sein Gewissen zu handeln, noch daran gehindert wird, privat und öffentlich, als Einzelner oder in Verbindung mit anderen – innerhalb der gebührenden Grenzen – nach seinem Gewissen zu handeln. Ferner erklärt das Konzil, das Recht auf religiöse Freiheit sei in Wahrheit auf der Würde der menschlichen Person selbst gegründet, so wie sie durch das geoffenbarte Wort Gottes und durch die Vernunft selbst erkannt wird.[107]

Im Vergleich zu früheren lehramtlichen Verlautbarungen stellt diese Äußerung eine kopernikanische Wende dar. Immer ist es eine *Person*, die eine Überzeugung vertritt. Jede menschliche Person aber besitzt fundamentale Menschenrechte, die ihr nicht von außen her (etwa seitens des Staates oder einer Kirche) gewährt, sondern die schlicht gewahrt werden müssen, weil sie in der Würde der menschlichen Person verwurzelt sind. Allerdings macht das Konzil gleichzeitig eine wichtige Präzisierung: Die Gewissens- und Religionsfreiheit steht den Einzelnen nur »innerhalb der gebührenden Grenzen« zu. Anders ausgedrückt: Die Gewissensfreiheit stößt da an Grenzen, wo das Wohl anderer Menschen auf dem Spiel steht.

Der Mensch hat nicht nur das Recht, sondern geradezu die Pflicht, nach seinem sicheren Gewissen zu leben.

Sicheres Gewissen: Das bezieht sich auf die persönliche Überzeugung (d. h. auf die subjektive Gewissheit), so und nicht anders entscheiden zu sollen. Das sichere Gewissen ist *richtig*, wenn es mit der »objektiven« Norm übereinstimmt. Es irrt, wer im guten Glauben von dieser Norm

---

107 Vatikanum II, Erklärung über die Religionsfreiheit *Dignitatis humanae*, Nr. 2.

abweicht. Die Tatsache des Gewissensirrtums ist im Leben sicher recht häufig gegeben. Das schließt natürlich die Verpflichtung mit ein, sich um die Bildung und Schulung des eigenen Gewissens zu bemühen. Solange aber ein Mensch einen Irrtum nicht feststellt, ist das sichere (also auch das irrende) Gewissen die einzige sittliche Instanz, der er zu gehorchen hat. Denn, wie schon Thomas in Übereinstimmung mit Paulus lehrt, ist der Gehorsam gegenüber dem eigenen Gewissen die einzige Möglichkeit, Gott zu gehorchen.

Dass Jesu Bedenken gegenüber den religiösen Obrigkeiten trotz der Revision der römischen Lehre in Sachen Gewissensfreiheit nach wie vor nicht unbegründet sind, geht aus einer Ansprache Papst Johannes Pauls II. hervor, die er 1988 vor Moraltheologen im Zusammenhang mit der von seinem Vorgänger Paul VI. verfassten Enzyklika *Humanæ vitæ* hielt. Bei dieser Gelegenheit äußerte er sich so:

> Da das Lehramt der Kirche von Christus, dem Herrn, eingesetzt worden ist, um das Gewissen zu erleuchten, bedeutet die Berufung auf dieses Gewissen, gerade um die vom Lehramt verkündete Lehre zu bestreiten, eine Ablehnung der katholischen Auffassung sowohl vom Lehramt als auch vom sittlichen Gewissen.[108]

Anders ausgedrückt: Wer die Vorgaben der Bevollmächtigten nicht teilt, befindet sich auf Abwegen. Literaturkundige werden sich hier spontan an Dostojewskis Legende *Der Großinquisitor* erinnern.

---

108 Johannes Paul II. , in: Osservatore Romano, deutsche Ausgabe, 25.11.1988, 9.

12. KAPITEL

NICHT HERREN DES GLAUBENS, SONDERN DIENER DER FREUDE

12 [†] In jener Zeit [1] begann Jesus zu den Hohenpriestern, den Schriftgelehrten und den Ältesten in Form von Gleichnissen zu reden. Er sagte: Ein Mann legte einen Weinberg an, zog ringsherum einen Zaun, hob eine Kelter aus und baute einen Turm. Dann verpachtete er den Weinberg an Winzer und reiste in ein anderes Land. [2] Als nun die Zeit dafür gekommen war, schickte er einen Knecht zu den Winzern, um bei ihnen seinen Anteil an den Früchten des Weinbergs holen zu lassen. [3] Sie aber packten und prügelten ihn und jagten ihn mit leeren Händen fort. [4] Darauf schickte er einen anderen Knecht zu ihnen; auch ihn misshandelten und beschimpften sie. [5] Als er einen dritten schickte, brachten sie ihn um. Ähnlich ging es vielen anderen; die einen wurden geprügelt, die andern umgebracht. [6] Schließlich blieb ihm nur noch einer: sein geliebter Sohn. Ihn sandte er als Letzten zu ihnen, denn er dachte: Vor meinem Sohn werden sie Achtung haben. [7] Die Winzer aber sagten zueinander: Das ist der Erbe. Auf, wir wollen ihn töten, dann gehört sein Erbe uns. [8] Und sie packten ihn und brachten ihn um und warfen ihn aus dem Weinberg hinaus. [9] Was wird nun der Besitzer des Weinbergs tun? Er wird kommen und die Winzer töten und den Weinberg anderen geben. [10] Habt ihr nicht das Schriftwort gelesen: Der Stein, den die Bauleute verworfen haben, er ist zum Eckstein geworden; [11] das hat der Herr vollbracht, vor unseren Augen geschah dieses Wunder? [12] Daraufhin hätten sie Jesus gern verhaften lassen; aber sie fürchteten die Menge. Denn sie hatten gemerkt, dass er mit diesem Gleichnis sie meinte. Da ließen sie ihn stehen und gingen weg.

Die Frage der Hohepriester, der Schriftgelehrten und der Ältesten nach seiner Vollmacht hat Jesus mit einer Gegenfrage pariert. Statt einer direkten Antwort erzählt er ihnen nun eine Parabel.

Im Gegensatz zu Jesu Gleichnisreden, die von alltäglichen Vorkommnissen berichten (z. B. von einer Frau, die eine Münze vermisst und deswegen das ganze Haus durchstöbert; vgl. Lk 15,8–10), haben Parabeln einmalige, nicht alltägliche Ereignisse zum Inhalt. Wobei jede Bildhälfte auf eine Sachhälfte verweist.

Angewandt auf die Parabel von den bösen Winzern: Der Besitzer des Weinbergs steht für Gott. Die von ihm geschickten Knechte stehen für die alttestamentlichen Propheten, die immer wieder auf heftigen Widerstand stießen. Der Sohn und Erbe, den der Weinbergbesitzer am Ende aussendet, ist Jesus, der von den Pächtern umgebracht wird (was auf eine nachösterliche Entstehung dieser Geschichte hindeutet).

Aber wer ist mit den *Pacht*winzern, was mit dem Weinberg gemeint?

Wir erinnern uns: Im Anschluss an die Tempelreinigung stellen die Hohepriester Jesus die Vollmachtsfrage. *Sie* sind die Winzer, die den Weinberg – nämlich den Tempel – verwalten. Sie beanspruchen für sich, was Gott gehört. Statt dem Tempel zu dienen, führen sie sich als dessen Eigner und Herrn auf. Nicht Gottes Größe, sondern ihr Größenwahn bestimmt ihr Denken und Treiben. Statt Gott und seinem Wirken Raum zu geben, nehmen sie seinen Platz ein. Aus dem Tempel machen sie eine »Räuberhöhle« (11,17).

Deshalb können die Winzer nicht mehr länger die legitimen Verwalter des göttlichen Erbteils sein. Die Sorge um den »Tempel« wird anderen aufgetragen. Dabei denkt der Evangelist an die christliche Gemeinde, die fortan den wahren Gottesdienst pflegt.

Diesen Gedanken untermauert der Evangelist, indem er einen in der frühen Kirche beliebten Psalmvers zitiert: »Der Stein, den die Bauleute verworfen haben, ist zum Eckstein geworden. Das ist vom Herrn geschehen und ist ein Wunder vor unseren Augen« (Ps 118,22 f.; vgl. auch Apg 4,11; 1 Petr 2,4). Damit soll die Gemeinde daran erinnert werden, dass der, den die Hohepriester abgelehnt haben, der Herr des Weinbergs ist.

Wohl beinhaltet die Winzerparabel eine Verurteilung der Tempelpriesterschaft. Aber gleichzeitig, und darin erweist sie sich als brandaktuell, stellt sie auch eine Warnung dar. Menschen, die aufgrund ihres Amts eine Autorität ausüben, werden immer versucht sein, die damit verbundene Macht zu nutzen, um Eigen- oder Gruppeninteressen wahrzunehmen.

Hinsichtlich dieser Gefahr sind die christlichen Kirchen keineswegs immun.

Die Annahme scheint nicht unberechtigt, dass manche angeblich theologischen Fragen letztlich Machtfragen sind. Gerade bei innerkirchlichen Konflikten lässt sich gelegentlich beobachten, dass da allzu schnell ein Exempel statuiert, statt ein Beispiel gegeben wird, nämlich ein Beispiel, wie man Auseinandersetzungen mit Geduld und auf friedliche Weise beizulegen vermag. So geschieht es häufig, dass kirchliche Amtsträger eine bestimmte Ansicht in Sachen Glaubensfragen verteidigen, weil sie es unter ihrer Würde finden, sich von anderen belehren zu lassen; dass Pfarrer oder Bischöfe ihre Ideen um jeden Preis durchzusetzen versuchen; dass Theologen und Glaubensbehörden in Konfliktfällen so wenig Gesprächsbereitschaft an den Tag legen, weil sie einzig ihren Kopf als geeigneten Landeplatz für die Geisttaube betrachten.

Weil es in der Kirche auch unter Amtsträgern so viel Zaghaftigkeit und Versagen, so viel Ängstlichkeit und Fehlhaltungen gibt, erhebt sich der Einwand, ob der Satz des Glaubensbekenntnisses »Ich glaube an die heilige Kirche« noch guten Gewissens ausgesprochen werden kann. Da gilt für mich ein uneingeschränktes Ja. *Heilige Kirche*, das heißt, dass diese Kirche, wie immer sie sich darstellt, von Gott geheiligt ist – und dass sie sich bemühen muss, den damit verbundenen Auftrag zu verwirklichen: Heiligung als *Gabe*, Heiligkeit als *Aufgabe*! Weil in dieser Hinsicht immer eine Differenz bestehen wird, heißt es in einem der eucharistischen Hochgebete der römischen Kirche: »Barmherziger Gott, *mache* die Kirche zu einem Ort der Wahrheit und Freiheit, der Gerechtigkeit und des Friedens, damit die Menschen neue Hoffnung schöpfen.« Im Klartext: Die Kirche ist kein solcher Ort. Vielmehr muss sie stets darum ringen. Und angesichts ihres Versagens ihre Schuld eingestehen und Gott um Vergebung bitten.

Wie notwendig diese Bitte ist, lässt sich leicht verifizieren beim Blick auf einige undifferenzierte Äußerungen kirchlicher Autoritäten der Vergangenheit. Eugen Drewermann hat diesbezüglich eine ganze Reihe katholischer amtskirchlicher Vorgaben zusammengestellt, die eine ent-gegengesetzte persönliche Gewissensentscheidung als mit dem Glauben inakzeptabel qualifizieren. Nur einige davon seien hier angeführt.

1956: Katholisch ist es, den *Wehrdienst* nicht zu verweigern, sondern den Fahneneid zur Verteidigung unserer neuen Republik zu leisten, und zwar ohne Ausnahme, ohne legitime Berufung dagegen auf das persön-liche Gewissen.[109]

1961: Katholisch war es, sogar einen *Atomkrieg* gegen Rotchina als Ausweis des Gerechtigkeitswillens Gottes zu interpretieren.[110]

1966: Katholisch war es, *künstliche Empfängnisverhütung* als schwere Sünde abzulehnen.

1977: Katholisch ist es, Homosexualität für schwere Sünde zu halten; man beruft sich dabei auf gewisse Bibelstellen, die sogar die Todesstrafe für diese sexuelle »Perversion« fordern.

Wie abwegig die selbstbewussten Direktiven kirchlicher Autoritäten auch *im persönlichen Bereich* gelegentlich sind, lässt sich nachlesen in Doris Wagners Erfahrungsbericht *Nicht mehr ich. Die wahre Geschichte einer jungen Ordensfrau:*[111] Als Doris Wagner 2003 nach dem Abitur in die ordensähnliche Vereinigung *Geistliche Familie – Das Werk* eintritt, ist sie der Überzeugung, dem Ruf Gottes zu folgen. Natürlich weiß sie, dass sie sich in eine Gemeinschaft einfügt und den Oberen unterordnet. Und dass damit ein gewisses Maß an Verzicht auf den eigenen Willen verbun-den ist. Was sie erwartet, ist ihr nicht bewusst. Noch nicht.

Tatsächlich gerät sie in ein Räderwerk aus Befehl und Gehorsam. Für eigene Gedanken und Bedürfnisse bleibt da kein Platz. Was die Oberen entscheiden, ist Gottes Wille. Was sie beschließen, ist ohne jede Rück-

109 E. Drewermann, Das Matthäusevangelium. Dritter Teil: Mt 20,20–28,20, Solothurn und Düsseldorf 1995, 69. Dort auch die folgenden Zitate. Was hier kursiv gedruckt ist, entspricht dem Kursiv bei Drewermann.

110 Dazu die Fußnote im Text von E. Drewermann, Pius XII., Weihnachtsan-sprache 1955, Acta Apostolicæ Sedis 48, 1956. Vgl. dazu: G. Gundlach, Die Lehre Pius' XII. vom modernen Krieg, in: Stimmen der Zeit 4 (1959) 1–14.

111 D. Wagner, Nicht mehr ich. Die wahre Geschichte einer jungen Ordensfrau, Wien 2014. Ergänzend: D. Wagner, Spiritueller Missbrauch in der katholi-schen Kirche, Freiburg i. Br. 2019.

frage umzusetzen. Hingabe an Gott verstehen sie als bedingungslose Unterwerfung unter ihren Willen. Damit umgeben sich die Oberen gegenüber den übrigen Mitgliedern der Gemeinschaft mit einer göttlichen Aura. Diese sind schutzlos den Manipulationen der Vorgesetzten ausgeliefert. Sie dürfen keine Bücher lesen, keine Musik hören, keine Fragen stellen. Ihr Alltag besteht aus Gebet, Putzen, Kochen, Spülen. Die eingehende und die ausgehende Post wird kontrolliert. Ist in einem Brief an die Angehörigen einmal von Niedergeschlagenheit die Rede, muss das gestrichen werden, angeblich um die Empfänger nicht unnötig zu beunruhigen. Ständig wird den Mitgliedern eingeredet, dass sie den Ansprüchen der »Familie« zu wenig genügen. Die Folge: ein schrumpfendes Selbstwertgefühl. Dazu gesellt sich die Angst vor Liebesentzug – wie sollen sie, die völlig unselbstständig sind, weiterleben, wenn die »Familie« sie fallen lässt? Wehren können sie sich nicht, zumal ihnen sogar die kirchlich approbierten »Konstitutionen« (gemeint sind die Bestimmungen, in denen die Pflichten und Rechte der Mitglieder festgehalten sind) vorenthalten werden.

Sie sind Teil eines sektenähnlichen Programms, das auf eine absolute Entpersönlichung der einzelnen Mitglieder zielt, deren Identitätsverlust nicht bloß in Kauf genommen, sondern angestrebt wird. Diese erzwungene Selbstaufgabe wiederum wird skrupellos ausgenutzt zwecks Selbstdarstellung der Gemeinschaft nach außen. Was zählt, ist nicht das Wohl der Mitglieder, sondern das Ansehen der Gemeinschaft.

Bei Doris Wagner führt das so weit, dass sie sich nicht einmal zu wehren vermag, als sie von einem ranghohen Priester der Gemeinschaft mehrmals vergewaltigt wird. Als sie sich schließlich ihren Oberen anvertraut, gibt man ihr die Schuld. Niemand kommt auf den Gedanken zu fragen, warum ihr jegliche Kraft fehlte, sich zu widersetzen. Als sie nach acht Jahren der Entmündigung und Selbstaufgabe mithilfe eines Priesters, den sie natürlich heimlich kontaktieren muss, die Gemeinschaft verlässt, soll sie versprechen, mit niemandem darüber zu reden ...

Der Titel von Doris Wagners Buch (*Nicht mehr ich*) erinnert an das Pauluswort »Nicht mehr ich lebe, sondern Christus lebt in mir« (Gal 2,20). Ihre tragische Geschichte zeigt, wohin man gelangt, wenn Menschen die Botschaft Jesu pervertieren, indem sie sich eine Vollmacht anmaßen, die einzig Gott zukommt.

Wer immer in den christlichen Kirchen ein Amt innehat, tut gut daran, sich am Völkerapostel Paulus zu orientieren: »Nicht dass wir Herren wären über euren Glauben, sondern wir sind Gehilfen eurer Freude« (2 Kor 1,24).

»GEBT GOTT, WAS GOTTES IST!«

12 [†] In jener Zeit [13] wurden einige Pharisäer und einige Anhänger des Herodes zu Jesus geschickt, um ihn mit einer Frage in eine Falle zu locken. [14] Sie kamen zu ihm und sagten: Meister, wir wissen, dass du immer die Wahrheit sagst und dabei auf niemanden Rücksicht nimmst; denn du siehst nicht auf die Person, sondern lehrst wahrhaftig den Weg Gottes. Ist es erlaubt, dem Kaiser Steuer zu zahlen, oder nicht? Sollen wir sie zahlen oder nicht zahlen? [15] Er aber durchschaute ihre Heuchelei und sagte zu ihnen: Warum stellt ihr mir eine Falle? Bringt mir einen Denar, ich will ihn sehen. [16] Man brachte ihm einen. Er fragte sie: Wessen Bild und Aufschrift ist das? Sie antworteten ihm: Des Kaisers. [17] Da sagte Jesus zu ihnen: So gebt dem Kaiser, was dem Kaiser gehört, und Gott, was Gott gehört! Und sie waren sehr erstaunt über ihn.

Auf die an Scheinheiligkeit kaum zu überbietende Anrede folgt die auf Denunziation zielende Frage, ob es legitim sei, dem Kaiser Steuern zu zahlen. Um Jesus überführen zu können, haben sich gleich zwei Gruppen, die sich sonst wenig gewogen sind, zusammengetan, nämlich die Pharisäer und die kaiserfreundlichen Herodianer. Erstere haben sich mit den Zuständen im Land arrangiert. Letztere hingegen unterstützen Herodes, den Schattenkönig von Roms Gnaden. Tatsächlich untersteht Palästina ja der Herrschaft der Römer, die das Volk gnadenlos auspressen mit ihren Steuerauflagen. Wenn Jesus die Ansicht vertritt, man solle die von den Besatzern erhobenen Abgaben verweigern, kann man ihn als Rebellen denunzieren. Seit dem Aufstand des Galiläers Judas im Jahr 6 n. Chr. (vgl. Apg 5,37) kommt Steuerverweigerung einem Aufruf zum Aufstand gleich.

In dieser Hinsicht verstehen die Römer, denen allein es zusteht, die Todesstrafe zu verhängen, keinen Spaß.

»Reicht mir einen Denar!« Was Jesus da sagt, erlaubt nicht den Schluss, dass er kein Geld dabei habe. Vielmehr gibt er damit seinen Fragestellern zu verstehen, dass sie selbst römische Münzen benützen, um Geschäfte zu machen. Auf dem damals auch in Palästina zirkulierenden Tiberiusdenar ist vorn der Kopf des Kaisers und auf der Rückseite die Kaisersmutter Livia als Friedensgöttin dargestellt. Damit ist klar, was Jesus mit seiner Aufforderung sagen will: Mit dem Bild des Kaisers im Rockschoß lauft ihr herum? Bezahlt damit das Huhn und das Mehl und die Feigen, die ihr auf dem Markt kauft! Lasst euch mit dieser Münze begleichen, was ihr verkauft! Na also ... Damit treibt Jesus seine Gegner schon einmal in die Defensive. Ein weiteres, schon fast pikantes Detail: Wenn Jesus seine Gegner auffordert, die Steuern nicht zu verweigern, sagt er ihnen bloß, was sie bereits tun. Praktisch bedeutet das, dass sie mit ihrer Fangfrage nur zeigen, dass sie eine Wirklichkeit ignorieren, die sie grundsätzlich praktizieren.

Welch eine Ironie! Jesu Widersacher wollen ihm eine Schlinge legen; er aber dreht ihnen daraus einen Strick. Würde er ihnen geraten haben, die Abgaben zu verweigern, hätten die romfreundlichen Herodianer keinen Augenblick gezögert, diese romfeindliche Antwort den Obrigkeiten zu hinterbringen. Aber diese Erwartung erfüllt Jesus nicht. Sondern sagt: »Gebt dem Kaiser doch einfach, was dem Kaiser gehört, und Gott, was Gott gehört.«

Gebt dem Kaiser, was dem Kaiser gehört! Da schwingt noch anderes mit, nämlich: Spielt euch jetzt bloß nicht als Rabulisten und Kasuisten auf! Wenn ihr, was offensichtlich zutrifft, akzeptiert, dass Geld, und zeige es das Porträt des Kaisers, ein Zahlungsmittel ist, dann muss man damit wirtschaften, natürlich verantwortungsvoll. Diese Münzen sind doch kein theologisches Problem, zumal ihr sie ja täglich zwischen euren Fingern dreht. Dass ein funktionierendes Gemeinwesen Abgaben erfordert, galt schon als Gemeinplatz, bevor die Römer hier die Herrschaft übernahmen. Dass der Steuersatz nicht ideal ist, wissen wir wohl alle ...

Dieses Ungesagte ist nur das eine. Das andere ist, was Jesus völlig ungefragt hinzufügt: Gebt Gott, was Gott gehört!

Was aber gehört Gott? Das ist die eigentliche Frage. Und sie gilt noch heute.

Damals schien klar: Gott zu geben, was Gott gehört, ist gleichbedeutend mit der Erfüllung der mosaischen Weisung. Heute, so sind wohl manche versucht zu sagen, bezieht sich Jesu Aufforderung auf die Einhaltung der Gebote. Einige werden darüber hinaus an asketische Übungen, an Kasteiungen, an Opfer oder an Verzicht denken. Das sei es, was Gott sich von uns wünsche.

Und so soll eine freudige und freimütige Gottesbeziehung zustande kommen? Allenfalls kommt man den Vorschriften nach, damit das Verhalten den Vorgaben des religiösen Pflichtenhefts entspricht. Dann hat man sich nichts vorzuwerfen. Und wird seines Lebens doch nicht richtig froh.

Die Kette der Beispiele, was eine solche Opferseelen-Haltung im Alltag für Auswirkungen hat, könnte endlos sein. Ein junger Mann wagt nicht, der geliebten Frau seine Liebe zu gestehen, weil seine Familie diese Verbindung als Mesalliance einstufen würde; stattdessen geht er eine Vernunftehe ein, von der er von vornherein weiß, dass sie zum Scheitern verurteilt ist. Eine Frau erträgt aus gesellschaftlichen Gründen jahrzehntelang die sadistischen Gewalttätigkeiten ihres Mannes, weil sie ihm vor dem Altar Treue bis in den Tod geschworen hat. Eine Mutter findet sich damit ab, sich wie eine Sklavin abzurackern für einen längst erwachsenen Sohn, weil sie nicht gegen die in ihrer Jugend eingetrichterte Vorstellung ankommt, dass Mutterliebe keine Grenzen kennt ... Immer wieder gibt es Menschen, die sich beim Gedanken an eingebläute Maximen und wegen erziehungsbedingter Schuldgefühle davor fürchten, gegen den Druck der Kirche, der Gesellschaft, der Verwandten und Nachbarn ihrer inneren Stimme zu folgen und das zu tun, was ihnen das Herz (oder auch nur der gesunde Menschenverstand) eingibt. Stattdessen tun sie das, was »man« von ihnen erwartet. Solche Verhaltensmuster zeitigen auch im religiösen Bereich Wirkung.

Gelegentlich trifft auch das Umgekehrte zu. Dagegen aber haben schon die alttestamentlichen Propheten angepredigt – so etwa Amos: »Ich hasse eure Feste, ich verabscheue sie und kann eure Feiern nicht riechen. [...] Weg mit dem Geplärre deiner Lieder! Dein Harfenspiel will ich nicht hören, sondern das Recht ströme wie Wasser, die Gerechtigkeit wie ein nie versiegender Bach« (Am 5,21–24).

Gebt Gott, was ihm gehört! Diese Aufforderung stößt allen Terror von außen und innen über den Haufen, der Menschen zu seelischen Krüppeln macht, weil das, was sie unter sozialem oder religiösem Zwang meinen leben zu müssen, nicht ihr Leben ist. Gebt Gott, was

Gott gehört! Da gilt nicht mehr: Gültig ist, was die Mehrheit oder irgendeine Autorität für richtig hält. Gültig ist, was du mit deinem Gewissen vereinbaren kannst. Denn nicht nur Gebote und Verbote – so angemessen sie an sich sein mögen – haben das letzte Wort. Auch die Regungen des Gefühls haben ihre Berechtigung und nicht nur die Buchstaben des Gesetzes. Keine religiöse Vorschrift dispensiert uns von eigenverantwortlichem Denken und Handeln, zumal geltendes Recht bei Weitem nicht immer gleichzusetzen ist mit Gerechtigkeit. Gottes Gebote sind nicht der Königsweg zur Vollkommenheit, sondern Wegweiser, Verkehrsschildern vergleichbar. Und manchmal müssen Menschen eben andere Wege gehen, weil die eine angezeigte Straße, aus welchen Gründen auch immer, nicht gangbar ist für sie. Dann müssen sie der Stimme folgen, die sie in ihrem Inneren hören, und das tun, was sie als richtig erachten.

HOFFNUNG ÜBER DEN TOD HINAUS

12[†] In jener Zeit [18] kamen einige von den Sadduzäern, die behaupten, es gebe keine Auferstehung, zu Jesus und fragten ihn: [19] Meister, Mose hat uns vorgeschrieben: Wenn ein Mann, der einen Bruder hat, stirbt und eine Frau hinterlässt, aber kein Kind, dann soll sein Bruder die Frau heiraten und seinem Bruder Nachkommen verschaffen.

[20] Es lebten einmal sieben Brüder. Der erste nahm sich eine Frau, und als er starb, hinterließ er keine Nachkommen. [21] Da nahm sie der zweite; auch er starb, ohne Nachkommen zu hinterlassen, und ebenso der dritte. [22] Keiner der sieben hatte Nachkommen. Als Letzte von allen starb die Frau. [23] Wessen Frau wird sie nun bei der Auferstehung sein? Alle sieben haben sie doch zur Frau gehabt. [24] Jesus sagte zu ihnen: Ihr irrt euch, ihr kennt weder die Schrift noch die Macht Gottes. [25] Wenn nämlich die Menschen von den Toten auferstehen, werden sie nicht mehr heiraten, sondern sie werden sein wie die Engel im Himmel. [26] Dass aber die Toten auferstehen, habt ihr das nicht im Buch des Mose gelesen, in der Geschichte vom Dornbusch, in der Gott zu Mose spricht: Ich bin der Gott Abrahams, der Gott Isaaks und der Gott Jakobs? [27] Er ist kein Gott von Toten, sondern von Lebenden. Ihr irrt euch sehr.

Fast hat es den Anschein, dass alle sich mit Jesus anlegen. Nach den Hero-
dianern und den Pharisäern (die schon öfter von sich reden machten)
treten jetzt die Sadduzäer auf den Plan.

Die Sadduzäer galten als aristokratische und konservative Priester-
partei, die sich mit dem Wortlaut der Tora begnügte und die kasuistische
Gesetzesauslegung der Pharisäer ablehnte. Nach der Zerstörung des
Tempels im Jahr 70 ist von ihnen nicht mehr die Rede.

Im Gegensatz zu den Pharisäern standen sie dem »neuen« Glauben
an eine Auferweckung der Toten ablehnend gegenüber. Tatsächlich
setzte sich diese Lehrmeinung im Judentum erst im 2. vorchristlichen
Jahrhundert allmählich durch, wobei die entsprechenden Vorstellungen
untereinander teilweise stark divergierten.

Das Fallbeispiel, mittels dessen die Sadduzäer den Auferstehungsglauben diskreditieren möchten, mutet etwas ausgefallen an. So abwegig
aber ist es gar nicht, wenn man sich auf deren Denkvoraussetzungen
besinnt. Die Sadduzäer gehen davon aus, dass das Leben der Auferstandenen sich gemäß diesseitigen Bedingungen abspielt, was impliziert,
dass es eine Art Fortsetzung des irdischen Lebens darstellt.

Demgegenüber argumentiert Jesus, dass die Auferweckten »wie
Engel im Himmel« sein werden – also dass die intimen Beziehungen zwi-
schen Mann und Frau nicht mehr gelten würden. Damit vermag er die
Sadduzäer nicht zu überzeugen, zumal diese nicht an die Existenz von
Engeln glauben (Apg 23,8) und daher den Vergleich nicht gelten lassen.
Schon gar nicht beeindruckt sie Jesu Aussage, dass der Gott Israels nicht
ein Gott von Toten sei. Jesus indessen stellt sich hier ganz aufseiten der
Pharisäer, die an die Auferweckung der Toten glauben und die »Gott
zutrauen, dass er uns nicht nur in diese Welt hineingestoßen hat. [...]
Wenn Gott die Macht hatte, uns in seine Schöpfung hineinzuversetzen,
sollte er dann nicht die Kraft haben, uns dem Tod zu entreißen?«[112]

Dieser Hoffnung auf ein Leben nach dem Tod begegnen wir im Alten
Testament erst in der apokalyptischen Literatur. Als Geistesströmung der
alttestamentlichen Spätzeit befasst sich die Apokalyptik mit der Offenbarung der himmlischen Welt und ist geprägt von der Erwartung der

---

112 E. Drewermann, Das Matthäusevangelium. Dritter Teil: Mt 20,20–28,20,
Solothurn/Düsseldorf 1995, 101.

kommenden Endzeit. Hier ist vor allem das Buch Daniel zu erwähnen. Darin findet sich die wichtigste (und unter den Exegeten einzig unumstrittene) alttestamentliche Belegstelle für den Glauben an eine Auferstehung der Toten:

> Von denen, die im Land des Staubes schlafen, werden viele erwachen, die einen zum ewigen Leben, die anderen zur Schmach, zu ewigem Abscheu. Die Verständigen werden glänzen wie der Glanz der Himmelsfeste und die Männer, die viele zum rechten Tun geführt haben, wie die Sterne für immer und ewig (Dan 12,2 f.).

Diese für uns nicht leicht zu deutenden Zeilen wurden um das Jahr 165 v. Chr. geschrieben, zu der Zeit also, als sich Israel unter der Herrschaft des aus Syrien stammenden Seleukiden Antiochus IV. Epiphanes befand, der den jüdischen Tempelkult verbot und die Verehrung des griechischen Gottes Zeus durchzusetzen versuchte. Die damit verbundenen Verfolgungen führten schließlich zu einem Aufstand unter den Juden, der vom Geschlecht der Makkabäer geleitet und zu einem siegreichen Ende geführt wurde.

In dieser Situation stellte sich natürlich die Frage nach dem Los der Verstorbenen in besonderer Weise – und der Verfasser des Danielbuches gibt darauf eine Antwort: Die einen (gemeint sind die Märtyrer) werden zum Leben erwachen; die anderen (die Gottlosen) werden ewige Schmach erdulden. Wobei hier eine sehr handfeste, beinahe verdinglichte Vorstellung von Auferstehung herrscht. Diese wird als eine Art Rückkehr in das zeitliche Leben gedacht.

Wie sehr der Auferstehungsglaube im 2. vorchristlichen Jahrhundert bereits verbreitet war, bezeugt auch das Zweite Buch der Makkabäer, das nach 160 v. Chr. in griechischer Sprache abgefasst (von den Juden aber nicht den Heiligen Schriften zugerechnet) wurde. Im siebten Kapitel schildert der Verfasser das Martyrium von sieben Brüdern und ihrer Mutter unter dem heidnischen König Antiochus IV. Epiphanes. Diese Erzählung bildet eine eigentliche Lehrschrift über die Auferstehung: Gott wird jene, die seine Gesetze beobachten, »zu einem neuen, ewigen Leben auferstehen lassen« (2 Makk 7,9). Dabei steht weniger der Vergeltungsgedanke im Vordergrund als vielmehr der Glaube daran, dass Gottes Macht und Herrschaft über den Tod hinausreicht und sich siegreich durchsetzen wird.

Ein Vergleich mit dem fast gleichzeitig entstandenen Buch Daniel zeigt, dass die Vorstellung hinsichtlich der Auferweckung der Toten im damaligen Judentum sehr unterschiedlich war. Während im Danielbuch von einer Auferweckung zu einem endzeitlich-irdischen Leben die Rede ist, denkt der Verfasser des Makkabäerbuches an eine Auferweckung zu einem jenseitig-himmlischen Leben. Außerdem betrifft diese Hoffnung dort nur die Gerechten, während es für die Missetäter »keine Auferstehung zum Leben« (2 Makk 7,14) gibt. Gemäß dem Danielbuch hingegen werden auch diese auferstehen, »zur Schmach, zu ewigem Abscheu« (Dan 12,2). Zu Recht bemerkt daher Pinchas Lapide in diesem Zusammenhang:

> Die Fülle der verschiedenen Auferstehungsvorstellungen zu jenen Zeiten
> [...] stemmt sich gegen jede Systematisierung. Allen Schulen gemeinsam
> ist, dass Auferstehung die durch Gott erwirkte Wiederbelebung der Toten
> ist, wobei das Wann, das Wer und das Wo offenbleibt.[113]

Gut anderthalb Jahrhunderte später, zur Zeit Jesu, war der Glaube an eine Auferweckung der Toten keineswegs schon allgemein verbindliche jüdische Lehre. Abgesehen von den diesbezüglichen unterschiedlichen Auffassungen gab es auch welche, die eine Auferweckung überhaupt ablehnten, wie etwa die Sadduzäer (Apg 4,1 f.; 23,8).

Wie begründet *Jesus* den Glauben an die Auferweckung der Toten? Wie er davon spricht, ist von seinem Gottesbild abhängig. Der Gott Abrahams, Isaaks und Jakobs (Ex 3,6) ist für ihn »kein Gott von Toten, sondern von Lebenden«. Daraus ergibt sich für Jesus die Gewissheit, »dass die Toten auferstehen« (12,26 f.). Dass Gott aufseiten des Lebens steht, zeigt Jesus durch seinen Kampf gegen die Mächte des Todes: indem er Verzweifelten Hoffnung macht, den Geächteten ihre Selbstachtung wiederschenkt, den Fehlbaren Vergebung zuspricht, aber auch indem er Zeichen wirkt und Kranke heilt, indem er Notleidenden hilft und sich für

---

113 P. Lapide, Auferstehung. Ein jüdisches Glaubensbekenntnis, Stuttgart/ München 1977, 27.

die Ärmsten einsetzt. Jesus verharmlost also keineswegs die Gefährdungen und Bedrohungen dieses zeitlichen Lebens, wenn er von einem ewigen Leben spricht. Er behauptet nicht, all das, was uns bedrückt und beschwert, sei belanglos im Hinblick auf eine künftige Herrlichkeit. Vielmehr versucht er, von diesem noch ausstehenden Ziel her das Dasein der Menschen zu verändern. Etwas von dem künftigen, vollkommenen Leben soll schon jetzt, zeichenhaft, hineinleuchten in das irdische Dasein. Denn der Gedanke an ein zukünftiges Leben in Fülle setzt voraus, dass der Mensch schon jetzt Erfahrungen machen kann, die über ihn und diese vergängliche Welt hinausweisen. Die Auferstehungshoffnung muss sich, wenn sie schon nicht bewiesen werden kann, von innerweltlichen Auferstehungserfahrungen her begründen lassen.

Da ist einmal die Tatsache, dass jeder Mensch, zumindest implizit, an einen möglichen Sinn seines Lebens glaubt. Das gilt sogar für jene, die behaupten, das Leben sei sinnlos. Das besagt bloß, dass sie ihr eigenes Leben als sinnlos empfinden. Was einschließt, dass es auch anders sein könnte. Von Sinnlosigkeit kann nur die Rede sein, wenn man gleichzeitig eine Ahnung von Sinn hat. Andere wiederum meinen, der Sinn des Lebens bestünde ausschließlich im Vergnügen und im Genuss. Was soll man da angesichts jener sagen, die das Leben nicht mehr genießen können, sei es, weil sie alt oder krank oder depressiv oder all das zusammen sind? Schließlich kann man oft hören, der Lebenssinn bestehe im Beitrag, den wir für eine bessere und gerechtere Zukunft leisten. Damit ist der einzelne Mensch nichts weiter als ein Stein im Gebäude der Zukunft; er ist nicht mehr Subjekt der Geschichte, sondern wird zum bloßen Objekt degradiert. Außerdem wird die Sinnfrage auf diese Weise nur verschoben statt beantwortet. Denn der Mensch fragt ja nicht bloß nach seiner Rolle innerhalb der Gesellschaft, sondern darüber hinaus auch nach dem Sinn der Menschheitsgeschichte. Wenn diese aber kein Ziel und damit keinen Sinn hat, zerstört die Sinnlosigkeit des Ganzen auch jeden Teilsinn; es gibt nichts mehr, für das zu leben – und zu sterben! – sich lohnt. Die Tatsache, dass diese Haltung im praktischen Leben gerade nicht gelebt wird, zeigt, dass der Mensch (wenn auch unbewusst) zumindest sein Leben als sinnvoll empfindet.

Eine weitere Überlegung betrifft das menschliche Gewissen. Zwar herrschen in den verschiedenen Epochen und Kulturen große Unterschiede in Bezug auf das, was gut und was böse ist. Aber es bleibt die Tatsache, dass der Mensch unterscheidet zwischen Recht und Unrecht, zwischen Erlaubtem und Unerlaubtem, zwischen Menschlichkeit und Unmenschlichkeit. Dieses Bewusstsein reicht tief hinein in die persönliche Existenz, insofern ein Mensch sich nicht nur gegenüber einzelnen Personen oder Institutionen verantwortlich fühlt, sondern auch gegenüber einer außerweltlichen, transzendenten Macht wie immer er dann diese benennen mag.

Vor allem aber ist hier auf die menschliche Grunderfahrung der Liebe hinzuweisen. Der Liebe eignet etwas Unbedingtes. Wer wirklich liebt, wird nicht zum anderen sagen: Ich hab dich ein bisschen lieb. Oder: Ich liebe dich bis zum Jahresende. Oder gar: Ich liebe dich nur, wenn du dieses für mich tust und jenes mir gibst. Wer einen Menschen liebt, meint: Ich liebe dich jetzt und für ewig. Liebe zielt immer auf Unendlichkeit. Das vermag die folgende Äußerung von Conrad von Hötzendorf, dem Generalfeldmarschall der österreichisch-ungarischen Monarchie im Ersten Weltkrieg zu illustrieren. Zu erwähnen ist, dass von Hötzendorf Atheist war.

> Mir ist es ein Leichtes, mich mit der Idee des Todes abzufinden, ja, in vielen Stunden meines schweren Leidens wünschte ich ihn geradezu herbei. Das Aufgehen in das All war und ist mir ein beruhigender Gedanke, aber ich konnte nicht von meiner Frau verlangen, dass sie mit der gleichen Resignation dem Leben gegenüberstehe und es mit der gleichen Geringschätzung behandle. Hier liegt die Stelle, an der meine Lebensphilosophie versagte. Über das Schicksal meiner Frau mit Gleichgültigkeit hinwegzusehen wie über das meine, das vermochte ich nicht.[114]

Den hier ausgedrückten Sachverhalt hat der Philosoph Gabriel Marcel auf die Formel gebracht:

> Einen Menschen lieben heißt sagen: Du wirst nicht sterben.[115]

---

114 C. von Hötzendorf, Private Aufzeichnungen, hg. von K. Peball, Wien 1977, 49 (orthografisch angepasst).
115 G. Marcel, Geheimnis des Seins, Wien 1952, 472.

Und zwar nicht deshalb sollst du nicht sterben, weil ich an dir hänge, sondern weil ich dir wünsche, dass du froh bist, dass alle deine Erwartungen sich erfüllen, dass du glücklich bist, kurzum, dass du – in des Wortes tiefster Bedeutung – lebst. In der Liebe zeigt sich vielleicht am deutlichsten der Wunsch nach dem vollkommenen Leben, das der Mensch als Ahnung in sich trägt und das es in dieser Vollkommenheit auf Erden nie gibt. Liebe weist ihrem Wesen nach über unsere irdische Existenz hinaus. Der Verfasser des alttestamentlichen Hoheliedes hat diese Erfahrung so ausgedrückt: »Stark wie der Tod ist die Liebe« (Hld 8,6).

Sinnfrage, Gewissensverantwortung, Liebesfähigkeit – das sind nur einige Grunderfahrungen, die die Vergänglichkeit der menschlichen Existenz transparent machen auf Transzendenz hin. Und die zeigen, dass die mit dem Auferstehungsglauben verbundene Hoffnung über den Tod hinaus durchaus berechtigt ist.

LIEBE OHNE GEFÜHL?

12 [28] • Ein Schriftgelehrter hatte der Auseinandersetzung zwischen Jesus und den Sadduzäern zugehört; und weil ihm auffiel, wie gut Jesus ihnen antwortete, ging er zu ihm und fragte: Welches Gebot ist das allererste? [29] Jesus antwortete: Das erste ist: Höre, Israel, der Herr, unser Gott, ist der einzige Herr. [30] Darum sollst du den Herrn, deinen Gott, lieben mit ganzem Herzen und ganzer Seele, mit deinem ganzen Denken und mit deiner ganzen Kraft. [31] Als zweites kommt hinzu: Du sollst deinen Nächsten lieben wie dich selbst. Kein anderes Gebot ist größer als diese beiden. [32] Da sagte der Schriftgelehrte zu ihm: Sehr gut, Meister! Ganz richtig hast du gesagt: Er allein ist der Herr, und es gibt keinen anderen außer ihm, [33] und ihn mit ganzem Herzen, ganzem Verstand und ganzer Kraft zu lieben und den Nächsten zu lieben wie sich selbst, ist weit mehr als alle Brandopfer und anderen Opfer. [34] Jesus sah, dass er mit Verständnis geantwortet hatte, und sagte zu ihm: Du bist nicht fern vom Reich Gottes. Und keiner wagte mehr, Jesus eine Frage zu stellen.

Liebe hat viele Seiten, und jede dieser Seiten hat mehrere Facetten. Wer von Liebe spricht, assoziiert damit vor allem Gefühle und Haltungen: Zuneigung, Fürsorglichkeit für oder Besorgtheit um einen Menschen,

Leidenschaft, Mitleid und Mitleiden, Begehren, Verbundenheit, Schwärmerei, Gewogenheit, Verliebtheit, Herzenswärme ...

Seltsamerweise bringen wir solche emotionalen Momente kaum in Verbindung mit der Gottesliebe. Das trifft auch für den Schriftgelehrten zu, der von Jesus hören möchte, welches Gebot denn nun das erste und wichtigste sei. Jesus beantwortet die Frage, indem er den Beginn des *Schema Jisrael* (»Höre, Israel!«), des Glaubensbekenntnisses des jüdischen Volkes, zitiert: Du sollst Gott, den Einen und Einzigen, lieben mit allen Fasern deines Herzens (vgl. Dtn 6,4 f.). Ungefragt fügt er im selben Atemzug hinzu: »Und deinen Nächsten sollst du lieben wie dich selbst.« Der Schriftgelehrte weiß natürlich, dass diese Weisung dem Buch Levitikus entnommen ist (Lev 19,18).

Von Gefühlen ist da nicht die Rede. Das tönt eher nach Pflicht. Kann man Liebe befehlen? Sicher nicht. Dennoch werden Gottesliebe und Nächstenliebe hier schlechtweg verordnet.

Deshalb verwundert es nicht, dass die akkurate Beobachtung von Gottes Geboten seit den frühesten Jahrhunderten den Maßstab für die Gottesliebe darstellt: Die Gottesliebe als moralisches Postulat! Das dürften schon die so verstanden haben, die das pergamentbeschriftete Markusevangelium als Erste in Händen hielten. Ähnliche Deutungen finden sich später, allerdings auf Jesus bezogen, im Johannesevangelium und im Erstes Johannesbrief.[116]

Gottesliebe manifestiert sich in der Befolgung göttlicher Gebote? Was Markus wirklich sagen will, verstehen wir erst, wenn wir die Äußerung des Schriftgelehrten berücksichtigen. Der erklärt, dass die Liebe zu Gott und zum Nächsten weit höher zu gewichten ist »als alle Brandopfer und alle anderen Opfer«. Jesus stimmt dem ausdrücklich zu.

Seit Jahrtausenden versuchen Menschen, Gott oder die Gottheit oder gar das (vergöttlichte?) Schicksal[117] mit Opfergaben günstig zu stim-

---

116 »Wer meine [Jesu] Gebote hat und sie hält, der ist es, der mich liebt« (Joh 14,21). »Wer seine [Jesu] Gebote hält, bleibt in Gott und Gott in ihm« (1 Joh 3,24).

117 Ein klassisches Beispiel dafür ist Friedrich Schillers Ballade *Der Ring des Polykrates*, die davon handelt, wie ein König einen überaus kostbaren Ring opfert, um sich der Gunst der Götter zu versichern.

men. Der damit verbundene Verzicht ist kein Liebesbeweis, sondern entspringt der nackten Angst – dienen die Opfer doch lediglich dazu, sich der gnädigen Zuwendung überirdischer Mächte zu versichern. Sich und nicht Gott haben die Opfernden im Visier. Im Grunde handelt es sich um religiös verbrämten Egoismus. Gott wird degradiert zum Handlanger menschlicher Interessen.

Mit seiner opferkritischen Bemerkung zeigt der Schriftgelehrte, dass er Jesu Anliegen begriffen hat, nämlich dass sich die Gottesliebe nicht an der Bereitschaft misst, Gott irgendwelche Opfer darzubringen und ihn so gewissermaßen zu bestechen.

Doch worin zeigt sie sich wirklich?

Indem ein Mensch sich derer annimmt, die von Gott genauso geliebt sind wie er selbst, sagt Jesus. Und verweist gleichzeitig auf das im Buch Levitikus festgeschriebene Gebot der Nächstenliebe. Gott lieben heißt wollen, was Gott will. Gottesliebe ist keine Sache des Gefühls, sondern erweist sich im solidarischen Handeln, vornehmlich im Einsatz für die (was Jesus immer wieder demonstriert) von der Gesellschaft Vernachlässigten und von den Mächtigen Benachteiligten.

Damit erübrigt sich auch die unter den Rabbinen zur Zeit Jesu diskutierte Frage: »*Wer* ist mein Nächster?« (vgl. Lk 10,29)

Dass man den Nächsten lieben solle, stand für einen Juden außer Zweifel. Überdies fehlte es schon damals nicht an Versuchen, die gesamten Einzelforderungen der Tora auf das Grundprinzip der Nächstenliebe zurückzuführen. So berichtet der Talmud von »einem aus den Völkern« (d. h. einem Heiden), der die ganze Weisung in der Zeitspanne erlernen wollte, während der er auf einem Bein zu stehen vermochte, also binnen kürzester Frist. Rabbi Hillel, einer der profiliertesten Vertreter des Pharisäismus kurz vor der Zeitenwende, sagte zu ihm: »Was dir verhasst ist, das tue deinen Genossen nicht an! Das ist die Weisung ganz und gar, das andere ist ihre Auslegung. Geh und lerne!«[118] Rabbi Hillel bezieht sich hier aller Wahrscheinlichkeit nach auf eine Stelle aus dem (für die Juden

118 Schabbat 31a. Zit. nach R. Meyer, Der Talmud. Ausgewählt, übersetzt und erklärt, München ⁸1986, 227 f. Die Maxime findet sich in ähnlicher Form bereits in dem (anonymen) Brief des Aristeas (§ 207), der zwischen 100 und 130 v. Chr. entstanden sein dürfte; vgl. L. Strack/P. Billerbeck, Kommentar

apokryphen) Buch Tobit, das um 200 v. Chr., wahrscheinlich in aramäischer Sprache, verfasst wurde: »Was du hasst, das tu niemand anderem an« (Tob 4,15)!

Umstritten indessen war, *wer* denn nun als Genosse oder als Mitmensch zu gelten habe – und wem gegenüber man *nicht* gehalten sei, das Liebesgebot anzuwenden.

Nächstenliebe zielt zunächst auf die Volksgenossen; allein im Hinblick auf sie gilt ja das Verbot, Rache zu üben oder Groll zu hegen: »An den Kindern deines Volkes sollst du dich nicht rächen und ihnen nichts nachtragen.« Die unmittelbar darauf folgende Vorschrift »Du sollst deinen Nächsten lieben wie dich selbst« (Lev 19,18) bezog man nur auf die Volksgemeinschaft. Sie wurde also nicht als Aufforderung zur universalen Menschenliebe verstanden. Zur Zeit Jesu vertraten die Rabbinen fast durchweg diese nationalistische Deutung.

Zwar enthält das Buch Levitikus auch die Anweisung, dass das Gebot der Nächstenliebe auch alle innerhalb der Volksgemeinschaft ansässigen Fremdlinge einschließt (Lev 19,34). Doch belegen mehrere rabbinische Zeugnisse aus dem 2. nachchristlichen Jahrhundert, dass man diese Weisung wohl schon zur Zeit Jesu äußerst restriktiv auslegte[119]; man bezog sie jetzt nicht mehr auf alle sich im Land aufhaltenden Fremden, sondern lediglich auf die Proselyten, d. h. auf jene Fremden (Heiden), die zum Judentum übergetreten waren. Vorausgesetzt war zudem, dass diese sich uneingeschränkt zum jüdischen Glauben bekannten. Nach Rabbi Jose ben Jehuda, der um 180 lehrte, gilt ein Proselyt, der auch das kleinste Wörtchen von den Satzungen der Schriftgelehrten nicht auf sich nimmt, nicht mehr als Volksgenosse. Dies wiederum schließt ein, dass das Liebesgebot ihm gegenüber nicht verpflichtend ist.

Jesus stellt das Gesetz in keiner Weise infrage; er fragt sich aber, ob nicht die Grundlagen, auf denen die gängige Auslegung beruht, fragwürdig sind. Widerspricht es nicht der Natur des Liebesgebotes, wenn man seine Anwendung auf bestimmte Personengruppen reduziert und damit die Liebe gleichsam domestiziert?

zum Neuen Testament aus Talmud und Midrasch, Bd. I: Das Evangelium nach Matthäus, München ⁴1965, 460.
119 Beispiele, auch zum Folgenden, bei Strack/Billerbeck, Bd. I, 354–364.

Ich kann mich nicht erinnern (und mein Langzeitgedächtnis ist noch einigermaßen intakt), in meiner Jugend auch nur eine einzige Predigt über Selbstliebe oder Selbstverwirklichung gehört zu haben. Die Themen waren Nächstenliebe und Selbstaufopferung. Faktisch läuft das auf die Forderung hinaus: Liebe deinen Nächsten auf Kosten deiner selbst.

Anders die Bibel: Für andere kann ich mich gar nicht öffnen, wenn ich mit mir selbst nicht im Reinen bin. Mich selbst vermag ich nur anzunehmen, wenn ich ein gesundes Selbstwertgefühl entwickle.

Ein wesentlicher Aspekt dieses Selbstwertgefühls ist die Selbstliebe oder die Selbstachtung. In der Regel vergleichen wir unser reales Selbst unbewusst immer wieder mit einem idealisierten Selbst. Je stärker der Kontrast, desto geringer ist unser Selbstwertgefühl. Oder unsere Selbstliebe. Mit Egoismus hat das nichts zu tun.

Unser Selbstwertgefühl ist weitgehend dadurch bedingt, wie andere Menschen mit uns umgehen, und wie sie sich über uns äußern. Was wiederum bewirkt, dass wir versucht sind, uns Zuwendung mit Leistung zu erkaufen. Wir denken dann bloß daran, was andere von uns denken, was zur Folge hat, dass wir ständig unter Erfolgszwang stehen.

Wie man diesen Teufelskreis sprengt, sagt die Bibel: Liebe deinen Nächsten wie dich selbst. Damit wir andere überhaupt akzeptieren können, müssen wir zuerst einmal fähig sein, Ja zu sagen zu uns selbst.

Wie lässt sich Selbstannahme konkret bewerkstelligen? Diesbezüglich kennt die Bibel weder ein Konzept noch ein Rezept. Weiterhelfen könnte hier das Märchen *Das Eselein* aus der Sammlung der Brüder Grimm.[120] Es berichtet von einem Königssohn, der als Eselein zur Welt kommt. Wie er sein Spiegelbild zum ersten Mal erblickt, ergeht er sich ob seiner Missgestalt nicht in Selbstmitleid, sondern akzeptiert seine eselhafte Seite. Er weiß sehr wohl, dass er linkisch und ungeschickt und einfältig und in mancher Hinsicht ein bisschen beschränkt ist. Darüber übersieht er aber nicht seine vielen Vorzüge. Er hat nichts gemein mit jenen ästhetisch verblendeten Linienrichtern und Schmerzensmadonnen, die sich wegen

---

120   Brüder Grimm, Das Eselein, in: Kinder- und Hausmärchen, München 1949 (Winkler-Ausgabe), 651–654 (Nr. 144). Eine ausführliche Interpretation bei J. Imbach, Vom fröhlichen Hans und dem heiligen Franz. Die Weisheit der Märchen und die Bibel, Zürich 2021, 190–211.

eines Fettpölsterchens an Bauch oder Hüften als grundhässlich empfinden, noch gleicht er einem bildungsbeflissenen Philister, der sich ausgesprochen begrenzt vorkommt, weil er sich im Regelwerk der Duden-
redaktion nicht zurechtfindet. Manche Menschen zweifeln an ihrer
Existenzberechtigung schon, wenn sie sich Rechenschaft darüber geben,
dass sie kein Napoleon oder keine Kleopatra sind. Anders der Prinz im
Märchen. Der sieht sich als Esel – aber eben nicht nur als solchen! Im
Bewusstsein seiner Grenzen unterschätzt er nicht seine Fähigkeiten, und
die setzt er auch ein: Artigkeit, Wohlanständigkeit, Liebenswürdigkeit,
musische Begabung ... Er begibt sich an einen fremden Königshof. Als er
mit den Knechten essen soll, reagiert er unwillig, worauf man ihm einen
Platz beim Kriegsvolk zuweist. »Nein«, sagt der Prinz forsch, »ich will
beim König sitzen. Ich bin kein gemeines Stalleselein, ich bin ein vornehmes!« Dann setzt er sich zum König und an die Seite der Königstochter
und weiß sich »fein und säuberlich zu betragen«. So verhält sich einer, der
sich nicht überschätzt, sich seines Wertes aber durchaus bewusst ist.

Wer zu seinen Schwächen steht (in der Psychologie spricht man in
dieser Hinsicht vom Schatten), sollte sich gleichzeitig immer auch die
eigenen Vorzüge vor Augen halten. So erst wird es möglich, auf andere
zu- und auf ihre Anliegen einzugehen. Wäre der Prinz dazu nicht fähig
gewesen, hätte er am Ende die Prinzessin nicht heimführen können.

JESUS – SOHN DAVIDS ODER GOTTESSOHN? ODER ...

12[35†] Als Jesus im Tempel lehrte, sagte er: Wie können die Schriftgelehrten behaupten, der Christus sei der Sohn Davids? [36] Denn David hat,
vom Heiligen Geist erfüllt, selbst gesagt: Der Herr sprach zu meinem
Herrn: Setze dich mir zur Rechten, und ich lege dir deine Feinde unter
die Füße. [37a] David selbst also nennt ihn Herr. Wie kann er dann sein
Sohn sein?
[[37b] Es war eine große Menschenmenge versammelt und hörte ihm mit
Freude zu.]

Jetzt dreht Jesus den Spieß um. Nachdem er die Fangfragen der Schriftgelehrten beantwortet hat, stellt er eine Gegenfrage: Wie kann der Messias ein Nachkomme Davids sein?

Wichtig zum Verständnis dieses Abschnitts ist, dass die *Adressaten und Leserinnen* des Evangeliums bereits wissen, *dass Jesus der »Sohn Gottes«* ist. Das hat ihnen Markus schon im Titel seines Buches mitgeteilt (1,1). Die *Schriftgelehrten* hingegen, von denen jetzt die Rede ist, glauben, *dass der kommende Messias der Sohn* (d. h. ein Nachkomme) Davids *sein wird*, eine Erwartung, die im damaligen Judentum vorherrschte (vgl. 2 Sam 7,16).

Aber gehen wir der Reihe nach vor! Jesus zitiert den Anfang des angeblich von David verfassten 110. Psalms:»So spricht der Herr (Jahwe-Gott) zu meinem Herrn: Setze dich zu meiner Rechten, und ich lege deine Feinde als Schemel unter deine Füße.« Indem er (bzw. der Evangelist und die frühen Gemeinden!) den Psalm prophetisch deutet (der Psalmendichter ist»vom Heiligen Geist erfüllt«), wird daraus ein Hinweis auf die künftige Erhöhung des Herrn Jesus Christus.

De facto kündigt Jesus hier an, dass Gott, der Herr, zu Davids Herrn [nämlich zu Christus] sagt, er solle sich zur Rechten Gottes niedersetzen.

Wenn also – dies die Logik – David in prophetischer Vorausschau den auferweckten und erhöhten Christus als seinen»Herrn« bezeichnet, kann dieser nicht zugleich Davids Sohn sein.

In Wirklichkeit ist der von Markus (und später auch von den frühen Gemeinden mehrfach) zitierte 110. Psalm natürlich kein Lied, das auf den künftigen Messias verweist, sondern ein Thronbesteigungspsalm, in dem der Dichter dem jeweiligen König in Form eines Gottesspruchs den Sieg über die Feinde des Volkes verheißt.

Der Messiastitel *Sohn Davids* taucht bei Markus an einer einzigen Stelle auf (10,47 f.). Das erlaubt den Schluss, dass die Kreise, auf die sich Markus stützt, diesen Begriff als unangemessen empfanden, um Jesu Stellung in Gottes Heilsplan auszudrücken. Angesichts der Befürchtung, dass Jesus als einfacher, wenn auch außergewöhnlicher Mensch betrachtet werden könnte, erwies sich die Bezeichnung *Davidssohn* nach dem Empfinden des Evangelisten als ungeeignet.

Um zu sagen, wer Jesus ist, tragen die Evangelisten der Kultur ihrer Leserschaft Rechnung. Sie bedienen sich bereits bekannter Begriffe, füllen diese aber mit einem neuen Inhalt. In der theologischen Fachsprache nennt man diese Bezeichnungen *christologische Hoheitstitel*.

Um die Messianität Jesu herauszustellen, verwendeten die ersten Christen verschiedene solcher Hoheitstitel, die sie dem Alten Testament entnahmen: Knecht, Prophet, Rabbi (Lehrer, Meister), Sohn Abrahams, Sohn Davids, König Israels, Immanuel, Menschensohn. Diese Bezeichnungen erwiesen sich als ungeeignet für jene, die mit dem Alten Testament nicht vertraut waren.

Der wichtigste Hoheits- und Bekenntnistitel für die vom Judentum her kommenden Christen und Christinnen war *Messias* (griechisch: *Christos*, der Gesalbte).

Außer dem Christustitel ist keine der vielen judenchristlichen Hoheitsbezeichnungen in das kirchliche Glaubensbekenntnis eingegangen. Das hängt damit zusammen, dass sich das Christentum vor allem in der Griechisch sprechenden jüdischen Diaspora und im hellenistisch-heidnischen Bereich auszubreiten begann. Um die Bedeutung Jesu im hellenistischen Kulturraum verständlich zu machen, ergab sich die Notwendigkeit, die palästinischen Begriffe durch andere, dort verständliche Denkmodelle zu ersetzen.

Dazu bot sich zunächst einmal die griechische Bezeichnung *Kyrios* an, die im Deutschen mit *Herr* übersetzt wird. Für die Judenchristen in der Diaspora war klar, dass damit die Gottheit Jesu betont werden sollte. In der Diaspora zirkulierte eine griechische Übersetzung des Alten Testaments. Dort wurde der Gottesname JHWH, den auszusprechen den Juden verboten war, durch *Adonai* (Herr) ersetzt. Wenn Jesus im Neuen Testament häufig als *Herr* bezeichnet wird, war allen sofort klar, dass damit seine Gottheit unterstrichen werden sollte.

Schließlich ist noch auf eine neutestamentliche Hoheitsbezeichnung hinzuweisen, die für die spätere Bekenntnisentwicklung von fundamentaler Bedeutung sein sollte und die noch heute die am weitesten verbreitete Glaubensformel darstellt: Jesus ist der *Sohn Gottes*. Dieser Hoheitstitel war schon im Alten Ägypten gebräuchlich; dort galt der Pharao als Sohn Gottes, gezeugt von Re, dem höchsten Gott. Bei den Sumerern, Babyloniern und Arabern galt der König als Adoptivsohn einer oder mehrerer Gottheiten. Wenn schon in den Evangelien von Jesus als dem Sohn Gottes die Rede ist, greifen die Verfasser eine im Alten Orient durchaus geläufige Vorstellung auf, wobei dieser Hoheitstitel aber gleichzeitig eine qualitativ neue Bedeutung erhält.

Kein christologischer Titel reicht aus, um die Gottheit *und* Menschheit Jesu erschöpfend auszudrücken. Letztlich geht es stets darum, wie man die Gottheit und Menschheit Jesu in einer bestimmten Epoche innerhalb einer bestimmten Kultur angemessen zur Sprache bringen kann.

Die gängigen, vom Neuen Testament verwendeten Hoheitstitel Jesu sind heute selbst kirchenverbundenen Menschen kaum verständlich. Das bringt es mit sich, dass wir das, was das Neue Testament und die frühen Konzilien in ihrer damaligen Begrifflichkeit ausgesagt haben, heute auch anders ausdrücken können, ja um der Verständlichkeit willen anders ausdrücken müssen. Ein gelungenes Beispiel für eine solche Übersetzungsarbeit findet sich in einem Text von Karl Rahner:

> Wenn jemand bei dem Satz »Gott ist Mensch« ein metaphysisches Schwindelgefühl empfindet, das seinen Glaubensmut lähmt, dann soll er schlicht und mutig sagen: Gott hat mir in Jesus sich selbst ganz und unwiderruflich zugesagt; dieses Wort kann nicht mehr überholt und rückgängig gemacht werden trotz der unendlichen Möglichkeiten, die an sich Gott zu Gebote stehen; er hat der Welt und ihrer Geschichte ein Ziel gesetzt, das er selbst ist, und diese Setzung ist nicht nur in den ewigen Gedanken Gottes gegeben; es ist schon in Welt und Geschichte hinein von Gott selbst eingestiftet, eben in Jesus, dem Gekreuzigten und Auferstandenen. Wer dies sagt, der glaubt genau das, was ihm die Christologie der Kirche [...] sagen will.«[121]

DIE KUNST DER DIALOGVERWEIGERUNG

12[37b] Es war eine große Menschenmenge versammelt und hörte ihm [Jesus] mit Freude zu. [38] Er lehrte sie und sagte: Nehmt euch in Acht vor den Schriftgelehrten! Sie gehen gern in langen Gewändern umher, lieben es, wenn man sie auf den Marktplätzen grüßt, [39] und sie wollen in der Synagoge die Ehrensitze und bei jedem Festmahl die Ehrenplätze haben. [40] Sie fressen die Häuser der Witwen auf und verrichten in ihrer Scheinheiligkeit lange Gebete. Umso härter wird das Urteil sein, das sie erwartet.

---

121 K. Rahner/K.-H. Weger, Was sollen wir noch glauben?, Freiburg i. Br. 1979, 121.

Wer diese Zeilen liest, traut seiner Brille nicht. Und fragt sich unwillkürlich, welcher Teufel Markus geritten hat, als er diese globalen Verun-
glimpfungen aufs Pergament kritzelte.

Eine Schelte ist dann sinnvoll, wenn sie Ausdruck liebender Sorge
ist und in der Absicht erfolgt, die Getadelten auf den rechten Weg
zurückzuführen. Das muss sich auch im Ton niederschlagen. In Jesu
Vorwürfen indessen, die in Wirklichkeit auf Markus zurückgehen, spiegeln sich die Auseinandersetzungen zwischen Christen und Juden zur
Zeit des Evangelisten wider. Wie kommt er dazu, die Gegner dermaßen
zu diffamieren?

Markus hat sein Evangelium um 70 n. Chr. verfasst, zu einer Zeit also,
als sich die Spaltung zwischen Christen und Juden bereits vollzogen hatte
und die beiden Gruppen sich gegenseitig verketzerten. Die Polemik des
Markus richtet sich gegen das zeitgenössische pharisäisch geprägte
Judentum.[122] Christlicherseits galt es, das Nein Israels zu Jesus zu verarbeiten. Nichtsdestotrotz sind die Pharisäer und die Jesusleute nun einmal miteinander »verwandt« – wobei die Letzteren mehr und mehr an
den Rand gedrängt wurden. Die daraus entstehende Frustration ist
nachvollziehbar. Der Soziologie verdanken wir die Erkenntnis, dass
Geschwisterkonflikte gerade zwischen verwandten und miteinander
rivalisierenden Bewegungen leicht ausarten. Der Abgrenzung von anderen entspricht die Stabilisierung nach innen. Dies wiederum führt meist
dazu, dass man die ungeliebten Geschwister nach Strich und Faden
schlechtmacht, was der Stärkung der eigenen Identität dient. Und eben
das praktiziert Markus hier, indem er gegen das pharisäisch geprägte
Judentum polemisiert, dem er selbst entstammt. Was, ohne dass er sich
Rechenschaft gibt, zu einem glatten Verrat an Jesu Liebesgebot führt.

Dennoch sind diese Abwertungen aufschlussreich, und zwar aus
zwei Gründen. Zum einen vermögen sie dazu beizutragen, menschliches
Fehlverhalten offenzulegen. Denn diese Rede ist Ausdruck jenes lieblo-
sen Verhaltens, das sich auch heute bei rivalisierenden Gruppen beobachten lässt. Zum anderen kann es durchaus heilsam sein, diesen Text

---

122   Vgl. U. Luz, Das Evangelium nach Matthäus. 3. Teilband: Mt 18–25 (Evange-
      lisch-Katholischer Kommentar zum Neuen Testament I/3), Neukirchen-
      Vluyn ³2016, 399 f.

einmal gegen den Strich, nämlich selbstkritisch zu lesen, um zu prüfen, ob und in welchem Ausmaß das eigene Gebaren sich darin spiegelt.

SEHNSUCHT NACH EINER WELT, DIE ES NICHT GIBT

12[†] In jener Zeit, [41] als Jesus im Tempel dem Opferkasten gegenübersaß, sah er zu, wie die Leute Geld in den Kasten warfen. Viele Reiche kamen und gaben viel. [42] Da kam auch eine arme Witwe und warf zwei kleine Münzen hinein. [43] Er rief seine Jünger zu sich und sagte: Amen, ich sage euch: Diese arme Witwe hat mehr in den Opferkasten hineingeworfen als alle andern. [44] Denn sie alle haben nur etwas von ihrem Überfluss hineingeworfen; diese Frau aber, die kaum das Nötigste zum Leben hat, sie hat alles hergegeben, was sie besaß, ihren ganzen Lebensunterhalt.

Diese Geschichte rührt schon deshalb ans Herz, weil der Verstand hier nicht mehr mitkommt. Entweder ist diese Frau völlig verzweifelt (sie hat jetzt überhaupt nichts mehr zum Leben), oder aber sie hat ein geradezu grenzenloses Gottvertrauen.

Dennoch stellen sich einige Fragen.

Es findet sich kein Hinweis, dass Jesus mit der Witwe gesprochen hat. Woher weiß er, dass sie ihr letztes Geld hergegeben hat? Auch hinsichtlich der finanziellen Verhältnisse der übrigen Opfernden scheint Jesus sich bestens auszukennen. Diese Ungereimtheiten lassen darauf schließen, dass wir es hier nicht mit einer historischen Begebenheit, sondern mit einer Wandererzählung zu tun haben, deren lehrhafter Charakter offenkundig ist. Im Judentum um die Zeitenwende finden sich mehrere Parallelen zu diesem neutestamentlichen Text. Eine davon berichtet von einer Frau, die eine Handvoll Mehl als Opfergabe in den Tempel bringt. Was der Priester abschätzig kommentiert: »Seht, was diese darbringt! Was davon soll man Gott opfern, und was davon essen (d. h. bleibt da überhaupt noch etwas übrig für die Tempelhüter)? Doch dann wird dem Priester im Traum gesagt: »Verachte die Frau nicht! Denn sie hat, weil sie ihr Letztes gab, sich selbst dargebracht!« Ähnliche Erzählungen zirkulierten in außerbiblischen Kulturen. Eine buddhistische Legende weiß ebenfalls von einer armen Frau, die anlässlich eines Festes ihre gesamte Barschaft, nämlich zwei Kupfermünzen, spendet. Ein Mönch, der Einblick hat in die Gedanken der Menschen, macht dies bekannt, worauf der König die Spenderin zur Frau nimmt.[123]

Entscheidend ist nicht die Quantität, sondern die Qualität einer Spende. Indem die Witwe dem Tempel gibt, was sie für ihren Lebensunterhalt bräuchte, opfert sie gleichsam sich selbst.

Gelegentlich kommt es ja vor, dass Menschen anderen etwas schenken, weil sie sich dazu gedrängt fühlen, sei es, weil die Gepflogenheit, die Konventionen oder die Umstände es erfordern, sei es, weil sie meinen, sich für einen Gefallen revanchieren zu müssen. Anders verhält es sich, wenn ich ein Geschenk erhalte, das sorgfältig ausgewählt wurde, liebevoll verpackt ist und mir sogar zusammen mit ein paar persönlich gehaltenen Zeilen überreicht wird. Dann spüre ich instinktiv, dass in dieser Gabe etwas von der oder dem Gebenden enthalten ist. Das ist mit ein Grund, weshalb man es oft kaum über sich bringt, ein solches Geschenk einfach zu entsorgen, wenn man nach Jahren in eine kleinere Wohnung umziehen und sich notgedrungen von vielen Dingen trennen muss.

Damit ist aber längst nicht alles gesagt, was zur Geschichte vom Scherflein der Witwe zu sagen wäre. Wer sich im Märchenland ein wenig auskennt, denkt hier unwillkürlich an das Mädchen mit den Sterntalern. Das gibt alles her, was es besitzt, sogar sein letztes Hemdchen, und dafür wird es vom Himmel mit einem Goldregen belohnt. Eine solche Erzählung ist Ausdruck der Sehnsucht nach einer Welt, die so nicht existiert. Wo die Mittel dermaßen knapp sind, dass es um Sein oder Nichtsein geht, kämpfen Menschen wie Tiere, um das bisschen zu verteidigen, was ihnen noch geblieben ist, oder um einen Bissen zu ergattern, um dem Hungertod zu entgehen.

Und jedem Menschenverstand und unserer Erfahrung widerspricht das versöhnliche Finale, auf das das Märchen von den Sterntalern zusteuert. Was wir weggeben – der Ausdruck sagt es –, ist weg, und zwar definitiv.

---

123 Diese Hinweise bei W. Schmithals, Das Evangelium nach Markus. Kapitel 9,2–16 (Ökumenischer Kommentar zum Neuen Testament 2/2), Gütersloh 1979, 552 f.

Bekanntlich berichten Legenden und Märchen von Dingen, die nie geschehen sind, sich aber doch tagtäglich neu ereignen. Sie sind wie Fenster, die uns einen Blick erlauben in eine andere Welt, in der das letzte Wort nicht dem Verstand oder der Vernunft, sondern dem Herzen zukommt. Der Verstand sagt: Ich kann nur geben, was ich habe. Wenn ich wenig habe, kann ich bestenfalls von dem Wenigen etwas geben, und wenn ich nichts habe, gibt es nichts zu geben. Und doch handeln Menschen oft anders. Jemand hat Mitleid mit einem anderen und ist plötzlich fähig, diesem unglaublich viel Zeit zu widmen (die er eigentlich gar nicht hat) und ihm ein solches Maß an Zuwendung zu schenken, das er nie für möglich gehalten hätte. Und macht dabei die Erfahrung: Was ich für mich allein beanspruche, trennt mich von den anderen, was ich den anderen schenke, verbindet mich mit ihnen. Es wird mir dabei nichts entzogen. Gar nichts verliere ich dabei, sondern gewinne, und zwar unendlich viel. Indem ich nicht einfach etwas, sondern *etwas von mir* verschenke, schaffe ich Gemeinsamkeiten. Daraus entsteht Gemeinschaft, in der und aus der heraus Menschen besser leben können. Wie viel Großherzigkeit in einem Menschen wohnt, entdeckt er, wenn er auf die anderen zugeht, ohne vorher immer eine Rechnung aufzumachen. Gewiss soll ich verantwortungsvoll handeln. Aber wenn ich ständig nur frage: Was soll daraus werden? Wie soll das funktionieren? Wozu nützt mir dies, und welchen Vorteil bringt mir jenes? – dann lebe ich ausschließlich in jener Welt, die mir in den Nachrichtensendungen allabendlich vor Augen geführt wird.

Aber ist diese reale Welt auch die wahre?

13. KAPITEL

JESUS – EIN UNHEILSPROPHET?

13¹ Als Jesus den Tempel verließ, sagte einer von seinen Jüngern zu ihm: Meister, sieh, was für Steine und was für Bauten! ² Jesus sagte zu ihm: Siehst du diese großen Bauten? Kein Stein wird hier auf dem andern bleiben, der nicht niedergerissen wird.

³ Und als er auf dem Ölberg saß, dem Tempel gegenüber, fragten ihn Petrus, Jakobus, Johannes und Andreas, die mit ihm allein waren: ⁴ Sag uns, wann wird das geschehen, und was ist das Zeichen, dass dies alles sich vollenden soll? ⁵ Jesus sagte zu ihnen: Gebt acht, dass euch niemand irreführt! ⁶ Viele werden unter meinem Namen auftreten und sagen: Ich bin es! Und sie werden viele irreführen. ⁷ Wenn ihr von Kriegen hört und von Kriegsgerüchten, lasst euch nicht erschrecken! Das muss geschehen. Es ist aber noch nicht das Ende. ⁸ Denn Volk wird sich gegen Volk und Reich gegen Reich erheben. Und an vielen Orten wird es Erdbeben und Hungersnöte geben. Doch das ist erst der Anfang der Wehen. ⁹ Ihr aber, gebt acht auf euch selbst: Man wird euch um meinetwillen an die Gerichte ausliefern, in den Synagogen misshandeln und vor Statthalter und Könige stellen – ihnen zum Zeugnis. ¹⁰ Allen Völkern muss zuerst das Evangelium verkündet werden. ¹¹ Und wenn man euch abführt und ausliefert, macht euch nicht im Voraus Sorgen, was ihr reden sollt; sondern was euch in jener Stunde eingegeben wird, das sagt! Denn nicht ihr werdet dann reden, sondern der Heilige Geist. ¹² Brüder werden einander dem Tod ausliefern und Väter ihre Kinder, und die Kinder werden sich gegen ihre Eltern auflehnen und sie in den Tod schicken. ¹³ Und ihr wer-

det um meines Namens willen von allen gehasst werden; wer aber bis zum Ende standhaft bleibt, der wird gerettet werden. [14] Wenn ihr aber den Gräuel der Verwüstung an dem Ort seht, wo er nicht stehen darf – der Leser begreife –, dann sollen die Bewohner von Judäa in die Berge fliehen; [15] wer gerade auf dem Dach ist, soll nicht hinabsteigen und hineingehen, um etwas aus seinem Haus zu holen; [16] und wer auf dem Feld ist, soll nicht zurückkehren, um seinen Mantel zu holen. [17] Weh aber den Frauen, die in jenen Tagen schwanger sind oder ein Kind stillen! [18] Betet darum, dass es nicht im Winter geschieht! [19] Denn jene Tage werden eine Drangsal sein, wie es sie nie gegeben hat, von Anfang der Schöpfung, die Gott geschaffen hat, bis heute, und wie es auch keine mehr geben wird. [20] Und wenn der Herr die Tage nicht verkürzt hätte, dann würde kein Mensch gerettet; aber um seiner Auserwählten willen hat er die Tage verkürzt. [21] Wenn dann jemand zu euch sagt: Seht, hier ist der Christus! oder: Seht, dort ist er!, so glaubt es nicht! [22] Denn es wird mancher falsche Christus und mancher falsche Prophet auftreten, und sie werden Zeichen und Wunder wirken, um, wenn möglich, die Auserwählten irrezuführen. [23] Ihr aber, gebt acht! Ich habe euch alles vorausgesagt.

Literarisch gesehen wird dieser Abschnitt sogar ungeübten Lesern und Leserinnen Unbehagen verursachen. Dies, weil der Evangelist hier gleich mehrere Themen ziemlich verschachtelt zur Sprache bringt. Unter anderem hängt das damit zusammen, dass er sich verschiedener Quellen bedient, ohne dass es ihm gelingt, diese miteinander in Verbindung zu bringen.

Thema 1: Der wahre Gottesdienst. Zunächst scheint Jesus sich an *alle* Jünger zu wenden, als er die Zerstörung der prächtigen Bauten – gemeint ist wohl der Tempelbezirk – vorhersagt. Fachleute sprechen von einem *vaticinium ex eventu*.[124] Als Markus dies niederschreibt, blickt er auf das Jahr 70 n. Chr. zurück, als die römischen Legionäre unter dem späteren Kaiser Titus Jerusalem eroberten und den Tempel bis auf die Grundmauern

---

124   Vgl. dazu oben die Ausführungen zu Mk 10,32–34.

zerstört und damit dem Tempelkult ein Ende bereitet haben. Damit deutet der Evangelist indirekt an, wo fortan der wahre Gottesdienst gepflegt wird, nämlich in den christlichen Gemeinden.

Thema 2: Irrlehren. Im Folgenden (und hier scheint sich Markus auf eine andere Quelle zu beziehen!) spricht Jesus *nicht mehr alle Jünger* an, sondern bloß die von ihm bevorzugten Apostel Petrus, Jakobus und Johannes (5,37; 9,2; 14,33), denen er diesmal aus unerfindlichen Gründen auch Andreas beigesellt (13,3).

In den Gemeinden des Markus, die statt des früheren Tempelkults ihren auf Jesus bezogenen Gottesdienst als legitim erachten, scheint längst nicht alles ohne Schwierigkeiten abzugehen. Darauf verweist Jesu Rede von kommenden falschen Messiassen, Pseudopropheten (14,21–23) und Irrlehrern (14,6 und 22), die auftreten *werden*. In Wirklichkeit bezieht sich diese Äußerung auf die *aktuelle* Situation innerhalb der ursprünglichen Adressaten. Ähnliche Warnungen werden im Neuen Testament auch an anderer Stelle ausgesprochen (1 Tim 6,20; 2 Petr 2,1; 3,17; 1 Joh 4,1; 2 Joh 1,7). Solche Mahnungen mochten (und mögen) durchaus berechtigt sein. Aber sie ermächtigen jene, die sich im Besitz der Wahrheit wähnen, keineswegs dazu, Andersdenkende zu verteufeln.

Was ist Wahrheit? Thomas von Aquin definiert Wahrheit als »Übereinstimmung zwischen einer Sache und dem menschlichen Intellekt«.[125] Leider wurde die Brille erst kurz nach Thomas' Tod erfunden. Sonst wäre dieser größte Theologe des Mittelalters möglicherweise auf den Gedanken gekommen, dass wir alle, auch wenn wir noch so klar sehen, die Wirklichkeit gewissermaßen durch eine Sehhilfe betrachten, wobei die Linsen keineswegs einheitlich eingefärbt sind. Jeder Mensch macht andere Erfahrungen, hegt bestimmte Erwartungen und verfolgt konkrete Interessen. Das bringt es mit sich, dass nicht nur Dinge, sondern auch Situationen und Theorien sehr verschieden beurteilt werden. Was wiederum zu Meinungsverschiedenheiten, Diskussionen und zu oft heftigen Auseinandersetzungen führt.

---

125   »*Veritas consistit in adaequatione intellectus et rei.*« Thomas von Aquin, Summa theologiae I,q.21 a.2.

Das gilt auch im Bereich der Kirche. Die Glaubensüberzeugung, der zufolge Gottes Geist die Kirche in der Wahrheit erhält, beinhaltet nicht, dass die einzelnen Gläubigen – handle es sich nun um Laien oder um Lehramtsträger – sich nicht irren könnten, und schon gar nicht besagt sie, dass die im Evangelium verankerte Wahrheit immer schon vollständig verkündet worden wäre (oder würde). Ein flüchtiger Blick auf die Ketzergeschichte vermag das zu bestätigen – und offenzulegen, was der Evangelist augenscheinlich nicht bedenkt. Denn die Geschichte der Häresie ist gleichzeitig auch die Geschichte der Blindheit der Kirche gegenüber den Zeichen der Zeit und damit ein Hinweis auf manche Wahrheiten, über die Kirchenobere sich vorsichtig ausschwiegen – und die dann eben von den Häretikern nicht nur pointiert, sondern häufig auch verzerrt zur Sprache gebracht wurden. Und dies *auch* deshalb, weil kirchliche Lehramtsträger das Bibelwort von der Taubeneinfalt und der Schlangenklugheit (vgl. Mt 10,16) bisweilen einseitig und damit entgegen den An- und Absichten Jesu auslegten. Wahrheiten, zumal als ewige verkündete, sind nur überzeugend, wenn die mit der Verkündigung Beauftragten sich nicht von kirchlichen Interessen, sondern von der Tugend der Wahrhaftigkeit leiten lassen.

Darüber hinaus ist zu bedenken, dass auch und gerade die christlichen Kirchen sich zu keiner Zeit und unter keinen Umständen rühmen dürfen, die *ganze* Wahrheit zu besitzen.

Die Fülle der Wahrheit ist allein bei dem, der die Wahrheit selbst ist, nämlich bei Gott. Woran Gotthold Ephraim Lessing in einem berühmt gewordenen Diktum im Anschluss an die Polemik um sein Schauspiel *Nathan der Weise* erinnert:

> Nicht die Wahrheit, in deren Besitz irgendein Mensch ist oder zu sein vermeinet, sondern die aufrichtige Mühe, die er angewandt hat, hinter die Wahrheit zu kommen, macht den Wert des Menschen. Denn nicht durch den Besitz, sondern durch die Nachforschung der Wahrheit erweitern sich seine Kräfte, worin allein seine immer wachsende Vollkommenheit bestehet. Der Besitz macht ruhig, träge, stolz.
>
> Wenn Gott in seiner Rechten alle Wahrheit, und in seiner Linken den einzigen immer regen Trieb nach Wahrheit, obschon mit dem Zusatze, mich immer und ewig zu irren, verschlossen hielte, und spräche zu mir

»Wähle!«, so fiele ich ihm mit Demut in seine Linke und sagte: »Vater gib! Die reine Wahrheit ist ja doch nur für dich allein!«[126]

Menschliche Erkenntnis ist und bleibt Stückwerk. Die ganze Wahrheit werden wir hier auf Erden nie erkennen. Uns ist es aufgegeben, uns von den Wahrheiten, von denen wir überzeugt sind, leiten zu lassen.

Thema 3: Die (damals als gegenwärtig empfundene) Endzeit. Zur Zeit, als der Evangelist diesen Text schreibt, ist Jesus längst zum »Stein des Anstoßes« geworden (Röm 9,32 mit Bezug auf Jes 8,14 und 28,16). Die Jesusgläubigen werden inzwischen verfolgt. Und zwar reichen die Auseinandersetzungen um die Person Jesu bis in die Familien hinein. Markus wertet dies als Anzeichen dafür, dass das Ende der Welt bevorsteht. Vorboten dafür sind auch die mannigfaltigen Nöte, die sich einstellen werden (13,14–20).

Der Evangelist betrachtet seine Zeit als Endzeit. Dabei stellt er die Gegenwart in ein eher düsteres Licht. Bevor Jesus triumphiert – dies seine Einschätzung –, wird sich das Böse mit letzter Gewalt noch einmal aufbäumen.

Bedingt ist diese Sicht durch die Erfahrungen der jüngsten Vergangenheit, auf die der Evangelist und seine Gemeinde voll Schaudern zurückblicken (Jüdischer Krieg, Zerstörung Jerusalems, Schleifung des Tempels). Dabei greift er im damaligen Judentum weitverbreitete apokalyptische Vorstellungen auf, die im folgenden Abschnitt seines Evangeliums besonders zum Tragen kommen.

SEID WACHSAM!

13[†] Jesus sprach zu seinen Jüngern: [24] In jenen Tagen, nach jener Drangsal, wird die Sonne verfinstert werden, und der Mond wird nicht mehr scheinen; [25] die Sterne werden vom Himmel fallen, und die Kräfte des Himmels werden erschüttert werden. [26] Dann wird man den Menschensohn in Wolken kommen sehen, mit großer Kraft und Herrlichkeit. [27] Und er wird die

---

126 G. E. Lessing, Eine Duplik (1778) in: Philosophische Aufsätze und gesammelte Vorreden, Karlsruhe 1824, 108.

Engel aussenden und die von ihm Auserwählten aus allen vier Windrichtungen zusammenführen, vom Ende der Erde bis zum Ende des Himmels.
^{28} Lernt etwas aus dem Vergleich mit dem Feigenbaum! Sobald seine
Zweige saftig werden und Blätter treiben, erkennt ihr, dass der Sommer
nahe ist. ^{29} So erkennt auch ihr, wenn ihr das geschehen seht, dass er
nahe vor der Tür ist. ^{30} Amen, ich sage euch: Diese Generation wird nicht
vergehen, bis das alles geschieht. ^{31} Himmel und Erde werden vergehen,
aber meine Worte werden nicht vergehen. ^{32} Doch jenen Tag und jene
Stunde kennt niemand, auch nicht die Engel im Himmel, nicht einmal
der Sohn, sondern nur der Vater.
^{33} Gebt Acht, und bleibt wach! Denn ihr wisst nicht, wann die Zeit da ist.
^{34} Es ist wie mit einem Mann, der sein Haus verließ, um auf Reisen zu
gehen: Er übertrug die Vollmacht seinen Knechten, jedem eine
bestimmte Aufgabe; dem Türhüter befahl er, wachsam zu sein. ^{35} Seid
also wachsam! Denn ihr wisst nicht, wann der Hausherr kommt, ob am
Abend oder um Mitternacht, ob beim Hahnenschrei oder erst am Morgen. ^{36} Er soll euch, wenn er plötzlich kommt, nicht schlafend antreffen.
^{37} Was ich aber euch sage, das sage ich allen: Seid wachsam!

Diese Worte zählen zu den rätselhaftesten im Neuen Testament. Kurz
vorher spricht Jesus von Gräueln an heiliger Stätte, vom Auftreten falscher Messiasse, von großen Heimsuchungen. Es scheint sich darin eine
abgrundtiefe Verunsicherung und eine noch größere Angst zu spiegeln.
Es ist die Rede von Katastrophen, vom Weltenbrand und vom Weltuntergang, von einem Ende mit Schrecken – und von der Wiederkunft des
Menschensohns (womit Jesus sich selbst meint).

Diese Visionen des Grauens (Ähnliches findet sich auch in der Geheimen Offenbarung) haben die Menschen immer wieder an den Abgrund
der Verzweiflung getrieben; beobachten lässt sich das von der Theologie
der Kirchenväter bis hinauf in unsere Zeit. Immer wieder verwiesen
unerleuchtete Prediger gerade auf diese Bibelstelle, wenn die Menschen
von Katastrophen heimgesucht wurden, die ihre Fassungskraft überstiegen; erinnert sei an die Zeit der Völkerwanderung, als ganze Landstriche
dem Boden gleichgemacht wurden, an die Weltuntergangserwartungen
gegen Ende des ersten Jahrtausends, an die Pest, die im 14. Jahrhundert
Europa in ein Leichenfeld verwandelte, oder an die Zeit des Dreißigjäh

rigen Krieges ... Und wenn heute vom möglichen Klimakollaps, vom zu befürchtenden Super-GAU, von der Auslöschung der Menschheit die Rede ist, bringen manche angeblich Bibelkundige diese Dinge mit der besagten Stelle aus dem Markusevangelium (oder mit den entsprechenden Parallelen bei Mt 24,29–32 oder Lk 21,25–28) in Verbindung.

Jesus bedient sich hier einer literarischen Form, die in Fachkreisen als *apokalyptische Bildrede* bezeichnet wird. Die Apokalyptik, die sich im Judentum gegen 150 v. Chr. auszubreiten begann und sich bis ins frühe Christentum hinein auswirkte, malte die Gegenwart in schwarzen Farben. Gleichzeitig trat sie mit dem Anspruch auf, zukünftige Welt- und Schicksalszusammenhänge zu offenbaren. Natürlich bedienten sich die schriftstellerisch tätigen Theologen dabei der Bildersprache. Um Bildreden und nicht um ein Regiebuch zur Inszenierung des Enddramas handelt es sich auch bei unserem Markustext. Die Schilderung vom Kommen des Menschensohns ist keine Detailbeschreibung kommender Ereignisse.

Es geht also nicht um gegenständliche Vorhersagen. Vielmehr sollen die Gläubigen zur Hoffnung ermuntert und im Glauben daran gestärkt werden, dass selbst angesichts der denkbar schlimmsten Manifestationen des Bösen der lebendige Gott das letzte Wort behält. Mit anderen Worten: Eines ist gewiss – durch alle nur mögliche Not und Mühsal hindurch und trotz allen nur denkbaren Wirrnissen und Unsicherheiten wird Jesus Christus am Ende triumphieren.

Eine Glaubensunterweisung oder Theologie, die meint, über das bloße *Dass* hinaus mehr sagen zu können, bewegt sich auf der Ebene purer Spekulation und im Bereich der Fantasie, der bekanntlich keine Grenzen gesetzt sind.

Ebenso müßig wäre es, Mutmaßungen über den genauen Zeitpunkt von Christi Wiederkunft anzustellen. Daher gilt es – dies der Sinn der Gleichnisreden vom Feigenbaum und vom Hausherrn – immer bereit und stets »wachsam« zu sein.

Obwohl Jesus keinen bestimmten Termin nennt (»nur der Vater kennt jene Stunde«), ist er doch fest davon überzeugt, dass die Wiederkunft des Menschensohns unmittelbar bevorsteht: »Diese Generation wird nicht vergehen, bis das alles geschieht.«

Selbst wenn man unter Generation nicht bloß die damals lebenden Menschen, sondern ein ganzes Lebensalter versteht, hat sich die Naherwartung Jesu (so der theologische Fachausdruck) nicht erfüllt. Hat Jesus sich also geirrt?

Natürlich hat Jesus damit gerechnet, dass der »Tag Jahwes« (Am 5,18; Zef 1,14–16), womit zu seiner Zeit das mit dem Gericht Gottes verbundene Weltenende gemeint ist, unmittelbar bevorstehe.[127] Insofern sich diese Prognose nicht erfüllte, muss man tatsächlich von einer irrigen Annahme sprechen. Gleichzeitig ist daran zu erinnern, dass dieser »Irrtum« Jesu seiner Botschaft keinen Abbruch tut. Seine Naherwartung bildet lediglich den Rahmen, innerhalb dessen er die Ankunft des Gottesreiches verkündet und seine Landsleute zur Umkehr aufruft. Dass sich die Naherwartung Jesu nicht erfüllte, spricht nicht gegen die Wahrheit seiner Predigt, die letztlich nicht darauf zielte, das nahe Ende anzukündigen, sondern die Menschen zur Besinnung zu bringen und sie zur Einsicht zu bewegen.

---

127 Was Jesu (Vorher-)Wissen und sein Messiasbewusstsein betrifft, siehe die Ausführungen zu Mk 9,30–32.

14. KAPITEL

»WENN GEBET, DANN GEBET, WENN REBHUHN, DANN REBHUHN«

14[1] Es war zwei Tage vor dem Pascha und dem Fest der Ungesäuerten Brote. Die Hohepriester und die Schriftgelehrten suchten nach einer Möglichkeit, Jesus mit List in ihre Gewalt zu bringen, um ihn zu töten. [2] Sie sagten aber: Ja nicht am Fest, damit es im Volk keinen Aufruhr gibt! [3] Als Jesus in Betanien im Haus Simons des Aussätzigen zu Tisch war, kam eine Frau mit einem Alabastergefäß voll echtem, kostbarem Nardenöl, zerbrach es und goss das Öl über sein Haupt. [4] Einige aber wurden unwillig und sagten zueinander: Wozu diese Verschwendung? [5] Man hätte das Öl um mehr als dreihundert Denare verkaufen und das Geld den Armen geben können. Und sie fuhren die Frau heftig an. [6] Jesus aber sagte: Hört auf! Warum lasst ihr sie nicht in Ruhe? Sie hat ein gutes Werk an mir getan. [7] Denn die Armen habt ihr immer bei euch, und ihr könnt ihnen Gutes tun, sooft ihr wollt; mich aber habt ihr nicht immer. [8] Sie hat getan, was sie konnte. Sie hat im Voraus meinen Leib für das Begräbnis gesalbt. [9] Amen, ich sage euch: Auf der ganzen Welt, wo das Evangelium verkündet wird, wird man auch erzählen, was sie getan hat, zu ihrem Gedächtnis.

Die Geschichte von der Salbung Jesu in Betanien habe ich selbst erlebt, wenn auch in etwas anderer Form. Wenige Tage nachdem ich den Begräbnisgottesdienst für die Mutter einer Freundin gehalten hatte, brachte der Postbote ein Paket ins Haus. Darin lag eine Flasche Château Pétrus, dazu eine Notiz: »Ein kleines Dankeszeichen«. Klein war das Dankeszeichen nun wirklich nicht; nicht einmal im Traum hätte ich daran gedacht, jemals in den Genuss eines solchen Weins zu kommen. Natürlich habe ich mich über die Maßen gefreut. Als ich davon einem Bekannten erzählte, meinte dieser lakonisch: »Das Geld hätte dir mehr genützt, dann könntest du dir endlich einen leistungsfähigeren PC anschaffen. *Und* ein Smartphone; mit deinem billigen Handy hast du ja nicht einmal Zugang ins Netz.«

Inzwischen habe ich beides. Den Château Pétrus habe ich mit jemandem genossen, der Gefühle nicht in Geldwert umrechnet.

Genau das tun einige, die im Haus des Simon ebenfalls zu Gast sind. (Sein Beiname »der Aussätzige« geht wohl darauf zurück, dass er von dieser Krankheit geheilt wurde.) Man hätte das Nardenöl für dreihundert Denare verkaufen und mit dem Geld die Armen unterstützen können. Die Summe entspricht fast dem Jahresgehalt eines Taglöhners.

Diesem Einwand nimmt der Evangelist die Spitze, indem er Jesus eine theologische Erklärung abgeben lässt, nämlich dass die Frau seinen Leib im Voraus für das Begräbnis gesalbt habe. Gleichzeitig erinnert diese Aussage notorische Meckerer und Nörglerinnen daran, dass ein wirklich getanes gutes Werk besser ist als hundert gute Werke, die man tun könnte.

Die Geschichte hat aber noch eine andere, höchst aktuelle Komponente. Da sind in einer Pfarrgemeinde alle Ehrenamtlichen zu einem zweitägigen Ausflug eingeladen. Gewiss wird da der eine oder die andere sich fragen, ob es zu verantworten sei, eine solche Summe auszugeben. Mit diesem Geld könnte man doch ... Dabei wollte die Pfarreileitung allen, die sich besonders engagieren, bloß eine Freude bereiten. Oder auf anderer Ebene: Der Pfarrer ist bei einer Familie zum Essen eingeladen. Die Gastgebenden haben sich besondere Mühe gegeben. Und jetzt, da die liebevoll zubereiteten Speisen auf dem Tisch stehen, spricht der Pfarrer das Tischgebet und gedenkt dabei aller Armen und Notleidenden, die sich, wenn überhaupt, mit einer kargen Mahlzeit am Tag begnügen müssen. Und sorgt so bei allen, die sich auf die Köstlichkeiten gefreut haben, für ein schlechtes Gewissen.

Um auf unseren Markustext zurückzukommen: Die Frage ist nicht, *wem* man mit *diesem* Geld hätte helfen können, sondern ob man Geld *auch* für die ausgibt, die auf unsere Unterstützung angewiesen sind. Darauf verweist Jesus: Arme habt ihr allzeit bei euch! Lasst diese Frau gewähren! Lasst ihrer Freude freien Lauf!

Der Freude gelegentlich freien Lauf lassen! Wenn wir uns jedes Mal, wenn wir uns und anderen etwas gönnen, fragen wollten, wem wir mit dem entsprechenden Geldbetrag hätten unter die Arme greifen können, sähe unser Alltag trist aus. Wohlgemerkt, es geht nicht um verantwortungsloses Handeln, sondern um das, was schon der alttestamentliche Prediger anmahnt (Koh 3,1.4.6):

Alles hat seine Stunde.
Für jedes Geschehen unter dem Himmel gibt es eine bestimmte Zeit:
eine Zeit zum Weinen und eine Zeit zum Lachen,
eine Zeit für die Klage und eine Zeit für den Tanz;
eine Zeit zum Suchen und eine Zeit zum Verlieren,
eine Zeit zum Behalten und eine Zeit zum Wegwerfen.

Es geht darum, zum richtigen Zeitpunkt das Richtige zu tun. Es gibt eine Zeit zum Feiern und eine Zeit zum Fasten, eine Zeit für Feste und eine Zeit zur Fürsorge, eine Zeit, sich zurückzuziehen, und eine Zeit, anderen Rückhalt zu geben.

Was unser Markustext sagen will, hat die heilige Teresa von Ávila (1515–1582) mit gerade acht Worten auf den Punkt gebracht. Als eine bigotte Dame Anstoß daran nahm, dass sie mit unverhohlenem Genuss ein Rebhuhn verzehrte, sagte die große Mystikerin bloß: »Wenn Gebet, dann Gebet, wenn Rebhuhn, dann Rebhuhn.«[128]

---

128 Bei diesem Ausspruch handelt es sich um eine spätere Zuschreibung; in Texten von Teresa oder in den ältesten Biografien ist er nicht zu finden. Fast immer wird er anders kolportiert: »Wenn fasten, dann fasten; wenn Rebhuhn, dann Rebhuhn.« Die von mir zitierte Formel geht zurück auf A. Ruiz, Anécdotas Teresianas, Burgos ³1982, 218, deutsch bei U. Dobhan/E. Peeters (Hg.), Teresa von Ávila. Gesamtausgabe. Werke und Briefe, Bd. 1: Werke, Freiburg i. Br. 2015, 761, Anm. 48. Den Hinweis verdanke ich meinem Verlagslektor Markus Zimmer.

GERECHTIGKEIT FÜR EINEN SÜNDENBOCK

14[10] Judas Iskariot, einer der Zwölf, ging zu den Hohepriestern. Er wollte Jesus an sie ausliefern. [11] Als sie das hörten, freuten sie sich und versprachen, ihm Geld dafür zu geben. Von da an suchte er nach einer günstigen Gelegenheit, ihn auszuliefern.

Judas. Immer wieder muss sein Name herhalten, wenn Abweichler zu Abtrünnigen und Gegner zu Gaunern gestempelt werden. Je mehr sich das Christentum ausbreitete, desto düsterer wurde sein Bildnis gezeichnet. Dieser fortschreitende Verteufelungsprozess lässt sich schon im Neuen Testament beobachten.

Markus, der als Erster ein Evangelium schreibt, weiß nichts davon, dass Judas sich aus Verzweiflung über seine Tat erhängt haben soll. Davon ist erst und nur im Matthäusevangelium die Rede (Mt 27,5). In der Apostelgeschichte hingegen, die vom Evangelisten Lukas verfasst wurde, lesen wir: »Mit dem Lohn für seine Untat kaufte er sich ein Grundstück. Dann aber stürzte er vornüber zu Boden, sein Leib barst auseinander und alle seine Eingeweide quollen hervor« (Apg 1,18). Was besagt, dass Judas nicht freiwillig aus dem Leben schied, sondern an den Folgen eines Unfalls starb.

Allein dieses Beispiel zeigt, wie widersprüchlich die neutestamentlichen Aussagen über Judas sind. Wer Genaueres wissen möchte und die vier Evangelien miteinander vergleicht, kommt schnell zur Einsicht, wie sehr wir da im Trüben fischen.

Wenn Matthäus die genaue Summe nennt, die Judas angeblich für den Verrat an Jesus erhielt, nämlich 30 Silberlinge (Mt 26,15), erlaubt das keinerlei historische Rückschlüsse. Der Evangelist bezieht sich damit auf eine Stelle beim Propheten Sacharja (11,12). Dort ist von 30 Schekeln die Rede, einem Spottpreis, den man für einen leistungsschwachen Sklaven bezahlte. Die ursprüngliche Leserschaft verstand die Anspielung auf Anhieb. Mit diesem alttestamentlichen Zitat unterstreicht Matthäus, dass Jesus für Judas am Ende nichts mehr bedeutete.

Für Lukas ist Judas ein Werkzeug Satans (Lk 22,3). Schon anlässlich seiner Aufnahme in den Zwölferkreis bezeichnet dieser ihn als »Verräter«. Wie Lukas weist auch der Verfasser des Johannesevangeliums früh darauf hin, wes Geistes Kind Judas seiner Ansicht nach ist, nämlich ein »Teufel« (Joh 6,70) und »Satan« (Joh 13,27).

Historisch gesehen lässt sich über Judas nur wenig sagen. Er stammte wohl aus Kariot in Judäa. Wenn man seinem Namen überhaupt eine Information entnehmen kann, dann höchstens die, dass er vermutlich aus einer traditionsbewussten Familie kam, die dem Sohn den beliebten und verbreiteten Patriarchennamen Jehuda gab. Der Beiname Iskariot verweist auf die geografische Herkunft und dient gleichzeitig dazu, ihn von »Judas, dem Sohn des Jakobus« (Apg 1,13 und Lk 6,16) zu unterscheiden. Jesus hat Judas in den Zwölferkreis aufgenommen, der entsprechend der Absicht des Mannes aus Nazaret das endzeitliche Zwölf-Stämme-Volk Israel repräsentieren sollte.

Während der letzten Tage in Jerusalem und im Zusammenhang mit der Verhaftung Jesu spielte Judas eine undurchsichtige und vermutlich unrühmliche Rolle. Laut Markus soll er Jesus an die Hohepriester »ausgeliefert« haben. Auffallend ist, dass Markus das Tun des Judas acht Mal konsequent mit diesem unscharfen Begriff umschreibt. Dem dafür verwendeten griechischen Verb *paradidónai* (3,19; 14,10.11.18.21.41.42.44) eignen viele Bedeutungen, nämlich *überliefern, übergeben, ausliefern, überantworten*. In manchen Übersetzungen wird das Wort mit *verraten* wiedergegeben.

Markus zufolge ist es Judas, der die *Auslieferung* oder *Überantwortung* Jesu initiiert. Nicht die Hohepriester kommen auf ihn zu; vielmehr geht er zu ihnen (14,10) und sucht das Gespräch. Was Judas zu seinem Vorgehen gegen Jesus veranlasst, *wird nicht gesagt*; sicher geht es ihm *nicht um das Geld*, wie *erst später* im Matthäus- (26,15) und im Johannesevangelium (12,6) behauptet wird. Gemäß Markus versprechen *die Hohepriester* Judas *nachträglich*, ihm Geld zu geben.

Erstaunlicherweise verschweigt Markus, was Judas zum Gang zu den Hohepriestern bewog. Nicht nur er, sondern auch die übrigen Evangelisten greifen auf Überlieferungen zurück, in denen die Grenze zwischen Geschehen und Legende nicht mehr erkennbar war und die sie dann theologisch interpretierten. Mit Historizität hat das allenfalls am Rand etwas zu tun. Die christliche Gemeinde verlor Judas in kürzester Zeit aus den Augen. Gerade deswegen konnten sich um seine Gestalt und seinen Tod so viele Geschichten ranken.

Was blieb, war die Erinnerung an ihn – und damit vermischt vieldeutiges Gerede und vage Gerüchte über die Rolle, die er anlässlich der Verhaftung Jesu spielte.

Das führte (nicht nur in theologischen, sondern auch in literarischen Kreisen) in der Folge zu großem Rätselraten und zu allerlei Mutmaßungen. Wollte Judas Jesus zwingen, sich zum König über Israel auszurufen? Ihn zu einem bewaffneten Aufstand gegen die römische Besatzung bewegen? Handelte er aus der Enttäuschung heraus, weil Jesus andere, völlig unpolitische Vorstellungen mit seiner Rede von der Gottesherrschaft verband? Wir wissen es nicht.

Hingegen wissen wir sehr wohl, zu was Judas *gemacht* wurde. Judas, der Verruchte, der Verräter, der Unmensch. Judas, der hinterhältige Bösewicht, der Teufel in Menschengestalt ... Jede Gemeinheit hat man ihm im Lauf der Jahrhunderte angelastet, jede Niederträchtigkeit ihm zugetraut. Bei genauem Hinsehen ist er nur der Sündenbock. Was immer Menschen in den Abgründen der eigenen Seele erschauten, haben sie in ihn hineinprojiziert, nach dem Motto: Je schlimmer und perverser der andere, desto besser bin ich.

Innerhalb der Kirche führte eine fundamentalistische Sicht der Judasfigur schon früh zu Fehlentwicklungen, die sich für das jüdische Volk katastrophal auswirkten. So vertrat Papst Gelasius I. (492–496) die Meinung, dass in der Bibel oft ein Teil fürs Ganze stehe, sodass Judas seinen verruchten Namen dem gesamten Judenvolk vererbt habe.

Allein dieses Beispiel zeigt, dass die Beurteilung der Judasfigur Nüchternheit erfordert. Nur so können jene theologiegeschichtlichen Fehlentwicklungen abgebaut werden, die bis heute verheerende Auswirkungen zeitigen. Das schließt nicht ein, Judas um jeden Preis von jeglicher Verfehlung freisprechen zu müssen. Ebenso wenig wie für eine Anklage geben die Evangelien für einen Freispruch her.

THEOLOGISCHE SINNSPITZE

14[12] Am ersten Tag des Festes der Ungesäuerten Brote, an dem man das Paschalamm zu schlachten pflegte, sagten die Jünger zu Jesus: Wo sollen wir das Paschamahl für dich vorbereiten? [13] Da schickte er zwei seiner Jünger voraus und sagte zu ihnen: Geht in die Stadt; dort wird euch ein

Mensch begegnen, der einen Wasserkrug trägt. Folgt ihm, [14] bis er in ein Haus hineingeht; dann sagt zu dem Herrn des Hauses: Der Meister lässt dich fragen: Wo ist der Raum, in dem ich mit meinen Jüngern das Paschalamm essen kann? [15] Und der Hausherr wird euch einen großen Raum im Obergeschoss zeigen, der schon für das Festmahl hergerichtet und mit Polstern ausgestattet ist. Dort bereitet alles für uns vor! [16] Die Jünger machten sich auf den Weg und kamen in die Stadt. Sie fanden alles so, wie er es ihnen gesagt hatte, und bereiteten das Paschamahl vor.

Diese Erzählung erinnert an die Art, wie zwei Jünger das Reittier für Jesu Einzug in Jerusalem beschafften (11,1–6) – nur dass es diesmal darum geht, einen geeigneten Ort für das Paschamahl zu finden. Wiederum sind es zwei Jünger, die Jesus beauftragt. Während Erstere nach einem angebundenen Fohlen Ausschau halten sollten, sollen Letztere sich jetzt nach einem Menschen mit einem Wasserkrug umsehen. Beide Male heißt es von den beiden Jüngern, dass sie sich »auf den Weg machen«. Zufall?

Fundamentalistisch orientierte Ausleger und Exegetinnen führen diese Darstellungen auf eine historische Erinnerung zurück. Das wiederum veranlasst sie zu der Vermutung, dass Jesus sich vorher mit dem Hausherrn (beziehungsweise mit dem Besitzer des Fohlens) abgesprochen habe. Diese und ähnliche Erklärungen laufen auf einen Rationalismus hinaus, der dem Verfasser des Evangeliums völlig fremd ist. Vielmehr ließ dieser sich vermutlich von jener Stelle aus dem Buch Samuel inspirieren, wo der Gottesmann Samuel dem eben zum König gesalbten Saul ähnliche Vorhersagen macht (1 Sam 10,2–5). Indem Markus dieses Motiv des wunderbaren Vorherwissens aufgreift, verfolgt er eine *theologische* Absicht: Jesus weiß, was ihm bevorsteht, und was ihm bevorsteht, entspricht Gottes Plan.

DOCH NICHT ETWA ICH?

14[17] Als es Abend wurde, kam Jesus mit den Zwölf [in den für das Paschamahl vorbereiteten Saal]. [18] Während sie nun zu Tisch waren und aßen, sagte Jesus: Amen, ich sage euch: Einer von euch wird mich ausliefern, einer, der mit mir isst. [19] Da wurden sie traurig, und einer nach dem anderen fragte ihn: Doch nicht etwa ich? [20] Er sagte zu ihnen: Einer von euch

Zwölf, der mit mir in dieselbe Schüssel eintunkt. ²¹ Der Menschensohn muss zwar seinen Weg gehen, wie die Schrift über ihn sagt. Doch weh dem Menschen, durch den der Menschensohn ausgeliefert wird! Für ihn wäre es besser, wenn er nie geboren wäre.

Jesus kommt *mit den Zwölf*? Offenbar hat Markus übersehen, dass er ein paar Zeilen zuvor erwähnte, dass Jesus bereits zwei Jünger vorausgeschickt hat (14,13) mit dem Auftrag, das Paschamahl vorzubereiten ... Diese Unachtsamkeit ist ein weiteres Indiz dafür, dass die Evangelien nicht einfach als historische Berichte gelesen werden dürfen.

Erneut tritt Jesus hier als Gottesmann in Erscheinung, der weiß, was ihn erwartet. Offen sagt er voraus, dass einer der Zwölf ihn »ausliefern«, sich also von ihm (aus der Sicht des Markus: von der Gemeinde) distanzieren werde.

Bedenkenswert ist die Reaktion der Jünger. Keiner von ihnen weist diese Möglichkeit entschieden von sich! Vielmehr zeigen sie offen ihre Unsicherheit, indem sie fragen: Trifft das vielleicht für mich zu? Offenbar sind sie sich bewusst, dass es in Sachen Glaubensfragen keine letzte Sicherheit gibt.

Doch nicht etwa ich? Darauf kommt es Markus an – und dabei denkt er an seine Leserschaft.

In seinem Roman *Jeder Mensch in seiner Nacht* schildert Julien Green, wie zwei Männer auf ihr Leben zurückschauen. Irgendwann zitiert einer der beiden die Bibel: »Dies aber sind die Namen der zwölf Apostel: als erster Simon, der genannt ist Petrus, und Andreas, sein Bruder; Jakobus, Sohn des Zebedäus, und Johannes, sein Bruder; Philippus und Bartholomäus [...] und Judas, der Jesus verriet.« Nachdem er alle Jünger der Reihe nach aufgezählt hat, fügt er, an seinen Gesprächspartner gewandt, hinzu: »Merken Sie sich, dass wir alle, wie wir sind, unseren Namen statt des Judas Namen einfügen könnten. Haben Sie sich darüber nie Gedanken gemacht?«[129]

Ins Heute übersetzt: In Glaubensdingen ist bei allen guten Vorsätzen und Ansichten Selbstsicherheit fehl am Platz. Denn – dies verdeutlicht

129   J. Green, Jeder Mensch in seiner Nacht, München ²2018, 300 f.

der Evangelist – Jesustreue und Gottvertrauen müssen immer neu gelebt werden. Kein Mensch kann von sich behaupten, endgültig im Besitz des Glaubens zu sein. Vielmehr geht es darum, die Beziehung zu Jesus Christus und das Vertrauen auf Gott lebenslang zu pflegen und zu vertiefen.

Mit dem Glauben verhält es sich wie mit allen grundlegenden Entscheidungen, die für immer gefällt werden. Eine Frau mag sich anlässlich ihres silbernen Ehejubiläums oder ein Ordensmann sich bei seiner goldenen Professfeier fragen, ob die früher getroffene Entscheidung richtig war. Wenn beide zu dem Ergebnis kommen, dass sie bei allen Inkohärenzen und trotz allem Versagen immer noch zu ihrem Versprechen stehen können und sich weiterhin dazu bekennen wollen, wiederholen sie damit nicht einfach einen früheren Entschluss, sondern fällen eine neue Entscheidung, die mit der früheren in Einklang steht. Das zeigt uns: Entscheidungen, die man ein für alle Mal trifft, müssen sich im konkreten Vollzug immer neu bewahrheiten. Gleiches gilt auch für den Gottesglauben.

Angesichts der vielfältigen Gefährdungen des Glaubens fügt der Evangelist gleich eine Mahnung hinzu: »Weh dem Menschen, durch den der Menschensohn ausgeliefert wird! Für ihn wäre es besser, wenn er nie geboren wäre.«

Dieser Ausspruch hat fanatische Höllenprediger immer wieder zu der willkürlichen Behauptung verleitet, Judas sei für alle Ewigkeit verdammt. Tatsächlich aber steht da weder etwas vom Teufel noch von der Hölle und schon gar nichts von einer ewigen Verdammnis. Solch offenkundiger Unsinn wurde lediglich von verblendeten Geistern und bibelunkundigen Jenseitsspekulanten aus dem Text heraus- beziehungsweise in den Text hineingelesen. Dabei ist hier eigentlich nicht von Judas die Rede. Die Rede ist vielmehr von uns.

»Weh dem Menschen ...« Diese Äußerung macht erst Sinn, wenn wir sie als Warnung des Evangelisten an seine Leserschaft verstehen. Denn sie hat er vor Augen. Die Botschaft, die er vermitteln will, ist klar: Das Schlimmste, was einem Menschen widerfahren kann, ist die Abkehr von Jesus.

Davor will Markus warnen, wenn er von Judas sagt, dass es besser wäre, wenn er nie gelebt hätte. Dabei bezieht er sich auf einen Ausspruch Jesu, den er einer vorevangelischen Sammlung von Jesusworten entnommen hat, die in erweiterter Form auch Matthäus und Lukas vorlag

(9,42; vgl. Mt 18,6; Lk 17,1 f.). Dort gilt Jesu Warnung jenen, die den einfachen Gläubigen Ärgernis geben, indem sie diese in ihrem Glauben verunsichern. Wenn Markus dieses Wort in abgeänderter Form auf Judas anwendet, will er seine Gemeinde ermahnen, sich nicht wie dieser vom auferweckten Jesus abzuwenden. Die Aussage beinhaltet also nicht eine Verdammung des Judas, sondern eine Mahnung an die Leserschaft, keinerlei Anlass zum Anstoß zu geben.

DER GEBER IST DIE GABE

14 [22] Während des Mahls nahm er [Jesus] das Brot und sprach den Lobpreis; dann brach er das Brot, reichte es ihnen [den Jüngern] und sagte: Nehmt, das ist mein Leib. [23] Dann nahm er den Kelch, sprach das Dankgebet, gab ihn den Jüngern, und sie tranken alle daraus. [24] Und er sagte zu ihnen: Das ist mein Blut des Bundes, das für viele vergossen wird. [25] Amen, ich sage euch: Ich werde nicht mehr von der Frucht des Weinstocks trinken bis zu dem Tag, an dem ich von Neuem davon trinke im Reich Gottes.

Als der Bibelwissenschaftler Franz Mußner (1916–2016) einmal gefragt wurde, was denn der Kern des Christentums sei, antwortete er mit einem einzigen kurzen Satz: »Das Wesen des Christentums besteht darin, zusammen zu essen.« Natürlich dachte er dabei an die Eucharistie.

Von Jesus wird überliefert, dass er des Öfteren an Gastmählern teilnahm – in Kana beispielsweise, wo er einer fidelen Hochzeitsgesellschaft den Wein stiftet (Joh 2,1–12); im Haus des Pharisäers Simon, wo eine Frau ihm die Füße salbt mit sündhaft teurem Nardenöl (Mk 14,3); bei Lazarus in Betanien, wo Marta ihn bekocht, während ihre Schwester Maria sich darauf beschränkt, ihn zu bewundern (Lk 10,38–42).

Nicht zufällig vergleicht Jesus das Gottesreich mit einem Hochzeitsmahl (Mt 22,8). Schon kurz nach seinem Tod und seiner Auferweckung wird er sich zu zweien seiner Jünger gesellen, die nach Emmaus unterwegs sind. Woran erkennen diese ihn? Am Brotbrechen!

Anlässlich seines letzten Paschafestes versammelt Jesus seine Jünger zu einem Mahl. Bei diesem Paschamahl gedenken die Juden der Großtaten Gottes, der sie aus dem Sklavendasein in Ägypten herausgeführt hatte in die Freiheit. Zu Beginn dieses Mahls spricht der jüdische Hausvater den Lobpreis (den Tischsegen) über das Brot. Die Mahlzeit endet mit einem Dankgebet, das über einem Becher Wein gesprochen wird. In der Darstellung des Markus wird das nicht deutlich – ein Zeichen dafür, dass er bei der Niederschrift des eucharistischen Einsetzungsberichts bereits die zu seiner Zeit übliche *christliche* Gottesdienstpraxis vor Augen hat.

Indem Jesus das Brot mit seinem Leib und den Wein mit seinem Blut in Verbindung bringt, verleiht er dem ursprünglich jüdischen Ritual eine neue Sinndeutung. Brot und Wein sind jetzt Zeichen seiner Selbsthingabe. Wobei der Evangelist nicht nur an Jesu bevorstehendes Leiden und seinen Tod denkt, sondern auch daran, dass der Nazarener sein ganzes Leben in den Dienst der Menschen stellte. Wenn Jesus beim Kelchwort vom »Blut des Bundes« spricht, bezieht er sich dabei auf das Alte Testament. Dort ist die Rede davon, dass Mose dem versammelten Volk Israel »alle Worte und Rechtssatzungen des Herrn« vorliest. Darauf bringt er ein Opfer dar und besprengt mit dem Blut der Opfertiere das Volk und den Altar (Ex 24,1–8) zum Zeichen des Bundesschlusses zwischen Gott und Israel. Jesus erneuert und erweitert diesen Bund, indem er auf seinen bevorstehenden blutigen Tod verweist und gleichzeitig den vom Propheten Jeremia angekündigten »neuen Bund« (Jer 31,31) begründet, der die gesamte Menschheit einschließt. Erklärungsbedürftig ist Jesu Aussage, der zufolge sein Blut für »viele vergossen wird«. In keinem Widerspruch dazu steht die schon im Urchristentum verbreitete Ansicht, dass Jesus sich für *alle* hingeopfert hat, obwohl nur *viele* sein Leben, Leiden und Sterben als heilbringend betrachten.

»Das ist mein Leib. Das ist mein Blut des Bundes.« Mit diesen Worten stiftet Jesus die Eucharistie. Wenn er so spricht, gibt er den Menschen nicht einfach etwas. Vielmehr verschenkt er sich selbst im Brot und im Wein. Formelhaft und einprägsam ausgedrückt: Der Geber ist die Gabe.

Wo und wann immer die Kirche sich um das eucharistische Brot und um den Kelch des neuen Bundes versammelt, vergegenwärtigt sie Jesu Selbsthingabe, die ihn ans Kreuz brachte.[130] Die Feier der Eucharistie ist

---

130   Vgl. dazu den Kommentar zu Mk 14,43–52.

nicht bloß eine *Erinnerung* an das, was Jesus am Abend vor seinem Leiden getan hat; gegenwärtig ist vielmehr *Jesus Christus selbst*. Eucharistie ist Tischgemeinschaft mit Jesus.

Wenn und wo immer Christen miteinander Brot brechen und einander den Becher reichen, dann vergegenwärtigen diese Nahrung und dieser Trank den Stifter dieses Mahles, nämlich Jesus. Wenn sie dabei Christus vor Augen haben, dann verlieren sie die nicht aus dem Blick, an die Jesus sich zeitlebens verschenkte – jene also, die bei ihm Hilfe gesucht und gefunden haben. Nur wenn diese Menschen nicht vergessen gehen, bleibt annähernd verständlich, dass die Gabe der Eucharistie auch eine Aufgabe beinhaltet.

Was das praktisch bedeutet, hat der 1999 verstorbene brasilianische Erzbischof Dom Hélder Câmara vorgelebt. Als er einst von einigen Gläubigen benachrichtigt wurde, Diebe hätten den Tabernakel in ihrer Kirche aufgebrochen, die Kelche gestohlen und die geweihten Hostien mit Füßen getreten, war er schockiert. Während der von ihm geleiteten Sühneandacht wandte er sich an die Versammelten: Was geschehen ist, ist schlimm, ist ein Sakrileg. Bedenkt aber auch: In den Armen und Ausgebeuteten ist Christus nicht weniger gegenwärtig als in der Eucharistie – und auch in ihnen wird er ständig mit Füßen getreten.

Gottesdienst drängt zum Weltdienst. Geradezu skandalös wäre es, Sonntag für Sonntag am Altar das Brot zu brechen, ohne die Bereitschaft, es im Alltag mit den Hungernden zu teilen.

WORIN PETRUS KEIN VORBILD IST

14 [26] Nach dem Lobgesang gingen sie [Jesus und die Jünger] zum Ölberg hinaus. [27] Da sagte Jesus zu ihnen: Ihr werdet alle Anstoß nehmen; denn in der Schrift steht: Ich werde den Hirten erschlagen, dann werden sich die Schafe zerstreuen. [28] Aber nach meiner Auferstehung werde ich euch nach Galiläa vorausgehen. [29] Da sagte Petrus zu ihm: Auch wenn alle Anstoß nehmen – ich nicht! [30] Jesus sagte ihm: Amen, ich sage dir: Heute, in dieser Nacht, ehe der Hahn zweimal kräht, wirst du mich dreimal verleugnen. [31] Petrus aber beteuerte: Und wenn ich mit dir sterben müsste – ich werde dich nie verleugnen. Das Gleiche sagten auch alle anderen.

Vermutlich ohne sich darüber Rechenschaft zu geben, greift der Evangelist in diesem Abschnitt ein Thema auf, das psychologisch und theologisch überaus bedenkenswert ist – nämlich die angebliche Glaubensgewissheit der Gläubigen.

Petrus (und am Schluss wird Gleiches auch von den anderen Jüngern gesagt) versichert Jesus seiner unverbrüchlichen Treue: *Er* (wie die übrigen Elf aus dem Zwölferkreis) werde Jesus bis aufs Blut die Treue halten.

Ist ein solches Glaubenszeugnis nicht bewundernswert? Nein, und abermals nein! Denn in diesem Treueschwur, so paradox das auf Anhieb scheint, ist die Möglichkeit der Abkehr von Jesus schon enthalten. Was Jesus bekräftigt.

Der Evangelist mag damit an ein Vorherwissen Jesu gedacht haben. Oder hat er vielleicht doch eine *theologische Absicht* verfolgt?

Wie auch immer – die Frage ist, worauf Petrus mit seinem Versprechen vertraut. Die Antwort: nicht auf Gott, sondern auf seinen Glauben. Also *auf sich selbst*. Und genau das ist es, was Jesus ihm auf den Kopf zusagt. Dass nämlich auf seinen Glauben kein Verlass ist, solange er vergisst, dass *Gott* ihn in seinem Glauben bestärkt. Solange er sein Gläubigsein als *eigene* Leistung betrachtet, klammert er Gott aus und vergisst, dass der Glaube nie Besitz, sondern ein Gnadengeschenk Gottes ist: »Denn aus Gnade seid ihr durch den Glauben gerettet, *nicht aus eigener Kraft – Gott hat es geschenkt –, nicht aus Werken*, damit keiner sich rühmen kann« (Eph 2,8 f.). Wenn immer Glaubende auf ihren Glauben pochen und darauf gar stolz sind, erweisen sie nicht Gott, sondern sich selbst die Ehre. Indem sich Petrus auf *seinen* Glauben beruft, erkennt er nicht, dass diese *selbst*bewusste und *selbst*sichere Haltung einer ernsthaften Glaubensprobe, wie sie das Zeugnis zur Anhängerschaft Jesu darstellt, ins Wanken geraten könnte. Was später denn auch prompt zutrifft.

Wie viel menschlicher, ehrlicher und vor allem realitätsbezogener ist da die Äußerung des Vaters des epileptischen Knaben, von dem im neunten Kapitel des Markusevangeliums die Rede ist: »Ich glaube; hilf meinem Unglauben« (9,24)! Da begreift einer, dass der Glaube nicht einfach Menschenwerk, sondern ein Gottesgeschenk ist, für das man nur danken kann.

Was Petrus vergisst: Dass zur Schwäche des Menschen auch die Ohnmacht zu glauben gehört. Und dass wir erst wirklich glauben, wenn wir diese Ohnmacht vor uns und vor Gott eingestehen.

Gleiches gilt für die anderen Jünger. Bezeichnend ist, dass Markus nicht nur irgendwelche Christusgläubigen, sondern mehr noch die Jünger Jesu im Blick hat – also jene, die zu seinen Lebzeiten in seinem engeren Kreis eine herausragende Stellung einnahmen. Wie Petrus werden auch sie nach Jesu schmählichem Kreuzestod ihren Meister verleugnen, indem sie sich enttäuscht und mutlos in ihre Heimat Galiläa absetzen. Bei der entsprechenden »Vorhersage« Jesu handelt es sich natürlich um einen Hinweis, dass sich alles tatsächlich so zugetragen hat.

Dieser ganze Abschnitt aus dem Markusevangelium beinhaltet die Mahnung, nicht selbstsicher dem eigenen Glauben zu trauen, sondern Gott zu vertrauen in dem Bewusstsein, dass Menschen auch da, wo sie sich nicht in der Hand haben, in Gottes Hand sind.[131]

SCHATTENGEFECHTE

14 [32] Sie [Jesus und die Jünger] kamen zu einem Grundstück, das Getsemani heißt, und er sagte zu seinen Jüngern: Setzt euch hier, während ich bete! [33] Und er nahm Petrus, Jakobus und Johannes mit sich. Da ergriff ihn Furcht und Angst, [34] und er sagte zu ihnen: Meine Seele ist zu Tode betrübt. Bleibt hier und wacht! [35] Und er ging ein Stück weiter, warf sich auf die Erde nieder und betete, dass die Stunde, wenn möglich, an ihm vorübergehe. [36] Er sprach: Abba, Vater, alles ist dir möglich. Nimm diesen Kelch von mir! Aber nicht, was ich will, sondern was du willst. [37] Und er ging zurück und fand sie schlafend. Da sagte er zu Petrus: Simon, du schläfst? Konntest du nicht einmal eine Stunde wach bleiben? [38] Wacht und betet, damit ihr nicht in Versuchung geratet! Der Geist ist willig, aber das Fleisch ist schwach. [39] Und er ging wieder weg und betete mit den gleichen Worten. [40] Als er zurückkam, fand er sie wieder schlafend, denn die Augen waren ihnen zugefallen; und sie wussten nicht, was sie

---

131 Nach W. Schmithals, Das Evangelium nach Markus (Ökumenischer Taschenbuchkommentar zum Neuen Testament 2/2), Gütersloh/Würzburg 1979, 626.

ihm antworten sollten. [41] Und er kam zum dritten Mal und sagte zu ihnen: Schlaft ihr immer noch und ruht euch aus? Es ist genug. Die Stunde ist gekommen; siehe, jetzt wird der Menschensohn in die Hände der Sünder ausgeliefert. [42] Steht auf, wir wollen gehen! Siehe, der mich ausliefert, ist da.

Wenn wir diesen Abschnitt historisch angehen, stoßen wir auf nicht unerhebliche Unstimmigkeiten. Nach Jesu Vorhersage, dass einer der Jünger ihn ausliefern werde, verschwindet Judas von der Bildfläche. Unvermittelt taucht er im Ölgarten wieder auf. Wohl hat sich Jesus schon früher dort aufgehalten (11,1; 13,3). Woher aber weiß Judas, dass er sich zusammen mit den Jüngern nach dem dort gelegenen Landgut Getsemani begeben hat, von dem zuvor nie die Rede war? Kein Wort davon, dass Jesus in Judas' Beisein davon gesprochen hätte! Seltsamerweise begleiten die Jünger Jesus auf seinem Weg zum Ölberg, als sei es für sie selbstverständlich, die Nacht im Freien zu verbringen. Woher kennt der Evangelist den Wortlaut von Jesu Gebet, zumal dieser sich doch von den Jüngern entfernt hat und Letztere zudem noch vom Schlaf überwältigt wurden? Tatsächlich fehlt es nicht an Spekulationen, um diese Ungereimtheiten zu erklären – etwa dass die Jünger Jesu Abba-Ruf vernommen hätten, *bevor* der Schlaf sie übermannte. Und schließlich: Wenn die Priesterschaft Jesus *heimlich* verhaften wollte, hätte sie das auch ohne einen Spitzel aus dem Jüngerkreis geschafft.

Das alles erlaubt den Rückschluss, dass es dem Evangelisten nicht um historische Details, sondern um eine *theologische Aussage* geht.

Worin die besteht, zeigt das Kernstück dieses Abschnitts. Thema ist die Wachsamkeit. Davon hat Jesus schon einmal, im Zusammenhang mit der Wiederkunft des Menschensohns (13,33–37), gesprochen. Der »Hausherr« soll die Seinen bei seiner Ankunft nicht schlafend antreffen!

Hier geht es jedoch darum, der eigenen Schwäche eingedenk zu sein und die Versuchbarkeit um Gottes willen ja nicht zu unterschätzen. Wie wenig verlässlich Menschen sind, zeigt Markus mittels einer Episode, wie sie drastischer nicht sein könnte. Ausgerechnet die drei engsten Vertrauten Jesu, nämlich Petrus, Jakobus und Johannes, vermögen nicht einmal eine Stunde zu wachen, während ihr Meister mit Gott ringt. »Wacht und betet!« Was sich wie eine Aufforderung anhört, ist hintergründig eine

Mahnung, der Versuchung zu widerstehen. Seid auf der Hut! Täuscht euch nicht! Wiegt euch nicht in Selbstsicherheit!

Dass die drei Jünger einschlafen, ist weder Zeichen von Gleichgültigkeit noch Ausdruck fehlender Empathie gegenüber Jesus. Schlafend wiegen und wähnen sie sich in Sicherheit, ohne sich Rechenschaft zu geben über ihre zwiespältige Natur. Goethes Dr. Faust spricht diesbezüglich von den »zwei Seelen«, die in seiner Brust wohnen.[132] Damit will der berühmte Gelehrte sagen, dass er in seinem Inneren nicht nur den Drang nach oben verspürt, sondern auch dem Hang nach unten nachgibt. Hermann Hesse illustriert den gleichen Sachverhalt in seinem Roman *Narziss und Goldmund*, wobei die beiden Titelgestalten eine einzige Person in ihrer Zerrissenheit symbolisieren. Die Menschheit lässt sich nun einmal nicht in zwei Gruppen aufteilen, in Gute und Schlechte. Vielmehr geht der Riss durch den einzelnen Menschen hindurch; ein und derselbe Mensch vereinigt beides in sich, Glanz und Elend, Herrlichkeit und Erbärmlichkeit, das Streben nach Tugend und den Hang zum Verbrechen. Leo Tolstoi veranschaulicht das in seinem Roman *Auferstehung* mittels eines Vergleichs:

Es ist einer der gewöhnlichsten und am weitesten verbreiteten Aberglauben, dass jeder Mensch nur eine einzige bestimmte Eigenschaft habe, die ihm zugehöre, dass ein Mensch entweder gut oder böse oder klug oder dumm oder energisch oder apathisch sei und so weiter. Die Menschen pflegen nicht so zu sein. [...] Sie sind wie Flüsse: Das Wasser ist überall gleich, überall dasselbe, aber jeder Fluss ist bald schmal und rasch, bald breit und still, bald rein und kalt, bald trübe und warm. Ebenso ist es auch mit den Menschen. Jeder Mensch trägt in sich die Keime aller menschlichen Eigenschaften, das eine Mal stellt er die einen heraus, das andere Mal die anderen, und oft scheint er sich selbst überhaupt nicht mehr ähnlich zu sein, während er doch immer derselbe Mensch bleibt.[133]

»Der Geist ist willig, aber das Fleisch ist schwach.« Damit bezieht sich Jesus auf einen Zwiespalt, der Menschen lebenslang zu schaffen macht,

---

132 J. W. von Goethe, Faust I, Vers 112.
133 L. Tolstoi, Auferstehung (Winkler-Ausgabe), München o. J., 257 f.

nämlich auf die Spannung zwischen Triebhaftigkeit und der Sehnsucht nach den Sphären des Geistigen oder Göttlichen.

Diese Sehnsucht nach Höherem führt gelegentlich dazu, Fehler und Schwächen vor sich selbst nicht zuzugeben. Oder nicht wahrhaben zu wollen.

In der Tiefenpsychologie spricht man in diesem Zusammenhang vom Schatten, also von jenen Seiten des Ichs, die nur allzu leicht und allzu gern verdrängt werden. Davor warnt auch der Mystiker und Dominikanertheologe Johannes Tauler (um 1300–1361) mittels eines anschaulichen Bildes:

> Das Pferd macht den Mist in dem Stall, und obgleich der Mist Unsauberkeit und üblen Geruch an sich hat, so zieht doch dasselbe Pferd denselben Mist mit großer Mühe auf das Feld; und daraus wächst der edle schöne Weizen und der edle süße Wein, der niemals wüchse, wäre der Mist nicht da. Nun, der Mist, das sind deine eigenen Mängel, die du nicht beseitigen, nicht überwinden noch ablegen kannst, die trage mit Mühe und Fleiß auf den Acker des liebreichen Willens Gottes in rechter Gelassenheit deiner selbst. Streue deinen Mist auf dieses edle Feld, daraus sprießt ohne allen Zweifel in demütiger Gelassenheit edle, wonnigliche Frucht auf.[134]

Tauler spricht hier eine Erkenntnis aus, die Psychologen und Psychotherapeutinnen Jahrhunderte später nachgestammelt haben. Wenn wir Mist gebaut haben, sagt Tauler, dann dürfen wir ihn nicht im »Stall« liegen lassen, sondern sollen ihn vor Gott tragen. Gleichzeitig betont er, dass manche unserer Fehlleistungen nicht einfach nur die Folge eingefleischter Bosheit sind. Vielmehr haben wir auch »Mängel«, die wir weder beseitigen noch überwinden oder ablegen können. Das bezieht sich auf jene Eigenschaften, die wir an uns als negativ empfinden. Weil diese Eigenschaften aber zu uns gehören, lehnen wir in dem Maß, wie wir sie verdrängen, letztlich uns selbst ab. Dadurch entstehen Minderwertigkeitskomplexe, die dermaßen stark sein können, dass sie bis zum Selbsthass führen.

---

134   J. Tauler, Predigten, Bd. 1, Einsiedeln 1979, 43 f.

Wichtig ist daher, dass wir lernen, zu unseren dunklen Seiten zu stehen und diese in unsere Persönlichkeit zu integrieren. Der Mensch ist nun einmal ein Mängelwesen, nicht nur in physischer und moralischer, sondern auch in psychischer Hinsicht. Wir sind nie ganz wir selbst, weil wir selbst nie ganz sind. Wir vereinen beides in uns, Größe *und* Elend. Eben darauf verweist Tauler, wenn er uns ans Herz legt, das, was uns an uns missfällt, »auf den Acker des liebreichen Willens Gottes« zu bringen. Weil nämlich Gott uns so annimmt, wie wir sind. So jedenfalls steht es im 1. Johannesbrief: »Wenn unser Herz uns verurteilt – Gott ist größer als unser Herz und weiß alles« (1 Joh 3,20).

Weil wir spüren, dass wir oft nicht einmal mehr Herren oder Gebieterinnen im eigenen Haus sind, neigen wir dazu, unseren Schatten ins Kellergeschoss unserer Existenz zu verbannen. Wir negieren, wie anfällig wir für Versuchungen sind, und verdrängen, wie wenig wir unseren Anfechtungen oft gewachsen sind.

Markus führt uns einen zutiefst menschlichen Jesus vor Augen, der sich im Angesicht des Todes seiner Schwachheit bewusst ist und doch der Versuchung widersteht, sich Gottes Willen zu entziehen: »Abba, Vater, alles ist dir möglich. Nimm diesen Kelch von mir! Aber nicht, was ich will, sondern was du willst.«

Hier ist Jesus nicht *Gegenstand des christlichen Glaubens* (Jesus ist der Messias …), sondern *Vorbild im Glauben*. In seiner menschlichen Schwäche bittet er Gott, ihm zu ersparen, was ihn erwartet. »Nimm diesen Kelch von mir!« Im Vertrauen auf diesen Gott ergibt er sich jedoch in sein Geschick: »Aber nicht, was ich will, sondern was du willst.«

In seiner schwächsten Stunde übergibt Jesus sich Gott. Und erweist sich so als der Starke.

Wer das nachvollziehen kann, braucht seinen Schatten nicht mehr zu verleugnen. Wenn wir den Eindruck haben, dass die ganze Welt uns fallen lässt – wohin fallen wir dann, wenn nicht in die Hand und in den Schoß Gottes?

»DAMIT DIE SCHRIFT SICH ERFÜLLT …«

14[43] Noch während er [Jesus] redete, kam Judas, einer der Zwölf, mit einer Schar von Männern, die mit Schwertern und Knüppeln bewaffnet waren; sie waren von den Hohepriestern, den Schriftgelehrten und den Ältesten geschickt worden. [44] Der ihn auslieferte, hatte mit ihnen ein Zeichen vereinbart und gesagt: Der, den ich küssen werde, der ist es. Nehmt ihn fest, führt ihn sicher ab! [45] Und als er kam, ging er sogleich auf Jesus zu und sagte: Rabbi! Und er küsste ihn. [46] Da legten sie Hand an ihn und nahmen ihn fest. [47] Einer von denen, die dabeistanden, zog das Schwert, schlug auf den Diener des Hohepriesters ein und hieb ihm das Ohr ab. [48] Da sagte Jesus zu ihnen: Wie gegen einen Räuber seid ihr mit Schwertern und Knüppeln ausgezogen, um mich festzunehmen. [49] Tag für Tag war ich bei euch im Tempel und lehrte, und ihr habt mich nicht verhaftet; aber so mussten die Schriften erfüllt werden. [50] Da verließen ihn alle und flohen. [51] Ein junger Mann aber, der nur mit einem leinenen Tuch bekleidet war, wollte ihm nachfolgen. Da packten sie ihn; [52] er aber ließ das Tuch fallen und lief nackt davon.

Dieser Abschnitt stellt uns vor eine ganze Reihe von Fragen. War es wirklich notwendig, dass Judas Jesus mit einem Kuss identifizierte? Sollten die Häscher Jesus nicht wiedererkannt haben? Und dies, obwohl er »Tag für Tag« im Tempel lehrte? Wobei Markus sich hier auch noch widerspricht; entsprechend seiner Darstellung hielt sich Jesus bloß an zwei Tagen dort auf (11,18–26; 11,27–13,1). Ist es nicht verwunderlich, dass er mit keinem Wort auf die Tat des Judas eingeht, sondern sich lediglich an seine Verfolger wendet (vgl. dagegen Mt 26,50 und Lk 22,48)? Überträgt Markus hier das alttestamentliche Motiv vom Verräterkuss einfach auf Judas (vgl. 2 Sam 20,9 f., wo Joab, der Neffe Davids, den Heerführer Amasa mit einem Kuss begrüßt und ihm gleichzeitig sein Schwert in den Leib stößt)? Seltsam ist überdies, dass von Judas fortan mit keinem Wort mehr die Rede ist. Sein weiteres Geschick scheint den Evangelisten (im Gegensatz zu Matthäus und Lukas) überhaupt nicht zu interessieren.

In Getsemani geht Judas »sogleich« auf Jesus zu und identifiziert ihn mit einem Kuss. Diese Szene wird später von Matthäus und von Lukas übernommen, denen das Markusevangelium als Vorlage diente. Die Mehrheit der Bibelkundigen ist der Ansicht, dass es sich bei dieser Schilderung nicht um eine historische Erinnerung, sondern um eine Legendenbildung handelt.

Was Judas im Zusammenhang mit Jesu Verhaftung unternommen hat, wissen wir nicht und können es auch nicht wissen. Aber eines wissen wir: Was auch immer damals geschah, am Werk war kein dämonischer Unhold, sondern ein Mensch, zu dessen Wesen es gehört, zu suchen und zu irren. Solange wir dieses Recht für uns in Anspruch nehmen, können wir es anderen nicht versagen.

Dem Evangelisten, der hier anscheinend verschiedene Überlieferungen verarbeitet, geht es vor allem darum, aufzuzeigen, dass Jesus sich in Gottes Willen fügt. Diese Intention lässt sich herauslesen aus Jesu Ausspruch, dass alles sich in der geschilderten Weise ereignen »musste«, damit »die Schriften erfüllt werden« (14,49).

Hinweise auf die (alttestamentlichen) »Schriften« finden sich bei Markus schon früher (7,6; 14,21 und 27 und 49). Für uns hört sich das so an, als handle es sich bei den betreffenden Stellen um Prophezeiungen. In Wirklichkeit sind solche Bezüge, die sich im Neuen Testament häufig finden, das Ergebnis einer *relecture*. Was ist damit gemeint?

Nach Jesu Tod und Auferweckung bedachten die Jünger und Jüngerinnen (und, später, die neutestamentlichen Autoren und die frühchristlichen Theologen) sein Leben und Sterben im Licht alttestamentlicher Texte – und brachten dann manche Stellen, in denen sich Jesu Schicksal zu widerspiegeln schien, mit ihm in Verbindung. Wäre Jesu Lebensgeschichte anders verlaufen, hätten sie zum Verständnis seiner Person eben andere alttestamentliche Schriftstellen beigezogen. Anders und noch deutlicher gesagt: Die besagten alttestamentlichen Texte enthalten keinerlei verklausulierte Hinweise auf Jesu Leben, sondern wurden erst im Nachhinein auf ihn bezogen.

Manchmal gilt umgekehrt auch, dass die neutestamentlichen Autoren alttestamentliche Texte vor Augen hatten und Episoden aus dem Leben Jesu nach diesen Vorgaben narrativ ausgestalteten.[135]

---

135 Unter anderem gilt das für den 22. Psalm, der einen großen Einfluss ausübte auf die Ausgestaltung von Jesu Leidensgeschichte; vgl. dazu den Kommentar zu Mk 15,33–39.

Was, wenn Judas Jesus nicht verraten hätte? War sein Verrat nicht notwendig, um die Menschheit zu erlösen? Diese Frage beruht auf gleich zwei falschen Voraussetzungen. Zunächst einmal wird damit insinuiert, dass in den entsprechenden Erzählungen rein historische Sachverhalte wiedergegeben werden. Außerdem setzt sie voraus, dass Jesu Kreuzestod zur Erlösung notwendig war. Dieses Missverständnis entsteht, wenn man vergisst, dass es sich bei den im Zusammenhang mit Jesu Passion zitierten alttestamentlichen Stellen nicht um Prophetien, sondern um eine Interpretation im Sinn einer *relecture* handelt.

Wer daran festhält, dass Jesu Kreuzestod zur Erlösung notwendig und somit gottgewollt war, behauptet damit indirekt, dass es Gottes Willen entspricht, dass Menschen einander umbringen. Tatsächlich hat Gott seinen Sohn jedoch nicht gesandt, damit er am Kreuz hingerichtet würde, sondern damit seine Landsleute ihn auf- und seine Botschaft annehmen sollten. Nie und nimmer kann es in Gottes Absicht liegen, dass ein Mensch des Menschen Opfer wird.

Gott wollte nicht, dass Jesus starb. Wenn Menschen einander umbringen, missbrauchen sie ihre Freiheit und handeln entgegen seinen Absichten. Dass Jesus den Kreuzestod erlitt, ist nicht auf Gottes Willen, sondern auf das Fehlverhalten von Menschen zurückzuführen.

Jesus musste am Kreuz sterben, weil er seiner Sendung treu blieb und deswegen bei den maßgeblichen Zeitgenossen auf Ablehnung stieß.

Jesu Tod ist allerdings nicht nur eine Folge äußerer Umstände, sondern gleichzeitig – weil Gott in ihm sich hingibt – Ausdruck göttlicher Liebe, die keine Grenzen kennt. In diesem Sinn kann man das Kreuz als Höhepunkt des Erlösungsgeschehens bezeichnen. Zu diesem Erlösungsgeschehen aber gehören nicht nur Jesu Leiden und Tod, sondern sein ganzes Leben, seine Verkündigung und die Verheißung seiner Wiederkunft am Ende der Zeiten.

NICHT NUR PETRUS VERSAGT, SONDERN AUCH DIE ÜBRIGEN JÜNGER

14[53] Darauf führten sie Jesus zum Hohepriester, und es versammelten sich alle Hohepriester und Ältesten und Schriftgelehrten. [54] Petrus aber war Jesus von Weitem bis in den Hof des Hohepriesters gefolgt; nun saß er dort bei den Dienern und wärmte sich am Feuer. [55] Die Hohepriester und der ganze Hohe Rat bemühten sich um Zeugenaussagen gegen Jesus, um ihn zum Tod verurteilen zu können; sie fanden aber nichts. 56 Viele machten zwar falsche Aussagen gegen ihn, aber die Aussagen stimmten nicht überein. 57 Einige der falschen Zeugen, die gegen ihn auftraten, behaupteten: 58 Wir haben ihn sagen hören: Ich werde diesen von Menschenhand gemachten Tempel niederreißen und in drei Tagen einen anderen aufbauen, der nicht von Menschenhand gemacht ist. 59 Aber auch in diesem Fall stimmten die Aussagen nicht überein. 60 Da stand der Hohepriester auf, trat in die Mitte und fragte Jesus: Willst du denn nichts sagen zu dem, was diese Leute gegen dich vorbringen? 61 Er aber schwieg und gab keine Antwort. Da wandte sich der Hohepriester nochmals an ihn und fragte: Bist du der Christus, der Sohn des Hochgelobten [d. h. der Sohn Gottes]? 62 Jesus sagte: Ich bin es. Und ihr werdet den Menschensohn zur Rechten der Macht sitzen und mit den Wolken des Himmels kommen sehen. 63 Da zerriss der Hohepriester sein Gewand und rief: Wozu brauchen wir noch Zeugen? 64 Ihr habt die Gotteslästerung gehört. Was ist eure Meinung? Und sie fällten einstimmig das Urteil: Er ist des Todes schuldig. 65 Und einige spuckten ihn an, verhüllten sein Gesicht, schlugen ihn und riefen: Zeig, dass du ein Prophet bist! Auch die Diener schlugen ihn ins Gesicht.

66 Als Petrus unten im Hof war, kam eine von den Mägden des Hohepriesters. 67 Sie sah, wie Petrus sich wärmte, blickte ihn an und sagte: Auch du warst mit diesem Jesus aus Nazaret zusammen. 68 Doch er leugnete und sagte: Ich weiß nicht und verstehe nicht, wovon du redest. Dann ging er in den Vorhof hinaus. 69 Als die Magd ihn dort bemerkte, sagte sie zu denen, die dabeistanden, noch einmal: Der gehört zu ihnen. 70 Er aber leugnete wieder. Wenig später sagten die Leute, die dort standen, von Neuem zu Petrus: Du gehörst wirklich zu ihnen; du bist doch auch ein Galiläer. 71 Da fing er an zu fluchen und zu schwören: Ich kenne diesen Menschen nicht, von dem ihr redet. 72 Gleich darauf krähte der Hahn zum zweiten Mal, und Petrus erinnerte sich an das Wort, das Jesus zu ihm gesagt hatte: Ehe der Hahn zweimal kräht, wirst du mich dreimal verleugnen. Und er begann zu weinen.

Nun trifft ein, was Jesus vorhergesehen hat, nämlich dass Petrus entgegen seinem Treueversprechen sich von ihm distanziert. Statt sich selbst zu verleugnen und sein Kreuz auf sich zu nehmen (8,34), verleugnet er seinen Meister und verflucht sich selbst (oder Jesus? – der Text lässt beide Interpretationen zu). Was zeigt, dass Jesu Mahnung, sich hinsichtlich seines Glaubens nur ja nicht in Selbstsicherheit zu wiegen und Anfechtungen nicht zu unterschätzen, in den Wind gesprochen war.

Kommt uns das nicht bekannt vor? Immer wieder geschieht es, dass Menschen anderen versichern, dass diese sich uneingeschränkt auf sie verlassen könnten. Und dass sie im entscheidenden Moment dann doch nicht halten, was sie versprochen haben. Da ist eine Frau, die während ihrer Krankheit von ihrem Mann über Monate hin gepflegt wird. Als es ihr wieder besser geht, beteuert sie, dass sie ihm das nie vergessen werde. Nach einem halben Jahr verlässt sie ihn, weil sie einen anderen kennengelernt hat. Da ist ein Manager, dem ein Mitarbeiter in einer delikaten Angelegenheit aus der Patsche hilft. Erleichtert darüber, dass die Sache einen guten Ausgang genommen hat, versichert ihm sein Vorgesetzter, dass er ihm ewig dankbar sein werde. Ein paar Monate später, als die Firma sich gezwungen sieht, das Personal zu reduzieren, wird dieser Mann als Erster entlassen, weil sein Chef sich in keiner Weise für ihn einsetzt. Dabei waren dessen früheren Beteuerungen möglicherweise durchaus ernst gemeint ...

Ernst meinte es gewiss auch Petrus, als er gelobte, eher sterben zu wollen, als sich von Jesus zu distanzieren. Im Gegensatz zu dem von seiner Blindheit geheilten Bartimäus, der Jesus auf seinem Weg folgt (10,52), verfolgt Petrus Jesu Geschick bloß »von Weitem«. Nach der ersten Verleugnung entfernt Petrus sich vom wärmenden Feuer und begibt sich in den dunklen Vorhof – eine von Markus wohl nicht beabsichtigte, aber überaus symbolträchtige Aussage. Meilenweit steht der Erste der Apostel hinter jenen späteren Märtyrern und Blutzeuginnen zurück, die lieber den Tod in Kauf nahmen, als vor einer Götterstatue ein paar Weihrauchkörner zu streuen!

In der landläufigen Verkündigung ist meist nur vom Versagen des Petrus die Rede. Und dass gerade er von Jesus auserkoren wurde. Damit soll signalisiert werden, dass Gott die Fehlbaren nicht auf ihre Vergangenheit fixiert, sondern auch und gerade ihnen eine Zukunft eröffnet.

Aber *das* ist hier nicht das Thema. Petrus steht an dieser Stelle für *alle* Jünger. Sie alle haben anlässlich Jesu Verhaftung die Flucht ergriffen und so ihren Meister verleugnet (14,50). Die mit Jesus aufs Engste verbunden waren, verlassen und verraten ihn in der entscheidenden Stunde.

Damit nimmt Markus voraus, was sich im Lauf der Jahrhunderte immer wieder ereignen wird, nämlich dass ausgerechnet jene, die ein Hirten- oder Leitungsamt ausüben, kläglich versagen. Denken wir nur an das *sæculum obscurum*, an jenes zappendustere Zeitalter, das 882 mit dem Mord an Papst Johannes VIII. durch seine Verwandten begann und erst 1046 mit der Absetzung dreier konkurrierender Päpste endete.[136] Damals wurde das Papstamt immer mehr zum Spielball und gleichzeitig zum Zankapfel der römischen Adelsfamilien. Von den 45 Päpsten in dieser Periode wurde ein Drittel ihres Amtes enthoben, ein weiteres Drittel endete im Kerker oder im Exil oder wurde umgebracht. Kirchliche Ämter waren käuflich. Die meisten Päpste waren in schwere Verbrechen verwickelt und huldigten einem ausschweifenden Lebensstil. Was dazu führte, dass manche Geschichtsschreiber diese Epoche auch als »Weiber- und Hurenregiment« oder als »Zeitalter der Pornokratie« charakterisieren.

Einen nicht weniger skandalösen Niedergang erlebte das Papsttum (und damit die gesamte römische Kurie) zur Zeit der Renaissance, als Sittenverfall und Vetternwirtschaft derart überhandnahmen, dass es am Ende eines deutschen Augustinermönchs namens Martin Luther bedurfte, um die römischen Instanzen zur Umkehr zu bewegen und die vatikanische Kurie zur Besinnung zu bringen. Was den sittenstrengen Papst Hadrian VI., der schon vor seiner Wahl im Jahr 1522 angesichts der in Rom (und anderswo) herrschenden Missstände entsetzt war, veranlasste, sich zu einem Schuldbekenntnis durchzuringen, in dem er freimütig eingestand, dass das Versagen der Kirchenspitze entscheidend zur Verbreitung der Reformation beigetragen hatte.

Wir wissen, dass es an diesem Heiligen Stuhl schon seit einigen Jahren viele gräuliche Missbräuche in geistlichen Dingen und Exzesse gegen die göttlichen Gebote gegeben hat, ja, dass eigentlich alles pervertiert wor-

---

136 Dazu ausführlich: J. Imbach, Sternstunden und Schandflecke der Kirchengeschichte, Würzburg 2019, 59–67.

den ist. So ist es kein Wunder, wenn sich die Krankheit vom Haupt auf die Glieder, das heißt von den Päpsten auf die unteren Kirchenführer, ausgebreitet hat. Wir alle – hohe Prälaten und einfache Kirchenführer – sind abgewichen, ein jeder sah nur auf seinen eigenen Weg, und da ist schon lange keiner mehr, der Gutes tut, auch nicht einer.[137]

Hier benennt ein Papst »mit großartigem Freimut« und »unerhörter Offenheit« als »oberster Priester«[138] die von seinen Vorgängern begangenen Ungeheuerlichkeiten und gibt damit offen zu, dass die Nachfolger der Apostel genauso versagt haben wie Petrus und die übrigen Jünger Jesu, als sie flohen. Praktisch sagt er damit, dass der Fisch vom Kopf her stinkt. Bemerkenswert daran ist, dass hier die hohen und höchsten Amtsinhaber der Kirche nicht von anderen angeklagt werden; im Gegenteil. Erstmals und mit einer nie dagewesenen Freimütigkeit gibt ein Papst zu, dass die Kirchenleitung auf der ganzen Linie versagt und so Jesus verraten hat.

Um auf die Verleugnung des Petrus zurückzukommen: Man mag Petrus und den übrigen Jüngern zugutehalten, dass sie um ihr Leben fürchteten (und dabei an die Blutzeuginnen und Märtyrer denken, die ihr Leben um ihres Glaubens willen verloren haben ...). Wer die Jünger deswegen verurteilt, wiegt sich möglicherweise in eben jener falschen Glaubenssicherheit, der die Apostel allesamt zum Opfer fielen.

Situationsbedingt verkoppelt der Evangelist die Nachricht vom Abfall der Jünger mit der Gerichtsszene vor dem Synedrium. Ihm zufolge *tagt* das Synedrium (die Ratsversammlung bestehend aus 71 Mitgliedern, die sich aus der Priesterschaft, Sadduzäern und Pharisäern rekrutierten) *in der Nacht*, was gegen alle Gepflogenheiten verstößt. Überdies wurde ein Todesurteil nie am ersten Verhandlungstag gefällt, sondern erst am Tag danach.[139]

---

137 Zit. nach H. Wolf, Krypta. Unterdrückte Traditionen der Kirchengeschichte, München 2015, 9.

138 L. von Pastor, Geschichte der Päpste, Bd. IV/2, Freiburg i. Br. 1928, 93–95.

139 Vgl. Talmud, Traktat Sanhedrin V 4; dazu und zum Folgenden: K. A. Speidel, Das Urteil des Pilatus. Berichte und Bilder zur Passion Jesu, Stuttgart 1976, 79–82.

Es sind nicht nur juristische Ungereimtheiten, die die Vermutung erhärten, dass Markus hier keine wirklichkeitsgetreue Darstellung der Ereignisse bietet. Ausdrücklich zitiert der Hohepriester einen Glaubenssatz der Christengemeinde, was absolut undenkbar ist. Den Hoheitstitel »Sohn des Hochgelobten« (eine Umschreibung für »Sohn Gottes«) hätte ein Jude nie in den Mund genommen. Dieses Bekenntnis geht auf die nachösterliche Gemeinde zurück. Was bedingt, dass Jesu Antwort »Ich bin es« vom Synedrium unmöglich als todeswürdiges Vergehen gewertet werden konnte, dies umso mehr, als der Messiasanspruch als solcher keine Gotteslästerung darstellte (es gab ja vor und nach Jesus noch weitere Messiasprätendenten!).

Ein Letztes noch: Wenn das Synedrium Jesus als des Todes schuldig erklärt, handelt es sich dabei nicht um ein rechtskräftiges Urteil. Die Todesstrafe nämlich hatte sich damals die römische Besatzungsmacht vorbehalten. Weshalb der Gang zu deren Vertreter, dem Präfekten Pilatus, notwendig war.

Dies alles zeigt: Bezüglich der tatsächlichen Vorkommnisse lässt die Schilderung des Markus keine detaillierten Rückschlüsse zu; zu stark ist sie eingefärbt vom Christusbekenntnis der frühen Christengemeinden.

Gleiches gilt für den folgenden Abschnitt, in dem der Evangelist von der Gerichtsverhandlung vor Pilatus berichtet.

15. KAPITEL

──────

DAMIT DIE ÜBELTÄTER ZU JESUS FINDEN

15¹ Gleich in der Frühe fassten die Hohepriester, die Ältesten und die Schriftgelehrten, also der ganze Hohe Rat, über Jesus einen Beschluss. Sie ließen ihn fesseln und abführen und lieferten ihn Pilatus aus. ² Pilatus fragte ihn: Bist du der König der Juden? Er antwortete ihm: Du sagst es. ³ Die Hohepriester brachten viele Anklagen gegen ihn vor. ⁴ Da wandte sich Pilatus wieder an ihn und fragte: Willst du denn nichts dazu sagen? Sieh doch, wie viele Anklagen sie gegen dich vorbringen. ⁵ Jesus aber gab keine Antwort mehr, sodass Pilatus sich wunderte. ⁶ Jeweils zum Fest ließ Pilatus einen Gefangenen frei, den sie sich ausbitten durften. ⁷ Damals saß gerade ein Mann namens Barabbas im Gefängnis, zusammen mit anderen Aufrührern, die bei einem Aufstand einen Mord begangen hatten. ⁸ Die Volksmenge zog zu Pilatus hinauf und verlangte, ihnen die gleiche Gunst zu gewähren wie sonst. ⁹ Pilatus fragte sie: Wollt ihr, dass ich euch den König der Juden freilasse? ¹⁰ Er merkte nämlich, dass die Hohepriester Jesus nur aus Neid an ihn ausgeliefert hatten. ¹¹ Die Hohepriester aber wiegelten die Menge auf, lieber die Freilassung des Barabbas zu fordern. ¹² Pilatus wandte sich von Neuem an sie und fragte: Was soll ich dann mit dem tun, den ihr den König der Juden nennt? ¹³ Da schrien sie: Kreuzige ihn! ¹⁴ Pilatus entgegnete: Was hat er denn für ein Verbrechen begangen? Sie aber schrien noch lauter: Kreuzige ihn! ¹⁵ Darauf ließ Pilatus, um die Menge zufriedenzustellen, Barabbas frei. Jesus lieferte er, nachdem er ihn hatte geißeln lassen, zur Kreuzigung aus. ¹⁶ Die Soldaten führten ihn ab, in den Hof hinein, der Prätorium heißt, und riefen die ganze Kohorte zusammen. ¹⁷ Dann legten sie ihm einen Purpurmantel um und flochten einen Dornenkranz; den setzten sie ihm auf [18] und grüßten ihn: Sei gegrüßt, König der Juden! [19] Sie schlugen ihm mit einem Stock auf den Kopf und spuckten ihn an, beugten die Knie und huldigten ihm. [20a] Nachdem sie so ihren Spott mit ihm getrieben hatten, nahmen sie ihm den Purpurmantel ab und zogen ihm seine eigenen Kleider wieder an.

Da der Hohe Rat keine Vollmacht hat, ein Todesurteil zu fällen, wird Jesus vor Pilatus geschleppt. Weil religiöse Motive wie Gotteslästerung vor dieser Instanz nicht ins Gewicht fallen, lautet die Anklage, dass Jesus sich zum König der Juden erklärte. Nicht stimmig ist, dass der Landpfleger diese Anschuldigung von sich aus aufgreift. Wurde sie ihm von den Hohepriestern, den Ältesten und Schriftgelehrten vorher zugetragen?

Auffallend ist überdies, dass das Verhör durch Pilatus teilweise bis in den Wortlaut hinein mit jenem vor dem Synedrium übereinstimmt (14,53–65 passim). Zweifellos handelt es sich dabei um eine Verdoppelung, wie der folgende Textvergleich zeigt. Das erlaubt den Rückschluss, dass beide Verhöre nicht deren wirkliche Abfolge wiedergeben, sondern nach einem feststehenden Schema gestaltet sind.[140]

VERHÖR VOR DEM SYNEDRIUM (MK 14)	VERHÖR VOR PILATUS (MK 15)
[53] Darauf führten sie [eine Schar von Männern] Jesus zum Hohepriester.	[1] Gleich in der Frühe [...] fasste der ganze Hohe Rat über Jesus einen Beschluss. Sie ließen ihn fesseln und abführen und lieferten ihn Pilatus aus.
[55] Die Hohepriester und der ganze Hohe Rat bemühten sich um Zeugenaussagen gegen Jesus.	[3] Die Hohepriester brachten viele Anklagen gegen ihn vor.

---

140 Dazu K. A. Speidel, Das Urteil des Pilatus. Berichte und Bilder zur Passion Jesu, Stuttgart 1976, 79 f.

VERHÖR VOR DEM SYNEDRIUM (MK 14)	VERHÖR VOR PILATUS (MK 15)
60 Da stand der Hohepriester auf, trat in die Mitte und fragte Jesus: Willst du denn nichts sagen zu dem, was diese Leute gegen dich vorbringen?	4 Da wandte sich Pilatus wieder an ihn und fragte: Willst du denn nichts dazu sagen? Sieh doch, wie viele Anklagen sie gegen dich vorbringen.
61 Er aber schwieg und gab keine Antwort.	5 Jesus aber gab keine Antwort mehr, sodass Pilatus sich wunderte.
[61] Da wandte sich der Hohepriester nochmals an ihn und fragte: Bist du der Christus, der Sohn des Hochgelobten [d. h. der Sohn Gottes]?	2 Pilatus fragte ihn: Bist du der König der Juden?
62 Jesus sagte: Ich bin es.	[2] Er antwortete ihm: Du sagst es.
63 Und sie fällten einstimmig das Urteil: Er ist des Todes schuldig.	15 Jesus lieferte er [Pilatus], nachdem er ihn hatte geißeln lassen, zur Kreuzigung aus.
65 Und einige spuckten ihn an, verhüllten sein Gesicht, schlugen ihn	17 Dann legten sie [die Soldaten] ihm einen Purpurmantel um und flochten einen Dornenkranz; den setzten sie ihm auf
[65] und riefen: Zeig, dass du ein Prophet bist!	18 und grüßten ihn: Sei gegrüßt, König der Juden!

Beide Szenen sind gleich aufgebaut. Beide Male wird Jesus vorgeführt und wortreich angeklagt. Auf die Frage »Willst du denn nichts dazu sagen?« antwortet er nicht. Direkt darauf angesprochen, ob er der Messias bzw. der König der Juden sei, bejaht Jesus beide Male.

Damit gewichtet der Evangelist beide Verhöre gleich. Die jüdischen Behörden und der Vertreter der Römer sind demnach gleicherweise schuldig an Jesu Tod. Bei den späteren Evangelisten und in der Apostelgeschichte dagegen verlagert sich der Akzent zusehends. Dort ist die Tendenz unverkennbar, den Juden allgemein die Verantwortung für Jesu Kreuzestod zuzuschreiben. Was wiederum dazu führte, die Angehörigen eines ganzen Volkes zu Sündenböcken zu machen, mit den bekannten verheerenden Folgen.

Redaktionell eher ungeschickt bezieht der Evangelist eine weitere Gestalt, nämlich den Revolutionär und Mörder Barabbas, ins Geschehen mit ein. Ohne *vorher* an Barabbas zu denken, begibt sich eine Volksmenge zu Pilatus, um die an Festtagen offenbar gängige Begnadigung eines Verurteilten zu fordern. Pilatus möchte dieses Ersuchen ausnutzen, weil er von der Anklage gegen Jesus nicht überzeugt ist (15,10). Das vereitelt die Priesterschaft, indem sie die Leute dazu aufstachelt, Barabbas zu begnadigen.[141] Hier ereignet sich, was auch heute immer wieder beobachtet werden kann, wenn strittige Fragen nicht mehr auf sachbezogene Weise verhandelt werden, nämlich dass die Emotionen stärker sind als die Argumente.

Was bewegt Markus, die Barabbasepisode in sein Evangelium einzufügen? Nicht zufällig wird Jesus hier mit einem Verbrecher und Übeltäter gleichgestellt. Schon anlässlich seiner Verhaftung wird Jesus wie ein Gesetzesbrecher behandelt (14,48 f.). Später wird er zwischen zwei Räubern gekreuzigt (15,27). Damit unterstreicht der Evangelist, dass Gott in Jesus, dem Gekreuzigten, auch denen nahe ist, die in die tiefsten Abgründe menschlicher Existenz abgetaucht sind.

Gleichzeitig ist das ein Hinweis darauf, dass sich damit die alttestamentlichen »Schriften« (bzw. die darin enthaltenen Vorhersagen) erfüllen.[142] Der Evangelist denkt hier besonders an das vierte Lied vom leidenden Gottesknecht, das in den frühchristlichen Gemeinden für das Verständnis der Passion Jesu eine herausragende Rolle spielte. Dort heißt es von einem unschuldig Verfolgten, dass er seinen Mund nicht auftat und sich unter die Übeltäter rechnen ließ (vgl. Jes 53,7 und 12). So wurde

---

141 Matthäus, der den Markustext als Vorlage benutzt, übersieht diese Nuance, indem er dem Volk *von sich aus* die Wahl zwischen Barabbas und Jesus überlässt (Mt 27,17).

142 Was diese (und ähnliche) Vorhersagen betrifft, siehe dazu den Kommentar zu Mk 14,43–52 (Stichwort: *relecture*).

Jesus »zu den Übeltätern gerechnet, damit die Übeltäter sich zu Jesus rechnen können«.[143]

Dafür hat der russische Schriftsteller Fjodor M. Dostojewski, der sich im Labyrinth der menschlichen Psyche bis ins Innerste vorgewagt hat, ein besonderes Gespür entwickelt – ohne auf den vorliegenden Markustext Bezug zu nehmen. In seinem Roman *Schuld und Sühne* (neu übersetzt unter dem sachgerechteren Titel *Verbrechen und Strafe*) entwirft er in der Gestalt des heruntergekommenen Beamten Marmeladow das Bild eines hoffnungslosen Trinkers, der auch das letzte Gran an Selbstachtung verloren hat. Er bezeichnet sich selbst als »Schwein« und »Ebenbild eines Viehs«.[144] Um seiner Sucht zu frönen, hat er sogar die Schuhe und die Strümpfe und das Kopftuch seiner 18-jährigen Tochter Sonja versetzt, die gezwungen ist, als Prostituierte für den Unterhalt ihrer drei kleinen Geschwister zu sorgen. Aber Sonja, die ihm auch ihr letztes Geld noch gibt, dreißig Kopeken, für die er sich eine Flasche Schnaps kauft, macht ihm keinen Vorwurf; sie schaut ihn nur schweigend an. »Und das schmerzt noch mehr, wenn man keinen Vorwurf hört«, und dieser Schmerz ist es, der in Marmeladow ein unendliches Verlangen nach Vergebung und Erlösung weckt.

Erbarmen mit uns aber wird jener haben, der mit allen Erbarmen hat und alle und alles versteht; er, der Einzige, ist auch der Richter. [...] Und über alle wird er zu Gericht sitzen und wird ihnen vergeben, den Guten wie den Bösen, den Weisen und den Demütigen ... Und wenn er dann mit allen fertig ist, dann wird er auch zu uns sprechen. »Tretet vor«, wird er sagen, »tretet auch ihr vor! Kommt ihr Trunkenbolde, kommt ihr Schwachen, kommt ihr Elenden!« Und dann werden wir alle vortreten, ohne Scham, und vor ihm stehen. Und er wird sagen: »Ihr seid Schweine! Ihr seid Ebenbilder des Tieres, und ihr tragt sein Zeichen; aber kommt auch ihr!« Und da werden die Weisen, da werden die Ver-

---

143 W. Schmithals, Das Evangelium nach Markus. Kapitel 9,2–16 (Ökumenischer Kommentar zum Neuen Testament 2/2), Gütersloh 1979, 676.
144 F. M. Dostojewski, Schuld und Sühne, München 1960 (Winkler Ausgabe), 22; die folgenden Zitate: 31–33 passim.

nünftigen rufen: »O Herr! Warum nimmst du auch diese auf?« Und er
wird sagen: »Ich nehme sie auf, ihr Weisen, ich nehme sie auf, ihr Ver-
nünftigen, weil sich kein Einziger von ihnen jemals dessen für würdig
erachtet hat ...« Und dann streckt er uns die Hände entgegen, und wir
fallen zu Boden ... Wir brechen in Tränen aus ... und verstehen alles!
Dann verstehen wir alles! ... und alle verstehen uns ... [...] O Herr, dein
Reich komme!

Man würde Dostojewskis Absicht nicht gerecht, wollte man diese Rede
Marmeladows lediglich als wirre Äußerung eines Betrunkenen interpretieren, der sich am Rand des Deliriums befindet. Nur weil ihm sein Verstand nicht mehr erlaubt, die eigenen Gedanken zu zensieren, kann sich
die geheimste Sehnsucht dieses völlig heruntergekommenen Menschen
Einlass verschaffen in sein Bewusstsein. Im Zustand der Nüchternheit
müsste ihm schon der bloße Wunsch, irgendwie doch noch von Gott
angenommen zu sein, als Illusion erscheinen. Erst die Trunkenheit befä-
higt ihn, seiner allerletzten vagen Hoffnung auf das Wunder Ausdruck zu
verleihen: dass Gott auch ihn, trotz seinem Elend und seiner Verkom-
menheit, nicht verstoßen möge.

Die Äußerungen dieses Säufers lassen ahnen, was in Menschen vorgeht, die, ausgestoßen aus der feinen Gesellschaft und von den Anstän-
digen verachtet, ganz unten und selbst dort noch am Rand leben. In dem
Maß, wie man sich darüber Rechenschaft gibt, wie verschlungen die
Wege sind, die in eine solche Verlorenheit hineinführen, wird man skeptisch gegenüber den Urteilen und Verurteilungen, aber auch gegenüber
allen allzu gegenständlichen Definitionen von Vollkommenheit und Ver-
worfenheit.

Anhand der Figur Marmeladows illustriert Dostojewski auf psycho-
logisch glaubwürdige Weise, dass sich Heiligkeit oder Sündhaftigkeit
eines Menschen nicht bloß aufgrund seines Verhaltens beurteilen lassen.
Denn nicht aufgrund ihrer Werke, sondern nur durch das Ausmaß ihrer
Sehnsucht nach Reinheit und Gottverbundenheit unterscheiden sich
Heilige von Sündern. Ausschlaggebend ist allein diese Sehnsucht nach
Gott und seiner Nähe.

Sowohl vor dem Synedrium wie auch vor Pilatus bleibt Jesus angesichts der gegen ihn erhobenen Anschuldigungen stumm. Bewusst reiht

er sich ein unter die Übeltäter. Damit verdeutlicht Markus einmal mehr, was er schon am Anfang seines Evangeliums unterstreicht: »Nicht die Gesunden bedürfen des Arztes, sondern die Kranken.« Jesus ist »nicht gekommen, um Gerechte zu rufen, sondern Sünder« (2,17).

KÖNIG IN NIEDRIGKEIT

15[20b] Dann führten sie [die Schergen] Jesus hinaus, um ihn zu kreuzigen. [21] Einen Mann, der gerade vom Feld kam, Simon von Kyrene, den Vater des Alexander und des Rufus, zwangen sie, sein Kreuz zu tragen. [22] Und sie brachten Jesus an einen Ort namens Golgota, das heißt übersetzt: Schädelhöhe. [23] Dort reichten sie ihm Wein, der mit Myrrhe gewürzt war; er aber nahm ihn nicht. [24] Dann kreuzigten sie ihn. Sie verteilten seine Kleider, indem sie das Los über sie warfen, wer was bekommen sollte. [25] Es war die dritte Stunde [d. h. neun Uhr morgens], als sie ihn kreuzigten. [26] Und eine Aufschrift gab seine Schuld an: Der König der Juden. [27] Zusammen mit ihm kreuzigten sie zwei Räuber, den einen rechts von ihm, den andern links. [[28] Spätere Textzeugen fügen hier ein: So erfüllte sich das Schriftwort: Er wurde zu den Verbrechern gerechnet (vgl. Lk 22,37 = Jes 53,12)]. [29] Die Leute, die vorbeikamen, verhöhnten ihn, schüttelten den Kopf und riefen: Ach, du willst den Tempel niederreißen und in drei Tagen wieder aufbauen? [30] Rette dich selbst, und steig herab vom Kreuz! [31] Ebenso verhöhnten ihn auch die Hohepriester und die Schriftgelehrten und sagten untereinander: Andere hat er gerettet, sich selbst kann er nicht retten. [32] Der Christus, der König von Israel! Er soll jetzt vom Kreuz herabsteigen, damit wir sehen und glauben. Auch die beiden Männer, die mit ihm zusammen gekreuzigt wurden, beschimpften ihn.

Die hier erwähnte Schädelhöhe verdankt ihren Namen wohl dem schädelförmigen Hügel, auf dem Jesus gekreuzigt wurde. Nicht nur in der hohen, sondern auch in der volkstümlichen Kunst hat diese Bezeichnung dazu geführt, dass am Fuß des Kreuzes Jesu oft ein Totenschädel abgebildet ist. In Wirklichkeit geht dieses Motiv auf eine alte Legende zurück, der zufolge Jesus über der Grabstätte Adams gekreuzigt wurde. Diese Legende wiederum verdankt sich einer Äußerung des Paulus, der von

Christus als dem »zweiten Adam« spricht: »Denn wie in Adam alle sterben, so werden in Christus [d. h. durch seinen Tod und dank seiner Auf-
erweckung] alle lebendig gemacht werden« (1 Kor 15,22).

Als einziger Evangelist berichtet Markus, dass die Soldaten Jesus mit
Myrrhe versetzten Wein reichen. Myrrhe (aromatisches Harz eines
strauchartigen arabischen Balsambaumgewächses) diente als Weihrauch, aber auch als Betäubungsmittel. Dass ausgerechnet grobschläch-
tige Soldaten Jesus diese Gunst erwiesen haben sollen, steht in krassem
Gegensatz zu der durch sie zuvor erfolgten Verspottung (15,16–20).
Wenn der Evangelist schreibt, dass der todgeweihte Jesus die ihm
angeblich von der Soldateska erwiesene Gunst ausschlägt, will er damit
sagen, dass er die letztmöglichen Tiefen menschlichen Leides durch-
schritten hat.

Fraglich ist auch, ob die Soldaten Jesu Kleider unter sich teilten. Wohl
stand den Henkern nach damaligem Recht die Habe der zum Tod Verurteilten zu. Wahrscheinlicher aber ist, dass sich der Evangelist vom
Psalm 22 inspirieren ließ, der in der Leidensgeschichte Jesu von zentraler
Bedeutung ist. In diesem Psalm wendet sich ein verzweifelter zu Unrecht
verfolgter Beter an Gott: »Sie verteilen unter sich meine Kleider und
werfen das Los um mein Gewand« (Ps 22,19).

Was schließlich die am Kreuz befestigte Anschrift betrifft (»der König
der Juden«), knüpft Markus an einen damals verbreiteten Brauch an. Es
war üblich, dem Delinquenten ein Schild mit der Bezeichnung seines
Verbrechens umzuhängen oder es ihm voranzutragen. Ob der Evangelist
sich darüber Rechenschaft gab, ob in diesem Fall die Nennung des Verbrechens von Pilatus nicht ironisch, nämlich als Verspottung der Juden,
gedacht war (»so sieht *euer* König aus!«), lässt sich nicht sagen.

Wichtiger als die Absicht des Pilatus ist, was Markus mit seiner Schilderung bezweckt. Und das zeigt er, indem er gleich zu Beginn der Kreuzigungsszene Simon von Kyrene in das Geschehen miteinbezieht. Der
kommt offenbar zufällig vorbei und wird von den Soldaten gezwungen,
zusammen mit dem verurteilten Jesus den Querbalken des Kreuzes zu
tragen (der Längsbalken befindet sich, wie üblich, schon am Hinrich-
tungsort). Damit weist Markus – wenn auch verschlüsselt – darauf hin,
was Jesu Wort von der Kreuzesnachfolge (8,34) meint. Simon trägt das
Kreuz, das ihm auferlegt wurde und dem er sich nicht entziehen kann.

Sein (Jesu) Kreuz wird damit zu *seinem* (Simons) Kreuz. Und dieses trägt er mit Jesus, der ihm dabei vorangeht.

So wird Simon von Kyrene zum ersten Zeugen, der Jesus auf seinem Kreuzweg folgt und so zeigt, was vielen nicht erspart bleibt, die in Jesu Fußstapfen treten (vgl. 13,11–13).

Was mit Jesusnachfolge letztlich gemeint ist, lässt sich am treffendsten mit dem Begriff Martyrium umschreiben. Wörtlich bedeuten die griechischen Ausdrücke *martys* (*martyros*), *martyria* und *martyrein* nichts anderes als *Zeuge(n)*, *Zeugnis* und *bezeugen*. Der Erste, der sein Zeugnis mit dem Blut besiegelte, war der Diakon Stephanus (Apg 22,20; vgl. 6,8–7,60). Das Martyrium als äußerster Akt der Liebe (vgl. Joh 15,13) bildet den Ernst- und Grenzfall für Christusgläubige. Es ist der Ernstfall, insofern der Glaube wesensmäßig die Bereitschaft einschließt, die Sache Jesu bis zum Letzten zu bezeugen, selbst um den Preis des eigenen Lebens. Und es ist der Grenzfall, insofern (aufs Ganze gesehen) nur wenige tatsächlich vor diese Blut-Probe gestellt werden.

Im Regelfall geschieht die Hingabe des Lebens für Jesus und seine Sache in der tätigen Nachfolge, die Paulus zufolge ein lebenslängliches Absterben bedeutet: »Ich bin mit Christus gekreuzigt worden. Nicht mehr ich lebe, sondern Christus lebt in mir« (Gal 2,19 f.; vgl. Röm 6,3–11).

Solche Nachfolge unterscheidet sich von bloßer Nachahmung. Nachfolge zeigt sich in der persönlichen Betroffenheit angesichts konkreter Situationen, die immer neu aus dem Glauben heraus zu bewältigen sind. Anders ausgedrückt: Es geht um den Versuch, die eigene individuelle und soziale Lebenswirklichkeit der Weisung und dem Beispiel Jesu entsprechend zu gestalten. Der Nachfolge eignet stets ein schöpferischer Charakter. Sie unterscheidet sich von der bloßen Nachahmung gerade dadurch, dass die Botschaft Jesu unter den jeweiligen Lebensumständen zum Tragen kommt.

Die bekanntesten Beispiele solcher Jesusnachfolge stellen die Heiligen dar. In ihrer Vielzahl dokumentieren diese die ganze Bandbreite von Möglichkeiten des Zeugnisses.

Die Frage ist allerdings, ob diese Vorbilder nicht manchmal als Vorwand herhalten müssen. Dies geschieht immer dann, wenn sie lediglich der Erbauung dienen und auf diese Weise ihrer kritischen Funktion beraubt und gewissermaßen unschädlich gemacht werden. Tatsächlich besteht immer die Gefahr, tätige Nachfolge mit frommer Bewunderung zu verwechseln.

Theologisch gesehen meinen Zeugnis und Nachfolge das Gleiche. Sie sind eine Art Mitteilung, die andere dazu veranlasst, die Zeugen und Zeuginnen nach der Quelle zu fragen, die ihre Existenz speist. Und diese Quelle ist der gekreuzigte und auferweckte »König der Juden«.

Der Evangelist berichtet, dass dieser König zusammen mit zwei Räubern hingerichtet wurde. Was an den 22. Psalm erinnert: »Eine Rotte von Bösen hat mich umkreist« (Ps 22,17). Davon, dass der eine sich zu Jesus bekennt, weiß Markus nichts. (Eine entsprechende Notiz findet sich nur bei Lukas: Lk 23,40–43.) Jesus zwischen zwei Gesetzeslosen als Verbrecher hingerichtet – das ist der absolute (und für die bis anhin Jesusgetreuen kaum zu verkraftende) Tiefstand.

Unterstrichen wird dieser Sachverhalt noch durch die Verhöhnung des sterbenden Jesus seitens des Pöbels, der Priesterschaft und einiger Schriftgelehrter. Damit betont Markus die totale Verlassenheit des Verurteilten, von dem alle sich abgewandt haben. Als einziger Helfer bleibt ihm Gott. Und der schweigt. Was wiederum eine Anspielung auf Psalm 22 ist, wo es heißt, dass Gott die Worte des Unschuldigen, der zu ihm schreit, überhört (Ps 22,2). Augenscheinlich handelt es sich bei dieser Verspottungsszene um eine Dublette zu der Beschreibung der Verhöhnung Jesu nach seiner Verurteilung durch Pilatus (15,16–20).

Jesus, der König der Juden? Die Ersten, die das Markusevangelium zu Gesicht bekamen, werden die mit diesem Titel verbundene Botschaft auf Anhieb verstanden haben. Wie meilenweit ist das »Königtum« Jesu entfernt von all dem, was Menschen mit diesem Begriff assoziieren! Die Jesus verhöhnen, verbinden mit einem König den Inbegriff von Macht, Herrschaftsfülle und Durchsetzungsvermögen. Größe, Menschlichkeit und Mitgefühl *in der Niedrigkeit* oder gar *in der Erniedrigung* wahrzunehmen, bleibt ihnen verwehrt. Dabei übersehen sie, wie menschenverachtend die gängige Vorstellung von Macht ist; nur allzu häufig nämlich erliegen Mächtige der Versuchung, sich immer und überall und rücksichtslos durchzusetzen (10,42). Wenn Jesus wirklich göttliche Macht hätte, würde er sich retten können aus den Händen seiner Verfolger: »Er soll jetzt vom Kreuz herabsteigen, damit wir sehen und glauben.« Wer sich auf Gott beruft, weiß ihn auf seiner Seite *und kann dies demonstrieren*, notfalls mittels Zeichen und Wundern. Wie verfehlt eine solche Sichtweise ist, hat Markus bereits früher dargelegt.[145]

Jesus – ein König in Niedrigkeit. Aufs Schönste illustrieren das die Malereien an der weltberühmten Holzdecke der Martinskirche im graubündnerischen Zillis. In dem dortigen vermutlich vom Churer Bischof Konrad von Biberegg (zwischen 1123 und 1144) konzipierten Bildprogramm über das Leben Jesu fehlen nicht nur die Darstellungen seines Kreuzestodes und seiner Grablegung, sondern auch jeder Hinweis auf die Auferweckung.

Die Tafel im Mittelpunkt der Bilderdecke zeigt die dritte Versuchung Christi. Die Botschaft ist klar: Dem Widersacher Gottes ist es gelungen, bis ins Zentrum der Welt vorzustoßen. Der Versucher deutet auf eine Weltkarte und verspricht Jesus die Königsherrschaft, wenn er sich vor ihm niederwerfe und ihn anbete.

Worin aber besteht die Königsherrschaft Jesu? *Das* ist das eigentliche Thema dieses Bilderzyklus. Darauf verweisen schon die ersten Tafeln innerhalb der Umrandung. Die zeigen drei königliche Vorfahren Jesu, nämlich David, Salomo und Rehabeam. Es folgen die Verkündigung an Maria und die Geburt Christi. Auffallend ist, dass anschließend ganze sechs Bilder der neutestamentlichen Erzählung von den drei Königen aus dem Osten gewidmet sind, die dem neugeborenen König der Juden huldigen. Im Gegensatz zu Herodes aber ist Jesus nicht gekommen, um nach Art irdischer Machthaber zu regieren. Angedeutet wird das auf dem Mittelbild, auf dem Jesus die Weltkarte zurückweist, die der Versucher ihm entgegenhält. Machtausübung im Sinne des Evangeliums muss sich im Dienst am Mitmenschen konkretisieren.

Entgegen allen Erwartungen endet der Christus-Zyklus nicht mit dem Triumph des Auferweckten, sondern mit der Dornenkrönung Jesu. Dieser im Wortsinn krönende Abschluss bildet die Antwort auf die Frage nach dem Königtum Jesu – und verlangt nach einer Korrektur der Königsvorstellungen all jener, die diesem König Gefolgschaft leisten. Während Jesus auf allen übrigen Tafeln stets mit einem Nimbus dargestellt ist, wird dieser nun durch die Dornenkrone ersetzt. Außerdem tritt

---

145   Vgl. dazu den Kommentar zu Mk 6,1–6.

Jesus auf keinem anderen Bild so groß in Erscheinung wie hier, wo er als verspotteter Schmerzensmann erscheint.

Dass diese Sicht des Königtums Jesu für Christusgläubige nicht folgenlos bleiben kann, zeigt die sich anschließende dem Kirchenpatron Martin gewidmete Bilderfolge. Bereits die erste Tafel mit der berühmten Mantelszene stellt den Zusammenhang mit dem königlichen Christus her. Wie dieser sein Leben in den Dienst der Menschen stellte, so schenkt auch Martin dem Bettler vor den Toren der nordfranzösischen Stadt Amiens den halben Mantel, also alles, was er sein Eigen nennt (die Hälfte seiner Uniform wurde vom Kaiser berappt und blieb dessen Eigentum; für die andere Hälfte musste er selbst aufkommen). Später erscheint ihm der Teufel in Gestalt Christi, bekrönt und bekleidet mit einem bortenverzierten Gewand. Martin hingegen gibt zu bedenken, dass er an die Echtheit der Erscheinung nur glauben kann, wenn Jesus sich ihm *als Leidender* zeigt. Woraufhin sich der ertappte Betrüger dem Gottesmann in seiner wahren Gestalt offenbart.

VON GOTT VERLASSEN?

15³³ Als die sechste Stunde kam, brach eine Finsternis über das ganze Land herein – bis zur neunten Stunde. ³⁴ Und in der neunten Stunde schrie Jesus mit lauter Stimme: Eloï, Eloï, lema sabachtani?, das heißt übersetzt: Mein Gott, mein Gott, warum hast du mich verlassen? ³⁵ Einige von denen, die dabeistanden und es hörten, sagten: Hört, er ruft nach Elija! ³⁶ Einer lief hin, tauchte einen Schwamm in Essig, steckte ihn auf ein Rohr und gab Jesus zu trinken. Dabei sagte er: Lasst, wir wollen sehen, ob Elija kommt und ihn herabnimmt. ³⁷ Jesus aber schrie mit lauter Stimme. Dann hauchte er den Geist aus. ³⁸ Da riss der Vorhang im Tempel in zwei Teile von oben bis unten. ³⁹ Als der Hauptmann, der Jesus gegenüberstand, ihn auf diese Weise sterben sah, sagte er: Wahrhaftig, dieser Mensch war Gottes Sohn. ⁴⁰ Auch einige Frauen sahen von Weitem zu, darunter Maria aus Magdala, Maria, die Mutter von Jakobus dem Kleinen und Joses, sowie Salome; ⁴¹ sie waren Jesus schon in Galiläa nachgefolgt und hatten ihm gedient. Noch viele andere Frauen waren dabei, die mit ihm nach Jerusalem hinaufgezogen waren.

Weiter treiben die Gaffer mit dem qualvoll Sterbenden ihren Spott. Das tun sie, indem sie vorgeben, Jesus habe den Propheten Elija angerufen. Der galt im jüdischen Volksglauben als Nothelfer. Darauf spielen die Spötter an, wohl wissend, dass von ihm keine Hilfe kommt. Einer der Anwesenden fügt der verbalen Verhöhnung eine weitere hinzu, indem er Jesus einen Essigschwamm reicht. Mit Wasser vermischter Essig diente dem einfachen Volk und den Soldaten als Durstlöscher. Die sarkastisch anmutende Szene ist leicht zu deuten: Stirb bloß nicht gleich, vielleicht meldet sich Elija doch noch ...

Dass die Notiz, um die sechste Stunde (um zwölf Uhr mittags) sei eine Finsternis über das Land hereingebrochen, symbolisch zu deuten ist, haben schon die Kirchenväter erkannt. Der heilige Hieronymus (um 347–420) kommentiert diese Stelle so: »Offenbar hat das leuchtendste Licht der Welt seine Strahlen deshalb zurückgezogen, um nicht sehen zu müssen, wie der Herr [die wahre Sonne!] am Kreuz hing.«[146] Diese Interpretation hat im 9. Jahrhundert die karolingische Buchmalerei beeinflusst, wo über dem Kreuz häufig eine Sonne erscheint, die ihr schamrotes Antlitz verhüllt. Ähnlich verhält es sich mit der Nachricht vom Vorhang des Tempels, der in der Todesstunde Jesu (in der »neunten Stunde«, also um drei Uhr nachmittags) entzweireißt. Damit nimmt der Evangelist Bezug auf die damalige Gepflogenheit, zum Zeichen der Trauer die Kleider zu zerreißen. Auf sinnbildliche Weise kommt so zum Ausdruck, dass selbst der Tempel Jesu Tod beklagt.

Angesichts des sterbenden Jesus bekennt sich der römische Offizier – also ein Heide – zum Christusglauben. Damit unterstreicht der Evangelist, dass das Erlösungsgeschehen die gesamte Menschheit betrifft.

Weil die Jünger geflohen sind, stehen sie als Zeugen für Jesu Tod nicht mehr zur Verfügung. Diese Funktion übernehmen jetzt die Frauen, die Jesus an den Ort seiner Hinrichtung gefolgt sind. Damit werden sie gleichzeitig zu Prototypen des Mitleids und einer den Tod überdauern-

---

146 Zit. auf URL=http://docplayer.org/108948848-4dichtung-wahrheit-mythi sche-wahrheit-gemeindebrief-der-reformierten-kirche-arlesheim.html, Seite 4 (17.7.2023).

den Liebe. Denn, so Eugen Drewermann, »was ein Mensch ist, lässt sich nicht töten.«[147]

Schließlich bleibt da noch die Frage nach der Bedeutung von Jesu Todesschrei: »Mein Gott, mein Gott, warum hast du mich verlassen?« Dieser Aufschrei zu Gott hat die Bibelkundigen (und nicht nur sie!) seit je beschäftigt; es wurde deshalb auch entsprechend viel hineingeheimnisst im Lauf der Jahrhunderte. Dabei übersah man gelegentlich, dass dieser Hilferuf den Anfang des 22. Psalms bildet, in dem der (ursprüngliche) Beter nicht einfach seine Gottverlassenheit beklagt, sondern diese Klage an Gott richtet. Ebendieser Psalm mündet am Ende in einen Lobpreis des Höchsten.

Viele erkennen sich in Jesu Klage angesichts seines Todes wieder. In ihrer Not wandten sie sich an Gott, bettelten um ein Zeichen, um einen Wink oder um einen Fingerzeig, und die Antwort war eisernes Schweigen – Grund genug an diesem Gott und an seiner Gegenwart, an seiner Zuwendung, gar an seiner Existenz zu zweifeln.

Ausgerechnet Mystiker und Mystikerinnen haben öfter darüber geklagt, von Durststrecken und Wüstenerfahrungen heimgesucht zu werden. Beim Beten haben sie den Eindruck, gegen eine Wand zu sprechen; der Gott, an den sie sich wenden, scheint abwesend, sodass sie sich vorkommen, als habe er sie gänzlich verlassen. Teresa von Ávila zufolge kann dieses zeitweilige Verstummen Gottes und die damit verbundene spirituelle Trockenheit nur überwunden werden durch den Glauben daran, dass diese Erfahrung von Gott selbst bewirkt ist, um die Seele zu läutern.

Erinnert sei auch an Schwester Teresa (1910–1997), besser bekannt als Mutter Teresa von Kalkutta, die 2016, knapp zwei Jahrzehnte nach ihrem Tod, heiliggesprochen wurde. Während fast zweier Drittel ihres Lebens litt sie immer wieder unter Glaubenskrisen. Dabei ging es nicht bloß um Gottes Schweigen oder um die Erfahrung seiner Abwesenheit. Verzehrend war vielmehr der Gedanke, dass Gott möglicherweise gar nicht

---

147 E. Drewermann, Das Matthäusevangelium. Dritter Teil: Mt 20,20–28,20, Solothurn/Düsseldorf 1995, 268.

existieren würde.[148] Erschütternde Zeugnisse von diesen inneren Qualen finden sich gleich in mehreren ihrer Briefe.

> Das Schweigen und die Leere sind so groß, dass ich schaue und nicht sehe, lausche und nicht höre ... Stellt man sich so den Zustand einer Heiligen vor? [...] Ich habe keinen Glauben. [...] Wenn ich versuche, meine Gedanken zum Himmel zu wenden, ist da eine solche Leere, dass die Gedanken zurückkommen und wie scharfe Messer in mein Herz schneiden. [...] Seit 49 oder 50 Jahren ist er da, dieser schreckliche Verlust, diese unerhörte Dunkelheit um mich ... Der Platz Gottes in meiner Seele ist leer gefegt ... Da ist kein Himmel in mir.[149]

In der Kreuzigungsszene zeigt Markus Jesus in seiner ganzen beschädigten Menschlichkeit (was an den Christushymnus des Philipperbriefes erinnert: Jesu »Leben war das eines Menschen; er erniedrigte sich und war gehorsam bis zum Tod, bis zum Tod am Kreuz«; Phil 2,7f.). Der Gekreuzigte nimmt gleichsam voraus, was vielen seiner Nachläufer und Nachfolgerinnen nicht erspart geblieben ist.

Damit verweist das Kreuz des Einen auf die Kreuze der Vielen – und damit auf den Karfreitag der Menschheit.

Da sind die um ihre Ehre Gebrachten, die aus politischem Kalkül Liquidierten, die in den Folterkammern der Rechts- und Linksdiktaturen stöhnen. Die schamlos Ausgebeuteten. Die kaltblütig Hingemordeten. Die Hungertoten, die Kriegstoten, die Opfer der Wirtschaftskriminalität. Die Alten ohne Betreuung, die Kranken ohne Pflege, die Kinder

---

148 Auch andere Heilige wie Thérèse von Lisieux (Theresia vom Kinde Jesu; 1873–1897), die Mystiker Paul vom Kreuz (1694–1775) und Johannes vom Kreuz (1542–1591) oder die französische Ordensgründerin Jeanne de Chantal (1572–1641) wurden von starken Glaubenszweifeln heimgesucht. Papst Franziskus bekannte, dass solche Erfahrungen auch ihm zu schaffen machten. »In einigen Momenten haben alle Zweifel« – so Franziskus am 23. November 2016 anlässlich einer Generalaudienz in der vatikanischen Audienzhalle. Er sei dabei keine Ausnahme.

149 URL=https://www.diepresse.com/327084/mutter-teresa-bdquoder-platz-gottes-in-meiner-seele-ist-leer-gefegtldquo (20.7.2020).

ohne Nahrung, die Flüchtlinge ohne ein Zuhause. Die vor lauter Verzweiflung von sich sagen: Wenn ich bloß sterben könnte! Die sich am
liebsten umbringen würden, wenn sie sich dazu nicht zu feige fühlten.

Unweigerlich stellt sich da die Frage: Wo bleiben wir? Wo bleibt unser
Mitgefühl? Wo unsere Bereitschaft, Verantwortung wahrzunehmen und
zu helfen?

Was Christenmenschen allzu oft vergessen: Es sind nicht nur die
Jesusleute, die um ihres Glaubens willen gefoltert und anschließend auf
brutalste Weise umgebracht wurden – und werden. Ähnliches gilt von all
jenen, die man im Familienkreis, in der Gesellschaft oder in kirchlichen
Gemeinschaften aufgrund ihrer angeblich nonkonformistischen Überzeugung verachtet, verfemt und ins Abseits manövriert. Und ihnen so die
Existenzgrundlage entzieht. Märtyrer und Märtyrerinnen gibt es nicht
nur im Christentum. Daran erinnert auch Hildegard Wohlgemuth in
ihrem Gedicht *Golgota*.[150]

Dein Tod
hätte genügen sollen
denen die sich Christen nennen
Dein Tod
hätte enthalten können
alle Tode die wir kennen
alle Tode
die wir bringen
alle Tode
die wir erleiden
Kyrie eleison

Dein Tod
hätte vereinen sollen
alle die davon erfuhren
Dein Tod
hätte uns helfen können

---

150 H. Wohlgemuth, Wen soll ich nach Rosen schicken?, Wuppertal 1971, 24.

alle Lebensangst zu nehmen
alle Ängste
die wir bringen
alle Ängste, die wir erleiden
Kyrie eleison

Dein Tod hätte uns wenn wir wollten
vorbereitet für das Leben
Dein Tod
hätte der Weg sein können
in das Leben ohne Tode
ohne Tode
die wir bringen
ohne Tode
die wir erleiden
Kyrie eleison

EIN AKT DER MENSCHLICHKEIT

15 ^{42} Da es Rüsttag war, der Tag vor dem Sabbat, und es schon Abend wurde, ^{43} ging Josef von Arimathäa, ein vornehmes Mitglied des Hohen Rats, der auch auf das Reich Gottes wartete, zu Pilatus und wagte es, um den Leichnam Jesu zu bitten. ^{44} Pilatus war überrascht, als er hörte, dass Jesus schon tot sei. Er ließ den Hauptmann kommen und fragte ihn, ob Jesus bereits gestorben sei. ^{45} Als er es vom Hauptmann erfahren hatte, überließ er Josef den Leichnam. ^{46} Josef kaufte ein Leinentuch, nahm Jesus vom Kreuz, wickelte ihn in das Tuch und legte ihn in ein Grab, das in einen Felsen gehauen war. Dann wälzte er einen Stein vor den Eingang des Grabes. ^{47} Maria aus Magdala aber und Maria, die Mutter des Joses, beobachteten, wohin er gelegt wurde.

Anscheinend war der Evangelist mit den jüdischen Bräuchen wenig vertraut. Der Sabbat beginnt am Vorabend (also am Freitag) mit dem Sonnenuntergang. Es kann also nicht schon Abend geworden sein, als Josef von Arimathäa von Pilatus die Herausgabe von Jesu Leichnam erbittet. Für einen frommen Juden – als solcher wird Josef von Arimathäa dargestellt – war es völlig undenkbar, die streng gehandhabte Sabbatruhe durch eine Bestattung zu stören. Und auf keinen Fall durfte der Tote den Sabbat über am Kreuz hängen bleiben (vgl. Dtn 21,22 f.), sondern musste noch vor Sonnenuntergang beigesetzt werden. Die chronologische Unstimmigkeit geht wohl darauf zurück, dass erst Markus in die von ihm benutzte Quelle die Zeitangabe »als es schon Abend wurde« einfügte. Fraglich, wenn nicht unwahrscheinlich ist überdies, dass Pilatus in dieser Sache behelligt wurde. Die Bemerkung, dass ein jüdischer Ratsherr es wagt, den Leichnam zu erbitten, und dass der römische Landpfleger sich seitens des Hauptmanns über Jesu Tod informieren lässt, entspringt möglicherweise der apologetischen Absicht des Evangelisten, die Scheintodthese zu widerlegen (die allerdings erst seit dem 3. Jahrhundert sicher belegt ist und im rationalistischen 18. und 19. Jahrhundert immer wieder vertreten wurde).[151]

Hingegen besteht kein Zweifel, dass die Grablegung den jüdischen Vorschriften entsprechend innerhalb kürzester Zeit, also noch vor Sabbatbeginn (vor Sonnenuntergang), erfolgen musste. Weshalb denn auch die übliche Salbung des Toten entfällt.

Zur Zeit Jesu wurden die Leichen von Hingerichteten nicht bestattet, sondern verscharrt. Für Jesus trifft dies nicht zu, weil ein Mensch aus Mitleid und Menschlichkeit sich dazu bewegen lässt, seine für ihn und seine Angehörigen vorbereitete Grabstätte für einen Verachteten und Verfemten preiszugeben.

Dieser Geste eignet auch eine symbolische Bedeutung. Josef von Arimathäa wird uns präsentiert als Mitglied des Synedriums. Gegen seine Ratskollegen war er offenbar machtlos. Indem er Jesus bestattet, bekundet er nicht nur ein großes Maß an Mitgefühl und Barmherzigkeit, sondern setzt sich damit von ihnen ab. Zusammen mit dem Leichnam Jesu begräbt er gleichsam sein anderes oder altes Ich. Seine Anteilnahme am Geschick des Mannes aus Nazaret fällt wie ein Sonnenstrahl auf das (noch) dunkle Grab.

---

151 R. E. Brown, Der gekreuzigte Messias. Versuche über die vier Leidensgeschichten, Würzburg 1998, 38.

16. KAPITEL

LEBEN MIT EINEM, DER LEBT

16¹ Als der Sabbat vorüber war, kauften Maria aus Magdala, Maria, die Mutter des Jakobus, und Salome wohlriechende Öle, um damit zum Grab zu gehen und Jesus zu salben. ² Am ersten Tag der Woche kamen sie in aller Frühe zum Grab, als eben die Sonne aufging. ³ Sie sagten zueinander: Wer könnte uns den Stein vom Eingang des Grabes wegwälzen? ⁴ Doch als sie hinblickten, sahen sie, dass der Stein schon weggewälzt war; er war sehr groß. ⁵ Sie gingen in das Grab hinein und sahen auf der rechten Seite einen jungen Mann sitzen, der mit einem weißen Gewand bekleidet war; da erschraken sie sehr. ⁶ Er aber sagte zu ihnen: Erschreckt nicht! Ihr sucht Jesus von Nazaret, den Gekreuzigten. Er ist auferstanden; er ist nicht hier. Seht, da ist die Stelle, wohin man ihn gelegt hat. ⁷ Nun aber geht und sagt seinen Jüngern und dem Petrus: Er geht euch voraus nach Galiläa; dort werdet ihr ihn sehen, wie er es euch gesagt hat. ⁸ Da verließen sie das Grab und flohen; denn Schrecken und Entsetzen hatte sie gepackt. Und sie sagten niemandem etwas davon; denn sie fürchteten sich.

Der Schock, den die Jesusgläubigen aufgrund der Hinrichtung Jesu erlitten, saß tief. Wenn ihr Lehrer und Meister auf diese Weise von Gott ins Unrecht gesetzt worden war, galt das auch für die, die ihm zu seinen Lebzeiten anhingen. Dass ausgerechnet ein am Kreuz Hingerichteter der Retter der Menschheit sein sollte, grenzte, nüchtern betrachtet, an Schwachsinn. Oder an Wahnwitz. Denn nach damaliger jüdischer Auffassung galt ein Gehenkter als von Gott verflucht. Dabei handelte es sich nicht um eine bloße Lehrmeinung, sondern um eine im Alten Testament verankerte Überzeugung:

Wenn jemand ein Verbrechen begangen hat, auf das die Todesstrafe steht, wenn er hingerichtet wird und du den Toten an einen Pfahl hängst, dann soll die Leiche nicht über Nacht am Pfahl hängen bleiben, sondern du sollst ihn noch am gleichen Tag begraben; *denn ein Gehenkter ist ein von Gott Verfluchter.* Du sollst das Land nicht unrein werden lassen, das der Herr, dein Gott, dir als Erbbesitz gibt (Dtn 21,22 f.).

Als unter der Römerherrschaft in Palästina die Kreuzigung als Todesstrafe eingeführt wurde, bezog man diese Schriftstelle auch auf die am Kreuz Hingerichteten. Jesus am Kreuz – damit stand für seine Landsleute fest: Dieser Jesus ist von Gott verschmäht und von ihm verflucht! Diese Auffassung teilten zunächst auch Jesu Jünger und Jüngerinnen.

Warum aber suchen Maria aus Magdala, Maria, die Mutter des Jakobus, und Salome am Ostermorgen Jesu Grab dennoch auf? Offenbar sind sie trotz allem der Überzeugung, dass Jesus ein Prophet war, den ein ähnliches Schicksal ereilt hat wie schon manche anderen vor ihm. Im Hinblick auf Jesus ist das Kreuz für sie kein Anfang, sondern das Ende. Aber sie vertrauen weiterhin darauf, dass Gottes Herrschaft in Israel sich durchsetzen werde. Dass ihnen jeglicher Gedanke an eine Auferweckung Jesu fernliegt, zeigt der Umstand, dass sie gekommen sind, um seinen Leichnam zu salben. Nicht nur dass die Absicht, einen bereits beigesetzten Toten salben zu wollen, gegen die damaligen Gebräuche verstößt. Dies aber nach drei Tagen bewerkstelligen zu wollen, ist angesichts der klimatischen Verhältnisse Palästinas schwer denkbar. Außerdem scheinen die Frauen mit einer sträflichen Gedankenlosigkeit behaftet zu sein, wenn sie sich erst auf dem Weg zum Grab vergegenwärtigen, dass sie den Stein gar nicht wegzuwälzen vermögen ... Auf der historischen Ebene machen solche Details keinen Sinn.

Das zeigt schon einmal, dass wir unterscheiden müssen zwischen den Oster*erzählungen* (die in den anderen drei Evangelien einen viel breiteren Raum einnehmen) und der Oster*botschaft.* Bei allen Differenzen und Widersprüchlichkeiten, die sich in den Ostergeschichten finden, herrscht Einmütigkeit in Bezug auf das Bekenntnis: *Der Gekreu-*

zigte ist auferstanden (Apg 2,23 f.; 3,15; 13,29 f.; Röm 8,34; 1 Kor 15,3–8; 2 Kor 5,15).

Jesus, der Gekreuzigte, ist auferstanden! Diese Botschaft wollen die Ostergeschichten veranschaulichen und zum Leuchten bringen. Liest man sie nicht als Illustrationen der Osterbotschaft, sondern als Tatsachenberichte, ergeben sich unüberwindliche Schwierigkeiten, zumal die Evangelisten sich hier mehrfach widersprechen.[152]

Worauf es dem Evangelisten ankommt, zeigt die Bemerkung des Jünglings, dessen weißes Gewand ihn als Gottesboten ausweist: »Ihr sucht Jesus von Nazaret, den Gekreuzigten. Er ist auferstanden; er ist nicht hier« – ein Hinweis, den Matthäus und Lukas von Markus fast wörtlich übernehmen (Mt 28,6; Lk 23,6).

»Er ist auferstanden; er ist nicht hier!« Ohne diese Botschaft gäbe es keinen Christusglauben, kein Christentum und keine Christenheit, kein Evangelium und keine Jesusnachfolge und keine kirchlichen Gemeinschaften.

Die Frauen werden vom Deuteengel vom Grab weg- und in ihren Alltag zurückgeschickt (»Er ist nicht hier.«). *Dort* werden sie den Auferstandenen vorfinden. Sind solche Begegnungen auch heute möglich?

Zunächst einmal geht aus allen neutestamentlichen Zeugnissen hervor, dass Jesus einzig jenen erscheint, die sich ihm gegenüber nicht gleichgültig verhalten. Das trifft auch für den anfänglichen Christen*verfolger* Paulus zu (Apg 8,1; 9,1 f.). Damit wird verständlich, dass dem Auferstandenen nur begegnen kann, wer nicht in der Unverbindlichkeit des Beliebigen dahinlebt.

Immer wenn in einem Menschen etwas neu wird, geschieht eine kleine Auferstehung.

Zwar sind solche Wahrnehmungen nicht einfach identisch mit den Ostererfahrungen der Jüngerinnen und Jünger, die schlechtweg unwiederholbar sind. Und doch ist diesen wie jenen etwas gemeinsam: Der ganze Mensch ist davon betroffen, das ganze Leben erscheint plötzlich in einem neuen Sinnzusammenhang, weil man mit einem Mal nicht

---

152 Dazu ausführlich: J. Imbach, Ja und Amen. Was Christen glauben, Würzburg 2020, 171–174.

mehr nur die Tränen sieht, sondern auch das Licht, das sich in ihnen spiegelt.

Wer an die Auferweckung Jesu glaubt, lebt mit einem, der lebt. Und wer mit dem Auferstandenen lebt, wird ihm immer wieder einmal begegnen.

Ostern verweist auf den, der sich mit einem Weizenkorn verglichen hat:»Wenn das Weizenkorn nicht in die Erde fällt und stirbt, bleibt es allein. Wenn es aber stirbt, bringt es reiche Frucht«(Joh 12,24).

Wer an die Auferstehung glaubt, glaubt an das Leben und an den, der das Leben ist. Ein solcher Glaube schafft keine Wunschbilder, die über die gegenwärtigen Enttäuschungen hinwegtrösten. Er vermittelt vielmehr Vorbilder, nach denen eine heillose Welt zum Besseren zu verändern ist.

»Er ist auferstanden; er ist nicht hier!« Der Wink mit dem Zaunpfahl bleibt nicht wirkungslos auf die Frauen. Sie wenden sich vom Grab ab und kehren in ihre alltägliche Umgebung zurück. Nur dort können sie den Auferstandenen finden.

Natürlich denkt der Evangelist dabei zuerst weder an bestimmte weltgeschichtliche Großereignisse noch an die Wirkkraft irgendwelcher Geisterfahrungen, sondern an die Verkündigung der Auferstehungsbotschaft in seiner Gemeinde. *Dort* werden die Gläubigen den Auferweckten erfahren. Im Vordergrund stehen dabei nicht Aktionen und Aktivitäten, sondern das Lebenszeugnis der Christusjünger und Jesusnachfolgerinnen, insofern ihr Tun und Handeln dem Vorbild des Gekreuzigten und Auferstandenen entspricht. Nach wie vor gilt demnach, dass der Auferstehungsglaube erst dann zum Tragen kommt, wenn er sich im Alltag bewährt.

Herrschende Unrechtzustände, wo immer sie auftreten, stehen unter der Kritik dieses Glaubens; denn, wie Johann Heinrich Pestalozzi in einer seiner Fabeln schreibt:»Gott ist nicht da, und der Glaube an Gott ist nicht da, wenn das Unrechtleiden nicht aufhört.«[153]

---

153   J. H. Pestalozzi, Figuren aus meinem ABC-Buch, in: Sämtliche Werke, Bd. 11, Zürich 1998, 87–332; 302.

Auferstehungsglaube führt notwendigerweise zum Aufstand gegen alle Mächte des Todes. Christen und Christinnen sind deshalb sozusagen von Natur aus Aufständische und nicht Abwiegler. Sie sind gewiss keine Unruhestifterinnen oder Friedensstörer, aber sie zeigen sich beunruhigt und betätigen sich massiv als Störenfriede, wo immer lebensfeindliche Kräfte am Werk sind, sei das nun im privaten, im öffentlichen oder im kirchlichen Bereich.

Irritierend, wenn nicht verstörend wirkt der Schlusssatz dieses Abschnittes (16,8), dem zufolge die Frauen voller »Schrecken und Entsetzen« das Grab Jesu verlassen und angeblich niemandem sagen, was sie erlebt haben.

Was genau sie niemandem mitzuteilen wagen, verschweigt der Evangelist. Bezieht sich das auf ihre Bestürzung, die sie angesichts des leeren Grabes empfanden? Oder auf die Nachricht des Deuteengels? Im Folgenden ist jedenfalls die Rede davon, dass die Kunde von Jesu Auferweckung auch Jesu Jünger und seine übrigen Anhängerinnen erreichte.[154]

---

154 Der folgende (Schluss-)Abschnitt des Markusevangeliums (16,9–20) findet sich nicht in den ältesten Textzeugen. Sicher ist, dass er nicht vom Evangelisten Markus, sondern von einem späteren Autor aus dem 2. Jahrhundert stammt, der sich dabei auf die drei übrigen (später entstandenen) Evangelien beruft. In einer altlateinischen Handschrift findet sich stattdessen folgende Ergänzung: »Alles Aufgetragene aber verkündigten sie kurz den Männern um Petrus. Danach aber entsandte auch Jesus selbst vom Aufgang bis zum Untergang durch sie die heilige und unvergängliche Botschaft des ewigen Heils« (Zit. in: Einheitsübersetzung [von 1980] mit dem Kommentar der Jerusalemer Bibel, Freiburg i. Br. 1985, 1456). In einigen alten Handschriften finden sich auch beide Zusätze. – Zum aktuellen Schluss des Markusevangeliums (16,9–20) siehe die überzeugenden Ausführungen von W. Schmithals, Das Evangelium nach Markus (Ökumenischer Taschenbuchkommentar zum Neuen Testament 2/1), Gütersloh/Würzburg 1979, 715–717 und 750–752. – Obwohl die letzten Verse des Evangeliums von anderer Hand stammen, werden wir einfachheitshalber weiterhin von Markus (bzw. vom Evangelisten) sprechen.

NICHT NUR AM GLAUBEN, SONDERN AUCH AN DEN ZWEIFELN ZWEIFELN!

16⁹ Als Jesus am frühen Morgen des ersten Wochentages auferstanden war, erschien er zuerst Maria aus Magdala, aus der er sieben Dämonen ausgetrieben hatte. ¹⁰ Sie ging und berichtete es denen, die mit ihm zusammengewesen waren und die nun klagten und weinten. ¹¹ Als sie hörten, er lebe und sei von ihr gesehen worden, glaubten sie es nicht. ¹² Darauf erschien er in einer anderen Gestalt zweien von ihnen, als sie unterwegs waren und aufs Land gehen wollten. ¹³ Auch sie gingen und berichteten es den anderen, und auch ihnen glaubte man nicht.

Markus beschönigt nichts. Gleich zwei Mal kommt er in diesem kurzen Abschnitt auf den Unglauben von Jesu engsten Begleitern zu sprechen. Das hat seinen Grund in der durch den Kreuzestod Jesu ausgelösten abgrundtiefen Enttäuschung der Jünger, die auch in den drei übrigen Evangelien durchscheint.

Im *Johannesevangelium* legt Thomas, einer der Jesusjünger, ein ausdrückliches Unglaubensbekenntnis ab: »Wenn ich nicht das Mal der Nägel an seinen Händen sehe und wenn ich meinen Finger nicht in das Mal der Nägel und meine Hand nicht in seine Seite lege, glaube ich nicht« (Joh 20,25). Bei *Lukas* lesen wir, dass die Apostel den Grabbesucherinnen die Nachricht von Jesu Auferweckung zunächst nicht glauben, sondern für leeres »Geschwätz« halten (Lk 24,11). Die Emmausjünger verleihen ihrem Unglauben offen Ausdruck: »Wir *hatten* gehofft, dass Jesus der sei, der Israel erlösen würde« (Lk 24,21). Aber damit ist es jetzt wohl für immer vorbei. Einige Apostel schließlich zweifeln sogar angesichts einer Erscheinung des Auferstandenen – nachzulesen im letzten Kapitel des *Matthäusevangeliums* (Mt 28,17).

Tatsache ist: Erst aufgrund ihrer Erfahrungen mit dem Auferweckten fanden die Jünger wieder zum Glauben an ihn – das Neue Testament spricht in diesem Zusammenhang von Erscheinungen.

Warum eigentlich kommen diese Zweifel in der landläufigen kirchlichen Verkündigung kaum je zur Sprache? Weshalb ist gerade an Ostern nur vom Glauben an den Auferweckten die Rede, nicht aber von den anfänglichen Skrupeln der Jesusleute?

Studien dokumentieren, dass gerade unter älteren Menschen die Glaubenszweifel oft massiv wachsen. Die Vorstellung, dass Menschen im fortschreitenden Alter »automatisch« religiös würden, sei ein verhängnisvoller Irrtum.

Ich erinnere mich an ein kurzes Gespräch, das ich als blutjunger Vikar mit einer über Neunzigjährigen führte, die allmorgendlich die Frühmesse besuchte. Als wir auf dem Kirchplatz einmal ein paar belanglose Worte wechseln, sagt sie plötzlich: »Ich werde ja nun bald sterben. Und dann wird sich herausstellen, ob das alles wahr ist, was ihr uns da in der Kirche so erzählt.« Irgendwie kam ich mir da vor wie der Regen; ich fiel aus allen Wolken.

Diese Begegnung war für mich ein Schlüsselerlebnis. Eine alte Frau erst hatte mir beigebracht, was die Theologieprofessoren in ihren Vorlesungen ausgeklammert, verschwiegen oder vergessen hatten, nämlich dass selbst die im Glauben angeblich Erprobten im Glauben wankend werden können. Es gehört nun einmal zum Wesen des Glaubens, dass er in jedem Augenblick von Anfechtungen bedroht, von Zweifeln heimgesucht und in eine Krise geraten kann.

Wie schon Paulus betont, bildet der Auferstehungsglaube die Grundlage des Christentums (1 Kor 15,12–20). Dieser Glaube ist nun einmal kein Tanzreigen, sondern gleicht eher einem Hinketanz.

Wenn ein Mensch sich entwickelt, verbreitert sich sein Blickwinkel; anfängliche Gewissheiten werden oft zusehends fragwürdiger. Der Glaube schrumpft; es dehnen sich die Zweifel. Oder verhält es sich möglicherweise umgekehrt? In Zweifel gezogen dehnt der Glaube sich aus? Wie auch immer, Gott ist nicht nur über alle Zweifel, er ist auch über jeden Glauben erhaben.

Zweifel sind gewissermaßen die Kehrseite unseres Glaubens. Gläubige dürfen keine Angst davor haben, sich ihnen zu stellen. Angesichts aller nur möglichen Glaubenszweifel sollten sie sich fragen, ob sie nicht gute Gründe haben, auch an ihren Zweifeln zu zweifeln.

Und wenn es einmal ganz dunkel wird, kann vielleicht ein Gebet wie das folgende helfen, den Blick dahin zu lenken, wo, wenn auch von fern, das Osterlicht aufstrahlt.

Gott, du Ursprung von Tagen und Jahren, von Gezeiten und Äonen. Du schöpfst das Leben aus deiner Fülle in unsere Krüge und lässt es rinnen zurück in deine Hand. Wie gut, dass du sprudelnde Quelle bist, die nie versiegt, die immer neu belebt, was uns abstumpft und alt macht. Forme du uns, damit wir leben können: Lass du in uns fließen, was Leben schafft, heute und in Ewigkeit. AMEN.[155]

ALLEIN SELIGMACHENDE KIRCHE?

16[14] Später erschien Jesus den Elf selbst, als sie bei Tisch waren; er tadelte ihren Unglauben und ihre Verstocktheit, weil sie denen nicht glaubten, die ihn nach seiner Auferstehung gesehen hatten. [15] Dann sagte er zu ihnen: Geht hinaus in die ganze Welt, und verkündet das Evangelium der ganzen Schöpfung! [16] Wer glaubt und sich taufen lässt, wird gerettet; wer aber nicht glaubt, wird verurteilt werden. [17] Und durch die, die zum Glauben gekommen sind, werden folgende Zeichen geschehen: In meinem Namen werden sie Dämonen austreiben; sie werden in neuen Sprachen reden; [18] wenn sie Schlangen anfassen oder tödliches Gift trinken, wird es ihnen nicht schaden; und die Kranken, denen sie die Hände auflegen, werden gesund werden. [19] Nachdem Jesus, der Herr, dies zu ihnen gesagt hatte, wurde er in den Himmel aufgenommen und setzte sich zur Rechten Gottes. [20] Sie aber zogen aus und verkündeten überall. Der Herr stand ihnen bei und bekräftigte das Wort durch die Zeichen, die es begleiteten.

Zum dritten Mal verweist der Evangelist hier auf die anfängliche »Verstocktheit« der Jesusjünger. Doch ausgerechnet sie beauftragt der Auferweckte, sein Evangelium in der ganzen Welt zu verkünden. Allem Anschein nach will Markus mit diesem Hinweis auch die Wankelmütigen und die in ihrem Glauben (noch) Verunsicherten dazu bewegen, sich dem Auferweckten bedingungslos zu überantworten und dessen Auftrag nachzukommen, die Frohbotschaft vom Reich Gottes zu verbreiten.

---

155 Auf diesen Gebetstext bin ich vor Jahren gestoßen; leider habe ich damals die Quelle nicht vermerkt.

Zumal nur jene, die glauben und sich taufen lassen, das ewige Heil erlangen werden?

Gerade diese Markusstelle hat immer wieder zu argen Missverständnissen Anlass gegeben und zu folgenreichen Fehldeutungen geführt. Nur wer durch die Taufe der Kirche eingegliedert ist, könne gerettet werden. Im Markusevangelium steht davon nichts.

Die Aussage von der Notwendigkeit der Taufe bezieht sich lediglich auf jene, die die Frohbotschaft von Jesus als dem Christus bereits kennen und davon überzeugt sind. *Diese* Menschen ermahnt der Evangelist, das Heil, das ihnen von Jesus Christus verheißen ist, nicht anderswo zu suchen.[156]

---

156 Dieser Sinn liegt ursprünglich auch dem Satz (oder ähnlichen Formulierungen) zugrunde, der besagt, dass außerhalb der Kirche kein Heil sei. So etwa bei Origenes, einem der bedeutendsten Theologen der christlichen Frühzeit, der um 250 schreibt: »Niemand möge sich einreden, niemand sich selbst täuschen: Außerhalb dieses Hauses, das heißt außerhalb der Kirche, wird niemand gerettet; denn wenn jemand *hinausgeht*, ist er an seinem Tod selbst schuld« (Origenes, In Iesu nave, 3,5: PG 12,481 f.). Offensichtlich sollen hier die Gläubigen angesichts einsetzender Verfolgungen zur Standhaftigkeit ermahnt und vor dem Glaubensabfall gewarnt werden. Für *sie*, die die Wahrheit des christlichen Glaubens bereits erkannt haben, gibt es kein Heil außerhalb der Kirche. Origenes denkt hier an jene, welche die Kirche entgegen ihrer Überzeugung (vornehmlich in Zeiten der Verfolgung) verraten haben – oder verraten könnten.
Die (später undifferenzierte) Lehre von der Heilsnotwendigkeit der Taufe entwickelte sich allmählich zum Selbstläufer, wobei oft nicht mehr unterschieden wurde zwischen Abtrünnigen und solchen, die keinerlei Kenntnis vom Evangelium hatten. Verantwortlich dafür ist vor allem eine Formulierung des Augustinus-Schülers Fulgentius von Ruspe (um 468–533): »Aufs Gewisseste halte fest und zweifle in keiner Weise: Nicht nur alle Heiden, sondern auch alle Juden, alle Häretiker und Schismatiker, die außerhalb der gegenwärtigen katholischen Kirche sterben, werden ins ewige Feuer gehen, welches dem Teufel und seinen Engeln bereitet ist« (Fulgentius, De fide, ad Petrum, 38,79: PL 65,704) – ein Text, den das Konzil von Florenz im Jahr 1442 fast wörtlich übernahm (siehe H. Denzinger, Kompendium der Glaubensbekenntnisse und kirchlichen Lehrentscheidungen. Verbessert, erweitert und ins Deutsche übertragen und unter Mitarbeit von H. Hoping herausgegeben von P. Hünermann, Freiburg i. Br. [45]2017, Nr. 1351).

Gleichzeitig fordert der Auferweckte die Seinen auf, der ganzen Welt Kunde zu geben von der Ankunft des Gottesreiches.

Diesen Auftrag hat die Kirche seit je als Aufforderung verstanden, Nicht- oder Andersgläubige für das Christentum zu gewinnen. Heute ist gelegentlich zu hören, dass ein solches Unterfangen auf geistliche Kolonialisierung hinauslaufe. Dieser Einwand ist angesichts gewisser in der Vergangenheit angewandter Praktiken nur zu verständlich.

Allerdings enthält die Chronik der Völkerevangelisierung nicht nur dunkle, sondern auch unzählige lichte Seiten – Stichworte: Entwicklungshilfe, karitative und medizinische Einrichtungen, Alphabetisierungskampagnen ... Das darf hier nicht verschwiegen werden.

Ist Mission überhaupt sinnvoll? Geht es dabei lediglich um eine Pflichtübung, um den Auftrag des Auferstandenen zu erfüllen, der die Seinen schickt zu den Völkern? Es wäre dies eine recht kurzatmige, weil letztlich bloß autoritäre Begründung. Wenn Eltern von bestimmten Haltungen wie Ehrlichkeit, Wahrhaftigkeit, Pünktlichkeit, Selbstlosigkeit usw. überzeugt sind, werden sie sich bemühen, solche Wertvorstellungen ihren Kindern zu vermitteln. Ähnlich verhält es sich mit Normen, Lehren und Handlungsanleitungen, die dem religiösen Bereich zuzuordnen sind. Um es mit einem Bibelwort in Martin Luthers Übersetzung zu sagen: »Wes das Herz voll ist, des geht der Mund über« (Mt 12,34).

Offiziell wurde diese Haltung erst vom Zweiten Vatikanischen Konzil zurückgenommen: »Wer nämlich das Evangelium Christi und seine Kirche ohne Schuld nicht kennt, Gott aber aus ehrlichem Herzen sucht, seinen im Anruf des Gewissens erkannten Willen unter dem Einfluss der Gnade in der Tat zu erfüllen trachtet, kann das ewige Heil erlangen. Die göttliche Vorsehung verweigert auch denen das zum Heil Notwendige nicht, die ohne Schuld noch nicht zur ausdrücklichen Anerkennung Gottes gekommen sind, jedoch, nicht ohne die göttliche Gnade, ein rechtes Leben zu führen sich bemühen. Was sich nämlich an Gutem und Wahrem bei ihnen findet, wird von der Kirche als Vorbereitung für die Frohbotschaft und als Gabe dessen geschätzt, der jeden Menschen erleuchtet, damit er schließlich das Leben habe« (Dogmatische Konstitution über die Kirche *Lumen gentium* Nr. 16). Nach neutestamentlichem Verständnis ist alles Heil an Jesus Christus gebunden – aber nicht in jedem Fall vom Glauben an Jesus Christus abhängig. Dazu: J. Imbach, Und lehrte sie in Bildern. Die Gleichnisse Jesu – Geschichten für heute, Würzburg 1995, 138–141.

Allerdings darf bei der Missionierung nicht das Mundwerk die Hauptrolle spielen, sondern das Wirken, wie Markus unterstreicht. *Glaubensverkündigung durch das Wort* gehört zweifellos zum Wesen des christlichen Glaubens. Weil diese bewusst auf eine Ausweitung der Glaubensgemeinschaft zielt, neigt sie häufig – und häufig unbewusst – zum Triumphalismus und zur Apologetik. Der streitbare französische Katholik Georges Bernanos hat das seinerzeit anhand einer Predigt illustriert, die er einen Atheisten in einer katholischen Kirche halten lässt. Der wendet sich mit diesen Worten an seine jesusgläubigen Landsleute:

> Betbrüder und Betschwestern, ich finde es ja ganz richtig, dass ihr einander für den Triumph beglückwünscht, den eure Heiligen durch ein erhabenes Leben erlangt haben. Aber die haben bestimmt nicht allein zu diesem Zweck so vorbildlich gelebt. Ihr gleicht jenen sagenhaften Italienern, die auf das Signal zum Angriff warten; plötzlich reißt der Oberst seinen Säbel hoch, springt über die Brustwehr, rennt allein durch das Sperrfeuer mit dem Ruf: Avanti, avanti, während seine Leute, immer noch im sicheren Schützengraben kauernd, elektrisiert von so viel Heldenmut, mit leuchtenden Augen in die Hände klatschen: Bravo, Bravo, Bravissimo.[157]

Damit erinnert Bernanos daran, dass die Wortverkündigung nur Wirkung erzielt, wenn sie von der Tatverkündigung bestätigt wird. Und die will andere nicht zum Glauben überreden, sondern sie von der Wahrheit des Glaubens überzeugen. Missionierung ist da gerechtfertigt, wo der Glaube so gelebt wird, dass die anderen von sich aus nach der Lehre fragen.

Am Schluss sagt der Evangelist, dass der Auferweckte sich von den Jüngern verabschiedet. Gleichzeitig gibt er denen, die den Glauben an Jesus jetzt verkünden, ein Trostwort mit auf den Weg, nämlich dass der zum Vater erhöhte Christus schon ihren Vorgängern bei der Glaubensverbreitung Beistand leistete, die überdies durch Krankenheilungen und Dämonenbannungen Großes bewirkten. Ähnliches lesen wir am Schluss

---

157   G. Bernanos, Predigt eines Atheisten am Fest der Kleinen Therese, Einsiedeln 1954, 49.

des Matthäusevangeliums, wo Jesus den Seinen versichert, dass er ihnen immer nahe ist: »Ich bin mit euch alle Tage bis zum Ende der Welt« (Mt 28,20).

Diese Verheißung wurde im Lauf der Jahrhunderte immer wieder einmal missverstanden. Oder missbraucht. *Ich bin bei euch* – das gilt nicht absolut, das gilt nur, wenn die Jesusjünger und die Christusnachfolgerinnen ernst nehmen, was der Auferstandene ihnen aufgetragen hat. *Dann verwirklicht sich immer wieder und immer neu*, was Eugen Drewermann in einer seiner Osterpredigten bekräftigt:

> Gräber sind keine Gräber mehr, sondern Brücken in die Unendlichkeit, Orte sind sie, einen Dialog zu beginnen mit dem ewigen Leben. Und so ist unser Leben eine Wallfahrt zurück zu allem, was Jesus uns lehrte in den Dörfern von Galiläa, in den Orten am See Gennesaret. Ewig wird er uns voraus sein mit seiner Botschaft der Menschlichkeit, der Unzerstörbarkeit eines jeden von uns. Seine Art, zu leben gemäß den Worten der Bergpredigt, provozierte allen Widerstand und bildete den Grund seiner Hinrichtung am Kreuz. Aber seine Auferstehung ist der Beginn der Gewissheit, dass es sich fortan nur noch lohnen wird zu leben in seiner Freiheit, seiner Weitherzigkeit, seiner Universalität der Liebe. [...] Gemeinsam sind wir in der Kraft der Liebe auf dem Pilgerweg zurück nach Galiläa, zum Berg der Verklärung, zur Stätte, wo der Himmel die Erde berührt. Ewig werden wir leben, und die Macht der Angst, die Macht der Verzweiflung, der Schatten der Schuld werden vergehen wie ein Traum. Der Tag hat begonnen am ersten Sabbatmorgen in der Frühe, eben als die Sonne aufging und der Stein weggewälzt war von der Grabkammer unseres Herzens.[158]

---

158 E. Drewermann, Leben, das dem Tod entwächst. Predigten zur Passions- und Osterzeit, Düsseldorf 1991, 196.

ANHANG: ZUR ENTSTEHUNG DER EVANGELIEN

Die Bibelkundigen fast aller christlichen Konfessionen sind sich längst einig, dass keiner der neutestamentlichen Verfasser Augenzeuge des Wirkens Jesu war. Was deren Autorennamen betrifft, handelt es sich um alte Zuschreibungen, welche von der wissenschaftlichen Forschung längst widerlegt wurden. Damit stellt sich die Frage, was wir überhaupt sagen können über den Mann, der zu Beginn unserer (nach ihm datierten) Zeitrechnung rund dreißig Jahre in Palästina lebte. Das ist nicht sehr viel.

Zunächst müssen wir uns vor Augen halten, dass es unmöglich ist, eine Biografie Jesu zu schreiben. Über den weitaus größten Teil seines Lebens berichten die Evangelien nichts. Matthäus und Lukas schicken gerade ein paar legendäre Episoden aus dessen Kindheit voraus. Die rund drei Jahrzehnte bis zu Jesu öffentlichem Auftreten werden wohl für immer im Dunkel der Geschichte bleiben.

Auch in Bezug auf Jesu Wirken ergeben sich aus dem Vergleich zwischen den einzelnen Darstellungen erhebliche Divergenzen. Wenn wir den ersten drei Evangelisten folgen, müssen wir mit einem Zeitraum von einem bis anderthalb Jahren rechnen (bei ihnen ist nur von einem einzigen Paschafest die Rede, das Jesus in Jerusalem feiert). Dem Johannesevangelium gemäß hingegen dauert seine Wirksamkeit (entsprechend der dreimaligen Reise zum Osterfest nach Jerusalem) zweieinhalb bis drei Jahre.

Unterschiede bestehen auch bezüglich der dargestellten Ereignisse. Bei Markus findet sich nichts über die Geburt und die Kindheit Jesu. Allein Matthäus berichtet von einer Huldigung der Magier, vom Kindermord, von der Flucht nach Ägypten und der Rückkehr der Heiligen Familie in ihre Heimat. Lukas überliefert wichtige Gleichnisse (u. a. jene vom verlorenen Sohn, vom ungetreuen Verwalter, vom reichen Mann und vom armen Lazarus), die den anderen Evangelisten unbekannt sind. Nach Johannes beschließt der Hohe Rat, Jesus umzubringen, nachdem er die Kunde von der Auferweckung des Lazarus erhalten hat (Joh 11,47–53). Wenn aber diese Totenerweckung den Ausschlag gab für die Entscheidung, Jesus zu töten, wirkt es zumindest befremdlich, dass die anderen drei Evangelisten davon nichts wissen.

Kurzum, wir müssen unterscheiden zwischen der *Geschichte Jesu* und der *Geschichte mit Jesus*. Was das bedeutet, vermag die Grafik auf Seite 346 zu illustrieren.

Als Erster verfasste *Markus* ein Evangelium – und schuf damit gleich eine neue Literaturgattung. Dabei griff er auf bestehende mündliche Erzählungen und schriftliche Texte zurück, die ihrerseits auf Überlieferungen beruhten. Die Fachleute sprechen diesbezüglich von *Traditionsgeschichte*. Zur Traditionsgeschichte kommt die *Redaktionsgeschichte*. Das heißt, Markus verarbeitete das ihm zugängliche Material zu einem Ganzen. Dabei zeigt er sich (wie später auch die übrigen Evangelisten) nicht nur an der *Geschichte Jesu* interessiert, sondern auch – und vor allem! – an der *Geschichte mit Jesus*, d. h. an den Erfahrungen, die die jungen Christengemeinden aufgrund ihres Glaubens an Jesus Christus gemacht hatten. Das trifft übrigens für alle vier Evangelisten zu.

Das *Matthäusevangelium* entstand zwischen den Jahren 80 und 85. Erst um die Wende zum 2. Jahrhundert wird es mit dem Apostel Matthäus (Mt 9,9 und 10,3) in Verbindung gebracht. Etwa gleichzeitig erfolgt die Gleichsetzung des Zöllners Levi (Mk 2,14 und Lk 5,7–28) mit dem Apostel Matthäus. Den wahren Namen des Verfassers kennen wir nicht; wir nennen ihn aber wie üblich Matthäus.

Der bedient sich fast des ganzen Markusevangeliums als Vorlage; es fehlen bloß rund 60 Verse. Gleichzeitig bezieht er sich auf eine *schriftlich überlieferte* Sammlung von Aussprüchen Jesu, die Markus nicht kannte (und die in der Fachwelt als *Redequelle Q* bezeichnet wird). Dazu kommt das *Sondergut*, worunter man Texteinheiten versteht, die in keinem der drei übrigen Evangelien auftauchen.

Ähnliches gilt für *Lukas*, der ebenfalls kein Augenzeuge von Jesu Wirken war. Sein Evangelium erschien wohl etwa ums Jahr 90.

Bei der Niederschrift bediente sich Lukas – wenn auch nicht in dem Ausmaß wie Matthäus – des *Markusevangeliums* und der *Redequelle Q*.

Wie aber verhält es sich mit dem erst nach der ersten Jahrhundertwende entstandenen *Johannesevangelium*? Einer alten auf Irenäus von Lyon zurückgehenden Ansicht nach stammt dieses angeblich vom Apostel Johannes. In Wirklichkeit ist die Frage der Zuordnung so einfach nicht zu beantworten. Das Evangelium lässt durchblicken, dass es von einem ungenannten Lieblingsjünger Jesu verfasst wurde (21,24; vgl. 19,35). Dass sich hinter diesem der Zebedäussohn Johannes oder ein anderer Jünger Jesu verbirgt, ist jedoch völlig unwahrscheinlich. Die neuere Forschung neigt dazu, die Schrift einem Schüler oder Vertrauten dieses Jüngers zuzuschreiben. Später scheint der Text von einem anderen Autor aus dem Kreis dieses Verfassers überarbeitet und um das Schluss- oder Nachtragskapitel erweitert worden zu sein. Fest steht, dass auch das vierte Evangelium nicht von einem Augenzeugen stammt (was auch daraus hervorgeht, dass der johanneische Jesus eine ganz andere Sprache spricht als der Jesus der ersten drei Evangelien).

Einfachheitshalber werden die Evangelisten auch künftig mit den altvertrauten Namen benannt, auch wenn sie für uns kein Gesicht haben und wir nicht wissen, wer sich wirklich dahinter verbirgt.

Wenn wir uns diesen ganzen Traditions- und Redaktionsprozess vergegenwärtigen, können wir leicht verstehen, dass viele Worte und Taten Jesu nicht mehr in ihrem ursprünglichen Zusammenhang erzählt werden.

Die Evangelisten überliefern Jesu Worte nicht wörtlich, sondern aktualisieren Jesu Botschaft im Hinblick auf die Situation ihrer jeweiligen Leserschaft. Nicht uns Heutige, sondern einen ganz bestimmten Personenkreis haben sie bei der Niederschrift vor Augen. Ähnliches gilt für die Schilderung von Jesu Taten.

Die Hauptabsicht der Evangelisten zielt darauf, unter ihren Landsleuten den Glauben an Jesus als den Christus, den Messias, zu verbreiten. Die Evangelien sind also im besten Sinn des Wortes Propagandaschriften. Sie wollen zu Jesus als dem Messias hinführen, seine Sache bekannt

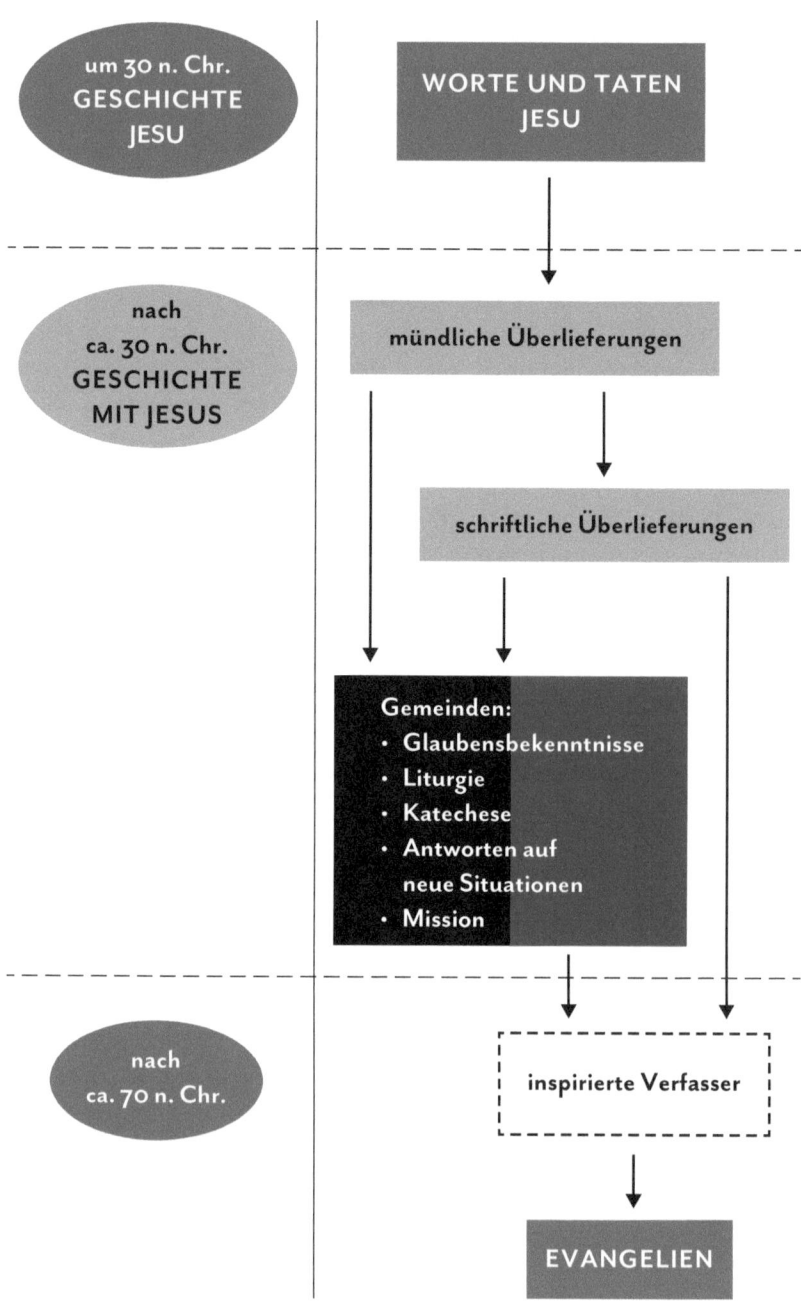

Grafik: I. Casutt © J. Imbach

SYNOPTISCHE EVANGELIEN

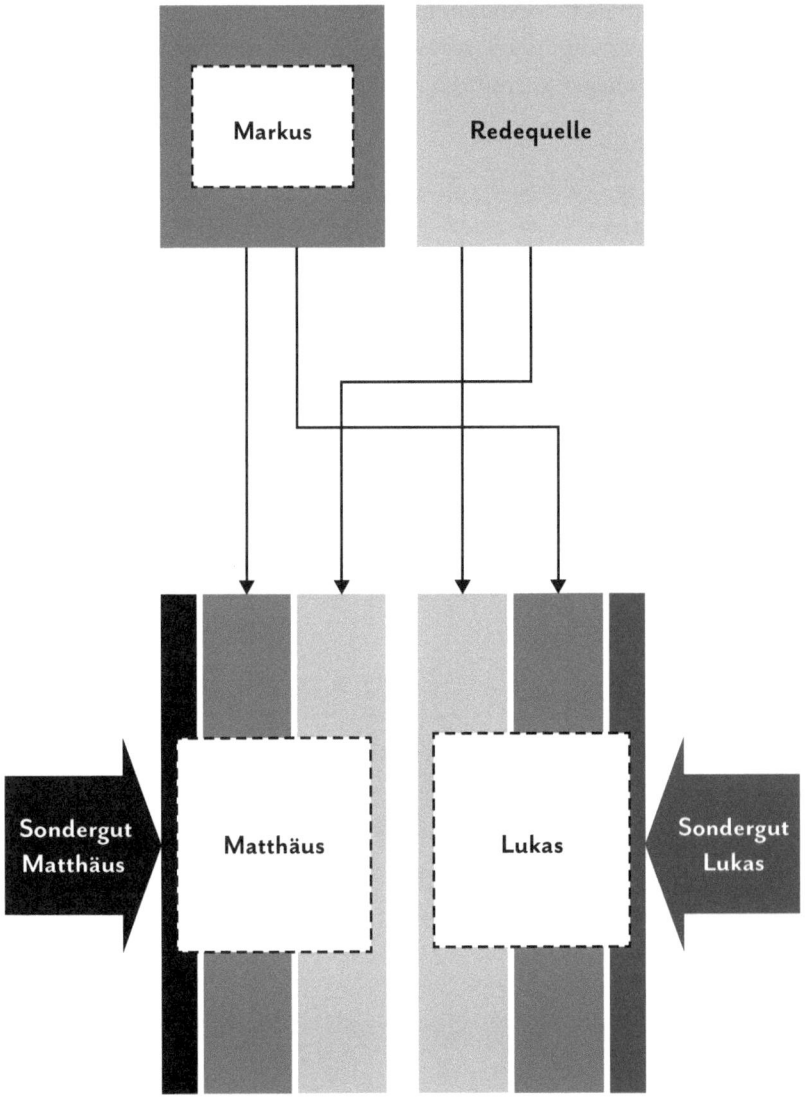

Grafik: I. Casutt © J. Imbach

machen und gleichzeitig zur Nachfolge aufrufen. Diese Absicht wirkt sich auf die Darstellung aus. Es handelt sich nicht um nüchterne Protokolle, sondern um *Glaubenszeugnisse*.

Zu bedenken ist überdies, dass die Evangelisten eine Vielzahl von literarischen Formen und Gattungen verwenden. Unter anderem impliziert dies, dass manche Texteinheiten keine historische Begebenheit wiedergeben, sondern auf narrative Weise eine theologische Wahrheit oder ein ethisches Anliegen vermitteln wollen.

DANK AN ...

... die Katholische Kirche im Kanton Zürich, die die Veröffentlichung dieses Buches durch ihre finanzielle Unterstützung ermöglicht hat.

... den Theologischen Verlag Zürich, der sich bereit erklärt hat, das Buch in sein Programm aufzunehmen.

... Markus Zimmer, der das Manuskript ebenso akribisch wie sachkundig lektoriert und für den Druck vorbereitet hat.

... Imelda Casutt, die das Manuskript auf Tippfehler und sachliche Ungereimtheiten durchgesehen und die Korrektur der Druckfahnen übernommen hat.

REGISTER

BIBELSTELLEN

NAMEN